Der Betreiberbegriff im Umweltrecht

Europäische Hochschulschriften

European University Studies

Publications Universitaires Européennes

Reihe II	**Rechtswissenschaft**
Series II	Law
Série II	Droit

Band/Volume **5667**

Katharina Kürzel

Der Betreiberbegriff im Umweltrecht

Unter besonderer Berücksichtigung des Bundes-Immissionsschutzgesetzes und seiner Bedeutung für den Rechtsverkehr

PL ACADEMIC RESEARCH

Bibliografische Information der Deutschen Nationalbibliothek
Die Deutsche Nationalbibliothek verzeichnet diese Publikation in der Deutschen Nationalbibliografie; detaillierte bibliografische Daten sind im Internet über http://dnb.d-nb.de abrufbar.

Zugl.: Münster (Westfalen), Univ., Diss., 2013

D 6
ISSN 0531-7312
ISBN 978-3-631-65663-1 (Print)
E-ISBN 978-3-653-04975-6 (E-Book)
DOI 10.3726/978-3-653-04975-6

PL Academic Research ist ein Imprint der Peter Lang GmbH.
Peter Lang – Frankfurt am Main · Bern · Bruxelles · New York · Oxford · Warszawa · Wien

Diese Publikation wurde begutachtet.

www.peterlang.com

Für meine Eltern

Vorwort

Die vorliegende Arbeit wurde im Juli 2013 von der Rechtswissenschaftlichen Fakultät der Westfälischen Wilhelms-Universität Münster als Dissertation angenommen. Die Normen befinden sich auf dem Stand vom 1. August 2014. Rechtsprechung, Literatur und weitere Quellen sind mit Stand vom 1. Juli 2013 berücksichtigt.

Herrn Dr. Jens Nusser, LL.M. danke ich sehr herzlich dafür, dass er mir den Anstoß zur wissenschaftlichen Auseinandersetzung mit dem Thema „Der Betreiberbegriff im Umweltrecht" gegeben hat.

Des Weiteren danke ich Herrn Prof. Dr. Hans D. Jarass, LL.M. für das in mich gesetzte Vertrauen, seine Anregungen insbesondere bei der Eingrenzung des Themas und die überaus schnelle Anfertigung des Erstgutachtens. Frau Prof. Dr. Sabine Schlacke danke ich für die freundlichen Empfehlungen für die Veröffentlichung der Dissertation.

Weiterer Dank gilt der Anwaltssozietät Hengeler Mueller, bei der ich im Rahmen meiner promotionsbegleitenden anwaltlichen Tätigkeit im Öffentlichen Wirtschaftsrecht im Düsseldorfer Büro auf aktuelle Problemfelder in Bezug auf den Betreiberbegriff gestoßen bin und deren Bibliotheken ich fortwährend nutzen durfte.

Besonders bedanken möchte ich mich bei Frau Dr. Sina Stamm. Sie hat die besondere Mühe auf sich genommen, das Manuskript in unterschiedlichen Fassungen Korrektur zu lesen. Sie hat mir wertvolle Hinweise gegeben und mich motiviert, diese Arbeit zu realisieren.

Gewidmet ist diese Arbeit meinen Eltern Angelika und Friedrich-Karl Kürzel in Liebe und Dankbarkeit. Sie haben mich seit jeher auf jede erdenkliche Weise unterstützt, gefördert und bei der Erstellung des Manuskripts mit mir „mitgefiebert". Umso mehr bedauere ich es, dass mein Vater die Fertigstellung dieser Arbeit nicht erlebt hat.

Berlin, im August 2014

Katharina Kürzel

Inhaltsübersicht

Inhaltsverzeichnis

Abkürzungsverzeichnis

A.A./ a.A.	anderer Ansicht
AbfallR	Zeitschrift für das Recht der Abfallwirtschaft
ABl.	Amtsblatt
Abs.	Absatz
AEUV	Vertrag über die Arbeitsweise der Europäischen Union
a.F.	alte Fassung
AG	Aktiengesellschaft
AG	Die Aktiengesellschaft (Zeitschrift)
AGB	Allgemeine Geschäftsbedingungen
AktG	Aktiengesetz
AktR	Aktienrecht
Anh	Anhang
Anm.	Anmerkung
AöR	Archiv des öffentlichen Rechts (Zeitschrift)
Art.	Artikel
AtomG	Atomgesetz
ATV	Abwassertechnische Vereinigung e.V.
Aufl.	Auflage
Ausf./ ausf.	ausführlich
BAG	Bundesarbeitsgericht
BauO	Bauordnung
BauR	Baurecht (Zeitschrift)
BayObLG	Bayerisches Oberstes Landesgericht
BayVBl	Bayerische Verwaltungsblätter (Zeitschrift)
BB	Betriebs-Berater (Zeitschrift)
BetrVG	Betriebsverfassungsgesetz

BBodSchG	Bundes-Bodenschutzgesetz
Bd.	Band
Beschl.	Beschluss
BFH	Bundesfinanzhof
BGB	Bürgerliches Gesetzbuch
BGBl	Bundesgesetzblatt
BGH	Bundesgerichtshof
BGHR	BGH Rechtsprechung in Zivilsachen (Entscheidungssammlung)
BGHZ	Entscheidungen des Bundesgerichtshofes in Zivilsachen
BImSchG	Bundes-Immissionsschutzgesetz
BImSchV	Bundes-Immissionsschutzverordnung
BMU	Bundesministerium für Umwelt, Naturschutz und Reaktorsicherheit
BR-Drs.	Bundesrats-Drucksache
BRat	Bundesrat
BReg	Bundesregierung
BRS	Baurechtssammlung
BT-Drs.	Bundestags-Drucksache
BVerfG	Bundesverfassungsgericht
BVerfGE	Entscheidungen des Bundesverfassungsgerichts
BVerwG	Bundesverwaltungsgericht
BVerwGE	Entscheidungen des Bundesverwaltungsgerichts
bzw.	beziehungsweise
ChemG	Chemikaliengesetz
CuR	Contracting und Recht (Zeitschrift)
dass.	dasselbe
DB	Der Betrieb (Zeitschrift)
Ders./ ders.	derselbe
d.h.	das heißt
dies.	dieselben

diesbzgl.	diesbezüglich
diff.	differenzierend
DÖV	Die Öffentliche Verwaltung (Zeitschrift)
DStZ	Deutsche Steuer-Zeitung
DVBl	Deutsches Verwaltungsblatt (Zeitschrift)
DZWIR	Deutsche Zeitschrift für Wirtschaft und Insolvenzrecht
EG	Europäische Gemeinschaft
EEG	Erneuerbare-Energien-Gesetz
EGV	Vertrag zur Gründung der Europäischen Gemeinschaft
Einl.	Einleitung
einschl.	einschließlich
EL	Ergänzungslieferung
Erl.	Erläuterung
ET	Energiewirtschaftliche Tagesfragen
etc.	et cetera
EuGH	Europäischer Gerichtshof
EuR	Europarecht (Zeitschrift)
EUV	EU-Vertrag von Maastricht
EuZW	Europäische Zeitschrift für Wirtschaftsrecht
EWGV	Vertrag zur Gründung der Europäischen Wirtschaftsgemeinschaft
f.	folgende (Seite etc.)
ff.	folgende (Seiten etc.)
FGPrax	Praxis der freiwilligen Gerichtsbarkeit
Fn.	Fußnote
Frankfurt a.M.	Frankfurt am Main
Frhr.	Freiherr
FS	Festschrift
G	Gericht, Gesetz
GbR	Gesellschaft bürgerlichen Rechts
gem.	gemäß

GenTG	Gentechnikgesetz
GewArch	Gewerbearchiv (Zeitschrift)
GewO	Gewerbeordnung
GG	Grundgesetz
ggf.	gegebenenfalls
ggü.	gegenüber
GmbH	Gesellschaft mit beschränkter Haftung
GmbHG	Gesetz betreffend die Gesellschaften mit beschränkter Haftung
GmbHR	GmbH-Rundschau (Zeitschrift)
GMBl	Gemeinsames Ministerialblatt
GRUR	Gewerblicher Rechtsschutz und Urheberrecht (Zeitschrift)
GV/ GVBl.	Gesetz- und Verordnungsblatt
HaftPflG	Haftpflichtgesetz
Hg.	Herausgeber
HGB	Handelsgesetzbuch
h.M.	herrschende Meinung
Hs.	Halbsatz
IE-Richtlinie	Richtlinie über Industrieemissionen
I.E./ i.E.	im Ergebnis
I+E	Zeitschrift für Immissionsschutzrecht und Emissionshandel
i.e.S.	im engeren Sinne
insb.	insbesondere
IR	InfrastrukturRecht (Zeitschrift)
i.S.	im Sinne
i.S.d.	im Sinne des/der
i.S.v.	im Sinne von
i.Ü.	im Übrigen
i.V.m.	in Verbindung mit

IVU-Richtlinie	Richtlinie über die integrierte Vermeidung und Verminderung der Umweltverschmutzung
JMBl LSA	Justizministerialblatt für das Land Sachsen-Anhalt
Jura	Juristische Ausbildung (Zeitschrift)
JuS	Juristische Schulung (Zeitschrift)
JZ	Juristenzeitung (Zeitschrift)
Kfz.	Kraftfahrzeug
KG	Kommanditgesellschaft
KGaA	Kommanditgesellschaft auf Aktien
krit.	kritisch
KrW-/AbfG	Kreislaufwirtschafts- und Abfallgesetz
KrWG	Kreislaufwirtschaftsgesetz
KWK	Kraft-Wärme-Kopplung
KWKG	Kraft-Wärme-Kopplungsgesetz
LAG	Landesarbeitsgericht
LAI	Bund/Länder-Arbeitsgemeinschaft Immissionsschutz
lit.	litera (Buchstabe)
Lit.	Literatur
LKV	Landes- und Kommunalverwaltung (Zeitschrift)
LKRZ	Zeitschrift für Landes- und Kommunalrecht
m.w.B.	mit weiteren Beispielen
m.w.N.	mit weiteren Nachweisen
NdsRpfl	Niedersächsische Rechtspflege (Zeitschrift)
n.F.	neue Fassung
NJW	Neue Juristische Wochenschrift (Zeitschrift)
NordÖR	Zeitschrift für öffentliches Recht in Norddeutschland
Nr.	Nummer
NVwZ	Neue Zeitschrift für Verwaltungsrecht
NVwZ-RR	NVwZ-Rechtsprechungs-Report (Zeitschrift)
NRW	Nordrhein-Westfalen
NuR	Natur und Recht (Zeitschrift)

NZA	Neue Zeitschrift für Arbeitsrecht
NZG	Neue Zeitschrift für Gesellschaftsrecht
NZM	Neue Zeitschrift für Miet- und Wohnungsrecht
OHG	Offene Handelsgesellschaft
OLG	Oberlandesgericht
OVG	Oberverwaltungsgericht
OVGE BE	Entscheidungen des Oberverwaltungsgerichts Berlin
OWiG	Gesetz über Ordnungswidrigkeiten
RdE	Recht der Energiewirtschaft
RL	Richtlinie
Rn.	Randnummer
Rspr.	Rechtsprechung
S.	Seite
s.	siehe
SeeAnlV	Seeanlagenverordnung
Slg.	Sammlung der Rechtsprechung des (Europäischen) Gerichtshofs
sog.	sogenannt
Sp.	Spalte
SprengG	Sprengstoffgesetz
SprengV	Verordnung zum Sprengstoffgesetz
StGB	Strafgesetzbuch
StörfallVO	Störfallverordnung
str.	strittig
StVG	Straßenverkehrsgesetz
TA Lärm	Technische Anleitung zum Schutz gegen Lärm
TA Luft	Technische Anleitung zur Reinhaltung der Luft
TEHG	Treibhausgas-Emissionshandelsgesetz
u.	und
u.a.	und andere
UHRL	Umwelthaftungsrichtlinie

UmweltHG	Umwelthaftungsgesetz
UmweltHR	Umwelthaftungsrecht
UmwG	Umwandlungsgesetz
UPR	Umwelt- und Planungsrecht (Zeitschrift)
Urt.	Urteil
USchadG	Umweltschadensgesetz
usw.	und so weiter
UTR	Jahrbuch des Umwelt- und Technikrechts
u.U.	unter Umständen
UVP	Umweltverträglichkeitsprüfung
UVPG	Gesetz über die Umweltverträglichkeitsprüfung
v.	vom
Var.	Variante
VAUwS	Verordnung über Anlagen zum Umgang mit wassergefährdenden Stoffen
VBlBW	Verwaltungsblätter für Baden-Württemberg (Zeitschrift)
VersR	Zeitschrift für Versicherungsrecht
VerwArch	Verwaltungsarchiv (Zeitschrift)
VG	Verwaltungsgericht
VGH	Verwaltungsgerichtshof
Vgl./ vgl.	vergleiche
VO	Verordnung
Voraufl.	Vorauflage
Vorb.	Vorbemerkung
VRS	Verkehrsrechtssammlung
VwGO	Verwaltungsgerichtsordnung
VBlBW	Verwaltungsblätter für Baden-Württemberg
VwVfG	Verwaltungsverfahrensgesetz des Bundes bzw. des jeweiligen Landes
VwVG	Verwaltungsvollstreckungsgesetz
WaffG	Waffengesetz

WasgefSAnlV	Verordnung über Anlagen zum Umgang mit wassergefährdenden Stoffen
WHG	Wasserhaushaltsgesetz
z.B.	zum Beispiel
zit.	zitiert
z.T.	zum Teil
ZfBR	Zeitschrift für deutsches und internationales Bau- und Vergaberecht
ZfW	Zeitschrift für Wasserrecht
ZGR	Zeitschrift für Unternehmens- und Gesellschaftsrecht
ZHR	Zeitschrift für das gesamte Handels- und Wirtschaftsrecht
ZInsO	Zeitschrift für das gesamte Insolvenzrecht
ZIP	Zeitschrift für Wirtschaftsrecht
ZNER	Zeitschrift für Neues Energierecht
ZOV	Zeitschrift für offene Vermögensfragen
ZPO	Zivilprozessordnung
ZuG	Zuteilungsgesetz
ZUM-RD	Zeitschrift für Urheber- und Medienrecht – Rechtsprechungsdienst
ZUR	Zeitschrift für Umweltrecht
ZuV	Zuteilungsverordnung

Teil 1. Einleitung

Wer „Betreiber" einer Anlage ist, spielt für die umweltrechtliche Praxis eine wichtige Rolle. Der Gesetzgeber knüpft insbesondere im Immissionsschutzrecht mit einer Vielzahl von Rechtsvorschriften an den Begriff des Betreibers an und erklärt diesen zum Adressat wesentlicher Pflichten (z.B. Genehmigungs-, Schutz-, Vorsorgepflichten) und einschneidender Rechtsfolgen.[1] Der Betreiber trägt aufgrund seiner Betreibereigenschaft das Risiko, Täter einer Straftat nach §§ 324 ff. StGB oder einer Ordnungswidrigkeit z.B. nach § 62 Bundes-Immissionsschutzgesetz (BImSchG[2]) zu sein, sowie das Risiko einer umfangreichen Haftung. Es ist daher und angesichts des großen sachlichen Anwendungsbereichs des BImSchG bemerkenswert, dass der Begriff des Betreibers einer Anlage im BImSchG nicht definiert ist (vgl. „Begriffsbestimmungen" des § 3 BImSchG). Auch eine vergleichbare gesetzliche Klarstellung zu diesem Begriff wurde nicht vorgenommen. In Umweltgesetzen mit einem vergleichsweise relativ eingeschränkten sachlichen Anwendungsbereich – im Erneuerbare-Energien-Gesetz (EEG) in § 3 Nr.2, im Gentechnikgesetz (GenTG) in § 3 Nr.7 und in der Deponieverordnung in § 2 Nr.12 – hat der Gesetzgeber demgegenüber den Begriff des Betreibers geregelt.

Warum der Gesetzgeber insbesondere im Immissionsschutzrecht nicht gesetzgeberisch tätig geworden ist, erschließt sich auch vor dem Hintergrund der bisherigen Rechtsprechung nicht.[3] Der Rechtsanwender wird (nur) vereinzelt auf Definitionen des Betreiberbegriffs in der höchstrichterlichen Rechtsprechung des *Bundesverwaltungs-*[4] und *Bundesverfassungsgerichts*[5] sowie in der

1 *Sellner/Reidt/Ohms*, Immissionsschutzrecht, 1. Teil, B.IV., Rn.31; *Müggenborg*, Industrieparks, S.71 Rn.144; *ders.*, DVBl 2001, 417 (421). Ausf. hierzu s. unten Teil 2 u. Teil 3.

2 BImSchG in der Fassung der Bekanntmachung vom 17. Mai 2013, BGBl I S.1274, geändert durch Art.1 G v. 2. Juli 2013, BGBl I 1943.

3 Hierzu s. unten Teil 4.

4 Vgl. *BVerwG*, Urt. v. 22.10.1998 – 7 C 38/97 –, BVerwGE 107, 299 (301) = BB 1999, 391 (392 – Betreiberhaftung eines Konkursverwalters); *dass.*, Urt. v. 25.8.2005 – 7 C 25/04 –, GewArch 2006, 170 (Betreiber bei Stilllegung der Anlage).

5 Vgl. *BVerfG*, Urt. v. 7.5.1998 – 2 BvR 1876/91, 2 BvR 1083/92, 2 BvR 2188/92, 2 BvR 2200/92, 2 BvR 2624/94 –, BVerfGE 98, 83 (Abfallabgabe). Siehe auch BVerfG, Nichtannahmebeschl. v. 14.1.2010 – 1 BvR 1627/09 – NVwZ 2010, 771 (Legehennenanlage).

Rechtsprechung der Oberverwaltungsgerichte[6] bzw. Verwaltungsgerichtshöfe[7] und einfachen Verwaltungsgerichte[8] stoßen. Eine Untersuchung dieser Rechtsprechung wird insoweit jedoch zeigen, dass der Betreiberbegriff auch nicht von etwaiger „drei Jahrzehnte währender Rechtspraxis und Rechtsprechung hinreichend ausgeformt" ist.[9] Eine konkrete Anleitung, mit der sich der Betreiber in jeder Konstellation ohne weiteren Untersuchungsaufwand bestimmen lässt, bietet die Rechtsprechung nicht. Vielmehr werden zum überwiegenden Teil verschiedene (rechtliche, tatsächliche und wirtschaftliche) Merkmale zur Betreiberbestimmung aneinandergereiht und in ein Alternativverhältnis gesetzt.[10] Die bisherige Rechtspraxis lässt eine einfache Lösung nach wie vor vermissen und bedeutet Rechtsunsicherheit für den Rechtsanwender. Er steht vor der Aufgabe, für seine Rechtsangelegenheit die „richtige" Gewichtung der einschlägigen Merkmale zur Bestimmung des Betreibers zu finden. Die vorliegende Arbeit setzt sich mit diesen Betreiberkriterien auseinander und soll bei der Einordnung der Merkmale und ihrer Gewichtung eine Hilfestellung bieten.

Die nachfolgende Untersuchung wird zeigen, dass die Literatur oftmals (ebenfalls) nicht hilfreich bei der Bestimmung des Betreibers sein wird. Teilweise verwendet sie bei der Begriffsbestimmung die in der Rechtsprechung angeführten

---

6 Vgl. *OVG Berlin-Brandenburg*, Beschl. v. 17.4.2007 – OVG 11 S 54/06 –, ZInsO 2008, 1088 (Kunststoffaufbereitungsanlage); *dass.*, Beschl. v. 3.4.2008 – OVG 11 S 6/07, OVG 11 L 2/07 –, AbfallR 2008, 151 (Recyclinganlage); *OVG Lüneburg*, Urt. v. 25.9.2003 – 1 LC 276/02 –, NuR 2004, 125 (Windpark); *OVG Münster*, Urt. v. 26.11.1999 – 21 A 891/98 –, NJW 2000, 2124 (bzgl. Anordnung nach dem NWImSchG) m.w.N.; *dass.*, Beschl. v. 27.11.2008 – 8 B 1476/08 – , NVwZ-RR 2009, 462 (463 – zur Stilllegung eines Kraftwerks als gemeine Anlage); *dass.*, Urt. v. 11.12.2012 – 8 A 722/11 – (Kaltband- und Stahlwerk im Industriepark).

7 *VGH München*, Urt. v. 4.5.2005 – 22 B 99/2208, 22 B 99/2209 –, NVwZ-RR 2006, 537 (Insolvenzverwalter); *VGH Mannheim*, Urt. v. 15.12.1987 – 10 S 240/86 –, DVBl 1988, 542 (543 –Abfallbeseitigungsanlage); *ders.*, Beschl. v. 17.4.2012 – 10 S 3127/11 –, NVwZ-RR 2012, 460 (Insolvenzverwalter).

8 Vgl. *VG Ansbach*, Urt. v. 16.3.2005 – AN 11 K 04/00173 – (nicht genehmigungsbedürftige Anlagen); *VG Berlin*, Urt. v. 13.6.1988 – 13 A 175/87 – (Motorsportanlage), unveröffentlicht; *VG Halle*, Urt. v. 24.08.2010 – 2 A 278/08 – (Zerlegebetrieb); *VG München*, Urt. v. 20.8.2002 – M 16 K 99/4960 – (Schrottplatz). Siehe auch *VG Meiningen*, Urt. v. 1.12.1999 – 2 K 1332/97.Me –, LKV 2000, 410 (Deponie i.S. KrWG).

9 A.A. *Vierhaus*, in: Körner/Vierhaus, TEHG, § 3 Rn.30.

10 Hierzu s. unten Teil 4.

Betreibermerkmale oder alternativ zum Betreiberbegriff den Begriff „Inhaber der Anlage“[11], ohne einen Bezug zum einschlägigen Umweltgesetz und dessen (Schutz-)Zwecke herzustellen. Hinzukommt, dass sich die Literatur in der Vergangenheit nur partiell intensiv mit der Auslegung des Betreiberbegriffs und den vielen Folgefragen beschäftigt hat.[12] Dies fällt insbesondere bei der Suche nach Lösungen im Zusammenhang mit Mehrpersonenverhältnissen[13] und Konstellationen mit mehreren oder mehrteiligen Anlagen auf. Fragen zum Verhältnis von Gesellschaftsrecht und Umweltrecht, zur Betreiberstellung im Konzern sowie zur Betreiberstellung bei Verschmelzungen und Spaltungen von Unternehmen wurden bislang nur selten beleuchtet und sollen daher im Rahmen dieser Arbeit näher untersucht werden.

Die Frage, wer Betreiber im Immissionsschutzrecht ist, ist (auch) aus aktuellem Anlass spannend: Mit der Ersetzung der IVU-Richtlinie[14] durch die Richtlinie über Industrieemissionen vom 24. November 2010 (IE-Richtlinie)[15] bestimmt der europäische Richtliniengeber unter Abkehr vom Grundsatz der Betreiberidentität den Betreiberbegriff neu und wirft Fragen der Vereinbarkeit

---

11 Siehe etwa § 1 UmweltHG, § 22 Abs.2 WHG a.F. Siehe unten Teil 3 § 4 u. § 5.

12 Zu nennen wären im Hinblick auf das Immissionsschutzrecht *Friedrich*, NVwZ 2002, 1174 ff.; im Hinblick auf Industrieparks *Müggenborg*, Industrieparks, 2008, S.72 ff. Rn.145 ff.; *ders.*, Chemie Technik 2003, 109; *Bratke*, Industrieparks, 2004, S.7 ff.; im Hinblick auf den Anlageninhaber i.S.d. WHG, UmweltHG, AtomG bzw. im Hinblick auf den Betreiber i.S.d. BImSchG *Ossenbühl*, Umweltgefährdungshaftung im Konzern, 1999, S.31 ff.; im Hinblick auf gesellschafts- und zivilrechtliche Einflüsse auf den Betreiberbegriff *Spindler*, in: FS Feldhaus, Der Betreiberbegriff im Umweltrecht: gesellschafts- und zivilrechtliche Einflüsse, 1999, S.25; im Hinblick auf das Gesellschaftsrecht, Industrieparks und verschiedene Gesetze *Spindler/Peter*, in: Jochum u.a., Industriepark und Störfallrecht, 2002; im Hinblick auf Flüssiggasbehälter *Wasielewski*, GewArch 1993, 103; im Hinblick auf das Umweltstrafrecht *Witteck*, Der Betreiber im Umweltstrafrecht, 2003, S.28 ff.

13 Siehe nur *Friedrich*, NVwZ 2002, 1174 (1175 ff.). Hierzu s. unten Teil 5.

14 RL 2008/1/EG des *Europäischen Parlaments* und des *Rates* vom 15. Januar 2008 über die integrierte Vermeidung und Verminderung der Umweltverschmutzung, ABl. Nr. L 24 vom 29. Januar 2008, S.8.

15 Industrieemissionen-Richtlinie 2010/75/EU des *Europäischen Parlaments* und des *Rates* vom 24. November 2010 über Industrieemissionen (integrierte Vermeidung und Verminderung der Umweltverschmutzung), ABl. Nr. L 334 vom 17. Dezember 2010, S.17, u. die sog. Seveso III-Richtlinie, RL 2012/18/EU des *Europäischen Parlaments* und des *Rates*, ABl. EU Nr. L 197/1 vom 4. Juli 2012, zur Beherrschung der Gefahren schwerer Unfälle mit gefährlichen Stoffen, zur Änderung und anschließenden Aufhebung der RL 96/82/EG des *Rates*. Siehe unten Teil 2 § 4 III u. § 5 III.

des im deutschen Immissionsschutzrecht vertretenen Grundsatzes der Betreiberidentität mit dem EU-Recht auf. Diesem Thema hat sich die Literatur bislang nicht gewidmet. Die vorliegende Arbeit soll diesbezüglich neue Erkenntnisse schaffen.

Weiteren Anlass für eine Untersuchung des Betreiberbegriffs bieten die Novellierung des TEHG, die einen Wechsel vom Begriff des Verantwortlichen zum Betreiberbegriff vorsieht[16], sowie die Novellierung des Wasserhaushaltsgesetzes (WHG), die zu einer Ersetzung des Inhaberbegriffs durch den Betreiberbegriff geführt hat[17]. Im Folgenden wird daher untersucht, ob diese Neuerungen Hinweise für den Begriff des Anlagenbetreibers des BImSchG enthalten.

Darüber hinaus haben sich bislang weder Rechtsprechung noch Literatur mit dem Betreiberbegriff nach der Seeanlagenverordnung (SeeAnlV), der nicht legaldefiniert ist, beschäftigt, obwohl dies für die Praxis z.B. in Bezug auf Windparks von großer Bedeutung ist. Auch im Rahmen der Novellierung der SeeAnlV Anfang 2012 wurden keine Klarstellungen zum Inhalt des Betreiberbegriffs vorgenommen, so dass sich weiterhin die Frage stellt, in welchem Verhältnis der Betreiberbegriff der SeeAnlV zum Betreiberbegriff des Immissionsschutzrechts sowie Energiewirtschaftsrechts (EEG oder KWKG) steht. Die nachfolgende Untersuchung zielt auch insoweit auf neue Erkenntnisse ab.

Die vorliegende Arbeit versucht, vorrangig anhand der Vorschriften des Immissionsschutzrechts, das zu den ältesten und wichtigsten Bereichen des Umweltrechts gehört,[18] die bislang in Literatur und Rechtsprechung herausgearbeiteten Kriterien zur Bestimmung des Betreiberbegriffs i.S.d. BImSchG ermitteln, einzuordnen und zu präzisieren, Folgefragen zu klären sowie ein Konzept zur Lösung schwieriger praxisrelevanter Konstellationen zu geben. Zur Einordnung des Betreiberbegriffs i.S.d. BImSchG stellt die Arbeit Bezüge zu weiteren vornehmlich umweltrechtlichen Gesetzen her, in denen der Betreiberbegriff oder ähnliche Begriffe verwendet werden, namentlich zum EEG, WHG, Treibhausgas-Emissionshandelsgesetz (TEHG a.F./ n.F.), Kraft-Wärme-Kopplungsgesetz (KWKG), Umwelthaftungsgesetz (UmweltHG), Umweltschadensgesetz (USchadG) und zur Seeanlagenverordnung (SeeAnlV). Diese Gesetze – mit Ausnahme der SeeAnlV – finden auch in Rechtsprechung und Literatur bei der Bestimmung des Betreiberbegriffs Erwähnung. Nicht in diesem

16 Hierzu s. unten Teil 3 § 1.
17 Hierzu s. unten Teil 3 § 4.
18 Vgl. BT-Drs. 7/179, S.27.

Umfang werden zur Eingrenzung insbesondere das Kreislaufwirtschaftsgesetz (KrWG)[19], das Bundes-Bodenschutzgesetz (BBodSchG), das GenTG[20], das AtomG[21], das Energiewirtschaftsgesetz und das Benzinbleigesetz behandelt.

Im Rahmen des BImSchG konzentriert sich die Untersuchung im Wesentlichen auf den Betreiberbegriff im Zusammenhang mit genehmigungsbedürftigen Anlagen nach §§ 4 ff. BImSchG und der 4. BImSchV, die von besonderer Praxisrelevanz sind. Der Betreiber nicht genehmigungsbedürftiger Anlagen nach den §§ 22–25 BImSchG[22] wird lediglich im Kontext mit mehreren Anlagen angesprochen. Zur Eingrenzung bleiben Anlagen des Bergwesens und Tagebaue i.S.d. § 4 Abs.2 BImSchG unberücksichtigt, ebenso wie spezielle immissionsschutzrechtliche und strafrechtliche Regelungen im Zusammenhang mit Abfallentsorgungsanlagen. Die Untersuchung berührt umstrittene Fragen zu einzelnen Tatbestandsmerkmalen der beleuchteten Gesetze, die jedoch für diese Arbeit nicht zentral sind und auf die naturgemäß nicht eingegangen werden kann. Insoweit wird regelmäßig der Rechtsprechung oder herrschenden Literaturmeinung gefolgt.

Ziel der Untersuchung ist es, die maßgeblichen Kriterien für den Betreiberbegriff zu ermitteln, ihre Bedeutung und Gewichtung in unterschiedlichen für Wissenschaft und Praxis relevante Konstellationen (Anlagen-, Mehrpersonenverhältnisse, Rechtsnachfolge) aufzuzeigen und neue materielle Erkenntnisse zu bringen. Daher wird der Begriff des Betreibers zunächst anhand zahlreicher immissionsschutzrechtlicher Vorschriften einschließlich des Störfallrechts im Wege der am Wortlaut orientierten, systematischen und teleologischen Auslegung untersucht und zu ähnlichen vom Gesetzgeber verwandten Begriffen (z.B. Vorhabenträger, Inhaber der Anlage) abgegrenzt. Hierbei soll auch die Stimmigkeit der behandelten Vorschriften hinterfragt werden. Ein Kernstück der Arbeit bildet die Untersuchung des Betreiberbegriffs im Hinblick auf die europäische

19 Kreislaufwirtschaftsgesetz vom 24. Februar 2012, BGBl I S.212, zuletzt geändert durch § 44 Abs.4 des Gesetzes vom 22. Mai 2013, BGBl I S.1324.

20 Der Betreiberbegriff des § 3 Nr.7 GenTG ist der amtlichen Begründung zum GenTG zu Folge an den Begriff des pharmazeutischen Unternehmers nach § 4 Nr.18 Arzneimittelgesetz angelehnt, s. *Hirsch/Schmidt-Didczuhn*, GenTG, § 3 Rn.56. Danach hat der gentechnische Betreiberbegriff keinen umweltrechtlichen Hintergrund i.e.S. Siehe auch *Spindler/Peter*, in: Jochum u.a., Industriepark und Störfallrecht, Rn.260.

21 Zum Inhaberbegriff im Sinne des AtomG s. *Spindler/Peter*, in: Jochum u.a., Industriepark und Störfallrecht, Rn.251.

22 Bei nicht genehmigungsbedürftigen Anlagen dürfen Landesgesetzgeber gemäß § 22 Abs.2 BImSchG weitergehende Regelungen erlassen.

Rechtssetzung. Nach einer Analyse der mit der Ersetzung der IVU-Richtlinie durch die IE-Richtlinie einhergehenden neuen Bestimmung des Betreiberbegriffs durch den europäischen Richtliniengeber und dessen Abkehr vom Grundsatz der Betreiberidentität widmet sich die Arbeit der Bedeutung der Vorgaben des europäischen Richtliniengebers für das deutsche Immissionsschutzrecht. In einem weiteren Kapitel werden die seitens der Rechtsprechung und des Schrifttums entwickelten Kriterien mit den im Rahmen der systematischen und teleologischen Auslegung erarbeiteten Kriterien abgeglichen. Dies soll zu weiterer Klärung des Betreiberbegriffs führen. Im letzten Teil der Untersuchung wird der Betreiberbegriff im Zusammenhang mit praxisrelevanten Mehrpersonen-Konstellationen untersucht. Dabei sollen die Betreiberkriterien auf ihre Eignung im gesellschaftsrechtlichen Kontext überprüft werden. Die Arbeit beschäftigt sich insbesondere mit der Frage, wer Betreiber einer Anlage in einem Konzern ist. Anschließend wird die Rechtsnachfolge in Rechte und Pflichten des Anlagenbetreibers beleuchtet und Verschmelzungen und Spaltungen von Unternehmen. Danach ist beabsichtigt aufzuzeigen, welche weiteren Probleme sich in Industrieparks, bei denen Mehrpersonenverhältnisse und eine Vielzahl von (auch verbundenen) Anlagen vorzufinden sind, im Hinblick auf die Betreiberstellung ergeben können. Schließlich wird der Versuch unternommen, anhand der Untersuchungsergebnisse eine praxisgerechte Definition des Betreiberbegriffs i.S.d. BImSchG zu entwickeln.

Die folgende Untersuchung gliedert sich in fünf Abschnitte. Der erste Abschnitt (Teil 2) befasst sich mit zahlreichen Regelungen des BImSchG einschließlich einzelner, hiernach erlassener Rechtsverordnungen und zu Grunde liegender Richtlinien, die Rückschlüsse auf die Bestimmung des Betreiberbegriffs i.S.d. BImSchG geben können. Im nächsten Teil (Teil 3) hat die Arbeit die Begriffe Betreiber, Inhaber und Verantwortlicher, die die Gesetze TEHG (§ 1), EEG (§ 2 I.), KWKG (§ 2 II.), SeeAnlV (§ 3), WHG (§ 4), UmweltHG (§ 5) bzw. USchadG (§ 6) enthalten, und deren Abgrenzung zum Betreiberbegriff i.S.d. BImSchG zum Gegenstand. Anschließend werden die von der Rechtsprechung und der Literatur entwickelten Betreibermerkmale untersucht (Teil 4). Der vierte Abschnitt (Teil 5) befasst sich mit der besonderen Bedeutung des Betreiberbegriffs für den Rechtsverkehr. Dabei thematisiert die Arbeit den immissionschutzrechtlichen Betreiberbegriff im Hinblick auf juristische Personen und Personenvereinigungen (§ 1), Konzerne (§ 2), Rechtsnachfolge (§ 3) und Industrieparks (§ 4). Im letzten Abschnitt (Teil 6) wird auf Grundlage der vorigen Untersuchungsabschnitte eine Definition zur Bestimmung des Betreibers entwickelt.

Teil 2. Immissionsschutzrechtliche Vorschriften, die Rückschlüsse auf den Inhalt und die Bedeutung des Betreiberbegriffs geben

Der Gesetzgeber hat keine Definition des Begriffs „Betreiber“ im BImSchG aufgenommen, obwohl der reine Wortlaut des Begriffs nicht selbsterklärend ist, es für die Anwendung zahlreicher immissionsschutzrechtlicher Vorschriften auf den Begriff des Betreibers ankommt und sich daher eine Definition z.B. in den „Begriffsbestimmungen“ des § 3 BImSchG angeboten hätte. Ebenso wenig ist der Betreiberbegriff in den Immissionsschutzgesetzen der Länder[23] legaldefiniert. Rückschlüsse aus verwandten Begriffen wie z.B. „Betriebsbereich“ gem. § 3 Abs.5a BImSchG sind nicht möglich, weil sie wiederum eine Betreiberbegriffsbestimmung voraussetzen.

Der Terminus „Betreiber“ legt lediglich die Deutung nahe, dass es sich bei diesem um jemanden handelt, der eine Anlage „betreibt“, und damit um jemanden, der die „Oberhand“ über die Anlage hat. Aber diese Interpretation reicht für eine präzise rechtliche Subsumtion nicht aus. Offensichtlich ist der Gesetzgeber bei der Verwendung des Begriffs davon ausgegangen, dass sich die Frage des Betreiberbegriffs im Wege der üblichen Auslegungsmethoden beantworten lässt. Im Folgenden wird daher zunächst der Gesetzeskontext untersucht, in dem der Betreiberbegriff steht. Dabei werden diejenigen Vorschriften des BImSchG einschließlich auf ihm beruhender Rechtsverordnungen vor dem Hintergrund des Gesetzeszwecks beleuchtet, die für den Inhalt des Betreiberbegriffs von Bedeutung sein können, weil sie den Betreiberbegriff verwenden oder im Zusammenhang mit ihm stehen. In Vorbereitung auf die spätere Untersuchung komplexer Betreiberkonstellationen werden dabei auch einige technische Bestimmungen (insb. im Zusammenhang mit der immissionsschutzrechtlichen Genehmigung) erläutert.

§ 1. Der Betreiber einer genehmigungsbedürftigen Anlage

I. Anlage nach § 3 Abs.5 BImSchG

Der Betreiber des BImSchG ist Anlagenbetreiber. Der untersuchte Betreiberbegriff steht folglich im unmittelbaren Zusammenhang mit dem Begriff der Anlage

23 Vgl. Bayerisches Immissionsschutzgesetz vom 8. Oktober 1974, GVBl. S.499; Landes-Immissionsschutzgesetz NRW vom 18. März 1975, GV NRW, S.232.

im umweltrechtlichen Sinne.[24] Zunächst bedarf es daher einer Vorstellung des Begriffs „Anlage".

Das Umweltrecht kennt keinen einheitlichen Anlagenbegriff. Je nach Gesetzeszweck hat er einen anderen Inhalt, wobei auch Gemeinsamkeiten vorliegen können.[25] Der Anlagenbegriff des BImSchG ist ebenso wie der Betreiberbegriff von weitreichender Bedeutung: Über ihn wird der Anwendungsbereich der wesentlichen Regelungsabschnitte des BImSchG bestimmt,[26] da die Vorschriften des BImSchG vornehmlich anlagenbezogen sind.[27] Die Vorschriften des BImSchG sollen vor schädlichen Umwelteinwirkungen (§ 3 Abs.1 BImSchG[28]) schützen, die von Anlagen – vor allem von industriell-gewerblichen Anlagen (Kraftwerke, Fabriken) ausgehen können (§ 1 BImSchG). Der Schutz vor Gefährdungen durch Luftverunreinigungen und Lärm steht dabei im Vordergrund.[29] Wann derartige, von Anlagen ausgehende Umwelteinwirkungen schädlich sind, ist teilweise spezialgesetzlich festgelegt, z.B. über Grenz- bzw. Richtwerte in der Großfeuerungsanlagenverordnung (13. BImSchV), in der Verordnung über Luftschadstoffe (22. BImSchV), in den Technischen Anleitungen zur Reinhaltung der Luft (TA Luft) bzw. zum Schutz gegen Lärm (TA Lärm).[30]

---

24 *Mühlbauer*, Emissionshandel, S.79.

25 *Sundermann*, in: Kimminich/von Lersner/Storm, Handwörterbuch, Stichwort „Anlage".

26 *Sparwasser/Engel/Voßkuhle*, Umweltrecht, § 10 Rn.125; *Henkel*, Der Anlagenbegriff des BImSchG, S.26.

27 Hierzu s. unten Teil 2 § 1 II u. § 3.

28 Danach sind schädliche Umwelteinwirkungen „Immissionen, die nach Art, Ausmaß oder Dauer geeignet sind, Gefahren, erhebliche Nachteile oder erhebliche Belästigungen für die Allgemeinheit oder die Nachbarschaft herbeizuführen". Folgende zwei wesentliche Merkmale müssen vorliegen: geeignete Immissionen sowie eine gewisse von den Immissionen ausgehende Schädlichkeit, s. *Jarass*, BImSchG, § 3 Rn.21. Immissionen sind nach § 3 Abs.2 BImSchG „auf Menschen, Tiere und Pflanzen, den Boden, das Wasser, die Atmosphäre sowie Kultur- und sonstige Sachgüter einwirkende Luftverunreinigungen, Geräusche, Erschütterungen, Licht, Wärme, Strahlen und ähnliche Umwelteinwirkungen".

29 Vgl. BT-Drs. 7/179, S.27 f.; *Jarass*, BImSchG, Einl. Rn.4. Weitere Gefährdungen können z.B. in Erschütterungen, Licht, Wärme und (nichtionisierenden) Strahlen bestehen.

30 Fehlt eine spezialgesetzliche Konkretisierung, ist darauf abzustellen, ob die Umwelteinwirkungen zu negativen Effekten führen, die in der Gefahr für die in § 1 BImSchG aufgeführten Schutzgüter, in erheblichen Belästigungen körperlicher oder seelischer Art oder in sonstigen Nachteilen (z.B. Vermögenseinbußen infolge erhöhter Aufwendungen) liegen können, s. *Jarass*, BImSchG, § 3 Rn.28; *Kutscheid,* in: Landmann/

Im BImSchG ist eine Legaldefinition des Anlagenbegriffs in den „Begriffsbestimmungen" enthalten. Sie knüpft an die früheren §§ 16 ff. GewO an[31] und ist daher „im weitesten Sinne zu verstehen"[32]. Als Anlagen im Sinne des BImSchG werden in § 3 Abs.5 BImSchG drei Gruppen[33] benannt:

„1. Betriebsstätten und sonstige ortsfeste Einrichtungen,
2. Maschinen, Geräte und sonstige ortsveränderliche technische Einrichtungen sowie Fahrzeuge, soweit sie nicht der Vorschrift des § 38 unterliegen, und
3. Grundstücke, auf denen Stoffe gelagert oder abgelagert oder Arbeiten durchgeführt werden, die Emissionen verursachen können, ausgenommen öffentliche Verkehrswege."

Das BImSchG geht in seinen anlagebezogenen Vorschriften, z.B. in den §§ 4 ff., 20, 25 BImSchG, regelmäßig von einem „Betrieb" der Anlage aus.[34] Es handelt sich um „technisches Recht"[35]. Folglich ist der Anlagenbegriff des § 3 Abs.5 BImSchG auf solche Anlagen zu begrenzen, die in irgendeiner Form betrieben[36] werden, d.h. in technischer Hinsicht oder in organisatorischer Hinsicht. Das

---

Rohmer, BImSchG, § 3 Rn.10a ff. Gesundheitsschäden sind regelmäßig erheblich, siehe nur *BVerwG*, Urt. v. 23.5.1991 – 7 C 19/9 –, BVerwGE 88, 210 (213) = NVwZ 1991, 886 (888); *Jarass*, BImSchG, § 3 Rn.29. Im Übrigen liegt Erheblichkeit vor, wenn die negativen Effekte das nach Art, Intensität und Dauer einem Durchschnittsmenschen zumutbare Maß überschreiten, siehe nur *BVerwG*, Urt. v. 12.12.1975 – IV C 71/73 –, BVerwGE 50, 49 (55) = DVBl 1976, 214 (216); *dass.*, Urt. v. 7.5.1996 – 1 C 10/95 –, BVerwGE 101, 157 (162) = NVwZ 1997, 276 (277). Ausf. *Jarass*, BImSchG, § 3 Rn.46 ff. Auch die Vorbelastung der Umgebung, die durch die Anlage eintretende zusätzliche Belastung und die Gesamtbelastung des Gebietes werden berücksichtigt, siehe nur *BVerwG*, Urt. v. 16.5.2001 – 7 C 16/00 –, NVwZ 2001, 1167 (1169).

31 Vgl. BT-Drs. 7/179, S.30. Die angegebenen GewO-Vorschriften beziehen sich auf die Gewerbeordnung für den Norddeutschen Bund vom 21.6.1869. Ausf. zu der historischen Entwicklung der Regelungen des Anlagenzulassungsrechts vor Inkrafttreten des BImSchG *Witteck*, Der Betreiber im Umweltstrafrecht, S.40 f.

32 Vgl. BT-Drs. 7/179, S.29; *BVerwG*, Beschl. v. 11.4.1986 – 7 B 58/86 –, AgrarR 1987, 232; *Feldhaus*, in: Feldhaus, BImSchG, § 3 Rn.11; *Jarass*, BImSchG, § 3 Rn.66; *ders.*, NVwZ 1995, 529 (530); *Sellner/Reidt/Ohms*, Immissionsschutzrecht, 1. Teil, B.II., Rn.18.

33 Zu den Anlagengruppen im Einzelnen *Jarass*, BImSchG, § 3 Rn.69 ff.; *Kutscheidt*, in: Landmann/Rohmer, BImSchG, § 3 Rn.25 ff. Zum Begriff der Betriebsstätte s. unten Teil 2 § 1 II 2.

34 *Jarass*, BImSchG, § 3 Rn.66; *Sellner/Reidt/Ohms*, Immissionsschutzrecht, 1. Teil, B.II., Rn.18.

35 BT-Drs. 7/179, S.27; *Kutscheidt*, in: Landmann/Rohmer, BImSchG, § 3 Rn.24.

36 *OVG Münster*, Urt. v. 26.11.1999 – 21 A 891/98 –, NJW 2000, 2124 (2125).

ungeschriebene Merkmal des Betreibens ist dabei in zeitlicher Hinsicht weit auszulegen, weil auch nach Einstellung des gesamten Betriebes einer Anlage („während eines Zeitraums von einem Jahr") Anordnungen gegen den Anlagenbetreiber nach § 17 Abs.4a S.2 i.V.m. § 5 Abs.3 BImSchG ergehen können.[37]

Anhaltspunkte für weitere Einschränkungen bietet die Definition der Anlage nach § 3 Abs.5 BImSchG nicht.[38] So spricht gegen eine Beschränkung des Anlagenbegriffs auf Anlagen, von denen bei bestimmungsgemäßer Nutzung Umwelteinwirkungen ausgehen und die nicht nur gelegentlich zur Durchführung von Arbeiten im weitesten Sinne genutzt werden,[39] dass das BImSchG auch Umwelteinwirkungen erfasst, die bei nicht bestimmungsgemäßem Betrieb entstehen (vgl. § 22 Abs.1 S.1 BImSchG).[40] Das BImSchG unterscheidet in seinen Vorschriften auch nicht zwischen Anlagen, die gewollt oder ungewollt Immissionen verursachen.[41] Ebenso wenig stellt es darauf ab, ob die Anlage aus wirtschaftlichen Zwecken betrieben wird. Es schließt vielmehr Anlagen ein, die für hoheitliche Tätigkeiten verwandt werden.[42] Andernfalls hätte der Gesetzgeber nicht zusätzlich in einzelnen immissionsschutzrechtlichen Vorschriften (z.B. in §§ 4 Abs.1 S.2, 20 Abs.1a S.1, 22 Abs.1 S.3 BImSchG) eine Beschränkung auf gewerblichen Zwecken oder wirtschaftlichen Unternehmungen dienende Anlagen vorgenommen.[43] Schließlich stellt der Anlagenbegriff des § 3 Abs.5 BImSchG nicht darauf ab, in welcher Rechtsform sich der Betreiber einer Anlage organisiert. Daher werden sowohl hoheitlich betriebene Anlagen als auch private, gewerbliche Einrichtungen vom Anwendungsbereich des BImSchG erfasst.[44]

---

37 *Sellner/Reidt/Ohms*, Immissionsschutzrecht, 1. Teil, B.II., Rn.20.

38 Siehe ausf. zu einschränkenden Kriterien *Henkel*, Der Anlagenbegriff des BImSchG, S.63 ff.

39 So *OVG Münster*, Urt. v. 26.11.1999 – 21 A 891/98 –, NJW 2000, 2124; *Koch*, in: GK-BImSchG, 2007, § 3 Rn.296; *Kutscheidt*, in: Landmann/Rohmer, BImSchG, § 3 Rn.23b, unter Hinweis auf den Bericht des Innenausschusses, BT-Drs. 7/1513, S.2; *ders.*, DÖV 1976, 663.

40 *Jarass*, BImSchG, § 3 Rn.67, § 22 Rn.7.

41 *BVerwG*, Urt. v. 29.4.1988 – 7 C 33.87 –, BVerwGE 79, 254 (256) = NJW 1988, 2396; *Jarass*, BImSchG, § 3 Rn.68, § 22 Rn.8; *Sparwasser/Engel/Voßkuhle*, Umweltrecht, § 10 Rn.129; a.A. *Ziegler*, UPR 1986, 170 (173).

42 *BVerwG*, Urt. v. 29.4.1988 – 7 C 33.87 –, BVerwGE 79, 254 (258) = NJW 1988, 2396 (2397); *Jarass*, BImSchG, § 3 Rn.68; *Kutscheidt*, in: Landmann/Rohmer, BImSchG, § 3 Rn.23b.

43 *BVerwG*, Urt. v. 29.4.1988 – 7 C 33/87 –, BVerwGE 79, 254 (256 f.) = NJW 1988, 2396 (2397); *Jarass*, BImSchG, § 2 Rn.14.

44 Vgl. BT-Drs. 7/179, S.30; *Sellner/Reidt/Ohms*, Immissionsschutzrecht, 1. Teil, B.II., Rn.22.

II. Die genehmigungsbedürftige Anlage

Von besonderer Bedeutung für die Auslegung des Betreiberbegriffs ist der erste Abschnitt des zweiten Teils des BImSchG, in dem das Recht der genehmigungsbedürftigen Anlagen aufgenommen ist, das für eine Vielzahl von Anlagen in Deutschland gilt[45]. Es soll nicht nur vor Immissionen, sondern auch vor sonstigen Einwirkungen und Gefahren schützen. Das Recht der genehmigungsbedürftigen Anlagen wird getrennt von den übrigen Teilen des BImSchG aufgeführt, die vornehmlich allein dem Immissions- und Störfallschutz zu dienen bestimmt sind.[46]

Nach § 4 Abs.1 S.1 BImSchG bedürfen einer Genehmigung

> „[d]ie Errichtung und der Betrieb von Anlagen, die aufgrund ihrer Beschaffenheit oder ihres Betriebs in besonderem Maße geeignet sind, schädliche Umwelteinwirkungen hervorzurufen oder in anderer Weise die Allgemeinheit oder die Nachbarschaft zu gefährden, erheblich zu benachteiligen oder erheblich zu belästigen, sowie von ortsfesten Abfallentsorgungsanlgen zur Lagerung oder Behandlung von Abfällen".

Aus § 4 Abs.1 S.1 BImSchG ergibt sich jedoch nicht, welche Anlagen als genehmigungsbedürftig einzustufen sind. Der Gesetzgeber hat gem. § 4 Abs.1 S.3 BImSchG die Bundesregierung ermächtigt, durch Rechtsverordnung diejenigen Anlagen zu bestimmen, die genehmigungsbedürftig sind. Dies hat er mit den Regelungen der Verordnung über genehmigungsbedürftige Anlagen, der 4. BImSchV (einschließlich der Anhänge zu dieser Verordnung) getan. Ihr kommt daher konstitutive Bedeutung[47] zu.

Die Anlagen, für die der Verordnungsgeber die Genehmigungsbedürftigkeit festschreibt, müssen nach § 4 Abs.1 S.1, 2 BImSchG ein bestimmtes, besonderes Beeinträchtigungspotenzial besitzen. Dieses besondere Beeinträchtigungspotenzial liegt nicht schon bei bloßer Emissionsrelevanz vor, wenn diese der Allgemeinheit oder Nachbarschaft zugemutet werden kann.[48] Vielmehr muss die Risikobeurteilung ergeben, dass die nachteiligen Folgen für die Allgemeinheit

---

45 BR-Drs. 314/12, S.40. Das Genehmigungsrecht für bestimmte, als gefährlich eingestufte emittierende Anlagen geht auf Regelungen der Preußischen Allgemeinen Gewerbeordnung vom 17. Januar 1845 zurück, s. *Jarass*, BImSchG, Einl. Rn.5, § 4 Rn.1.

46 *Jarass*, BImSchG, Einl. Rn.8.

47 *Dietlein*, in: Landmann/Rohmer, BImSchG, § 4 Rn.15; *Feldhaus*, in: Feldhaus, BImSchG, § 4 Rn.17; *Jarass*, BImSchG, § 4 Rn.4; *Schmidt-Kötters*, in: BeckOK, BImSchG, § 4 Rn.19.

48 *Schmidt-Kötters*, in: BeckOK, BImSchG, § 4 Rn.25 ff.; a.A. *Feldhaus*, in: Feldhaus, BImSchG, § 4 Rn.8; *Jarass*, BImSchG, § 4 Rn.5.

oder die Nachbarschaft[49] vernünftigerweise nicht ausgeschlossen werden können und im Verhältnis zur Wahrscheinlichkeit ihres Eintritts ein hinreichendes Gewicht besitzen. Dies kann sich aus der Dauerwirkung von Emissionen (z.B. Feuerungsanlagen) oder aus der Schwere nur selten auftretender Umweltgefährdungen (z.B. bei Störfallanlagen) ergeben.[50] Dem Verordnungsgeber steht ein nicht unerheblicher Spielraum beim Erlass der Verordung der genehmigungsbedürftigen Anlagen zu.[51]

1. Gegenstand der Genehmigungspflicht

Immissionen entstehen vielfach in Folge von Erzeugung und Verwendung von Energie – ein Prozess, der fast immer mit der Errichtung und dem Betrieb der Anlage verbunden ist.[52] Nach § 4 Abs.1 S.1 BImSchG ist daher nicht nur der Betrieb sondern auch die bloße Errichtung der genehmigungsbedürftigen Anlage genehmigungspflichtig.

a) Errichtung

Der Begriff der Errichtung ist im umfassenden Sinne auszulegen,[53] weil dem immissionsschutzrechtlichen Verfahren ebenso wie dem bauaufsichtlichen Verfahren der Grundsatz der vorbeugenden Verwaltungskontrolle zu Grunde liegt.[54] Daher beinhaltet er die Stadien des Aufbaus und der Einrichtung der Anlage, welche in technischer Hinsicht richtungsweisend für den späteren Betrieb

49 Dabei ist unter Nachbarschaft der gesamte Einwirkungsbereich der Anlage zu verstehen, d.h. nicht nur die unmittelbar angrenzenden Grundstücke, so BT-Drs. 7/179, S.29. Zum Nachbarschaftsbegriff im Industriepark s. unten Teil 5 § 4 III 7 k).

50 Ausf. *Schmidt-Kötters*, in: BeckOK, BImSchG, § 4 Rn.25 ff.

51 *Jarass*, BImSchG, § 4 Rn.4 f.; a.A. *Böhm*, in: GK-BImSchG, § 4 Rn.10; *Feldhaus*, in: Feldhaus, BImSchG, § 4 Rn.17.

52 BT-Drs. 7/179, S.28. Immissionen werden am Einwirkungsort gemessen, wobei es auf die Gesamteinwirkungen aller Emissionsquellen aufgrund der Überlagerung unterschiedlicher Immissionen und nicht die Quellen im Einzelnen ankommt, siehe nur *BVerwG*, Urt. v. 21.3.1996 – 4 C 9/95 –, BVerwGE 101, 1 (7) = NVwZ 1996, 1003 (1004 f.); *Schulte*, in: BeckOK, BImSchG, § 3 Rn.12. Demgegenüber werden Emissionen am Austrittsort der jeweiligen Anlage gemessen, s. *Jarass*, BImSchG, § 3 Rn.13, 16; *Kutscheidt*, in: Landmann/Rohmer, BImSchG, § 3 Rn.21a. Bei Emissionen handelt es sich – im Gegensatz zu Immissionen als Umwelteinwirkungen – nach § 3 Abs.3 BImSchG um von einer Anlage ausgehende Erscheinungen.

53 BT-Drs. 7/179, S.31.

54 *BayObLG*, Beschl. v. 30.12.1985 – 3 Ob OWi 150/85 –, NVwZ 1986, 695; *Dietlein*, in: Landmann/Rohmer, BImSchG, § 4 Rn.70.

sind.[55] Zur Errichtung zählt demnach schon der Beginn der Baumaßnahmen am Verwendungsort der Anlage (Ausschachtungsarbeiten, Aufstellung der Geräte etc.)[56]. Lediglich vorbereitende Maßnahmen, z.B. Planung und Bestellung, werden mangels Bezugs zur Aufbereitung des Grundstücks – und damit mangels Beeinträchtigungspotenzials i.S.d. BImSchG – nicht vom Begriff der Errichtung erfasst.[57] Mit der Einrichtung der Anlage endet begrifflich die Errichtung,[58] wobei der Probebetrieb aufgrund seiner Funktion („zeitweiliger Betrieb einer Anlage zur Prüfung ihrer Betriebstüchtigkeit") noch zur Errichtung zu zählen ist.[59] Je nach tatsächlicher Gefährdungssituation kann es jedoch auch sachgerecht sein, die mit dem Probebetrieb verbundenen Gefahren eher dem Betrieb zuzuordnen.[60]

Der Errichtungsbegriff schließt nicht die Herstellung (§ 3 Abs.7 BImSchG) von Anlagen oder Anlagenteilen ein, weil dieser Vorgang regelmäßig nicht am geplanten Aufstellungsort der Anlage stattfindet.[61] Werden eine genehmigte Anlage oder Anlagenteile unverändert ersetzt, fällt dies ebenfalls nicht unter den Errichtungsbegriff des § 4 Abs.1 S.1 BImSchG. Vielmehr greift dann die Vorschrift des § 16 Abs.5 BImSchG, wonach kein Genehmigungserfordernis für diese Konstellation besteht.[62]

b) Betrieb

Der Begriff „Betrieb" ist ebenfalls im umfassenden Sinne zu verstehen.[63] Betrieben wird die Anlage, wenn sie ihrem Zweck entsprechend verwendet wird.[64] Dazu gehört die „gesamte Betriebsweise einschließlich ihrer Wartung und Unterhaltung"[65]. Dies schließt den Betriebsablauf mit ein, insbesondere die

---

55 *Dietlein*, in: Landmann/Rohmer, BImSchG, § 4 Rn.69.

56 *BayObLG*, Beschl. v. 30.12.1985 – 3 Ob OWi 150/85 –, NVwZ 1986, 695; *Dietlein*, in: Landmann/Rohmer, BImSchG, § 4 Rn.70.

57 *Dietlein*, in: Landmann/Rohmer, BImSchG, § 4 Rn.70.

58 *Jarass*, BImSchG, § 4 Rn.54.

59 BT-Drs. 14/4599, S.149; *Jarass*, BImSchG, § 4 Rn.56 m.w.N.; a.A. *Steindorf/Wache*, in: Erbs/Kohlhaas, BImSchG, § 4 Rn.6; einschränkend *Feldhaus*, in: Feldhaus, BImSchG, § 4 Rn.15; *Schmidt-Kötters*, in: BeckOK, BImSchG, § 4 Rn.107.1.

60 *Böhm*, in: GK-BImSchG, § 4 Rn.102.

61 *Jarass*, BImSchG, § 3 Rn.109, § 4 Rn.55; *Scheuing*, in: GK-BImSchG, Vorb. §§ 32–37 Rn.70.

62 Aufihrlich hierzu s. *Dietlein*, in: Landmann/Rohmer, BImSchG, § 4 Rn.67.

63 BT-Drs. 7/179, S.31.

64 *Schmidt-Kötters*, in: BeckOK, BImSchG, § 4 Rn.105.

65 BT-Drs. 7/179, S.31.

Betriebsorganisation inklusive des Werkverkehrs sowie des auf die Anlage bezogenen Zu- und Abgangsverkehrs, der vom allgemeinen Straßenverkehr abzugrenzen ist.[66] Der Betrieb beginnt mit der Inbetriebnahme der Anlage, d.h. mit der erstmaligen Aufnahme des Betriebs zum vorgesehenen Zweck.[67] Demnach kommt es bei Anlagen, die Güter erzeugen oder bearbeiten, auf die Inbetriebnahme der Anlage zu Produktionszwecken an.[68] Der (rechtlich gestattete) Betrieb endet mit der endgültigen Stilllegung oder Unterbrechung von mehr als drei Jahren nach § 18 Abs.1 Nr.2 BImSchG.[69]

2. *Abschließender Anlagenkatalog*

Die 4. BImSchV[70] ist von besonderer Wichtigkeit für das Immissionsschutzrecht, da sich nach ihren Regelungen richtet, ob eine Anlage i.S.d. § 3 Abs. 5 BImSchG genehmigungsbedürftig ist.[71] Die Vorschrift des § 1 Abs.1 S.1 der 4. BImSchV verweist zur genauen Bestimmung der Genehmigungsbedürftigkeit einer Anlage auf den sich anschließenden Anhang 1. Dieser enthält einen Anlagenkatalog, der abschließend die genehmigungsbedürftigen Anlagen bzw. Anlagentypen aufführt[72]. Die Entscheidung des Verordnungsgebers über die Einbeziehung von Anlagentypen in den Katalog der genehmigungsbedürftigen Anlagen hängt

---

66 *BVerwG*, Urt. v. 27.8.1998 – 4 C 5/98 –, NVwZ 1999, 523 (527); *Dietlein*, in: Landmann/Rohmer, BImSchG, § 4 Rn.74.

67 *Schmidt-Kötters*, in: BeckOK, BImSchG, § 4 Rn.108.

68 *Jarass*, BImSchG, § 4 Rn.57.

69 *BVerwG*, Urt. v. 25.8.2005 – 7 C 25/04 –, BVerwGE 124, 156 = NVwZ 2005, 1424; zur Einstellung der Betriebshandlungen einer Schweinemastanlage mit Ausstallung der letzten Schweine *OVG Magdeburg*, Urt. v. 25.4.2012 – 2 L 192/09 –, UPR 2012, 399 (Leitsatz); *Jarass*, BImSchG, § 4 Rn.57, § 18 Rn.4 ff.

70 Verordnung über genehmigungsbedürftige Anlagen vom 2. Mai 2013, BGBl I S.973. Die Ursprungsfassung wurde am 24. Juli 1985 (BGBl I S.1586) aufgrund der §§ 4 Abs.1 S.3, 7 Abs.1, 4 sowie § 19 Abs.1 BImSchG erlassen. Der Verordnungsgeber orientierte sich dabei an einer Rechtsverordnung, die den Anlagenkatalog der Gewerbeordnung für den Norddeutschen Bund von 1869 im Rahmen der Änderung der Gewerbeordnung von 1959 übernommen hatte, s. *Jarass*, BImSchG, § 4 Rn.1.

71 Für die nicht von der 4. BImSchV erfassten Anlagen gelten die Regelungen des BImSchG für nicht genehmigungsbedürftige Anlagen (§§ 22–26, 29 Abs.2, 30, 31, 62 BImSchG, s. *Sellner/Reidt/Ohms*, Immissionsschutzrecht, 1. Teil, C.I., Rn.38.

72 *Jarass*, BImSchG, § 4 Rn.20; *Schmidt-Kötters*, in: BeckOK, BImSchG, § 4 Rn.71; *Sellner/Reidt/Ohms*, Immissionsschutzrecht, 1. Teil, C.II., Rn.43; *Müggenborg*, Industrieparks, S.78 Rn.158.

dabei vornehmlich vom (zur Zeit des jeweiligen Verordnungsentwurfs) aktuellen technischen und naturwissenschaftlichen Kenntnisstand ab.[73] Selbst wenn von anderen als in der 4. BImSchV aufgeführten Anlagen wesentlich stärkere Beeinträchtigungen ausgehen, sind diese demnach nicht genehmigungsbedürftig. Es ist nicht möglich, eine Analogie bei den abschließenden Verordnungsvorschriften zu ziehen.[74]

Umgekehrt kommt es im Einzelfall nicht darauf an, ob von einer Anlage i.S.d. Anhangs 1 der 4. BImSchV tatsächlich Gefahren ausgehen, da das als maßgebliches Kriterium angesehene Beeinträchtigungspotenzial mit der Aufnahme in den Anlagenkatalog unterstellt wird.[75] Da vornehmlich industrielle Anlagen genehmigungsbedürftig sind, wird das Genehmigungsverfahren nach dem BImSchG auch als „Industriezulassungsverfahren" bezeichnet.[76]

Die einzelnen Anlagentypen sind abschnittsweise zusammengefasst. Der Verordnungsgeber ordnet sie überwiegend einer bestimmten Industrie- oder Warengruppe zu.[77] Bei der Zuordnung einer Anlage unter die 4. BImSchV kommt es auf das zu erzeugende Produkt oder den Anlagenzweck an,[78] so geht es z.B. in Nr.1 um Anlagen der Wärmeerzeugung, in Nr.3 um Anlagen aus dem Metallbereich und in Nr.4 um Anlagen für chemische Erzeugnisse.

Teilweise unterwirft der Verordnungsgeber ganze Betriebsstätten[79] der Genehmigungspflicht. Diese bezeichnet er dann auch konkret im Anhang 1, z.B. in Nr. 1.1 „Heizkraftwerk" und in Nr. 3.7, 8 „Gießereien"[80]. Betriebsstätte i.S.d. BImSchG ist die räumliche Zusammenfassung mehrerer Anlagen oder Einrichtungen, die der Ausübung des Betriebes dienen.[81] Bei ihnen handelt es sich um

---

73 Vgl. *Sellner/Reidt/Ohms*, Immissionsschutzrecht, 1. Teil, C.I., Rn.41.

74 *Dietlein*, in Landmann/Rohmer, BImSchG, § 4 Rn.19; *Dörr*, in: Ule/Laubinger, BImSchG, § 4 Rn.C8; *Jarass*, BImSchG, § 4 Rn.20; *ders.*, NVwZ 1995, 529 (530).

75 *Böhm*, in: GK-BImSchG, § 4 Rn.39.

76 *Feldhaus*, in: Feldhaus, BImSchG, § 4 Rn.6; *Schmidt-Kötters*, in: BeckOK, BImSchG, § 4 Rn.5.

77 *Böhm*, in: GK-BImSchG, § 4 Rn.34.

78 *Henkel*, Der Anlagenbegriff des BImSchG, S.88 f.

79 Nach der Legaldefinition des § 3 Abs.5 Nr.1 BImSchG kann eine Anlage auch eine Betriebsstätte sein. Es ist der jeweiligen Nummer des Anhangs 1 zur 4. BImSchV zu entnehmen, ob die einzelne technische Einrichtung oder aber die gesamte Betriebsstätte genehmigungsbedürftig ist. Soweit im Verordnungstext der neutrale Begriff der „Anlage" verwendet wird, bedarf es einer Auslegung. Siehe hierzu ausf. *Dietlein*, in: Landmann/Rohmer, BImSchG, § 4 Rn.44.

80 *Müggenborg*, Industrieparks, S.78. Rn.158.

81 *Kutscheidt*, in: Landmann/Rohmer, BImSchG, § 3 Rn.25 f.

ortsfeste Einrichtungen (vgl. § 3 Abs.5 Nr.1 BImSchG „sonstige"), die aus verfahrenstechnischen oder anderen Gründen in engem räumlichen Zusammenhang errichtet wurden,[82] so dass sie nach der Verkehrsanschauung eine Einheit bilden.[83] Im üblichen Sprachgebrauch werden sie als „Fabriken, Werke, Anstalten oder auch als Anlagen bezeichnet"[84].

Für die Einordnung einer Anlage als genehmigungsbedürftig ist aufgrund des Schutzzwecks der Vorschrift nicht ihre Bezeichnung durch den Träger maßgeblich, sondern ob sie aufgrund ihrer technischen Natur einer bestimmten genehmigungspflichtigen Kategorie im Anhang 1 der 4. BImSchV zuzuordnen ist (z.B. Art der Brenn- oder Einsatzstoffe, Produktionsverfahren, Abgasvolumen).[85] Kann die Anlage mehreren der im Anhang 1 genannten Anlagenarten zugeordnet werden, greift die speziellere Anlagenart.[86] Auf die Funktion der Anlage als Haupt-, Neben-, Hilfs- oder Reserveanlage innerhalb des Gesamtbetriebes kommt es nicht an.[87] Im Zweifel ist auf die von der betreffenden Anlagenart typischerweise ausgehende potenzielle Umweltgefährdung abzustellen. Eine andere Auslegung widerspräche dem Schutzzweck der Norm, eine präventive Kontrolle der Umweltverträglichkeit bzgl. derartiger Anlagen zu ermöglichen.[88] Ist die jeweilige Anlage nur teilweise dem im Anhang 1 zur 4. BImSchV beschriebenen Vorgang zuzuordnen, ist daher für die Genehmigungsbedürftigkeit entscheidend, ob „dem Teilvorgang ein dem Gesamtvorgang vergleichbares Beeinträchtigungspotenzial innewohnt".[89]

---

82 Ausf. *Henkel*, Der Anlagenbegriff des BImSchG, S.29 f.; *Kutscheidt*, in Landmann/Rohmer, BImSchG, § 3 Rn.25 ff., unter Hinweis auf § 12 Abgabenordnung.

83 *Kutscheidt*, in: Landmann/Rohmer, BImSchG, § 3 Rn.25a, unter Hinweis auf BT-Drs. 7/179, S.29 f., zur Betriebsstätte gehörten auch „die in örtlichem und betriebstechnischem Zusammenhang stehenden Nebeneinrichtungen, wie Materiallager, Verpackungs- und Verladeeinrichtungen".

84 BT-Drs. 7/179, S.29 f. Siehe auch *Schmatz/Nöthlichs*, Immissionsschutz, § 3 BImSchG, Erl.13.

85 *BVerwG*, Urt. v. 5.10.1990 – 7 C 55/89, 7 C 56/89 –, BVerwGE 85, 368 (370 f.) = NVwZ 1991, 369 (370); *Jarass*, BImSchG, § 4 Rn.20; *Sellner/Reidt/Ohms*, Immissionsschutzrecht, 1. Teil, C.I., Rn.39, C.II., Rn.43.

86 *Schmidt-Kötters*, in: BeckOK, BImSchG, § 4 Rn.74.

87 *Feldhaus*, in: Feldhaus, BImSchG, § 4 Rn.26.

88 *BVerwG*, Beschl. v. 30.8.1996 – 7 VR 2/96 –, NVwZ 1997, 497 (498); *Feldhaus*, in: Feldhaus, BImSchG, § 4 Rn.18; *Jarass*, BImSchG, § 4 Rn.20.

89 *Jarass*, BImSchG, § 4 Rn.21; *Kotulla*, in: Kotulla, BImSchG, § 4 Rn.51; a.A. *Schmidt-Kötters*, in: BeckOK, BImSchG, § 4 Rn.73, der darauf abstellt, ob der Anlagenkern oder für den Anlagetypus weniger maßgebliche Anlagenteile betroffen sind.

3. *Mindestbetriebsdauer*

Wenngleich grundsätzlich davon auszugehen ist, dass die im Anhang 1 der 4. BImSchV aufgeführten Anlagen genehmigungsbedürftig sind, können sich nach § 1 der 4. BImSchV Ausnahmen vom Genehmigungsvorbehalt oder Einschränkungen ergeben. So sind nach § 1 Abs.6 der 4. BImSchV Anlagen, die allein der Forschung, Entwicklung oder Erprobung neuer Einsatzstoffe, Brennstoffe, Erzeugnisse oder Verfahren im Labor- und Technikumsmaßstab dienen, d.h bei denen keine wirtschaftliche Amortisierung angestrebt ist, aufgrund ihres begrenzten Gefährdungspotenzials nicht genehmigungsbedürftig.[90]

Ist den Umständen nach zu erwarten, dass eine im Anhang 1 der 4. BImSchV aufgeführte Anlage nicht länger als zwölf Monate an demselben Ort betrieben wird, so ist diese Anlage nach § 1 Abs.1 S.1 der 4. BImSchV vom immissionsschutzrechtlichen Genehmigungserfordernis befreit. Denn Anlagen, die für kürzere Zeit als 12 Monate betrieben werden, besitzen in aller Regel kein so hohes Gefährdungspotenzial, das einen Genehmigungsvorbehalt rechtfertigen würde.[91] Objektive Umstände, die auf die zu erwartende Mindestbetriebsdauer hindeuten, können die Anlagenkonstruktion und Betriebsweise sein.[92] Sollte die Anlage diesen Umständen zufolge dazu bestimmt sein, an wechselnden Standorten eingesetzt zu werden und der Einsatz am jeweiligen Ort auf weniger als zwölf Monate angelegt sein, ist sie regelmäßig genehmigungspflichtig.[93] Wird eine Anlage, die zunächst nicht dem Genehmigungserfordernis des § 1 Abs.1 S.1 der 4. BImSchV unterlag, tatsächlich länger als zwölf Monate an einem Ort betrieben, wird sie zu einer genehmigungsbedürftigen Anlage.

Bei der Berechnung der Zwölfmonatsfrist bildet der Tag der Inbetriebnahme der Anlage den Fristbeginn. Betriebsunterbrechungen bleiben unberücksichtigt.[94] Wird eine Anlage vor Ablauf der Frist durch eine gleichartige Anlage ersetzt, unterbricht dies den begonnen Fristlauf auf Grund des der vorigen Anlage

90 *Hansmann/Röckinghausen*, in: Landmann/Rohmer, 4. BImSchV, § 1 Rn.13b; *Jarass*, BImSchG, § 4 Rn.33.

91 *Böhm*, in: GK-BImSchG, § 4 Rn.44; *Feldhaus*, in: Feldhaus, BImSchG, § 4 Rn.21.

92 *Böhm*, in: GK-BImSchG, § 4 Rn.45; *Jarass*, BImSchG, § 4 Rn.31; a.A. *Sellner/Reidt/Ohms*, Immissionsschutzrecht, 1. Teil, C.I., Rn.39, C.II., Rn.43, die sich für das Abstellen auf die konkrete Absicht des Betreibers aussprechen. Nur in Ausnahmefällen käme es auf objektivierte Umstände an.

93 *Böhm*, in: GK-BImSchG, § 4 Rn.45.

94 *Böhm*, in: GK-BImSchG, § 4 Rn.46.

vergleichbaren Gefährdungspotenzials nicht.[95] Wenngleich es sich nicht um dieselbe Anlage handelt, gehen dann von demselben Ort nicht mehr nur kurzfristige Belastungen der Nachbarn aus, die ein Genehmigungsverfahren entbehrlich machen würden.[96] Zudem spricht auch die Regelung des § 16 Abs.5 BImSchG für eine einheitliche Betrachtung der ursprünglichen und der sie ersetzenden Anlage.

Nach § 1 Abs.1 S.2 der 4. BImSchV gilt die Zwölfmonatsfrist und die damit verbundene Befreiung vom Genehmigungserfordernis nicht für Anlagen nach Nr. 8 des Anhanges 1 zur 4. BImSchV, also insbesondere nicht für Abfallentsorgungsanlagen, selbst bei nur kurzer Betriebsdauer.[97] Für die in § 1 Abs.1 S.3 der 4. BImSchV bezeichneten Anlagen (z.B. zur Lagerung bestimmter Mengen an chemischen Stoffen) gilt der Genehmigungsvorbehalt des § 1 Abs.1 S.1 der 4. BImSchV nur, soweit die Anlagen gewerblichen Zwecken dienen oder im Rahmen wirtschaftlicher Unternehmungen verwendet werden. Diese Einschränkung betrifft vornehmlich Anlagen, „die nicht in besonderem Maße geeignet sind, schädliche Umwelteinwirkungen durch Luftverunreinigungen oder Geräusche hervorzurufen“ oder für die „das Genehmigungserfordernis aus anderen Gründen (Feuer- und Explosionsgefahren)“[98], d.h. nicht immissionsbezogenen Gründen, festgelegt ist.[99] Eine Anlage wird im Rahmen wirtschaftlicher Unternehmungen verwendet, wenn sie eine wirtschaftlich bewertbare Leistung erbringt und sie in einer einem gewerblichen Unternehmen vergleichbaren Art genutzt werden kann. Wie bei Gewerbebetrieben muss das Merkmal der Nachhaltigkeit gegeben sein. Allerdings ist keine Gewinnerzielungsabsicht – im Gegensatz zu einer Anlage zu gewerblichen Zwecken – erforderlich.[100]

4. *Leistungsgrenze und Anlagengröße*

Für viele Anlagen sind durch die Festlegung von Leistungsgrenzen oder Größenordnungen weitere Einschränkungen des Genehmigungsvorbehalts nach § 1 Abs.1 S.4 der 4. BImSchV vorgesehen:

---

95 Vgl. *Jarass*, BImSchG, § 4 Rn.31; a.A. *Kotulla*, in: Kotulla, BImSchG, § 4 Rn.55, da es sich nicht um dieselbe Anlage handele.

96 *Jarass*, BImSchG, § 4 Rn.31.

97 *Jarass*, BImSchG, § 4 Rn.32; krit. *Enders/Krings*, DVBl 2001, 1389 (1391 f.), Fn.23, der einen sachlichen Grund für die ungleiche Behandlung ggü. anderen Industrieanlagen vermisst.

98 BT-Drs. 14/4599, S.27, 131.

99 *Jarass*, BImSchG, § 4 Rn.34.

100 *Feldhaus*, in: Feldhaus, BImSchG, § 4 Rn.12; *Jarass*, BImSchG, § 4 Rn.36.

„Hängt die Genehmigungsbedürftigkeit der im Anhang 1 genannten Anlagen vom Erreichen oder Überschreiten einer bestimmten Leistungsgrenze oder Anlagengröße ab, ist jeweils auf den rechtlich oder tatsächlich möglichen Betriebsumfang der durch denselben Betreiber betriebenen Anlage abzustellen."

Diese einschränkende Regelung wird dem Sinn und Zweck des Genehmigungsvorbehalts insoweit gerecht, als sie dem besonderen Beeinträchtigungspotenzial der erfassten Anlagen durch das Abstellen auf die Leistungsgrenze bzw. Anlagengröße Rechnung trägt. Eine Beeinträchtigung der Nachbarschaft oder Allgemeinheit wird regelmäßig nur von größeren Anlagen einer bestimmten Art ausgehen, die die betreffenden Leistungsgrenzen bzw. Anlagengrößen i.S.d. Anhangs 1 der 4. BImSchV erreichen.[101]

Bei der Anwendung des § 1 Abs.1 S.4 der 4. BImSchV ist nicht allein auf den tatsächlich möglichen, sondern daneben auf den rechtlich möglichen Betriebsumfang der Anlage abzustellen, nicht hingegen auf den tatsächlich genutzten Umfang.[102] „Rechtlich" möglicher Betriebsumfang ist der nach der voraussichtlich zu erteilenden Genehmigung mögliche Umfang.[103] Mit „tatsächlich" möglichen Leistungsgrenzen sind die Kapazitäten der Anlage gemeint, die sich insbesondere aus der Dimensionierung der Anlage, der vorhandenen Nebenanlagen und Infrastrukturen ergeben können.[104] Dabei ist eine konkrete Betrachtungsweise entscheidend. Daher sind auch die maximal zur Verfügung stehenden Einsatzstoffe bei den tatsächlichen Gegebenheiten zu berücksichtigen.[105] Unterscheidet sich der rechtlich mögliche vom tatsächlich möglichen Betriebsumfang, ist die kleinere Leistung oder Größe maßgeblich.[106] Der Betreiber kann sich auch rechtlich verbindlich selbst beschränken, indem er sich vertraglich gegenüber der Behörde verpflichtet, die Anlage nur unterhalb der maßgeblichen Leistungsgrenzen bzw. Anlagengröße

101 *Böhm*, in: GK-BImSchG, § 4 Rn.41; *Hansmann/Röckinghausen*, in: Landmann/Rohmer, 4. BImSchV, § 1 Rn.6.

102 *OVG Münster*, Beschl. v. 27.11.2008 – 8 B 1476/08 –, DVBl 2009, 456 (457); *VGH Mannheim*, Beschl. v. 16.10.1998 – 10 S 1741/98 –, NVwZ 1999, 552 (553); *VGH München*, Beschl. v. 11.9.2003 – 22 CS 03.2095 –, NVwZ-RR 2004, 94; *Jarass*, BImSchG, § 24 Rn.18; *ders.*, UPR 2011, 201 (202).

103 *VGH Mannheim*, Beschl. v. 16.10.1998 – 10 S 1741/98 –, NVwZ 1999, 552 (552 f.); *VGH München*, Beschl. v. 29.5.1998 – 22 CS 96.283 –, NVwZ 1998, 1191 (1192).

104 *Sellner/Reidt/Ohms*, Immissionsschutzrecht, 1. Teil, C.I., Rn.39, C.II., Rn.45.

105 *Böhm*, in: GK-BImSchG, § 4 Rn.42; *Jarass*, BImSchG, § 4 Rn.24; a.A. *Sellner/Reidt/Ohms*, Immissionsschutzrecht, 1. Teil, C.I., Rn.39, C.II., Rn.45, die sich dafür aussprechen, Gegebenheiten, die der Betreiber selbst in der Hand hält, unberücksichtigt zu lassen.

106 *Böhm*, in: GK-BImSchG, § 4 Rn.42.

zu betreiben.[107] Wenngleich eine einzelne Anlage den maßgeblichen Schwellenwert nicht überschreiten mag, kann dies im Rahmen der Berücksichtigung einer sog. gemeinsamen Anlage[108] geschehen, bei der die Werte aller zugehörigen Anlagen mitberücksichtigt werden.[109]

Der Verordnungsgeber hat die Worte „der durch denselben Betreiber betriebenen Anlage" in die Vorschrift des § 1 Abs.1 S.4 der 4. BImSchV eingefügt, um klarzustellen, dass jede genehmigungsbedürftige Anlage grundsätzlich nur einen Anlagenbetreiber haben kann.[110] Diese Voraussetzung – der sog. Grundsatz der Betreiberidentität[111] – hat generelle Geltung für Anlagen i.S.d. BImSchG.[112] Nach § 1 Abs.5 der 4. BImSchV wird im Rahmen einer Anlagenerweiterung die ganze Anlage bei Überschreiten der (im Anhang 1 genannten) Leistungsgrenzen genehmigungsbedürftig.

5. *Anlagenumfang und Reichweite des Genehmigungserfordernisses*

Für die Bestimmung des Anlagenumfangs und des Genehmigungserfordernisses bei mehrteiligen Anlagen sind die Vorschriften des § 1 Abs.2–4 der 4. BImSchV maßgeblich. Zugleich ist zu berücksichtigen, dass die Vorschriften des BImSchG auf eine weite Bestimmung des Anlagenumfangs ausgerichtet sind. Die Konzentrationswirkung des § 13 BImSchG würde gleichsam ins Leere laufen, wenn der Anlagenumfang eng gefasst wäre, weil sie dementsprechend wenig Wirkung erzielte.[113] Im Zweifel ist daher ein weiter Anlagenumfang zu Grunde zu legen,[114]

---

107 *VGH Mannheim*, Beschl. v. 16.10.1998 – 10 S 1741/98 –, NVwZ 1999, 552 (553); *Böhm*, in: GK-BImSchG, § 4 Rn.41.

108 Hierzu s. unten Teil 2 § 1 II 5 c).

109 *OVG Lüneburg*, Beschl. v. 30.11.1999 – 7 M 4274/99 –, NVwZ-RR 2000, 353.

110 BR-Drs. 389/05, S.9 ff.; *OVG Münster*, Beschl. v. 27.11.2008 – 8 B 1476/08 –, DVBl 2009, 456 (457). Der Einschub in die Regelung des § 1 Abs.1 S.4 der 4. BImSchV erfolgte im Hinblick auf die Rspr. des *BVerwG*, Urt. v. 21.10.2004 – 4 C 3/04 –, NVwZ 2005, 208; *Hansmann/Röckinghausen*, in: Landmann/Rohmer, 4. BImSchV, § 1 Rn.26; zum Sonderfall Windfarm s. unten Teil 2 § 4 I.

111 Zum Grundsatz der Betreiberidentität s. unten Teil 2 § 4.

112 *OVG Münster*, Beschl. v. 27.11.2008 – 8 B 1476/08 –, DVBl 2009, 456 (457); *OVG Lüneburg*, Beschl. v. 2.4.2009 – 12 ME 53/09 –, NVwZ 2009, 991 (992); *Jarass*, BImSchG, § 4 Rn.25; *Schmidt-Kötters*, in: BeckOK, BImSchG, § 4 Rn.122; *Gellermann*, NVwZ 2004, 1199 (1201). Hierzu siehe auch unten Teil 2 § 4.

113 *Jarass*, BImSchG, § 4 Rn.60 ff.; *ders.*, NVwZ 1995, 529 (531).

114 *Böhm*, in: GK-BImSchG, § 4 Rn.47; *Feldhaus*, in: Feldhaus, BImSchG, § 4 Rn.22; *Hansmann/Röckinghausen*, in: Landmann/Rohmer, 4. BImSchV, § 1 Rn.5; *Jarass*, BImSchG, § 4 Rn.62.

wobei der von den Regelungen der 4. BImSchV einschließlich des Anhangs 1 vorgegebene rechtliche Rahmen zu berücksichtigen ist.[115]

Ob die gesamte Betriebsstätte oder nur eine einzelne technische Einrichtung innerhalb oder außerhalb einer Betriebsstätte der Genehmigungsbedürftigkeit unterworfen ist, regelt § 1 Abs.2 der 4. BImSchV. Nach § 1 Abs.2 der 4. BImSchV erstreckt sich das Genehmigungserfordernis bei mehrteiligen Anlagen

> „auf alle vorgesehene
>
> 1. Anlagenteile und Verfahrensschritte, die zum Betrieb notwendig sind, und
> 2 Nebeneinrichtungen, die mit den Anlagenteilen und Verfahrensschritten nach Nummer 1 in einem räumlichen und betriebstechnischen Zusammenhang stehen und die für von Bedeutung sein können für
>   a) das Entstehen schädlicher Umwelteinwirkungen,
>   b) die Vorsorge gegen schädliche Umwelteinwirkungen oder
>   c) das Entstehen sonstiger Gefahren, erheblicher Nachteile oder erheblicher Belästigungen.“

Danach wird zwischen der Haupteinrichtung, dem sog. Anlagenkern[116] (Nr.1), und den Nebeneinrichtungen (Nr.2) unterschieden.[117]

a) Haupteinrichtung

Nach § 1 Abs.2 Nr.1 der 4. BImSchV ist der sog. Kernbestand einer Anlage unerlässlich, um den Betriebszweck zu erreichen.[118] Der Kernbestand einer genehmigungsbedürftigen Gesamtanlage setzt sich aus dem sog. Anlagenkern, zu dem die Haupteinrichtungen gehören, und aus den sonstigen wesentlichen Bestandteilen zusammen, die zur Erreichung des Betriebszwecks erforderlich sind.[119] Im Interesse eines möglichst effektiven Immissionsschutzes zählen zur

---

115 *Jarass*, BImSchG, § 4 Rn.62.

116 *Martens*, Die wesentliche Änderung im Sinne des § 15 BImSchG unter besonderer Berücksichtigung des umfänglichen Anlagenbegriffs, S.73; krit. *Jarass*, NVwZ 1995, 529 (531), der anführt, dass der Begriff der Haupteinrichtung treffender sei, da der Begriff des Anlagenkerns den Eindruck erwecke, dass damit notwendig nur ein Teil einer Einrichtung gemeint sei.

117 *Martens*, Die wesentliche Änderung im Sinne des § 15 BImSchG unter besonderer Berücksichtigung des umfänglichen Anlagenbegriffs, S.77.

118 *BVerwG*, Urt. v. 15.11.1991 – 4 C 17/88 –, NVwZ-RR 1992, 402 (403); *dass.*, Beschl. v. 29.12.2010 – 7 B 6/10 –, NVwZ 2011, 429 (430 f.); *Sellner/Reidt/Ohms*, Immissionsschutzrecht, 1. Teil, C.II., Rn.48.

119 *BVerwG*, Beschl. v. 29.12.2010 – 7 B 6/10 –, NVwZ 2011, 429 (430 f.); *Jarass*, UPR 2011, 201 (203).

Haupteinrichtung alle diejenigen Betriebseinheiten, die erforderlich sind, um den im Anhang 1 der 4. BImSchV bezeichneten Anlagenzweck zu erreichen.[120] Von den Formulierungen des Anhangs 1 der 4. BImSchV hängt demnach nicht nur ab, welche Anlagen genehmigungsbedürftig sind, sondern auch, was jeweils zu der genehmigungsbedürftigen Anlage gehört.[121]

Bei Anlagen, die ausnahmsweise nicht nach Anlagenzweck im Anhang 1 der 4. BImSchV gekennzeichnet sind, z.B. Kraftwerke oder Feuerungsanlagen, besteht die Haupteinrichtung aus allen Anlagenteilen und Verfahrensschritten, die zum Betrieb solcher Anlagen typischerweise notwendig sind.[122] Sie erfasst also meist die gesamte Betriebsstätte.[123]

Zu einer Haupteinrichtung zum Zwecke der Herstellung, Gewinnung oder Verarbeitung gehören für diese Prozesse unmittelbar eingesetzte Anlagenteile und Verfahrensschritte wie etwa Reaktionsbehälter, Motoren, Rohrleitungen und Pumpen.[124] Auch hierzu benötigte Hilfseinrichtungen, z.B. Mess- und Steuereinrichtungen,[125] die überwiegend die betreffende Anlage unterbringenden Gebäude[126] und für die Sicherheit des betreffenden Prozesses erforderliche Anlagenteile (Sicherheitsventile, Abschaltvorkehrungen) zählen zur Haupteinrichtung.[127]

---

120 *BVerwG*, Urt. v. 6.7.1984 – 7 C 71/82 –, BVerwGE 69, 351 (355) = NVwZ 1985, 46; *Ohms*, Praxishandbuch Immissionsschutzrecht, Voraufl., Rn.115; *Sellner/Reidt/Ohms*, Immissionsschutzrecht, 1. Teil, C.II., Rn.48; *Jarass*, UPR 2011, 201 (203).

121 *Jarass*, NVwZ 1995, 529 (530).

122 *Böhm*, in: GK-BImSchG, § 4 Rn.48; *Jarass*, BImSchG, § 4 Rn.60, 63; *ders.*, NVwZ 1995, 530 (531 f.).

123 *Jarass*, BImSchG, § 4 Rn.63; *ders.*, NVwZ 1995, 530 (532).

124 *BVerwG*, Beschl. v. 29.12.2010 – 7 B 6/10 –, NVwZ 2011, 429 (430 f.); *Böhm*, in: GK-BImSchG, § 4 Rn.48; *Jarass*, Umweltverträglichkeitsprüfung, S.26; *ders.*, NVwZ 1995, 530 (532).

125 *Böhm*, in: GK-BImSchG, § 4 Rn.48; *Feldhaus*, in: Feldhaus, BImSchG, § 4 Rn.23; *Jarass*, BImSchG, § 4 Rn.64; *Henkel*, Der Anlagenbegriff des BImSchG, S.116; *Martens*, Die wesentliche Änderung im Sinne des § 15 BImSchG unter besonderer Berücksichtigung des umfänglichen Anlagenbegriffs, S.77.

126 Ausf. *Martens*, Die wesentliche Änderung im Sinne des § 15 BImSchG unter besonderer Berücksichtigung des umfänglichen Anlagenbegriffs, S.77 f.; *Böhm*, in: GK-BImSchG, § 4 Rn.48; *Jarass*, NVwZ 1995, 530 (532).

127 *Böhm*, in: GK-BImSchG, § 4 Rn.48; *Feldhaus*, in: Feldhaus, BImSchG, § 4 Rn.23; *Martens*, Die wesentliche Änderung im Sinne des § 15 BImSchG unter besonderer Berücksichtigung des umfänglichen Anlagenbegriffs, S.76; *Jarass*, NVwZ 1995, 530 (532), der anführt, dass sich der Betriebszweck in rechtlich zulässiger Weise nur unter Einhaltung der Schutz- und Sicherheitsvorkehrungen realisieren lasse; a.A. *Henkel*, Der Anlagenbegriff des BImSchG, S.116.

Nicht zur Haupteinrichtung sind hingegen Anlagenteile und Verfahrensschritte zu zählen, die vor- oder nachgeschalteten Prozessen zuzuordnen sind, die über den Zweck hinausgehen, der die Anlagenart im Anhang 1 zur 4. BImSchV kennzeichnet (ggf. z.B. Weiterverarbeitung durch Verpackung).[128] Denn der Verordnungsgeber hat ein besonderes Gefährdungspotenzial lediglich bei den einschlägigen, im Anhang 1 beschriebenen Prozessen gesehen, nicht aber bei vor- oder nachgelagerten Prozessen (soweit sie nicht ebenfalls genehmigungsbedürftig sind).[129]

b) Nebeneinrichtungen

Einer immissionsschutzrechtlichen Anlage sind neben einer Haupteinrichtung unter bestimmten Voraussetzungen nach § 1 Abs.2 Nr.2 der 4. BImSchV bestimmte Nebeneinrichtungen zuzuordnen. Eine Nebeneinrichtung ist dadurch gekennzeichnet, dass sie den Charakter einer „Neben"-Einrichtung hat, indem sie auf die Hauptanlage und ihren Zweck ausgerichtet, aber eben nicht unerlässlich für die Erreichung des Betriebszwecks ist.[130] Nebeneinrichtungen haben folglich eine dem Kernbestand der Anlage dienende, untergeordnete Funktion.[131] Insbesondere bei vor- und nachgeschalteten Schritten wird man diesen Funktionszusammenhang vorfinden.[132] Als typische Nebeneinrichtungen

---

128 *BVerwG*, Urt. v. 15.11.1991 – 4 C 17/88 –, NVwZ-RR 1992, 402 (403); *Böhm*, in: GK-BImSchG, § 4 Rn.49; *Dörr*, in: Ule/Laubinger, BImSchG, § 4 Rn.C9; *Jarass*, BImSchG, § 4 Rn.65; *ders.*, NVwZ 1995, 532 (530); *Martens*, Die wesentliche Änderung im Sinne des § 15 BImSchG unter besonderer Berücksichtigung des umfänglichen Anlagenbegriffs, S.75 f., der Ausführungen zur Mischerei und Druckgießerei macht.

129 *Jarass*, NVwZ 1995, 530 (532).

130 *BVerwG*, Urt. v. 6.7.1984 – 7 C 71/82 –, BVerwGE 69, 351 (355) = NVwZ 1985, 46; *dass.*, Beschl. v. 29.12.2010 – 7 B 6/10 –, NVwZ 2011, 429 (430 f.); *VGH München*, Urt. v. 23.11.2006 – 22 BV 06.2223 –, NVwZ-RR 2007, 382 (383); *Jarass*, BImSchG, § 4 Rn.68; *Sellner/Reidt/Ohms*, Immissionsschutzrecht, 1. Teil, C.II., Rn.48; *Henkel*, Der Anlagenbegriff des BImSchG, S.117.

131 *BVerwG*, Urt. v. 6.7.1984 – 7 C 71/82 –, BVerwGE 69, 351 (355) = NVwZ 1985, 46; *dass.*, Beschl. v. 29.12.2010 – 7 B 6/10 –, NVwZ 2011, 429 (430 f.); *OVG Magdeburg*, Beschl. v. 12.2.2003 – 2 M 273/02 –; *VGH München*, Urt. v. 23.11.2006 – 22 BV 06.2223 –, NVwZ-RR 2007, 382 (383); *Böhm*, in: GK-BImSchG, § 4 Rn.51; *Hansmann/Röckinghausen*, in: Landmann/Rohmer, 4. BImSchV, § 1 Rn.15; *Feldhaus*, in: Feldhaus, BImSchG, § 4 Rn.24; *Henkel*, Der Anlagenbegriff des BImSchG, S.117; *Müggenborg*, Industrieparks, S.79 Rn.158; *Jarass*, UPR 2011, 201 (204).

132 *OVG Lüneburg*, Urt. v. 20.3.1996 – 7 L 2552/95 –, GewArch 1996, 346 (347); *Jarass*, BImSchG, § 4 Rn.68.

gelten z.B. Rohstoff-, Reststoff- und Fertigproduktlager,[133] Abgasreinigungsanlagen, Lagerhallen, Kühltürme, Abfüll- und Verpackungseinrichtungen.[134] Auch der Zulieferverkehr wird aufgrund seines funktionellen Zusammenhangs mit der Haupteinrichtung als Nebeneinrichtung eingestuft, sofern er nicht im allgemeinen Straßenverkehr aufgegangen ist.[135] Da der Umfang der Anlage im Zweifel weit zu verstehen ist,[136] sind sämtliche Einrichtungen außerhalb der Haupteinrichtung als Nebeneinrichtungen einzustufen, wenn die Haupteinrichtung die ganze Betriebsstätte oder einen ganzen Betriebsteil prägt, selbst wenn die Nebeneinrichtungen nicht den Zweck der Haupteinrichtung fördern, sondern nur dem Zweck der Betriebsstätte bzw. des Betriebsteils dienen.[137]

Eine Anlage kann auch mehreren Anlagen dienen und dabei als Nebeneinrichtung allen diesen Anlagen zugeordnet sein (z.B. Fackelsystem in einem Erdölraffineriewerk mit mehreren Raffinerieanlagen[138]). Dann muss sich allerdings die Genehmigung für jede der betroffenen Anlagen auch auf die Nebeneinrichtung erstrecken.[139] Fehlt es der Einrichtung aufgrund ihrer Größe und ihres Umfangs an einer untergeordneten, dienenden Funktion, handelt es sich nicht mehr um eine Nebeneinrichtung, sondern um eine selbständige Betriebseinheit.[140] Das wird regelmäßig bei zentralen Versorgungseinrichtungen, wie z.B. Fernwärme-, Strom- und Wasserversorgungsanlagen sowie zentralen Lagerplätzen der Fall sein.[141]

---

133 *BVerwG*, Urt. v. 15.11.1991 – 4 C 17/88 –, NVwZ-RR 1992, 402 (403); *Jarass*, NVwZ 1995, 530 (533); *Müggenborg*, DVBl 2001, 417 (421).

134 *BVerwG*, Urt. v. 15.11.1991 – 4 C 17/88 –, NVwZ-RR 1992, 402 (403); ausf. *Böhm*, in: GK-BImSchG, § 4 Rn.60; *Jarass*, BImSchG, § 4 Rn.75 m.w.B.; *Müggenborg*, Industrieparks, S.79 Rn.158.

135 *OVG Münster*, Urt. v. 12.4.1978 – VII A 632/77 –, DVBl 1979, 315; *VGH Mannheim*, Urt. v. 10.11.1988 – 10 S 758/86 –, NVwZ 1989, 278; *Jarass*, BImSchG, § 4 Rn.76; *ders.*, NVwZ 1995, 530 (533).

136 Zum weiten Anlagenumfang s. oben Teil 2 § 1 II 5 a).

137 *VGH München*, Urt. v. 23.11.2006 – 22 BV 06/2223 –, NVwZ-RR 2007, 382 (383); *Jarass*, BImSchG, § 4 Rn.71; *ders.*, NVwZ 1995, 530 (532).

138 *Böhm*, in: GK-BImSchG, § 4 Rn.59.

139 *Hansmann/Röckinghausen*, in: Landmann/Rohmer, 4. BImSchV, § 1 Rn.16.

140 *BVerwG*, Urt. v. 6.7.1984 – 7 C 71/82 –, BVerwGE 69, 351 (356); *Feldhaus*, in: Feldhaus, BImSchG, § 4 Rn.36; *Hansmann/Röckinghausen*, in: Landmann/Rohmer, 4. BImSchV, § 1 Rn.16; *Jarass*, BImSchG, § 4 Rn.70; *Henkel*, Der Anlagenbegriff des BImSchG, S.117 f.

141 *Henkel*, Der Anlagenbegriff des BImSchG, S.118.

Nach § 1 Abs.2 Nr.2 der 4. BImSchV sind Nebeneinrichtungen vom immissionsschutzrechtlichen Genehmigungserfordernis des Kernbestands der Anlage nur dann erfasst, wenn sie in einem räumlichen sowie betriebstechnischen Zusammenhang mit dem Anlagenkern stehen und die Möglichkeit eines immissionstechnischen Zusammenhangs zwischen Kernbestand und Nebeneinrichtung besteht.[142] Dem systematischen Zusammenhang mit § 1 Abs.3 S.2 Nr.1 der 4. BImSchV zufolge, bei dem mit der Voraussetzung „enger räumlicher Zusammenhang" ein strengerer Maßstab als bei § 1 Abs.2 der 4. BImSchV gilt, steht eine Nebeneinrichtung jedenfalls dann im räumlichen Zusammenhang mit der Haupteinrichtung, wenn sie sich auf demselben Betriebsgelände befindet.[143] Kleinräumige Unterbrechungen zwischen der Hauptanlage und Nebeneinrichtung, z.B. durch einen Verkehrsweg, Zaun oder Wasserlauf stehen der Annahme eines einheitlichen Betriebsgeländes nicht entgegen.[144] Denn der Begriff „Betriebsgelände" ist nicht formal im Sinne des Grundbuchs oder Katasters zu verstehen, sondern erhält seine Bedeutung vielmehr durch die betriebliche und technische Zweckbestimmung.[145]

Der räumliche Zusammenhang kann selbst dann gegeben sein, wenn zwischen Anlagenkern und Nebeneinrichtung andere Anlagen liegen.[146] Dies gilt insbesondere dann, wenn die Nebeneinrichtung auch der Anlage dient, die zwischen ihr und der Haupteinrichtung liegt. Maßgeblich ist eine Gesamtbetrachtung des zu beurteilenden Anlagenkomplexes aufgrund seines äußeren Erscheinungsbilds (Größe der Haupteinrichtung, Abstand zur Nebeneinrichtung).[147]

---

142 *Sellner/Reidt/Ohms*, Immissionsschutzrecht, 1. Teil, C.II., Rn.48.

143 *Böhm*, in: GK-BImSchG, § 4 Rn.53 f.; *Ludwig*, in: Feldhaus, 4. BImSchV, § 1 Rn.35; *Hansmann/Röckinghausen*, in: Landmann/Rohmer, 4. BImSchV, § 1 Rn.18; *Henkel*, Der Anlagenbegriff des BImSchG, S.120; *Martens*, Die wesentliche Änderung im Sinne des § 15 BImSchG unter besonderer Berücksichtigung des umfänglichen Anlagenbegriffs, S.80; *Jarass*, NVwZ 1995, 530 (533).

144 *OVG Lüneburg*, Beschl. v. 30.11.1999 – 7 M 4274/99 –, NVwZ-RR 2000, 353 (354); *Böhm*, in: GK-BImSchG, § 4 Rn.53 m.w.N., der ausf. die Streitigkeiten der Lit. zum räumlichen Zusammenhang aufgrund unterschiedlich verstandener Terminologien darstellt, die letztlich zum selben Ergebnis führen.

145 *Böhm*, in: GK-BImSchG, § 4 Rn.53.

146 *Hansmann/Röckinghausen*, in: Landmann/Rohmer, 4. BImSchV, § 1 Rn.18.

147 *OVG Lüneburg*, Beschl. v. 30.11.1999 – 7 M 4274/99 –, NVwZ-RR 2000, 353 (354); *OVG Magdeburg*, Beschl. v. 12.2.2003 – 2 M 273/02 –; *Böhm*, in: GK-BImSchG, § 4 Rn.54; *Hansmann/Röckinghausen*, in: Landmann/Rohmer, 4. BImSchV, § 1 Rn.18 mit konkreten Beispielen zum Abstand (in Metern).

Darüber hinaus werden Nebeneinrichtungen nur dann vom Genehmigungserfordernis nach § 1 Abs.2 Nr.2 der 4. BImSchV erfasst, wenn ein betriebstechnischer Zusammenhang[148] zwischen ihnen und der Haupteinrichtung besteht.[149] Dies ist bei gemeinsamen technischen Verbindungseinrichtungen anzunehmen,[150] z.B. Förderbänder, Rohrleitungen[151], sonstige Versorgungsleitungen und mobile Transportmittel (z.B. Gabelstapler).[152] Ein betriebstechnischer Zusammenhang liegt also regelmäßig bei Rohstoff- und Brennstofflagern, Reststoffbehandlungs-, Reststoffablagerungseinrichtungen und Produktlagern vor, nicht hingegen bei Verwaltungs- oder Sozialgebäuden, weil es sich bei diesen Einrichtungen nicht um betriebstechnische Verbindungseinrichtungen handelt.[153]

Schließlich erstreckt sich das Genehmigungserfordernis nur auf Nebeneinrichtungen, die i.S.d. § 1 Abs.2 Nr.2a-c der 4. BImSchV umweltrelevant sind. Erfasst sind nach dem Wortlaut der Vorschrift nur die in § 5 Abs.1 Nr.1 und Nr.2 BImSchG genannten Beeinträchtigungspotenziale.[154] Bezugspunkt für die

---

148 Zur abweichenden Formulierung des § 1 Abs.3 S.2 Nr.3 der 4. BImSchV („betrieblicher Zusammenhang") s. *Böhm*, in: GK-BImSchG, § 4 Rn.55, unter Hinweis auf BR-Drs. 413/84; siehe auch *Henkel*, Der Anlagenbegriff des BImSchG, S.120, der dem Formulierungsunterschied für die Auslegung keine Bedeutung beimisst, da sich auch ein (bloßer) betrieblicher Zsammenhang nach technischen Gesichtspunkten bestimme.

149 Zudem kommt es aber auch auf die Umstände des Einzelfalles an, s. zur Frage, ob eine Biogasanlage Nebeneinrichtung eines landwirtschaftlichen Betriebs ist, *BVerwG*, Beschl. v. 29.12.2010 – 7 B 6/10 –, NVwZ 2011, 429 (430 f.).

150 *Hansmann/Röckinghausen*, in: Landmann/Rohmer, 4. BImSchV, § 1 Rn.19; *Jarass*, BImSchG, § 4 Rn.73; *ders.*, NVwZ 1995, 530 (533); a.A. *Martens*, Die wesentliche Änderung im Sinne des § 15 BImSchG unter besonderer Berücksichtigung des umfänglichen Anlagenbegriffs, S.81 ff., unter Angabe von Beispielen von einer engen Auslegung ausgehend. Es sei auf die technische Ausrichtung der Nebeneinrichtung und auf den Zweck der genehmigungsbedürftigen Haupteinrichtung abzustellen. Allgemeine Versorgungseinrichtungen stünden daher in keinem betriebstechnischen Zusammenhang.

151 *OVG Magdeburg*, Beschl. v. 12.2.2003 – 2 M 273/02 –, JMBl LSA 2003, 330.

152 *Hansmann/Röckinghausen*, in: Landmann/Rohmer, 4. BImSchV, § 1 Rn.19.

153 Vgl. *Hansmann/Röckinghausen*, in: Landmann/Rohmer, 4. BImSchV, § 1 Rn.19.

154 Einrichtungen, die gemäß § 5 Abs.1 Nr.3 BImSchG der Reststoffverwertung oder gemäß § 5 Abs.1 Nr.4 BImSchG der Abwärmenutzung dienen, unterliegen demnach nur dann der Genehmigungspflicht, wenn mit diesen Risiken nach § 1 Abs.2 Nr.2c der 4. BImSchV verbunden werden, s. *Böhm*, in: GK-BImSchG, § 4 Rn.58; *Henkel*, Der Anlagenbegriff des BImSchG, S.121; *Jarass*, NVwZ 1995, 530 (533) m.w.N.

Umweltrelevanz ist die Beschaffenheit oder Funktion der Nebeneinrichtung.[155] Dem Wortlaut des § 1 Abs.2 der 4. BImSchV zufolge kommt es dabei nicht darauf an, dass sich die Nebeneinrichtung auf Immissionen oder Gefahren auswirkt, die von der Haupteinrichtung ausgehen und deretwegen Letztere genehmigungsbedürftig ist.[156] Vielmehr sprechen Schutzgründe dafür, im Zweifel die Reichweite des Genehmigungserfordernisses weit zu verstehen. Emissionen und sonstige Gefahren, die von der Nebeneinrichtung selbst ausgehen, können daher ebenfalls von Bedeutung sein.[157]

c) Gemeinsame Anlage

Einen gesonderten Absatz hat der Verordnungsgeber der „gemeinsamen" Anlage gewidmet, die er in § 1 Abs.3 S.1 der 4. BImSchV legaldefiniert hat. Durch die Einführung des Begriffs der gemeinsamen Anlage wollte er deutlich machen, dass es für das Genehmigungserfordernis sowie für die Zuordnung zum förmlichen oder vereinfachten Genehmigungsverfahren unbedeutend ist, ob Emissionen an einem bestimmten Standort von einer Anlage oder von mehreren (Teil-) Anlagen hervorgerufen werden.[158] Nach § 1 Abs.3 S.1 der 4. BImSchV führt eine gemeinsame Anlage zum Genehmigungserfordernis,

> „wenn mehrere Anlagen derselben Art in einem engen räumlichen und betrieblichen Zusammenhang stehen (gemeinsame Anlage) und zusammen die maßgebenden Leistungsgrenzen oder Anlagengrößen erreichen oder überschreiten werden."

Einzelne (an sich selbständige) Anlagen „derselben Art" sind gegeben, wenn technologische Gesichtspunkte unter besonderer Berücksichtigung der Emissionsart hierfür sprechen.[159] Die gleiche Nummer der Anlage nach dem Anhang 1 zur 4. BImSchV kann ein Indiz hierfür sein,[160] wenngleich dies nicht

---

155 *Hansmann/Röckinghausen*, in: Landmann/Rohmer, 4. BImSchV, § 1 Rn.20.

156 Vgl. *Hansmann/Röckinghausen*, in: Landmann/Rohmer, 4. BImSchV, § 1 Rn.20.

157 *OVG Hamburg*, Beschl. v. 22.10.1986 – Bs VI 95/86 –, UPR 1987, 320; *Feldhaus*, in: Feldhaus, BImSchG, § 4 Rn.24; *Hansmann/Röckinghausen*, in: Landmann/Rohmer, 4. BImSchV, § 1 Rn.20; *Jarass*, NVwZ 1995, 530 (533); i.E. ebenso *Böhm*, in: GK-BImSchG, § 4 Rn.56 f.; a.A. *Martens*, Die wesentliche Änderung im Sinne des § 15 BImSchG unter besonderer Berücksichtigung des umfänglichen Anlagenbegriffs, S.99.

158 *OVG Lüneburg*, Beschl. v. 30.11.1999 – 7 M 4274/99 –, NVwZ-RR 2000, 353.

159 *BVerwG*, Beschl. v. 29.12.2010 – 7 B 6/10 –, NVwZ 2011, 429 (430 f.) m.w.N.

160 *BVerwG*, Beschl. v. 29.12.2010 – 7 B 6/10 –, NVwZ 2011, 429 (430 f.); *VGH München*, Urt. v. 23.11.2006 – 22 BV 06.2223 –, NVwZ-RR 2007, 382 (384).

zwingend und allein entscheidend (z.B. bei Feuerungsanlagen) ist.[161] Denn vor dem Hintergrund des Zwecks des § 1 Abs.3 der 4. BImSchV und der anderen Bestimmungsmerkmale, die ebenfalls eine Filterfunktion ausüben,[162] ist es nicht sinnvoll, einen strengen Maßstab anzulegen.

Darüber hinaus ist der „enge räumliche und betriebliche Zusammenhang" bei einer gemeinsamen Anlage nur dann gegeben, wenn die drei in § 1 Abs.3 S.1 der 4. BImSchV genannten Kriterien kumulativ erfüllt sind,[163] wenn also die Anlagen

„1. auf demselben Betriebsgelände liegen,
2. mit gemeinsamen Betriebseinrichtungen verbunden sind und
3. einem vergleichbaren technischen Zweck dienen."

Ist ein derartiger Zusammenhang der Anlagen festzustellen, sind die relevanten Leistungsgrenzen bzw. Anlagengrößen aller zugehörigen Anlagen für die Bestimmung der Genehmigungsbedürftigkeit zu addieren.[164]

Der Verordnungsgeber wollte mit der Regelung des § 1 Abs.3 der 4. BImSchV dem Umweltgefährdungspotenzial, das bei einer gemeinsamen Anlage nicht schon von einer Einzelanlage, sondern von der Gesamtheit von Einzelanlagen ausgeht, gerecht werden.[165] Danach werden bei Vorliegen der Voraussetzungen des § 1 Abs.3 der 4. BImSchV ähnliche Emissionsquellen mit vergleichbarer Emissionsbeschaffenheit gemeinsam genehmigungsrechtlich erfasst.[166] Damit soll verhindert werden, dass der Betreiber durch Aufteilung einer Anlage in mehrere kleinere Anlagen das Genehmigungserfordernis unterläuft und Einfluss auf die Art des Verfahrens nehmen kann.[167]

---

161 Vgl. *Jarass*, BImSchG, § 4 Rn.28; abweichend *Henkel*, Der Anlagenbegriff des BImSchG, S.123.

162 *Martens*, Die wesentliche Änderung im Sinne des § 15 BImSchG unter besonderer Berücksichtigung des umfänglichen Anlagenbegriffs, S.114 ff. (unter Angabe von Beispielen).

163 *OVG Lüneburg*, Beschl. v. 30.11.1999 – 7 M 4274/99 –, NVwZ-RR 2000, 353; *Müggenborg*, Industrieparks, S.80 Rn.163.

164 *Dietlein*, in: Landmann/Rohmer, BImSchG, § 4 Rn.50c. Siehe hierzu auch oben Teil 2 § 1 II. 4.

165 *OVG Münster*, Beschl. v. 27.11.2009 – 8 B 1476/08 –, DVBl 2009, 456 (457); *Böhm*, in: GK-BImSchG, § 4 Rn.61; *Jarass*, BImSchG, § 4 Rn.27.

166 *Sellner/Reidt/Ohms*, Immissionsschutzrecht, 1. Teil, C.II., Rn.50.

167 *OVG Lüneburg*, Beschl. v. 30.11.1999 – 7 M 4274/99 –, NVwZ-RR 2000, 353; *Böhm*, in: GK-BImSchG, § 4 Rn.61.

Dem Zweck des § 1 Abs. 3 der 4. BImSchV entspricht die Annahme, dass sich Anlagen auf „demselben" Betriebsgelände gem. § 1 Abs.3 S.2 Nr.1 der 4. BImSchV befinden, wenn die individuell auf den einzelnen Teilen des Betriebsgeländes entstehenden Emissionen immissionsrelevant zusammenwirken können.[168] Die bloße Unterbrechung des Geländes durch Zufahrts- oder Verkehrswege o.ä. ist insoweit nicht ausschlaggebend.[169]

Die Anlagen sind mit gemeinsamen Betriebseinrichungen gem. § 1 Abs.3 S.2 Nr.2 der 4. BImSchV verbunden, wenn sie in technischer Weise z.B. durch Rohrleitungen miteinander verbunden sind.[170] Dem Wortlaut und Sinn des § 1 Abs.3 der 4. BImSchV ist dabei nicht zu entnehmen, dass es sich bei diesen gemeinsamen Betriebseinrichtungen selbst um genehmigungsrelevante Anlagen i.S.d. § 1 Abs.2 der 4. BImSchV handeln muss.[171]

Ein enger räumlicher und betrieblicher Zusammenhang ist des Weiteren nur gegeben, wenn die Anlagen einem vergleichbaren technischen Zweck dienen. Letztlich kommt diesem Kriterium kaum Bedeutung zu, weil es regelmäßig vorliegen wird, wenn auch die beiden anderen Bestimmungsmerkmale nach § 1 Abs.3 S.2 Nr.2 und 3 der 4. BImSchV vorliegen.[172]

6. *Der Betreiber als Inhaber der anlagenbezogenen Genehmigung*

Mit den Regelungen des § 4 BImSchG beschreibt der Gesetzgeber abstrakt, welche Anlagen aufgrund ihrer potenziellen Umweltgefährlichkeit einem präventiven Verbot mit Erlaubnisvorbehalt[173] unterliegen. Demgegenüber gibt er nicht an, wer Adressat der Genehmigungspflicht nach § 4 BImSchG ist. Allein durch den Zusammenhang mit der Überschrift der unmittelbar nachfolgenden Vorschrift des § 5 BImSchG „Pflichten der Betreiber genehmigungsbedürftiger Anlagen" ergibt sich, dass alleiniger Adressat der Anlagenbetreiber ist.[174]

Die immissionsschutzrechtliche Genehmigung dient nicht der Sicherstellung persönlicher Voraussetzungen beim Anlagenbetreiber, sondern knüpft

168 Vgl. *Sellner/Reidt/Ohms*, Immissionsschutzrecht, 1. Teil, C.II., Rn.51.

169 Zum Betriebsgelände beim Industriepark s. unten Teil 5 § 4 III 5.

170 *OVG Lüneburg*, Beschl. v. 30.11.1999 – 7 M 4274/99 –, NVwZ-RR 2000, 353 (354); *Böhm*, in: GK-BImSchG, § 4 Rn.64; *Jarass*, BImSchG, § 4 Rn.29.

171 *Böhm*, in: GK-BImSchG, § 4 Rn.65; *Jarass*, BImSchG, § 4 Rn.29; a.A. *Ludwig*, in: Feldhaus, 4. BImSchV, § 1 Rn.23.

172 *Martens*, Die wesentliche Änderung im Sinne des § 15 BImSchG unter besonderer Berücksichtigung des umfänglichen Anlagenbegriffs, S.121.

173 *Dietlein*, in: Landmann/Rohmer, BImSchG, § 4 Rn.1; *Jarass*, BImSchG, § 4 Rn.42.

174 *Jarass*, BImSchG, § 4 Rn.52.

ausschließlich an anlagen- und betriebsbezogene Voraussetzungen an (vgl. §§ 4, 5, 6 Abs.1 Nr.1 BImSchG).[175] Sie wird für eine bestimmte Anlage erteilt und bleibt auch dann bestehen, wenn der Betreiber der Anlage wechselt.[176] Demnach handelt es sich bei ihr um eine reine Sachkonzession.[177] Die Person des Anlagenbetreibers spielt nach § 20 Abs.3 BImSchG lediglich nach Genehmigungserteilung eine Rolle, wenn sich der Betreiber als derart unzuverlässig erweisen sollte, dass die Behörde zu repressivem Einschreiten ermächtigt wird.[178]

§ 2. Der Betreiber und der Träger des Vorhabens im Genehmigungsverfahren

Bei der Anlagengenehmigung nach § 4 BImSchG handelt es sich um eine Kontrollerlaubnis, für die ein immissionsschutzrechtliches Genehmigungsverfahren angestrengt werden muss und auf die bei Vorliegen der Voraussetzungen ein Anspruch besteht (präventives Verbot mit Erlaubnisvorbehalt).[179] Die Vorschriften zum immissionsschutzrechtlichen Genehmigungsverfahren (z.B. § 2 der 9. BImSchV, § 15 Abs.1 S.3, 4, Abs.2 S.2, § 16 Abs.2, 4 S.1, § 19 Abs.3 BImSchG) sind vornehmlich an den „Träger des Vorhabens“ adressiert. Erst wenn es um die wesentlichen Pflichten (§ 5 BImSchG), um die Untersagung, Stilllegung und Beseitigung der Anlage (§ 15 Abs.3, § 20 BImSchG) oder besondere Nebenbestimmungen (§ 12 Abs.2c S.1 BImSchG) geht, verwendet der Gesetzgeber den Betreiberbegriff.

Die verfahrensrechtlichen Regelungen zum Genehmigungsverfahren finden sich in § 10 BImSchG in Verbindung mit der 9. BImSchV[180]. Sie gelten

---

175 *Scheidler*, in: Feldhaus, BImSchG, § 6 Rn.14; *Fischer/Günther*, NVwZ 2005, 1116 (1118).

176 BT-Drs. 7/179, S.30. Zum Betreiberwechsel s. unten Teil 2 § 2 III. Zur Rechtsnachfolge s. unten Teil 5 § 3.

177 BT-Drs. 7/179, S.30, unter Verwendung des Begriffs „Realkonzession“; *BVerwG*, Urt. v. 22.10.1998 – 7 C 38/97 –, BVerwGE 107, 299 (302) = NJW 1999, 1416 (1417); *Scheidler*, in: Feldhaus, BImSchG, § 6 Rn.14; *Jarass*, BImSchG, § 6 Rn.4; *Kotulla*, in: Kotulla, BImSchG, § 6 Rn.43; *Kloepfer*, UmweltR, § 14 Rn.137; *Müggenborg*, Industrieparks, S.76 Rn.154; *Friedrich*, NVwZ 2002, 1174 (1175).

178 *Müggenborg*, Industrieparks, S.76 Rn.154.

179 *Koch*, Umweltrecht, § 3, C.III.1., Rn.62.

180 Verordnung über das Genehmigungsverfahren in der Fassung der Bekanntmachung vom 29. Mai 1992, BGBl I S.1001, die durch Artikel 3 der Verordnung vom 2. Mai 2013 (BGBl I S.973) geändert worden ist.

insbesondere für die Erteilung einer sog. Vollgenehmigung zur Errichtung und zum Betrieb sowie zur wesentlichen Änderung (vgl. § 1 Abs.1 Nr.1a, 1b der 9. BImSchV), für die Erteilung einer Teilgenehmigung und für die Erteilung eines Vorbescheids (vgl. § 1 Abs.1 Nr.1c, Nr.2 der 9. BImSchV).[181]

I. Der Träger des Vorhabens als Antragsteller

Die verfahrensrechtlichen Genehmigungsvorschriften richten sich an den Antragsteller, der nach § 2 Abs.1 S.1 der 9. BImSchV der „Träger des Vorhabens" ist. Demgegenüber wird der Betreiberbegriff in der 9. BImSchV nicht verwendet. Das „Vorhaben" ist die geplante Verwirklichung eines genehmigungspflichtigen Tatbestandes nach dem BImSchG, also der Errichtung, des Betriebs oder der wesentlichen Änderung einer genehmigungsbedürftigen Anlage.[182] Nach der amtlichen Begründung des § 2 Abs.1 S.1 der 9. BImSchV braucht der Träger des Vorhabens mit dem späteren Betreiber der Anlage nicht identisch zu sein, weil die immissionsschutzrechtliche Genehmigung anlagen- und nicht personenbezogen erteilt wird und daher nicht an die Person desjenigen gebunden ist, dem sie erteilt wird.[183] Die Begriffe „Träger des Vorhabens" und „Anlagenbetreiber" sind also nicht inhaltsgleich, so dass die Angabe des Antragsstellers in der Genehmigung nicht zwangsläufig auf den

181 Die Voraussetzungen für die Erteilung der Genehmigung sind sowohl für das förmliche (§ 2 Abs.1 S.1 Nr.1 der 4. BImSchV) als auch das vereinfachte (§ 2 Abs.1 S.1 Nr.2 der 4. BImSchV) Genehmigungsverfahren abschließend in § 6 BImSchG geregelt, s. *Jarass*, BImSchG, § 6 Rn.1. Das immissionsschutzrechtliche Genehmigungsverfahren entfaltet – gleich ob förmliches oder vereinfachtes – Genehmigungsverfahren nach § 13 BImSchG eine Konzentrationswirkung: Die Genehmigung ersetzt alle anderen erforderlichen behördlichen Entscheidungen, die vor Errichtung und Betrieb der Anlage eingeholt werden müssen, mit Ausnahme der in § 13 BImSchG aufgeführten behördlichen Entscheidungen, insb. wasserrechtliche Erlaubnisse und Bewilligungen nach § 8 i.V.m. § 10 WHG sowie Planfeststellungen, s. *BVerwG*, Urt. v. 15.12.1989 - 4 C 36/86 –, BVerwGE 84, 209 (214); *Jarass*, BImSchG, § 13 Rn.1, 3, 12, § 15 Rn.3; zur Ausnahme wasserrechtlicher Behördenentscheidungen s. *Kaster*, Das Verhältnis von immissionsschutzrechtlicher Genehmigung und wasserrechtlicher Erlaubnis, S.81 ff.

182 *Czajka*, in: Feldhaus, 9. BImSchV, § 2 Rn.10.

183 Vgl. BR-Drs. 526/76, S.10. Siehe auch *BVerwG*, Urt. v. 15.12.1989 - 4 C 36/86 –, BVerwGE 84, 209 (211); *Czajka*, in: Feldhaus, BImSchG, § 10 Rn.22; *ders.*, in: Feldhaus, 9. BImSchV, § 2 Rn.1; *Dietlein*, in: Landmann/Rohmer, BImSchG, § 10 Rn.33; *Kutscheidt/Dietlein*, in: Landmann/Rohmer, 9. BImSchV, § 2 Rn.3; *Roßnagel*, in: GK-BImSchG, § 10 Rn.161; *Ohms*, Praxishandbuch Immissionsschutzrecht, Vorauflage., Rn.506; *Sellner/Reidt/Ohms*, Immissionsschutzrecht, 2. Teil, C.III.1., Rn.51.

Betreiber schließen lässt. Dies verdeutlicht auch der in § 2 Abs.1 nachträglich eingefügte Satz 2 der 9. BImSchV[184]:

> „Träger des Vorhabens kann auch sein, wer nicht beabsichtigt, die Anlage zu errichten oder zu betreiben."

In der Begründung des Regierungsentwurfs zu Satz 2 des § 2 Abs.1 der 9. BImSchV wird angeführt, dass die Erweiterung der Befugnis zur Antragstellung im Genehmigungsverfahren auf (natürliche und juristische) Personen, welche die Anlage nicht selbst errichten oder betreiben wollen, die Übertragbarkeit von immissionsschutzrechtlichen Genehmigungen und Vorbescheiden vereinfachen soll. Dies soll insbesondere sog. Standort-Entwicklungsgesellschaften (Standortservicegesellschaften[185]) zu Gute kommen.[186] Danach kann Träger des Vorhabens nicht nur derjenige sein, der im eigenen Namen und in eigener Verantwortung die Anlage errichten oder betreiben will, sondern auch schon der verantwortliche Planungsträger, wenn er ein schutzwürdiges Interesse – wie das einer Standort-Entwicklungsgesellschaft – an der Genehmigung der Anlage glaubhaft machen kann.[187]

Im Immissionsschutzrecht ist wie auch im übrigen Anlagengenehmigungsrecht, wie z.B. im Baurecht[188] oder Atomrecht[189], anerkannt, dass die öffentlich-rechtliche Genehmigung einerseits und die privatrechtliche (vermögensrechtliche) Rechtsträgerschaft und Verfügungsbefugnis über die Bestandteile der Anlage andererseits nicht in einer Person zusammenzutreffen brauchen.[190] Adressat einer Errichtungsgenehmigung kann daher nicht nur derjenige sein, in dessen wirtschaftlichem Interesse die Anlage hergestellt und später betrieben werden soll, sondern auch derjenige, der allein für die Errichtung die

---

184 *Czajka*, in: Feldhaus, 9. BImSchV, § 2 Rn.4a, unter Verweis auf Art.5 des Deregulierungsgesetzes vom 21. Juni 2005, BGBl I S.1666 f.

185 Zum Begriff der Standortservicegesellschaft s. unten Teil 5 § 4 III 3.

186 BT-Drs. 15/4231, S.16; *Czajka*, in: Feldhaus, 9. BImSchV, § 2 Rn.4a.

187 *Kutscheidt/Dietlein*, in: Landmann/Rohmer, 9. BImSchV, § 2 Rn.3; *Storost*, in: Ule/Laubinger, BImSchG, § 10 Rn.C15.

188 *BVerwG*, Urt. v. 23.3.1973 – IV C 49/71 –, BVerwGE 42, 115 (116) = NJW 1973, 1518.

189 *BVerwG*, Urt. v. 25.6.1992 – 7 C 1/92 –, BVerwGE 90, 255 (261 f.) = DVBl 1992, 1236 (1238); *OVG Koblenz*, Beschl. v. 9.6.1976 – 1 B 66/75 –, GewArch 1977, 133 (137).

190 Vgl. *BVerwG*, Urt. v. 25.6.1992 – 7 C 1/92 –, BVerwGE 90, 255 (262) = DVBl 1992, 1236 (1238); *Storost*, in: Ule/Laubinger, BImSchG, § 10 Rn.C15.

Verantwortung trägt.[191] Neben dem Wortlaut der Vorschrift des § 2 Abs.1 S.2 der 9. BImSchV spricht für eine solche Sichtweise auch der in der Praxis vorkommende Fall der Nichtidentität des Errichters und des Betreibers einer Anlage.[192] Denn aus wirtschaftlichen oder steuerlichen Gründen werden oft Unternehmen mit der Errichtung der Anlage betraut, die nicht als spätere Betreiber vorgesehen sind.[193] Träger des Vorhabens ist folglich derjenige, der nach außen hin die Verantwortung für das Vorhaben übernimmt.[194]

Statt des (späteren) Betreibers wird der Bauherr im Stadium der Errichtung Antragsteller der Genehmigung insbesondere dann sein, wenn er eigenverantwortlich im Auftrag des späteren Betreibers handelt.[195] Demgegenüber ist der bloße Bauunternehmer ebensowenig wie der bloße Anlagenhersteller antragsbefugt.[196] Dies folgt daraus, dass er die Anlage regelmäßig nur im fremden Namen und für fremde Rechnung und nicht eigenverantwortlich errichten will.[197] Ist die Anlage hingegen schon errichtet und soll für diese nachträglich die erforderliche Genehmigung beantragt werden, so ist nach den aufgezeigten Kriterien zur Bestimmung des Vorhabenträgers derjenige antragsbefugt und Träger des Vorhabens, der die Anlage schon betreibt oder betreiben will. Bei entsprechender Anwendung dieser Gesichtspunkte auf die Situation der Beantragung einer Änderungsgenehmigung nach § 16 BImSchG wird der gegenwärtige Anlagenbetreiber regelmäßig der antragsbefugte Vorhabenträger sein.[198]

---

191 *Czajka*, in: Feldhaus, 9. BImSchV, § 2 Rn.10; *Jarass*, BImSchG, § 10 Rn.19; *Schmatz/Nöthlichs*, Immissionsschutz, § 10 BImSchG, Anm.3.2.

192 *Dietlein*, in: Landmann/Rohmer, BImSchG, § 10 Rn.33; *Kutscheidt/Dietlein*, in: Landmann/Rohmer, 9. BImSchV, § 2 Rn.3.

193 *Kutscheidt/Dietlein*, in: Landmann/Rohmer, 9. BImSchV, § 2 Rn.3.

194 *Czajka*, in: Feldhaus, 9. BImSchV, § 2 Rn.10.

195 Vgl. *Czajka*, in: Feldhaus, 9. BImSchV, § 2 Rn.10; *Jarass*, BImSchG, § 10 Rn.19.

196 *Jarass*, BImSchG, § 10 Rn.19.

197 *Kutscheidt/Dietlein*, in: Landmann/Rohmer, 9. BImSchV, § 2 Rn.3.

198 *Storost*, in: Ule/Laubinger, BImSchG, § 10 Rn.C16. Wechselt der Träger des Vorhabens während der Errichtung oder des Betriebs der Anlage, nachdem bereits eine Teilgenehmigung nach § 8 BImSchG erteilt worden ist, so kann der neue Vorhabenträger weitere Teilgenehmigungen beantragen. Einer förmlichen Übertragung der bereits erteilten Teilgenehmigung bedarf es aufgrund der Anlagenbezogenheit der Genehmigung nicht, s. *Czajka*, in: Feldhaus, 9. BImSchV, § 2 Rn.10; *Dietlein*, in: Landmann/Rohmer, BImSchG, § 10 Rn.34; *Storost*, in: Ule/Laubinger, BImSchG, § 10 Rn.C16. Zur Rechtsnachfolge s.unten Teil 5 § 3.

II. Anzeige- und Genehmigungspflichten bei der Änderung genehmigungsbedürftiger Anlagen

Nach § 15 Abs.1 S.1 BImSchG trifft den Vorhabenträger eine Anzeigepflicht für jegliche Änderungen der Lage, Beschaffenheit oder des Betriebs einer genehmigungsbedürftigen Anlage, die sich auf in § 1 genannte Schutzgüter auswirken können. Darüber hinaus muss er ein Genehmigungsverfahren durchführen lassen, wenn es sich um Änderungen der Lage, Beschaffenheit oder des Betriebs handelt, die wesentlich sind (§ 16 Abs.1 S.1 BImSchG).[199]

Sowohl die Anzeigepflicht nach § 15 Abs.1 S.1 BImSchG als auch die Genehmigungspflicht nach § 16 Abs.1 S.1 BImSchG setzen eine „Änderung der Lage, Beschaffenheit oder des Betriebs" der Anlage voraus. Eine Änderung der Lage liegt vor, wenn die Anlage insgesamt oder Teile von ihr einen anderen Standort erhalten.[200] Wird allerdings die Anlage an einer ganz anderen Stelle neu aufgebaut, liegt nicht mehr bloß eine Änderung, sondern eine Neuerrichtung (§ 4 BImSchG) vor.[201] Hierfür spricht, dass das genehmigte Vorhaben jedenfalls überwiegend verändert wird und sich daher auf den Charakter der gesamten Anlage auswirkt.[202] Eine Änderung der Beschaffenheit ist anzunehmen, wenn die Anlage in ihren konstruktiven Merkmalen verändert wird, indem z.B. Teile der Anlage ersetzt oder beseitigt werden oder die Anlage durch zusätzliche Einrichtungen erweitert wird.[203] Als Änderungen im Betrieb sind unter Zugrundelegung einer betriebsspezifischen Betrachtungsweise alle Maßnahmen anzusehen, die den eigentlichen Produktions-prozess, die Einsatzstoffe, Reststoffe und den Arbeitsablauf, z.B. die Betriebsdauer, betreffen.[204] Der Begriff der Änderung umfasst also zum einen Veränderungen des bereits vorhandenen Anlagenbestandes, sog.

199 Zur sog. Bagatellklausel des § 16 Abs.1 S.2 BImSchG s. *Führ*, in: GK-BImSchG, § 16 Rn.131 ff.

200 *Jarass*, BImSchG, § 15 Rn.5; *Martens*, Die wesentliche Änderung im Sinne des § 15 BImSchG unter besonderer Berücksichtigung des umfänglichen Anlagenbegriffs, S.175.

201 *Jarass*, BImSchG, § 15 Rn.5; *Rebentisch*, in: Feldhaus, BImSchG, § 15 Rn.40.

202 Vgl. *VGH München*, Urt. v. 13.5.2005 – 22 A 96/40091 –, NVwZ-RR 2006, 456 (457 f.); *Czajka*, in: Feldhaus, BImSchG, § 16 Rn.23; *Führ*, in: GK-BImSchG, § 16 Rn.138; *Jarass*, BImSchG, § 15 Rn.5.

203 *Jarass*, BImSchG, § 15 Rn.5; *Martens*, Die wesentliche Änderung im Sinne des § 15 BImSchG unter besonderer Berücksichtigung des umfänglichen Anlagenbegriffs, S.175 m.w.B.; *Rebentisch*, in: Feldhaus, BImSchG, § 15 Rn.41.

204 Vgl. *Guckelberger*, in: Kotulla, BImSchG, § 15 Rn.39; *Martens*, Die wesentliche Änderung im Sinne des § 15 BImSchG unter besonderer Berücksichtigung des umfänglichen Anlagenbegriffs, S.17, m.w.B. Für die Betriebseinstellung gilt § 15 Abs.3 BImSchG.

qualitative Änderungen, und zum anderen Veränderungen, die zur Erweiterung der Anlage oder ihres Betriebes führen, sog. quantitative Veränderungen.[205] emnach setzt eine Anzeige- oder Genehmigungspflicht eine anlagenbezogene Änderung voraus.[206]

Der Vorhabenträger muss nach § 16 Abs.1 S.1 BImSchG eine Genehmigung für Änderungen einholen, die nachteilige Auswirkungen hervorrufen können, die wiederum für die Voraussetzungen des § 6 Abs.1 Nr.1 BImSchG relevant sein können. Entscheidend ist, ob die Änderung Anlass zu einer erneuten Prüfung der Genehmigungsvoraussetzungen bietet.[207] Nachteilig sind die Auswirkungen dann, wenn sie wenigstens in einer Hinsicht die Schutzgüter des § 1 BImSchG stärker belasten können als dies beim Normalbetrieb oder bei Störfällen der genehmigten Anlage der Fall ist.[208] Nach § 16 Abs.1 S.1 Hs.2 BImSchG liegt eine wesentliche Änderung jedenfalls immer vor, wenn die Änderung oder Erweiterung des Betriebs einer Anlage für sich allein die Schwellenwerte des Anhangs 1 zur 4. BImSchV errreicht, wenn also eine selbständige Anlage gleicher Art und Größe einer Genehmigung bedürfte.[209]

III. Anzeige- und Genehmigungspflichten bei Betreiberwechsel

Wird eine Anlage unter mehreren Betreibern aufgeteilt und kommt es dabei allein zu einer Änderung der Person des Betreibers, wird eine Anzeige- oder Genehmigungspflicht gem. § 15 BImSchG und § 16 BImSchG im Regelfall nicht ausgelöst.[210] Dies folgt aus dem Wortlaut der §§ 15 Abs.1 S.1, 16 Abs.1

---

205 Ausf. *Martens*, Die wesentliche Änderung im Sinne des § 15 BImSchG unter besonderer Berücksichtigung des umfänglichen Anlagenbegriffs, S.128 f.; *Jarass*, BImSchG, § 15 Rn.5a.

206 *Schmidt-Kötters*, in: BeckOK, BImSchG, § 4 Rn.125. Bezugspunkt für die Frage der Änderung ist die vorhandene Genehmigung in ihrem gesamten Umfang einschließlich der vom Antragsteller eingereichten Unterlagen. Maßgeblich ist, ob die fragliche Maßnahme vom Genehmigungsbescheid gedeckt ist oder eine Abweichung darstellt, siehe nur *VGH München*, Urt. v. 13.5.2005 - 22 A 96/40091 –, NVwZ-RR 2006, 456 (458).

207 *BVerwG*, Urt. v. 6.7.1984 – 7 C 71/82 –, BVerwGE 69, 351 = NVwZ 1985, 46.

208 *Czajka*, in: Feldhaus, BImSchG, § 16 Rn.30 ff.; *Sellner/Reidt/Ohms*, Immissionsschutzrecht, 2.Teil, A.II., Rn.8, 12.

209 *Czajka*, in: Feldhaus, BImSchG, § 16 Rn.39a ff.

210 *Führ*, in: GK-BImSchG, § 15 Rn.119; *Guckelberger*, in: Kotulla, BImSchG, § 15 Rn.36; *Jarass*, BImSchG, § 15 Rn.5b; *Schmidt-Kötters*, in: BeckOK, BImSchG, § 4 Rn.125; *Müggenborg*, Industrieparks, S.77 Rn.157; *Fischer/Günther*, NVwZ 2005, 1116 (1118). Zur Spaltung und einhergehenden Problemen s. unten Teil 5 § 3 III 2.

S.1 BImSchG, wonach eine Anzeige- oder Genehmigungspflicht eine anlagenbezogene Änderung (Änderung der Lage, Beschaffenheit oder des Betriebs der Anlage) voraussetzt, die bei einem reinen Betreiberwechsel nicht gegeben ist. Zudem handelt es sich bei der immissionsschutzrechtlichen Genehmigung, wie erwähnt, um eine Sachkonzession, die nicht an personenbezogene Voraussetzungen anknüpft.[211] Auch dies spricht dafür, dass ein reiner Betreiberwechsel keine Anzeige- oder Genehmigungspflichten nach dem BImSchG auslöst. Andere Gesetze des Umweltrechts sehen demgegenüber eine Anzeigepflicht für den Fall eines Personenwechsels vor. So besteht nach § 25 TEHG die Pflicht des neuen Betreibers, den Wechsel der Identität oder Rechtsform unverzüglich nach der Änderung anzuzeigen.[212]

Allerdings kann es auch im Rahmen des BImSchG mittelbar zu einer Anzeige des Betreiberwechsels gegenüber der zuständigen Behörde kommen: Kapital- bzw. Personengesellschaften unterliegen einer Mitteilungspflicht nach § 52b Abs.1 S.1 BImSchG, wenn das vertretungsberechtigtes Organ aus mehreren Mitgliedern besteht bzw. mehrere vertretungsberechtigte Gesellschafter vorhanden sind. Indem die Gesellschaften dieser Mitteilungspflicht nachkommen, zeigen sie zugleich den Betreiberwechsel an.[213]

Darüber hinaus kann ein Betreiberwechsel eine Änderungsgenehmigungs- bzw. Anzeigepflicht nach sich ziehen, wenn die Anlage auf mehrere Betreiber aufgeteilt wird und dies eine Änderung der Lage, Beschaffenheit oder des Betriebs der Anlage zur Folge hat – was der Regelfall sein wird.[214] Schließlich ist die ursprüngliche Genehmigung auf einen einheitlichen Anlagenbetrieb zugeschnitten und enthält dementsprechend übergreifende Vorgaben für die gesamte ungeteilte Anlage.[215] So hat der neue Betreiber einer abgespaltenen (Teil-)Anlage eine Änderungsgenehmigung einzuholen, wenn sich z.B. deren Betriebsweise ändert und dieser Anlagenteil für sich betrachtet genehmigungspflichtig ist. Denn in einem solchen Fall kann sich die Änderung nachteilig auf die Schutzgüter i.S.v. § 16 Abs.1 S.1 BImSchG auswirken.[216] Bloße Änderungen

211 *Schmidt-Kötters*, in: BeckOK, BImSchG, § 4 Rn.125.

212 Früher § 4 Abs.10 S.1 TEHG (a.F.). Vgl. *Theuer*, in: Frenz, § 4 TEHG Rn.91 ff.; *Müggenborg*, Industrieparks, S.78 Rn.157.

213 *Müggenborg*, Industrieparks, S.78 Rn.157. Zum Inhalt der Mitteilungspflicht nach § 52b BImSchG s. unten Teil 2 § 3 II 4.

214 *Friedrich*, NVwZ 2002, 1174 (1177).

215 *Jarass*, BImSchG, § 15 Rn.5b.

216 *Führ*, in: GK-BImSchG, § 15 Rn.119; *Jarass*, BImSchG, § 15 Rn.5b; *Müggenborg*, Industrieparks, S.91 Rn.182; *Friedrich*, NVwZ 2002, 1174 (1177). Unterliegt die

der Unternehmensorganisation dürften demgegenüber regelmäßig keine Anzeige- oder Genehmigungspflicht auslösen. Hierfür spricht, dass mit derartigen Änderungen keine Änderungen im technischen Anlagenbetrieb oder bei der Betriebsdauer einhergehen.[217]

Dementsprechend ist anzunehmen, dass keine besonderen Anzeige- oder Genehmigungspflichten nach dem BImSchG ausgelöst werden, wenn eine einheitlich betriebene Anlage mit Haupt- und Nebeneinrichtung auf mehrere Betreiber aufgeteilt wird und die Nebeneinrichtung auch weiterhin ausschließlich der ursprünglichen Hauptanlage dient. Auch in diesem Fall hat der Betreiberwechsel und die einhergehende Spaltung der rechtlichen Betreiberverantwortlichkeit keine nachteiligen Auswirkungen auf die Schutzgüter i.S.v. § 16 Abs.1 S.1 BImSchG. Allerdings kann der Betreiber der (ehemaligen) Hauptanlage und Nebeneinrichtung ggf. der Anzeigepflicht einer Änderung des Betriebszwecks nach § 15 BImSchG unterliegen.[218]

IV. Der Begriff des Vorhabenträgers versus der Begriff des Betreibers

Nach dem Wortlaut und Inhalt der Vorschriften zum Genehmigungsverfahren ist, wie erwähnt, der Begriff des Vorhabenträgers nicht inhaltsgleich mit dem Betreiberbegriff. Vielmehr ist der Begriff des Vorhabenträgers weiter zu verstehen: Nicht jeder Vorhabenträger, der die Anlage in eigener Verantwortung errichtet, ist auch der (spätere) Betreiber der Anlage. Ob die Verwendung verschiedener Begrifflichkeiten im BImSchG und in der 9. BImSchV durch den Gesetzgeber in Bezug auf das immissionsschutzrechtliche Genehmigungsverfahren sachgerecht ist, ist fraglich.

---

einzelne abgespaltene Anlage nicht der Genehmigungspflicht, erlischt insoweit die ursprünglich für die gemeinsame Anlage erteilte Genehmigung, s. *Müggenborg*, DVBl 2001, 417 (422), mit Bezug auf § 18 Abs.2 BImSchG; a.A. *Schmidt-Kötters*, in: BeckOK, BImSchG, § 4 Rn.126.2, nach dessen Ansicht mit der Aufteilung ein Verzicht auf die immissionsschutzrechtliche Genehmigung verbunden ist. Zur Aufspaltung von Anlagen u. Rechtsnachfolge s.u. Teil 5 § 3 III 2.

217 Vgl. *Czajka*, in: Feldhaus, BImSchG, § 15 Rn.44; *Hansmann*, in: Landmann/Rohmer, BImSchG, § 15 Rn.11; *Jarass*, BImSchG, § 15 Rn.5b; *Müggenborg*, Industrieparks, S.77 f. Rn.157, S.91 Rn.182.

218 *Müggenborg*, Industrieparks, S.91 Rn.181; *Friedrich*, NVwZ 2002, 1174 (1177). Die Genehmigung, die in Bezug auf die ursprünglich bestehende Anlage mit Hauptanlage und Nebeneinrichtung erteilt worden ist, gilt als immissionsschutzrechtliche Genehmigung auch für den neuen Betreiber der abgespaltenen Nebeneinrichtung fort, s. *Müggenborg*, DVBl 2001, 417 (422). Zur Rechtsnachfolge s. unten Teil 5 § 3.

Für die Verwendung unterschiedlicher Begrifflichkeiten spricht, dass der Vorhabenträger eine andere Person sein kann als der (spätere) Betreiber. Im Gegensatz zum (späteren) Betreiber nimmt der bloße Vorhabenträger jedenfalls im Stadium der Errichtung, bei dem die Anlage noch nicht betrieben wird, keine für die Umwelt relevanten Handlungen vor. Dies kommt bei der Verwendung der unterschiedlichen Begrifflichkeiten deutlich zum Ausdruck.

Die (teilweise) Verwendung des Terminus Vorhabenträger birgt aber auch Nachteile. In dem Begriff Vorhabenträger ist vom Wortlaut her nicht angelegt, dass dieser in der Regel, insbesondere im Stadium anstehender Änderungen der Anlage nach §§ 15 f. BImSchG, der Betreiber ist. Die Verwendung unterschiedlicher Begriffe kann insoweit zu falschen Subsumtionen in der Praxis statt zu einer besseren Handhabung führen.

Abgesehen davon ist das Vorgehen des Gesetzgebers insoweit inkonsequent, als nach dem BImSchG auch derjenige Betreiber sein kann, dessen Anlage stillgelegt ist und im wörtlichen Sinne nicht mehr betrieben werden kann. Des Weiteren verdeutlicht der Verweis des § 7 Abs.3 der 12. BImSchV (sog. Störfallverordnung, im Folgenden: StörfallVO[219]) das inkonsequente Verhalten des Gesetzgebers bei der Verwendung der Begriffe Betreiber und Träger des Vorhabens. In § 7 Abs.1 StörfallVO verwendet er den Betreiberbegriff im Zusammenhang mit der Anzeige- und Meldepflicht, wohingegen er die Vorschriften im Genehmigungs- bzw. Anzeigeverfahren nach dem BImSchG und der 9. BImSchV vornehmlich an den Träger des Vorhabens adressiert. Damit erweckt der Verordungsgeber den Eindruck, die Begriffe „Betreiber" und „Träger des Vorhabens" wären inhaltsgleich und damit austauschbar, obwohl er eigentlich von einem unterschiedlichen Begriffsinhalt ausgeht.

Die uneinheitliche Verwendung der Begriffe in § 7 StörfallVO ist offensichtlich Ergebnis einer versuchten 1:1-Umsetzung der Seveso II-Richtlinie[220] durch § 7 StörfallVO (vgl. Art.6 Abs.2, 3 der Seveso II-Richtlinie), bei der der im sonstigen Anzeige- und Genehmigungsverfahren verwendete Begriff des Vorhabensträgers nicht berücksichtigt worden ist. Der Begriff „Träger des Vorhabens" ist ein dem deutschen Immissionsschutzrecht eigener Begriff.[221] Der europäische

---

219 Zur StörfallVO s. unten Teil 2 § 5.

220 RL 96/82/EG des *Rates* vom 9. Dezember 1996 zur Beherrschung der Gefahren bei schweren Unfällen mit gefährlichen Stoffen, ABl. EG Nr. L 10 vom 14. Januar 1997, S.13. Die RL ist u.a. durch die RL 2003/105/EG vom 16. Dezember 2003, ABl. EG Nr. L 345/97 vom 31. Dezember 2003, S.100 geändert worden. Hierzu s. unten Teil 2 § 5.

221 *Kutscheidt/Dietlein*, in: Landmann/Rohmer, 9. BImSchV, § 2 Rn.2.

Richtliniengeber hat diesen Begriff nicht übernommen, so dass es keinen entsprechenden Terminus in den einschlägigen europäischen Richtlinien gibt. Vielmehr kennt der Richtliniengeber der Seveso II-Richtlinie nur den Begriff „Betreiber“, den er der IVU-Richtlinie[222] entnommen hat.[223] Hieran zeigt sich, dass der Begriff des Trägers des Vorhabens sich in das immissionsschutzrechtlicher Vorschriftenregime nicht mehr einfügt und überholt ist.

Insgesamt wäre es danach praxisgerecht, im BImSchG und in der 9. BImSchV einen einheitlichen Begriff zu verwenden. Der Begriff des Trägers des Vorhabens sollte daher durch den Betreiberbegriff ersetzt werden. Dies würde auch der Terminologie, die der Unionsrechtsgeber verwendet, besser entsprechen. Zugleich ist es erforderlich, eine Bestimmung des Betreiberbegriffs in die Begriffsbestimmungen aufzunehmen, die auch den eigenverantwortlich und im eigenen Namen handelnden Errichter einer Anlage i.S.d. BImSchG erfasst. Da es sich beim Errichter nicht zwingend um denjenigen handelt, der die Anlage nach der Errichtung i.e.S. „betreibt“, empfiehlt sich eine „abgestufte“ Definition, die die unterschiedlichen Stadien der Errichtung, des Betriebs und der Stilllegung erfasst.[224]

§ 3. Der Betreiber als Adressat von Grundpflichten und Überwachungspflichten

Die Bedeutung des Betreiberbegriffs wird insbesondere anhand der Pflichten deutlich, die das BImSchG dem Betreiber auferlegt.

I. Der Betreiber einer genehmigungsbedürftigen Anlage als Adressat der Grundpflichten

Die Vorschrift des § 5 BImSchG beinhaltet als materiellen Kern des Rechts genehmigungsbedürftiger Anlagen[225] die sogenannten Grundpflichten für die Errichtung und den Betrieb genehmigungsbedürftiger Anlagen, die in ihrer Gesamtheit einen umfassenden Schutz der Rechtsgüter des § 1 BImSchG

---

222 RL 2008/1/EG des *Europäischen Parlaments* und des *Rates* vom 15. Januar 2008 über die integrierte Vermeidung und Verminderung der Umweltverschmutzung, ABl. Nr. L 24 vom 29. Januar 2008, S.8.

223 *Uth*, StörfallVO, 2.2.4.1, S.59.

224 Zum Vorschlag einer Bestimmung des Betreiberbegriffs s. unten Teil 6.

225 Vgl. *Wickel*, DÖV 1997, 678 (679).

gewährleisten sollen.[226] Sie dient der Umsetzung des Art.11 der IE-Richtlinie.[227] Vor Inkrafttreten des Bundes-Immissionsschutzgesetzes ergaben sich die Grundpflichten aus dem Gewerberecht.[228] Formalistisch betrachtet sind sie allein schon deswegen dem Gefahrenabwehrrecht zuzuordnen.

Der Überschrift des § 5 BImSchG („Pflichten des Betreibers genehmigungsbedürftiger Anlagen") zufolge beziehen sich die Grundpflichten auf den Anlagenbetreiber. Benutzer oder andere im Zusammenhang mit der genehmigungsbedürftigen Anlage stehende Personen wie z.B. Kunden, Zulieferer oder Beschäftigte des Anlagenbetreibers verpflichtet die Vorschrift nicht.[229] Der Anlagenbetreiber kann daher seine Verpflichtung nicht ohne Weiteres auf Dritte, die er zur Erfüllung seiner Pflichten einschaltet, abwälzen. Er ist der alleinige Adressat der Grundpflichten.[230]

Die Regelungen des § 5 BImSchG enthalten Maßstabsnormen für das präventive Instrument der Genehmigungserteilung (Erlaubnisvorbehalt) nach § 6 Abs. 1 Nr. 1 BImSchG sowie für die repressiven Instrumente des Widerrufs der Genehmigung nach § 21 BImSchG und der nachträglichen Anordnungen nach § 17 BImSchG. Über die maßstabsetzende Funktion für die Behörden hinaus binden die Grundpflichten den Anlagenbetreiber bei der Errichtung der Anlage, bei ihrem Betrieb sowie bei und nach ihrer Stilllegung auch unmittelbar.[231] Hierfür spricht eine einheitliche Auslegung in Bezug auf genehmigungsbedürftige Anlagen und nicht genehmigungsbedürftige Anlagen, bei denen eine unmittelbare Geltung der Grundpflichten nach § 22 BImSchG vom *Bundesverwaltungsgericht*

226 Vgl. *Roßnagel*, in: GK-BImSchG, § 5 Rn.1.

227 Zur IE-Richtlinie s. unten Teil 2 § 4 III.

228 *Dietlein*, in: Landmann/Rohmer, BImSchG, § 5 Rn.1.

229 *Roßnagel*, in: GK-BImSchG, § 5 Rn.10.

230 *Jarass*, BImSchG, § 5 Rn.10.

231 *Jarass*, BImSchG, § 5 Rn.1, Rn.66 f., einschränkend bzgl. der Vorsorgepflicht nach § 5 Abs.1 Nr.2 BImSchG, soweit sie auf Fernwirkungen ausgerichtet sei; *Kotulla*, in: Kotulla, BImSchG, § 5 Rn.1; *Roßnagel*, in: GK-BImSchG, § 5 Rn.7, 25; *Sellner/Reidt/Ohms*, Immissionsschutzrecht, 1. Teil, D.I., Rn.61, 63; *Huffmann*, Der Einfluß des § 52a BImSchG auf die Verantwortlichkeit im Unternehmen, S.55 f.; *Petersen*, Schutz und Vorsorge, S.30; zweifelnd *Dietlein*, in: Landmann/Rohmer, BImSchG, § 5 Rn.9, der die Grundpflichten als abstrakte, einem individuellen Pflichtenstadium vorgelagerte allgemeine Handlungsnormen versteht, der h.M. aber zugleich zugesteht, dass das BImSchG selbst von „Pflichten" spreche und die Einheitlichkeit der Pflichtenauslegung bei genehmigungsbedürftigen und nicht genehmigungsbedürftigen Anlagen gewahrt werde.

(BVerwG) bestätigt worden ist.[232] Daher muss der Anlagenbetreiber die Grundpflichten unabhängig von der konkreten Anlagengenehmigung und unabhängig von Konkretisierungen durch Rechtsverordnungen oder behördliche Anordnungen erfüllen. Die Grundpflichten werden daher auch allgemeine Betreiberpflichten genannt.[233]

Im Gegensatz zu den vorher geltenden gewerberechtlichen Vorschriften haben die in § 5 BImSchG aufgeführten Grundpflichten aufgrund des offen gefassten Tatbestands einen dynamischen Charakter.[234] Die Reichweite hängt von den konkreten Umständen ab und kann sich im Laufe der Zeit aufgrund wandelnder Umweltverhältnisse erweitern.[235] So hat der Betreiber die Anlage z.B. nach § 5 Abs.1 Nr.2 BImSchG nach dem „Stand der Technik" zu errichten und auch zu betreiben. Letzteres erfordert in gewissen Zeitabständen eine Anpassung der Anlage an den voranschreitenden Stand der Technik.[236]

Die Grundpflichten sind allerdings nicht selbstvollziehend. An die bloße Missachtung der Grundpflichten können keine Sanktionen i.S.d. Strafrechts oder Ordnungswidrigkeitenrechts geknüpft werden.[237] Zur förmlichen Durchsetzung der Grundpflichten bedarf es vielmehr einer Konkretisierung durch Rechtsverordnung (auf Grundlage der §§ 7, 47 Abs.7, 49 Abs.1 BImSchG) oder Verwaltungsakt (z.B. auf Grundlage der §§ 36 VwVfG, 17 BImSchG), um ihre Einhaltung durch den Betreiber erzwingen zu können.[238] Zu den auf der Grundlage von § 7 BImSchG erlassenen, die Grundpflichten konkretisierenden Rechtsverordnungen gehören insbesondere die Störfallverordnung (12. BImSchV)[239] und die Verordnung über Großfeuerungsanlagen (13. BImSchV).

Nach § 5 BImSchG sind die Grundpflichten des Absatz 1 bei der Errichtung und dem Betrieb der Anlage zu beachten, die Grundpflicht des Absatz 3, die

---

232 *BVerwG*, Urt. v. 18.5.1995 – 4 C 20/94 –, BVerwGE 98, 238 (247); *Jarass*, BImSchG, § 5 Rn.1.

233 *Huffmann*, Der Einfluß des § 52a BImSchG auf die Verantwortlichkeit im Unternehmen, S.51.

234 *Wickel*, DÖV 1997, 678 (679).

235 *Dietlein*, in: Landmann/Rohmer, BImSchG, § 5 Rn.6.

236 *Wickel*, DÖV 1997, 678 (679).

237 *Dietlein*, in: Landmann/Rohmer, BImSchG, § 5 Rn.10, 42, der ausführt, dass die Grundpflichten selbst ohne Konkretisierung insb. keine verwaltungsrechtlichen Pflichten gemäß § 330d Nr.4 StGB seien.

238 *Dietlein*, in: Landmann/Rohmer, BImSchG, § 5 Rn.10 f.; *Jarass*, BImSchG, § 5 Rn.1; *Huffmann*, Der Einfluß des § 52a BImSchG auf die Verantwortlichkeit im Unter nehmen, S.56.

239 Hierzu s. unten Teil 2 § 5.

sog. Nachsorgepflicht, bei der Errichtung, des Betriebs und bei der Stilllegung sowie die Grundpflicht des Absatz 4, die sog. die Rückführungspflicht, nach der Stilllegung der Anlage.[240] Danach sind auch bei den Errichtungsarbeiten, z.B. bei der Befüllung der Anlage mit Einsatzstoffen, die Grundpflichten zu berücksichtigen, weil auch dabei typische Gefahren, vor denen das BImSchG schützen will, auftreten können.[241] Daneben werden nach dem Wortlaut des § 5 BImSchG auch schädliche Auswirkungen des Errichtungsvorgangs, wie z.B. Baulärm, erfasst.[242] Wenngleich sich derartige Auswirkungen nicht auf den späteren Betrieb der Anlage auswirken,[243] ist ihre Einbeziehung in § 5 BImSchG vor dem Hintergrund des angestrebten umfassenden Rechtsgüterschutzes nach § 1 BImSchG als gerechtfertigt anzusehen.[244]

Bei den allgemeinen Betreiberpflichten handelt es sich um rein anlagenbezogene Pflichten, wobei der Anlagenbezug weit zu verstehen ist.[245] Er umfasst zum einen Pflichten, welche die Beschaffenheit des Anlagenbetriebs unmittelbar betreffen, zum anderen aber auch auf den Anlagenbereich bezogene Pflichten, die Anforderungen stofflicher oder produktbezogener Art im Hinblick auf das entstehende Produkt stellen, z.B. Regelungen über die Lagerung von Gefahrstoffen.[246] An die immissionsschutzrechtliche Zuverlässigkeit oder Fachkunde des Betreibers stellt § 5 BImSchG keine Anforderungen. Gleichwohl kann nach § 20 Abs.3 BImSchG der Betrieb der Anlage durch den Betreiber oder einer mit der Leitung des Betriebs Beauftragten allein wegen Unzuverlässigkeit untersagt werden.[247] Für die Praxis von besonderer Bedeutung sind die Schutz- und Abwehrpflichten nach § 5 Abs.1 Nr.1, Abs.3 Nr.1 BImSchG und die Vorsorgepflicht nach § 5 Abs.1 Nr.2 BImSchG.[248]

---

240 Vgl. *Jarass*, BImSchG, § 5 Rn.3.

241 *Dietlein*, in: Landmann/Rohmer, BImSchG, § 5 Rn.22; ausf. s. *Jarass*, BImSchG, § 5 Rn.3.

242 *Dietlein*, in: Landmann/Rohmer, BImSchG, § 5 Rn.22; *Jarass*, BImSchG, § 5 Rn.3; *Roßnagel*, in: GK-BImSchG, § 5 Rn.22; a.A. *Petersen*, Schutz und Vorsorge, S.34 f.; *Bodanowitz*, NJW 1997, 2351 (2352), der die Auffassung vertritt, Baulärm werde unabhängig von der Genehmigungsbedürftigkeit der Anlage vom Regelungsbereich der §§ 22 ff. BImSchG erfasst.

243 Vgl. *Dietlein*, in: Landmann/Rohmer, BImSchG, § 5 Rn.22.

244 *Roßnagel*, in: GK-BImSchG, § 5 Rn.22, mit Hinweis auf BT-Drs. 7/179, S.31.

245 *Jarass*, BImSchG, § 5 Rn.4; *Schmidt-Kötters*, in: BeckOK, BImSchG, § 5 Rn.19, 21.

246 *Jarass*, BImSchG, § 5 Rn.4; *Schmidt-Kötters*, in: BeckOK, BImSchG, § 5 Rn.21.

247 *Roßnagel*, in: GK-BImSchG, § 5 Rn.21.

248 Zu den Pflichten zur Vermeidung, Verwertung und Beseitigung von Abfall nach § 5 Abs.1 Nr.3 BImSchG, zur sparsamen und effizienten Energieverwendung nach

1. *Die Schutzpflicht nach § 5 Abs.1 Nr.1 BImSchG*

Nach § 5 Abs.1 Nr.1 BImSchG hat der Betreiber die Pflicht, die Anlage

> „so zu errichten und zu betreiben, dass zur Gewährleistung eines hohen Schutzniveaus für die Umwelt [...] schädliche Umwelteinwirkungen und sonstige Gefahren, erhebliche Nachteile und erhebliche Belästigungen für die Allgemeinheit und die Nachbarschaft nicht hervorgerufen werden können".

Der Gesetzgeber zielt mit dieser Vorschrift – im Gegensatz zur Vorsorgepflicht des § 5 Abs.1 Nr.2 BImSchG – auf die Verhinderung konkreter schädlicher Auswirkungen auf die Umgebung der Anlage ab.[249] Für die Pflicht nach § 5 Abs.1 Nr.1 BImSchG wird auch der Begriff der Schutzpflicht[250] oder Gefahrenabwehrpflicht[251] verwendet.

Von der Schutzpflicht Begünstigte sind nach dem Wortlaut des § 5 Abs.1 Nr.1 die Allgemeinheit und die Nachbarschaft, wobei der Begriff Nachbarschaft aufgrund der als umfassend zu verstehenden Schutzpflicht weit auszulegen ist.[252] Demgegenüber ist der Anlagenbetreiber als Adressat der Grundpflichten nicht in den Schutzbereich einbezogen.[253]

Der Anlagenbetreiber hat, um seine Pflicht zur Vermeidung schädlicher Umwelteinwirkungen nach § 5 Abs.1 Nr.1 BImSchG zu erfüllen, Maßnahmen zur Vermeidung und Begrenzung von Emissionen zu ergreifen. Dabei bleibt es zunächst ihm überlassen, welche Maßnahmen er im Einzelnen trifft.[254] Er wird aufgrund ihrer Effektivität regelmäßig zu anlagenbezogenen Maßnahmen greifen. So wird er i.d.R. vorab versuchen, durch „eine geeignete Anordnung" der Beschaffenheit der Anlage und des Betriebs schädliche Emissionen

§ 5 Abs.1 Nr.4 BImSchG, zur ordnungsgemäßen und schadlosen Verwertung bzw. Beseitigung von Abfällen nach § 5 Abs.3 Nr.2 BImSchG s. *Dietlein*, in: Landmann/Rohmer, BImSchG, § 5 Rn.168 ff., 197 ff., 227 ff.

249 *Roßnagel*, in: GK-BImSchG, § 5 Rn.143.

250 *BVerwG*, Urt. v. 11.12.2003 – 7 C 19/02 –, BVerwGE 119, 329 (332) = NVwZ 2004, 610 (611).

251 *Roßnagel*, in: GK-BImSchG, § 5 Rn.142; *Jarass*, BImSchG, § 5 Rn.6.

252 *BVerwG*, Urt. v. 22.10.1982 – 7 C 50/78 –, NJW 1983, 1507 (1508); *Dietlein*, in: Landmann/Rohmer, BImSchG, § 5 Rn.87; *Petersen*, Schutz und Vorsorge, S.58 f. Zum Nachbarbegriff in der Situation des Industrieparks s. unten Teil 5 § 4 III 7 k).

253 *Roßnagel*, in: GK-BImSchG, § 5 Rn.146.

254 *Dietlein*, in: Landmann/Rohmer, BImSchG, § 5 Rn.100; *Jarass*, BImSchG, § 5 Rn.33; *Hoppe/Beckmann/Kauch*, Umweltrecht, § 21 Rn.54, dies. in Rn.55 ausf. zu Kompensationsmaßnahmen.

zu vermeiden.[255] Im Rahmen der ordnungsgemäßen Erfüllung der Schutzpflicht kommt es dabei auf die Kostenintensität etwaiger Maßnahmen zur Vermeidung von Immissionen und damit Zumutbarkeit für den Anlagenbetreiber nicht an.[256]

Durch Rechtsverordnungen nach § 7 BImSchG oder normkonkretisierende Verwaltungsvorschriften kann die Wahlfreiheit des Betreibers eingeschränkt sein.[257] Die zuständige Behörde ist nach § 17 BImSchG befugt, mittels nachträglicher Anordnungen eine vom Betreiber zu vollziehende Maßnahme festzulegen. Sie kann die notwendigen Schutzmaßnahmen aber auch vorab durch Neben- oder Inhaltsbestimmungen zur Genehmigung vorgeben. Als möglicher Inhalt der Bestimmungen kommen z.B. Anforderungen an die Anlagenerrichtung oder den Betrieb oder die Angabe von Mengenschwellen zur Begrenzung der zulässigen Emissionen in Betracht.[258]

Neben Maßnahmen zur Beschaffenheit der Anlage und des Betriebs können zur Einhaltung der Schutzpflicht – als Grundpflicht zur umweltsichernden Betriebsorganisation (vgl. § 4b Abs.1 Nr.2 der 9. BImSchV) – auch organisatorische Schutzvorkehrungen zur Prävention von Störfällen zu treffen sein, z.B. durch Sicherheitseinrichtungen wie etwa Warn- und Alarmanlagen oder durch Schutzvorkehrungen gegen Brand- und Explosionsgefahren.[259]

2. *Die Vorsorgepflicht nach § 5 Abs.1 Nr.2 BImSchG*

Den Betreiber einer genehmigungsbedürftigen Anlage i.S.d. BImSchG trifft über die Schutzpflicht des § 5 Abs.1 Nr.1 BImSchG hinaus die Pflicht zur Vorsorge nach § 5 Abs.1 Nr.2 BImSchG.[260] Im Gegensatz zur Schutzpflicht bezieht sich die

---

255 Vgl. *Dietlein*, in: Landmann/Rohmer, BImSchG, § 5 Rn.100.

256 Hierzu ausf. s. *Jarass*, BImSchG, § 5 Rn.22 m.w.N.

257 *Jarass*, BImSchG, § 5 Rn.33.

258 *Dietlein*, in: Landmann/Rohmer, BImSchG, § 5 Rn.100, m.w.B.

259 *Dietlein*, in: Landmann/Rohmer, BImSchG, § 5 Rn.101; *Jarass*, BImSchG, § 5 Rn.35. Vereinbarungen zwischen dem Betreiber und den betroffenen Nachbarn können geeignete Maßnahmen zur Erfüllung der Grundpflichten ersetzen, weil die Abwehrrechte der Nachbarn disponibel sind, siehe nur *BGH*, Urt. v. 11.12.1980 – III ZR 38/79 –, BGHZ 79, 131 (141 f.), und die Betroffenen daher auch wirksam auf diese verzichten können. Liegt z.B. eine wirksame Einwilligung der lärmbetroffenen Nachbarn in Bezug auf Baulärm vor, ist der Lärm zumutbar und stellt keine schädliche Umwelteinwirkung mehr dar, s. *Bogdanowitz*, NJW 1997, 2351 (2352); einschränkend *Dietlein*, in: Landmann/Rohmer, BImSchG, § 5 Rn.103; *Koch*, in: GK-BImSchG, § 3 Rn.76. Zum Verzicht auf Abwehrrechte im Industriepark s. unten Teil 5 § 4 III 7 j).

260 Vgl. *Jarass*, BImSchG, § 5 Rn.49.

Vorsorgepflicht als vorbeugende Komponente nicht auf konkrete Gefährdungen, sondern auf potenziell schädliche Umwelteinwirkungen, die den Bereich unterhalb der Gefahren- und Erheblichkeitsschwelle des § 5 Abs.1 Nr.1 BImSchG betreffen, d.h. nicht durch Tatsachen belegt sein müssen.[261] Die Vorsorgepflicht ist damit einer der Gefahrenabwehr vorgelagerten Stufe zuzuordnen.[262]

Im Rahmen der Umsetzung der IVU-Richtlinie[263] und Beachtung des integrativen Ansatzes des Umweltrechts, ein hohes Schutzniveau für die Umwelt insgesamt zu sichern, wurde die Pflicht zur Vorsorge gegen schädliche Umwelteinwirkungen (Immissionen) auf die Pflicht zur Vorsorge gegen sonstige Gefahren, erhebliche Nachteile und erhebliche Belästigungen erweitert, um zusätzlich den unmittelbaren Schadstoffeintrag in die Medien Wasser und Boden erfassen zu können.[264] Auch der Ferntransport von Schadstoffen, die dann einer bestimmten Anlage nicht mehr zugeordnet werden können, soll vermieden werden.[265] Konkretisiert wird sie durch Rechtsverordnungen auf Grundlage des § 7 BImSchG, durch Verwaltungsvorschriften auf Grundlage des § 48 BImSchG, die Verfahrensvorschriften und Emissionswerte aufführen (z.B. teilweise in der TA Luft und TA Lärm vorzufinden), und durch den Erlass raumbezogener Vorsorgepläne durch die Immissionsschutzbehörde auf Grundlage des § 47 Abs.3 und § 48a Abs.1.[266]

Zur gebotenen Vorsorge gehören Maßnahmen, „die einem Gefahrenverdacht – etwa im Sinne noch ungeklärter Wirkungzusammenhänge – begegnen sollen"

---

261 *Dietlein*, in: Landmann/Rohmer, BImSchG, § 5 Rn.131, 143; *Jarass*, BImSchG, § 5 Rn.46 m.w.N.

262 *BVerwG*, Beschl. v. 10.1.1995 – 7 B 112/94 –, NVwZ 1995, 994; *Dietlein*, in: Landmann/Rohmer, BImSchG, § 5 Rn.136 m.w.N.

263 Mittlerweile ersetzt durch die IE-Richtlinie, s. unten Teil 2 § 4 III.

264 Vgl. *Feldhaus*, in: OK, BImSchG, § 5 Rn.2.

265 *Dietlein*, in: Landmann/Rohmer, BImSchG, § 5 Rn.141; *Kloepfer*, Umweltrecht, § 14 Rn.107. Ferner dient die Vorsorgepflicht dazu, Freiräume für die Nachbarn der Anlage und weitere ansiedelnde Industriebetriebe zu schaffen, um Ressourcen zu schonen bzw. Belastungen in Grenzen zu halten, s. *Dietlein*, in: Landmann/Rohmer, BImSchG, § 5 Rn.139 mit Hinweis auf BT-Drs. 7/179, S.32. Einen Drittschutz vermittelt die Vorsorgepflicht dabei nicht, weil die individuellen Interessen Dritter bereits durch die Schutzpflicht konkret, zielgerichtet und damit hinreichend geschützt werden, während die Vorsorgepflicht in Anbetracht ihrer allgemeinen und unkonkreten Ausrichtung allein darauf ausgerichtet ist, das Allgemeininteresse zu schützen, siehe nur *BVerwG*, Urt. v. 18.5.1982 – 7 C 42/80 –, BVerwGE 65, 313 (320) = NJW 1983, 242; *Jarass*, BImSchG, § 5 Rn.121 m.w.N. (auch zur a.A.).

266 *Dietlein*, in: Landmann/Rohmer, BImSchG, § 5 Rn.157 f.

sowie „Vermeidungsanstrengungen, die mit dem Ziel ergriffen werden, längerfristig Standards der Luftqualität herbeizuführen oder zu sichern, die deutlich von Zuständen abgehoben sind, die konkret die Annahme schädlicher Umwelteinwirkungen nahelegen oder befürchten lassen".[267] Der Betreiber hat dabei regelmäßig Vorsorgemaßnahmen zur Begrenzung von Emissionen zu treffen, d.h. Maßnahmen an der Anlage selbst, wie etwa eine Änderung des Verfahrens oder der Betriebsweise (z.B. die Nachschaltung einer Abgasreinigung) oder organisatorische Maßnahmen.[268] Vorsorge geschieht auch durch die Begrenzung der Emissionen unabhängig von der Immissionssituation im Einwirkungsbereich nach dem Stand der Technik nach § 5 Abs.1 Nr.2 BImSchG.[269] Maßgeblich für den Umfang der Vorsorgemaßnahmen ist das Risiko der Emissionen, wobei auf die abstrakte potenzielle Gefährlichkeit abgestellt wird.[270]

Als Mittel zur Erfüllung der Vorsorgepflicht steht neben der Emissionsbegrenzung die Immissionsbegrenzung durch sog. immissions- und raumbezogene Maßnahmen, z.B. durch einen Luftreinhalteplan, zur Verfügung.[271] Während eine Einschränkung des Betriebs bei der Emissionsbegrenzung nach dem Stand der Technik nicht zu den Vorsorgemaßnahmen zählt, kann die Vorsorgepflicht im Rahmen der immissionsbezogenen Vorsorge auch zu Betriebsbeschränkungen führen und sogar die Errichtung einer Anlage an einer bestimmten Stelle etwa wegen Abstandsregelungen verhindern[272]. Die an den Betreiber adressierte Vorsorgepflicht ist also insgesamt sehr weit gefasst. Begrenzt wird sie allein durch den Grundsatz der Verhältnismäßigkeit.[273]

---

267 *BVerwG*, Beschl. v. 10.1.1995 – 7 B 112/94 –, NVwZ 1995, 994 (995).

268 *Jarass*, BImSchG, § 5 Rn.59, 35.

269 *Dietlein*, in: Landmann/Rohmer, BImSchG, § 5 Rn.152. Zum Stand der Technik ausf. s. *Petersen*, Schutz und Vorsorge, S.295 ff.

270 *Jarass*, BImSchG, § 5 Rn.51 f., m.w.N.

271 *Dietlein*, in: Landmann/Rohmer, BImSchG, § 5 Rn.153; *Jarass*, BImSchG, § 5 Rn.55.

272 *VGH Kassel*, Urt. v. 21.2.2001 – 2 UE 2899/96 –, UPR 2001, 396; *Dietlein*, in: Landmann/Rohmer, BImSchG, § 5 Rn.154; *Jarass*, BImSchG, § 5 Rn.56; a.A. *Weidemann*, DVBl 2006, 1143 (1146 f.).

273 *BVerwG*, Urt. v. 17.2.1984 – 7 C 8/82 –, BVerwGE 69, 37 (45) = NVwZ 1984, 371; *Jarass*, BImSchG, § 5 Rn.60 ff. Der mit den Maßnahmen einhergehende Aufwand muss in einem angemessenen Verhältnis zu den mit dem Vorsorgeprinzip verfolgten Zielen stehen, wobei im Falle das Vorsorgeprinzip konkretisierender Rechts- oder Verwaltungsvorschriften die besonderen Umstände des Einzelfalles nicht zu berücksichtigen sind, s. *Dietlein*, in: Landmann/Rohmer, BImSchG, § 5 Rn.159; *Jarass*, BImSchG, § 5 Rn.60 ff., 63 ff.; *Petersen*, Schutz und Vorsorge, S.280 ff. Zum Standard der praktischen Vernunft s. *Jarass*, BImSchG, § 5 Rn.61a m.w.N.; insb.

3. *Die Nachsorge- und Rückführungspflicht nach § 5 Abs.3 und Abs.4 BImSchG*

Über die Schutz- und Vorsorgepflicht hinaus hat der Betreiber die sog. Nachsorgepflicht nach § 5 Abs.3 BImSchG zu beachten, die ihn schon ab dem Zeitpunkt der Errichtung und des Betriebs der Anlage trifft.[274] Danach hat er die Anlage so zu errichten, betreiben und stillzulegen, „dass auch nach einer Betriebseinstellung" von der Anlage oder dem Anlagengrundstück keine Gefahren für die Umwelt ausgehen.[275] Von ihrem Schutzzweck her ist die Nachsorgepflicht demnach eine Schutzpflicht i.S.d. § 5 Abs.1 Nr.1 BImSchG. Als Schutzmaßnahmen zur Verhinderung von Emissionen kommen z.B. die geschlossene Lagerung und Abdeckung von Gütern und Halden in Betracht, die Versiegelung der Bodenoberfläche und die Sicherung des Anlagengrundstücks vor dem Zutritt Dritter.[276] Nur als letzte Möglichkeit der Gefahrbeseitigung (ultima ratio) kann die Behörde die Beseitigung der Anlage oder Sanierung des Grundstücks vom Betreiber verlangen.[277] Vorsorgemaßnahmen i.S.d. § 5 Abs.1 Nr.2 BImSchG hat der Betreiber zur Wahrung der Schutzpflicht hingegen nicht zu treffen.[278] Die Bezugnahme des § 5 Abs.3 Nr.1 BImSchG auf das Anlagengrundstück[279] bedeutet dabei nicht, dass Anlagenbetreiber nur der Grundstückseigentümer sein kann („von der Anlage oder dem Anlagengrundstück").[280]

---

bzgl. industrieller Großanlagen s. *Huffmann*, Der Einfluß des § 52a BImSchG auf die Verantwortlichkeit im Unternehmen, S.71.

274 *OVG Berlin-Brandenburg*, Beschl. v. 10.11.2009 - OVG 11 N 30.07 -, NVwZ 2010, 596; ausf. zur Nachsorgepflicht s. *Fluck*, BB 1991, 1797; *Hansmann*, NVwZ 1993, 921; *Vallendar*, UPR 1991, 91.

275 *Dietlein*, in: Landmann/Rohmer, BImSchG, § 5 Rn.222.

276 Siehe nur *Kotulla*, in: Kotulla, BImSchG, § 5 Rn.131 ff., m.w.N.

277 *Dietlein*, in: Landmann/Rohmer, BImSchG, § 5 Rn.225; *Hansmann*, NVwZ 1993, 921 (926).

278 *Jarass*, BImSchG, § 5 Rn.111.

279 Zum weiten Begriff des Anlagengrundstücks bzgl. ober- und unterirdischer Fläche und der Beseitigungspflicht bzgl. Altlasten s. *Dietlein*, in: Landmann/Rohmer, BImSchG, § 5 Rn.223 ff.; *Jarass*, BImSchG, § 5 Rn.109. Vgl. auch *VGH Mannheim*, Beschl. v. 14.12.1989 - 1 S 27/1989 -, NVwZ 1990, 781.

280 Vgl. *Dietlein*, in: Landmann/Rohmer, BImSchG, § 5 Rn.220, der darauf hinweist, dass aber die parallele Haftung des Grundstückseigentümers nach Maßgabe des Polizei- und Ordnungsrechts oder spezieller Fachgesetze in Betracht komme; *Jarass*, BImSchG, § 5 Rn.107; *Kotulla*, in: Kotulla, BImSchG, § 5 Rn.125. Ausf. zur Haftung und Störerauswahl s. *Dietlein*, in: Landmann/Rohmer, BImSchG, § 5 Rn.221 ff.

Den Betreiber können insbesondere Abfallentsorgungspflichten (Nr.2) und Wiederherstellungspflichten (Nr.3, z.B. die Sanierungspflicht nach § 4 Abs.3 BBodSchG) ab dem Zeitpunkt der Stilllegung der Anlage treffen.[281] Der vorausschauende Betreiber wird daher schon frühzeitig (im Rahmen der Genehmigungserteilung) entsprechende Vorkehrungen treffen. Den Zeitpunkt der Einstellung des Anlagenbetriebs hat der Betreiber dabei der Behörde gem. § 15 Abs.3 S.1 BImSchG unverzüglich mitzuteilen.[282]

Nach Sinn und Zweck des § 5 Abs.3 BImSchG trifft die Nachsorgepflicht den aktuellen Anlagenbetreiber.[283] Wird der Anlagenbetrieb eingestellt, spricht die Regelung der Jahresfrist des § 17 Abs.4a S.2 BImSchG, wonach innerhalb eines Jahres nach Stilllegung einer Abfallentsorgungsanlage noch eine nachträgliche Anordnung zur Erfüllung der Nachsorgepflichten ergehen kann,[284] dafür, dass regelmäßig der letzte Anlagenbetreiber als Gefahrennächster der richtige Adressat dieser Pflichten ist.[285] Bei einer Übertragung der Anlage auf einen Rechtsnachfolger bleiben die Nachsorgepflichten, die der Betreiber bis zu diesem Zeitpunkt nicht erfüllt hat, bestehen und treffen regelmäßig den Nachfolger als aktuellen und letzten Anlagenbetreiber.[286]

Auch der frühere Betreiber kann der Adressat sein, wenn er die Pflichten nach § 5 Abs.3 BImSchG nicht erfüllt hat[287] sowie der Betrieb der Anlage durch ihn nicht länger als ein Jahr zurückliegt[288] bzw. seine Inanspruchnahme aus Gründen der Effektivität der Gefahrenabwehr und Vermeidung von Missbrauch („Übertragung der Anlage auf einen wirtschaftlich impotenten Betreiber")[289] erforderlich ist.[290] Danach kann die Pflicht zur Wiederherstellung des Grundstücks

281 *Dietlein*, in: Landmann/Rohmer, BImSchG, § 5 Rn.227 ff.

282 Vgl. *Kotulla*, in: Kotulla, BImSchG, § 5 Rn.127, 137.

283 Vgl. *OVG Berlin-Brandenburg*, Beschl. v. 10.11.2009 – OVG 11 N 30/07 –, NVwZ 2010, 596; *Dietlein*, in: Landmann/Rohmer, BImSchG, § 5 Rn.220; *Fluck*, BB 1991, 1797 (1799); *Jarass*, BImSchG, § 5 Rn.107, § 17 Rn.44; *Schmidt/Kahl*, Umweltrecht, § 4 Rn.63.

284 Ausf. hierzu *Jarass*, BImSchG, § 17 Rn.56 f.

285 Vgl. *Dietlein*, in: Landmann/Rohmer, BImSchG, § 5 Rn.220 mit Hinweis auf *OVG Münster*, Urt. v. 1.6.2006 – 8 A 4495/04 –, UPR 2006, 456; *Jarass*, BImSchG, § 17 Rn.56 f.; *Hansmann*, NVwZ 1993, 921 (923 ff.), der insoweit von einer „umfassenden" Verpflichtung des letzten Anlagenbetreibers spricht; *Vallendar*, UPR 1991, 91 (95).

286 *Hansmann*, NVwZ 1993, 921 (925). Zur Rechtsnachfolge s. unten Teil 5 § 3 III.

287 *Fluck*, BB 1991, 1797 (1800).

288 *Hansmann*, in: Landmann/Rohmer, BImSchG, § 17 Rn.175.

289 *Fluck*, BB 1991, 1797 (1800); *Hansmann*, NVwZ 1993, 921 (923 f.).

290 A.A. (ohne Angabe von Gründen) *Schmidt-Kötters*, in: BeckOK, BImSchG, § 5 Rn.163; *Vallendar*, UPR 1991, 91 (95).

den letzten Betreiber also selbst dann treffen, wenn ein anderer Betreiber die schädlichen Umwelteinwirkungen verursacht hat.[291]

Im Rahmen der Umsetzung der IE-Richtlinie ist § 5 BImSchG ein Absatz 4 angefügt worden, der über die Nachsorgepflichten des Absatzes 3 hinaus vorsieht, dass der Betreiber nach der Stilllegung seiner Anlage im Falle von nach dem 7. Januar 2013 verursachten, relevanten Verschmutzungen verpflichtet ist, das Anlagengrundstück in seinen Ausgangszustand zurückzuführen (sog. Rückführungspflicht).[292] Als Maßstab für die Rückführungspflicht soll dabei ein Bericht über den Ausgangszustand des Anlagengrundstücks dienen, der mit Inkrafttreten des Gesetzes im Rahmen des Genehmigungsverfahrens zu erstellen ist.[293]

II. Überwachungspflichten

Neben den Grundpflichten hat der Anlagenbetreiber weitere Pflichten nach dem BImSchG zu befolgen, bei denen es sich vornehmlich um Überwachungspflichten handelt. Auch diese Verpflichtungen geben Anhaltspunkte für den Inhalt des Betreiberbegriffs.

1. *Sicherstellung der Zustellungsmöglichkeit nach § 51b BImSchG – die Nationalität des Betreibers*

Dem BImSchG lässt sich entnehmen, dass die Nationalität kein Kriterium ist, das entscheidend für die Betreiberstellung nach dem deutschen Immissionsschutzrecht ist. Denn nach § 51b S.1 BImSchG trifft den Anlagenbetreiber die Pflicht, eine Zustellungsmöglichkeit an ihn sicherzustellen.[294] Zur Erfüllung dieser Pflicht kann der Betreiber einen Zustellungsbevollmächtigten gegenüber

291 *Dietlein*, in: Landmann/Rohmer, BImSchG, § 5 Rn.220.

292 Vgl. BImSchG in der Fassung der Bekanntmachung vom 17. Mai 2013, BGBl I S.1274; BR-Drs. 314/12 (Gesetzentwurf), S.47 ff., BT-Drs. 17/10486 (Gesetzentwurf); BT-Drs. 17/11394 (Beschlussempfehlung und Bericht). Zur IE-Richtlinie s. unten § 4 III.

293 Vgl. BR-Drs. 314/12, S.47 ff. Zur Rückführungspflicht s. *Jarass*, NVwZ 2013, 169 (174 f.); *Kern*, ZUR 2013, 150 (152) m.w.N.; *Kopp-Assenmacher*, I+E 2013, 28; *Scheidler*, ZUR 2013, 264 (265 ff.); *Wasielewski*, I+E 2013, 17.

294 Die Pflicht zur Sicherstellung der Zustellung nach § 51b BImSchG gehört streng genommen nicht zu den Überwachungspflichten, sondern ist von ihrer Entstehungsgeschichte her eher dem Umwelthaftungsrecht zuzuordnen, s. *Koch*, in: GK-BImSchG, § 51b Rn.1. Im weitesten Sinne dient die Sicherstellung der Zustellung aber auch der Überwachung durch die Behörden.

der Behörde benennen, wenn er nur auf diese Weise seiner Pflicht nachkommen kann (§ 51b S.2 BImSchG). Nach dem Wortlaut und Zweck des § 51b BImSchG soll zugunsten potenziell Geschädigter die Zustellmöglichkeit im Inland auch gegenüber einem Betreiber, der im Ausland seinen Sitz hat, sichergestellt werden.[295] Danach kommt es weder auf die Nationalität des Betreibers an, noch darauf, ob sich der Betreiber im Ausland befindet.[296]

2. *Betreibereigene Überwachung nach §§ 26 ff. BImSchG – der Betreiber als Überwacher*

Nach dem BImSchG ist es Aufgabe des Betreibers,[297] die Wirkungen seiner Anlage auf die Umwelt festzustellen und für deren Sicherheit zu sorgen: Im Rahmen der sog. betreibereigenen Überwachung kann die Behörde gegenüber dem Betreiber anordnen, dieser Aufgabe entsprechend tätig zu werden.[298] Eine Anordnung setzt dabei voraus, dass zu befürchten ist, dass durch die Anlage schädliche Umwelteinwirkungen hervorgerufen werden (vgl. § 26 Abs.1 S.1 BImSchG). Die Vorschriften der §§ 26–29a BImSchG konkretisieren die Überwachungspflicht des Betreibers im Hinblick auf anlagenbezogene Messungen von Immissionen und Emissionen durch den Betreiber selbst oder in seinem Auftrag durch Dritte sowie im Hinblick auf die Pflicht zur Durchführung sicherheitstechnischer Prüfungen.[299] Des Weiteren hat der Anlagenbetreiber seit der Umsetzung der IE-Richtlinie die Auskunftspflichten des § 31 BImSchG zu erfüllen, zu denen die jährliche Vorlage einer Zusammenfassung der Ergebnisse der Emissionsüberwachung gehört (vgl. § 31 Abs.1 Nr.1 BImSchG).[300] Darüber hinaus gehören auch die Tätigkeiten des Immissionsschutzbeauftragten nach §§ 53–58 BImSchG, des

---

295 *Jarass*, BImSchG, § 51b Rn.2; *Laubinger*, in: Ule/Laubinger, BImSchG, § 51b Rn.C11; *Koch*, in: GK-BImSchG, § 51b Rn.5, 23; *Vallendar*, in: Feldhaus, BImSchG, § 51b Einl., mit Verweis auf BT-Drs. 11/7881, S.39.

296 *Jarass*, BImSchG, § 51b Rn.2 m.w.N.

297 Die Ausführungen zu den Regelungen der §§ 26 ff., 51b, 52 ff. BImSchG beschränken sich auf den Betreiber genehmigungsbedürftiger Anlagen.

298 *OVG Münster*, Urt. v. 31.8.2001 – 21 A 671/99 –, NVwZ-RR 2002, 337; *VG Lüneburg*, Urt. v. 4.9.2008 – 2 A 211/07 –, ZUR 2008, 598; *Peine*, in: Kotulla, BImSchG, Vorb. § 26 Rn.4. Zur Eigenüberwachung genehmigungsbedürftiger Anlagen im Überblick s. *Scheidler*, NuR 2009, 465.

299 Vgl. *OVG Saarlouis*, Beschl. v. 23.1.2013 – 3 A 287/11 –; *Dolde/Vetter*, NVwZ 1995, 943 (945). Überblick zum Verhältnis der §§ 12, 17 und 26 BImSchG s. *Dolde/Vetter*, NVwZ 1995, 943 (947).

300 *Jarass*, NVwZ 2013, 169 (173).

Störfallbeauftragten nach §§ 58a–58d BImSchG[301] und die Durchführung interner Betriebsprüfungen (Teilnahme am Auditverfahren) nach § 58e BImSchG zur betreibereigenen Überwachung.[302]

Adressat der behördlichen Anordnungen nach §§ 26 ff. BImSchG ist ausschließlich der Anlagenbetreiber – den entsprechend die Kostentragungspflicht nach Maßgabe des § 30 BImSchG trifft –, nicht hingegen die Immissionsschutz- oder Störfallbeauftragten. Letztere sind rein innerbetrieblich als Hilfsorgane des Anlagenbetreibers für die Ausübung der betriebsinternen Kontrolle nach §§ 53, 58a BImSchG zuständig.[303]

3. *Behördliche Überwachung nach § 52 BImSchG – das Kriterium der dinglichen Berechtigung*

Entscheidet sich die Behörde statt der betreibereigenen Überwachung bzw. nach Abschluss der betreibereigenen Überwachung für die sog. behördliche Über-wachung,[304] treffen den Betreiber weitere Pflichten nach § 52 Abs.2, 3, 6 BImSchG. Bei der behördlichen Überwachung nach § 52 BImSchG kann die Behörde im Rahmen ihres Auswahlermessens zwischen mehreren Überwachungsadressaten auswählen.[305] So sind im Rahmen des § 52 Abs.2 S.1 BImSchG folgende Personen verpflichtet, den Angehörigen der zuständigen Behörde den Zutritt zu den Grundstücken und unter besonderen Voraussetzungen auch zu Wohnräumen zu gestatten, ihnen Auskünfte zu erteilen und Unterlagen vorzulegen:

> „Eigentümer und Betreiber von Anlagen sowie Eigentümer und Besitzer von Grundstücken, auf denen Anlagen betrieben werden".[306]

---

301 Zur Pflicht zur Bestellung von Immissionsschutz- und Störfallbeauftragten s. §§ 53 ff., 58a ff., jeweils i.V.m. 5. BImSchV einschließlich Anhang. Auch in diesem Zusammenhang ist der Betreiber Adressat von Anordnungen, z.B. nach § 2 Abs.1 der 5. BImSchV.

302 *Jarass*, BImSchG, § 26 Rn.1 f.

303 Vgl. § 29a Abs.1 S.2 BImSchG, wonach zwar angeordnet werden kann, dass sie die sicherheitstechnische Prüfung vornehmen, Adressat der Anordnung bleibt aber der Betreiber nach § 29a Abs.1 S.1 BImSchG, s. *Peine*, in: Kotulla, BImSchG, Vorb. § 26 Rn.42, § 26 Rn.19 f., § 27 Rn.25 f., § 29a Rn.17 f., § 30 Rn.1; *Repkewitz*, in: Ule/Laubinger, BImSchG, § 26 Rn.C4, § 27 Rn.2; *Dolde/Vetter*, NVwZ 1995, 943 (946). Zu diesen Pflichten im Einzelnen s. *Peine*, in: Kotulla, BImSchG, §§ 26–30.

304 Vgl. *OVG Münster*, Urt. v. 31.8.2001 – 21 A 671/99 –, NVwZ-RR 2002, 33; *Jarass*, BImSchG, § 26 Rn.2 f., m.w.N.

305 Vgl. *Dederer*, in: Kotulla, BImSchG, § 52 Rn.66 ff.

306 Siehe auch *Dolde/Vetter*, NVwZ 1995, 943 (946).

Die Behörde kann also statt des Betreibers den Eigentümer der Anlage, den Eigentümer des Grundstücks oder den (unmittelbaren oder mittelbaren)[307] Besitzer des Grundstücks als Überwachungsadressaten wählen. Dabei wird sie ihre Wahl davon abhängig machen, wessen Verpflichtung eine effektive behördliche Überwachung ermöglicht. Daher fällt ihre Wahl in der Praxis vornehmlich auf den Eigentümer oder Betreiber von Anlagen.[308] Hierfür spricht auch die Vorschrift des § 52 Abs.2 S.4 BImSchG, wonach Eigentümer und Betreiber der Anlagen – im Gegensatz zu Eigentümern oder Besitzern des Grundstücks – im Rahmen der Wahrnehmung der Überwachungspflicht Arbeitskräfte und Hilfsmittel bereitzustellen haben. Zudem belegt die Reihenfolge der Aufzählung nach § 52 Abs.2 S.1 BImSchG, dass vorrangig Eigentümer und Betreiber von Anlagen – abhängig von ihrer Kenntnisnahmemöglichkeit[309] – in Anspruch genommen werden. Insgesamt folgt aus § 52 Abs.2 S.1 BImSchG für den Inhalt des Betreiberbegriffs, dass der Gesetzgeber das Kriterium der dinglichen Berechtigung, insbesondere der Eigentümerstellung i.S.d. BGB, für die Betreiberstellung nicht für allein ausschlaggebend hält.[310]

4. *Mitteilungspflichten nach § 52b BImSchG – die Organisationsformen des Betreibers*

In Ergänzung zu den behördlichen Überwachungspflichten nach § 52 BImSchG hat der Betreiber den Mitteilungspflichten nach § 52b BImSchG nachzukommen.[311] Die Mitteilungsvorschriften geben Rückschluss auf die möglichen Organisationsformen des Betreibers. Aus dem systematischen Zusammenhang

---

307 *Jarass*, BImSchG, § 52 Rn.24.

308 *Hansmann/Röckinghausen*, in: Landmann/Rohmer, BImSchG, § 52 Rn.38.

309 Vgl. *Hansmann/Röckinghausen*, in: Landmann/Rohmer, BImSchG, § 52 Rn.38; *Laubinger*, in: Ule/Laubinger, BImSchG, § 51b Rn.C2.

310 Andere dinglich Berechtigte, wie z.B. der Nießbraucher, der Erbbauberechtigte und Anwartschaftsrechtsinhaber sind dem Eigentümer im Rahmen des § 52 BImSchG gleichzusetzen, weil diese aufgrund ihrer eigentumsähnlichen Position der Auskunftspflicht und Vorlagepflicht für Unterlagen nachkommen können, s. *Hansmann/Röckinghausen*, in: Landmann/Rohmer, BImSchG, § 52 Rn.38; *Jarass*, BImSchG, § 52 Rn.24; *Lechelt*, in: GK-BImSchG, § 52 Rn.80; *Schwertner*, in: BeckOK, BImSchG, § 52 Rn.4; *Spindler*, in: Feldhaus, BImSchG, § 52 Rn.41; *Schmatz/Nöthlichs*, Immissionsschutz, § 52 BImSchG Anm.4.

311 Vgl. *Lechelt*, in: GK-BImSchG, § 52a Rn.1. Seit der Umsetzung der IE-Richtlinie ist die vormals in § 52a BImSchG a.F. zu verortende Mitteilungspflicht nunmehr (unverändert) in § 52b BImSchG angesiedelt. Hierzu s. BR-Drs. 314/12, S.17.

zwischen § 52b Abs.1 BImSchG und § 50b Abs.2 BImSchG folgt, dass Betreiber auch eine juristische Person (z.B. GmbH[312], AG) sein kann.[313] Dies ist auch praxisgerecht, denn gerade in Bezug auf industrielle Anlagen liegt es nahe, diese aus steuerlichen Gründen, der Finanzierung und der Haftung wegen in der Rechtsfigur der juristischen Person zu betreiben.[314] Der Gesetzgeber hat mit der Vorschrift des § 52b BImSchG dafür gesorgt, dass der Einbindung von juristischen Personen in den Betreiberbegriff keine etwaigen Einwände aus Schutzgründen entgegenstehen. So gelten bestimmte Mitteilungspflichten zur Betriebsorganisation nach § 52b Abs.1 BImSchG, mit Hilfe derer ermittelt werden kann, wer die Betreiberpflichten hinter der juristischen Person wahrnimmt. Die Befolgung dieser Pflichten trägt wesentlich zur Verhinderung von Immissionen und Störfällen und Vermeidung schädlicher Umwelteinwirkungen bei.[315] Mit Hilfe der Mitteilungsvorschriften gelangt die Behörde an Informationen, anhand derer sie die genehmigungsbedürftigen Anlagen bzgl. die Einhaltung der Betreiberpflichten besser überwachen kann.[316]

a) Die Anzeigepflicht nach § 52b Abs.1 BImSchG

Der Gesetzgeber gibt dem Betreiber nicht vor, in welcher Form er sich organisiert.[317] Nach dem Wortlaut der Regelungen des § 52b BImSchG kann auch eine Kapital- oder Personengesellschaft „Betreiber" sein. Ist dies der Fall und gibt es

---

312 Vgl. *BGH*, Versäumnisurt. v. 15.10.2009 – III ZR 8/09 –, NVwZ 2010, 467; *OVG Lüneburg*, Urt. v. 6.3.1998 – 7 L 4554/96, 7 L 4622/96 –, NuR 1998, 663; *KG Berlin*, Beschl. v. 17.2.1997 – 2 Ss 361/96 – 5 Ws (B) 752/96, 2 Ss 361/96, 5 Ws (B) 752/96 –.

313 Vgl. BT-Drs. 7/179, S.30; *Hansmann/Röckinghausen*, in: Landmann/Rohmer, 4. BImSchV, § 1 Rn.26; *Jarass*, BImSchG, § 4 Rn.30. Zum Betreiber bei juristischen Personen und Personenvereinigungen s. unten § 3 II 4 a) aa) u. bb), hierzu siehe auch unten Teil 5 § 1.

314 So werden z.B. Kraftwerke regelmäßig in Form einer AG betrieben, Chemieanlagen regelmäßig in Form einer AG oder GmbH.

315 Vgl. BT-Drs. 11/4909, S.37; *Spindler*, in: Feldhaus, BImSchG, § 52a Rn.1 f.; ausf. *Huffmann*, Der Einfluß des § 52a BImSchG auf die Verantwortlichkeit im Unternehmen, S.35 ff., 83 ff., 134, der von der „Pflicht zur umweltschutzsichernden Betriebsorganisation" spricht; *Scheidler*, NuR 2009, 465 (467);

316 *Huffmann*, Der Einfluß des § 52a BImSchG auf die Verantwortlichkeit im Unternehmen, S.30. Zur Entstehungsgeschichte des §52b BImSchG (vormals § 52a BImSchG) s. *Lechelt*, in: GK-BImSchG, § 52a Rn.1, 35; *Huffmann*, wie vor, S.27 ff.; *Manssen*, GewArch 1993, 280.

317 Vgl. *Kutscheidt*, in: Landmann/Rohmer, BImSchG, § 3 Rn.28n; *Lechelt*, in: GK-BImSchG, § 52a Rn.3.

mehrere im Außenverhältnis Vertretungsberechtigte, trifft den Betreiber einer genehmigungs-bedürftigen Anlage – mit Errichtung der Anlage – jedoch nach § 52b Abs.1 S.1 BImSchG die Pflicht, der Behörde mitzuteilen, welche natürliche Person an der Spitze der Gesellschaft nach den Bestimmungen über die Geschäftsführungsbefugnis für die Erfüllung der immissionsschutzrechtlichen Pflichten (insb. nach §§ 5, 16, 27, 52b, 53, 55, 58a, 58c BImSchG, 12. BImSchV, 13. BImSchV) verantwortlich ist (sog. Personalisierung der Betreiberpflichten).[318] Auf diese Weise wird der Behörde die interne Zuordnung der Pflichten der Gesellschaft offengelegt, und ihr steht ein unmittelbarer Ansprechpartner für die Einhaltung der Pflichten zur Verfügung.[319] Der Gesetzgeber geht demnach von einer bereits bestehenden Organisation des die Anlage betreibenden Unternehmens aus.[320] Kommt das Unternehmen seiner Mitteilungspflicht nicht nach, kann die Behörde erforderlichenfalls sogar den Anlagenbetrieb nach § 20 Abs.3 BImSchG untersagen.[321]

In § 52b Abs.1 S.1 BImSchG knüpft der Gesetzgeber mit den Begriffen „Kapitalgesellschaften", „vertretungsberechtigtes Organ", „Personengesellschaften", „vertretungsberechtigte Gesellschafter" und „Geschäftsführungsbefugnis" an Begriffe aus dem Gesellschaftsrecht an.[322] Wem im Einzelnen die Geschäftsführungsbefugnis und Vertretungsmacht (Einzel-/ Gesamtvertretungsmacht etc.) zusteht, ergibt sich aus den einschlägigen gesellschaftsrechtlichen Vorschriften und den jeweiligen Gesellschaftsverträgen bzw. den die Geschäftsführung und Vertretung betreffenden Entscheidungen.[323] Sind nach den „Bestimmungen über die Geschäftsführungsbefugnis" die immissionsschutzrechtlichen Pflichten

---

318 Vgl. *Fluck/Laubinger*, in: Ule/Laubinger, BImSchG, § 52a Rn.C1; *Huffmann*, Der Einfluß des § 52a BImSchG auf die Verantwortlichkeit im Unternehmen, S.115 f.; *Jarass*, BImSchG, § 52a Rn.1, 3; *Lechelt*, in: GK-BImSchG, § 52a Rn.8, 14.

319 Vgl. *Lechelt*, in: GK-BImSchG, § 52a Rn.8, 12; *Scheidler*, NuR 2009, 465 (467); Siehe auch *Schmidt*, UTR 1993, 69 (76), der sich für eine Prüfung der Voraussetzungen der Mitteilungspflicht im Rahmen des Genehmigungsverfahrens ausspricht.

320 *Huffmann*, Der Einfluß des § 52a BImSchG auf die Verantwortlichkeit im Unternehmen, S.109; *Junker u.a.*, Genehmigungsverfahren und Umweltschutz, § 52a S.5.

321 *Schmidt*, UTR 1993, 69 (76).

322 Zu diesen Begriffen s. *Huffmann*, Der Einfluß des § 52a BImSchG auf die Verantwortlichkeit im Unternehmen, S.111 f.

323 Vgl. BT-Drs. 11/6633, S.47 f.; *Fluck/Laubinger*, in: Ule/Laubinger, BImSchG, § 52a Rn.C4 ff.; *Jarass*, BImSchG, § 52a Rn.1; *Huffmann*, Der Einfluß des § 52a BImSchG auf die Verantwortlichkeit im Unternehmen, S.109 ff.; *Feldhaus*, NVwZ 1991, 927 (928 f.). Zur Bestimmung der anzuzeigenden Person im Einzelnen s. *Spindler*, in: Feldhaus, BImSchG, § 52a Rn.34 ff.

auf mehrere Personen verteilt, müssen folglich alle diese Personen angezeigt werden, weil die Mitteilungspflicht des § 52b Abs.1 S.1 BImSchG nicht zwingend die Konzentration der Verantwortlichkeit auf eine Person voraussetzt, sondern insoweit auf die einschlägigen (bereits bestehenden) gesellschaftsrechtlichen Bestimmungen verweist.[324]

aa) Der Betreiber als Kapitalgesellschaft
Der Betreiber hat der Mitteilungspflicht des § 52b Abs.1 S.1 BImSchG insbesondere dann nachzukommen, wenn er sich in Form einer Aktiengesellschaft[325] organisiert hat und der Vorstand aus mehreren Personen besteht.[326] Dies gilt entsprechend für den Fall der Organisation in Form einer GmbH,[327] die mehrere Geschäftsführer hat.[328] Hat der Betreiber die Form einer Kommanditgesellschaft auf Aktien (KGaA)[329] gewählt, bei der mehrere vertretungsberechtigte Komplementäre vorhanden sind, gilt auch für die KGaA die Mitteilungspflicht.

Die Anzeigepflicht nach § 52b Abs.1 S.1 BImSchG gilt danach auch für die englische Private Company Limited by Shares (im Folgenden: Limited), sofern die ausländische Gesellschaft mehr als eine vertretungsbefugte Person hat. Bei der Limited handelt es sich um eine Kapitalgesellschaft, die nach den in Großbritannien für sie geltenden Rechtsgrundsätzen gegründet und in das britische Handelsregister eingetragen wird. Ihre Geschäftstätigkeit kann aufgrund der Niederlassungsfreiheit auch ausschließlich am Ort der Zweigniederlassung stattfinden, d.h. sie kann ihren Verwaltungssitz z.B. in Deutschland haben und dort

---

324 Vgl. *Lechelt*, in: GK-BImSchG, § 52a Rn.10; *Junker u.a.*, Genehmigungsverfahren und Umweltschutz, § 52a S.3.

325 Vgl. zur AG als Betreiberin *VGH Kassel*, Urt. v. 7.5.2009 - 6 C 1142/07.T -, ZUR 2009, 504 (AG als Betreiber).

326 Hierzu ausf. s. *Huffmann*, Der Einfluß des § 52a BImSchG auf die Verantwortlichkeit im Unternehmen, S.112. Zur Geschäftsführungsbefugnis bei der AG bzw. GmbH s. *Junker u.a.*, Genehmigungsverfahren und Umweltschutz, § 52a S.2.

327 Vgl. zur GmbH als Betreiberin *BVerwG*, Urt. v. 30.4.2009 - 7 C 14/08 -, NVwZ 2009, 1441; *VG Halle*, Urt. v. 24.8.2010 - 2 A 278/08 -. Die Unternehmergesellschaft stellt keine neue Rechtsform dar, sondern wird im Wesentlichen wie eine GmbH gebildet. Dementsprechend dürften für sie die gleichen Grundsätze wie für die GmbH gelten, d.h. maßgeblich ist, ob sie mehrere Geschäftsführer hat.

328 *Jarass*, BImSchG, § 52a Rn.3; *Huffmann*, Der Einfluß des § 52a BImSchG auf die Verantwortlichkeit im Unternehmen, S.112 f.

329 Hierzu s. *Huffmann*, Der Einfluß des § 52a BImSchG auf die Verantwortlichkeit im Unternehmen, S.113. Vgl. *EuGH*, Urt. v. 15.9.2011 – Rs. C-53/10 („Franz Mücksch") –, Slg. 2011, 00000.

verklagt werden.[330] Da es auf die Nationalität des Betreibers nicht ankommt (vgl. § 51b BImSchG), kommt folglich auch die Limited als Adressat der Betreiberpflichten in Betracht.

bb) Der Betreiber als Personengesellschaft

Betreiber kann nicht nur eine natürliche oder juristische Person sein. Vielmehr überwiegen die Argumente, dass ein Betreiber auch in Form einer Personengesellschaft wie etwa OHG oder KG organisiert sein.[331] Die Gegenansicht vertritt den Standpunkt, die einzelnen Gesellschafter – und nicht die Personengesellschaft selbst – seien Betreiber, und verweist dabei auf § 35 GewO und Rechtsprechung zum Begriff des Gewerbetreibenden.[332] Dieser Auffassung ist jedoch die Vorschrift des § 52b Abs.1 BImSchG entgegenzuhalten, die neben Kapitalgesellschaften ausdrücklich auch Personengesellschaften aufführt, ohne eine Einschränkung gegenüber bestimmten Vereinigungen wie etwa OHG[333] oder KG[334]

---

330 *Heinz/Hartung*, Die englische Limited, 3. Kapitel Rn.22, 4. Kapitel Rn.5 ff, 11. Gesetzlich vertreten wird die Limited durch die Gesamtheit aller Direktoren, *dies.*, 7. Kapitel Rn.6. Bei der anzuzeigenden Person wird es sich regelmäßig um einen ständigen Vertreter für die Tätigkeit der inländischen Gesellschaft in Deutschland (Zweigniederlassung) handeln, der nach den britischen Bestimmungen über die Geschäftsführungsbefugnis die Betreiberpflichten wahrzunehmen hat.

331 *VG München*, Urt. v. 20.8.2002 – M 16 K 99/4960 –; *Jarass*, BImSchG, § 3 Rn.84, § 52a Rn.3; *Sellner/Reidt/Ohms*, Immissionsschutzrecht, 1. Teil, B.IV., Rn.34; vgl. *OVG Lüneburg*, Urt. v. 6.3.1998 – 7 L 4554/96, 7 L 4622/96 –, NuR 1998, 663; *OVG Magdeburg*, Urt. v. 25.4.2012 – 2 L 192/09 –, UPR 2012, 399 (Leitsatz); *Dietlein*, in: Landmann/Rohmer, BImSchG, § 5 Rn.30; *Hansmann/Röckinghausen*, in: Landmann/Rohmer, BImSchG, § 52a Rn.8; *Roßnagel*, in: GK-BImSchG, § 5 Rn.15; a.A. *Peschau*, in: Feldhaus, BImSchG, § 20 Rn.68.

332 Vgl. *Peschau*, in: Feldhaus, BImSchG, § 20 Rn.68 (Fn. 105 f.). Siehe auch *VG München*, Urt. v. 20.8.2002 – M 16 K 99/4960 –.

333 Vgl. *BVerwG*, Urt. v. 2.12.1977 – IV C 75/75 –, NJW 1978, 1818; *OVG Lüneburg*, Urt. v. 18.12.1996 – 7 L 1488/95 –, NVwZ 1999, 88; *VG Darmstadt*, Urt. v. 27.11.2007 – 9 E 735/07 –, DVBl 2008, 599; *Jarass*, BImSchG, § 52a Rn.3; a.A. *Peschau*, in: Feldhaus, BImSchG, § 20 Rn.68.

334 *VG München*, Urt. v. 20.8.2002 – M 16 K 99/4960 –; i.E. ebenso *OVG Lüneburg*, Urt. v. 6.3.1998 – 7 L 4554/96, 7 L 4622/96 –, NuR 1998, 663; *VGH Kassel*, Beschl. 25.4.1989 – 8 TH 4749/88 –, DB 1989, 1459; *Jarass*, BImSchG, § 52a Rn.3; a.A. Peschau, in: Feldhaus, BImSchG, § 20 Rn.68. Bzgl. GmbH & Co. KG (als Sonderform der KG) als Betreiberin s. *BVerwG*, Urt. v. 30.4.2009 – 7 C 14/08 –, NVwZ 2009, 1441; *VGH Kassel*, Beschl. v. 25.4.1989 – 8 TH 4748/88 –, GmbHR 1990, 85.

vorzunehmen. Dies belegt, dass auch eine Personengesellschaft Betreiberin sein kann.[335] Für eine unterschiedslose Berücksichtigung dieser Rechtsformen in Bezug auf den Betreiberbegriff spricht zudem, dass juristischen Personen solche Organisationsformen gleichgestellt sind, die zwar keine juristischen Personen sind, denen aber durch Gesetz oder gewohnheitsrechtlich die Fähigkeit zuerkannt ist, im eigenen Namen zu klagen und verklagt zu werden. Hierzu zählen die OHG und die KG, die gemäß § 124 HGB (OHG) und gemäß § 161 Abs.2 i.V.m § 124 HGB (KG) jeweils unter ihrer Firma vor Gericht klagen und verklagt werden können.[336]

Auch eine GbR gemäß §§ 705 ff. BGB, die eine Gesamthandsgemeinschaft ist (§ 719 BGB), kann als solche Betreiberin sein.[337] Die Rechts- und Parteifähigkeit der GbR ist zivilrechtlich von der Rechtsprechung ausdrücklich anerkannt.[338] Im Verwaltungsverfahren wird der GbR die Beteiligungsfähigkeit entsprechend § 11 Nr.1 VwVfG zuerkannt.[339] Es besteht daher kein Grund, die GbR vom Betreiberbegriff auszuschließen. Demnach können sich z.B. mehrere Unternehmen zum Betrieb einer Anlage in Form der GbR zusammenschließen, und diese kann dann Betreiberin sein.[340]

Hat sich der Betreiber in Form einer OHG organisiert, wird er von § 52b BImSchG erfasst, wenn die Vertretungsmacht nicht nur auf einen Gesellschafter beschränkt ist (vgl. § 125 Abs.1 HGB).[341] Die Mitteilungspflicht gilt ebenfalls für den Betreiber, der in Form einer KG organisiert ist, wenn es mehrere

---

335 *VG München*, Urt. v. 20.8.2002 – M 16 K 99/4960 –; *Jarass*, BImSchG, § 3 Rn.84. Vgl. *Lechelt*, in: GK-BImSchG, § 52a Rn.9.

336 *Kopp/Ramsauer*, VwVfG, § 11 Rn.6.

337 *OVG Lüneburg*, Beschl. v. 2.4.2009 – 12 ME 53/09 – , NVwZ 2009, 991 (992); *OVG Magdeburg*, Urt. v. 25.4.2012 – 2 L 192/09 –; *VGH München*, Beschl. v. 15.2.2006 – Au 4 S 05/2012 –, UPR 2006, 361; *Dietlein*, in: Landmann/Rohmer, BImSchG, § 5 Rn.30; *Jarass*, BImSchG, § 3 Rn.84; *Müggenborg*, Industrieparks, S.74 Rn.148; vgl. *Hansmann/Röckinghausen*, in: Landmann/Rohmer, BImSchG, § 52a Rn.8.

338 *BGH*, Urt. v. 29.1.2001 – II ZR 331/00 –, NJW 2001, 1056; *ders.*, Beschl. v. 18.2.2002 – II ZR 331/00 –, NJW 2002, 1207.

339 *VG Regensburg*, Urt. v. 1.9.2011 – RN 5 K 10/652 – m.w.N.; *Kopp/Ramsauer*, VwVfG, § 11 Rn.7 m.w.N.; *Ziekow*, VwVfG, § 11 Rn.6.

340 *Müggenborg*, Industrieparks, S.74 Rn.148 m.w.N.

341 Vgl. *Jarass*, BImSchG, § 52a Rn.3; *Huffmann*, Der Einfluß des § 52a BImSchG auf die Verantwortlichkeit im Unternehmen, S.113 f.; krit. *Manssen*, GewArch 1993, 280 (281), der – entgegen dem Wortlaut – eine Anzeigepflicht auch bei nur einem vorhandenen vertretungsberechtigten Gesellschafter, aber mehreren Geschäftsführungsberechtigten für erforderlich hält.

Komplementäre gibt (§ 161 Abs.1 i.V.m. § 125 Abs.1 HGB), die Vertretungsmacht aber nicht auf einen Komplementär beschränkt ist.[342] In Bezug auf die Organisationsform der GmbH & Co. KG lässt sich aus dem Zweck der Vorschrift des § 52b Abs.1 S.2 BImSchG, eine natürliche Person als unmittelbaren Ansprechpartner zu haben, schließen, dass es für die Mitteilungspflicht darauf ankommt, ob die GmbH als (einzige) Komplementärin – in entsprechender Anwendung der Grundsätze für die GmbH – wiederum durch mehrere Geschäftsführer vertreten wird.[343] Liegt eine GbR vor, ist entscheidend, ob sie mehrere vertretungsberechtigte Gesellschafter hat.[344]

b) Immissionsschutzrechtliche Gesamtverantwortung im Unternehmen

Wenngleich für die Wahrnehmung der Betreiberpflichten speziell ein Organmitglied (sog. Immissionsverantwortlicher[345]) des Unternehmens gegenüber der Behörde zu nennen ist und dieser persönlich für die Erfüllung der Betreiberpflichten zu sorgen hat, wirkt sich die Anzeige einer die Betreiberpflichten wahrnehmenden Person im Rahmen der Mitteilungspflicht nicht auf die gesetzlichen Regelungen der Vertretung, Geschäftsführung und Haftung aus.[346] Gem. § 52 Abs.1 S.2 BImSchG bleibt es ausdrücklich bei der immissionsschutzrechtlichen Gesamtverantwortung aller Organmitglieder nach außen.[347] Daher kann jedes Mitglied haften, wenn die Betreiberpflichten nicht erfüllt werden.[348]

---

342 *Jarass*, BImSchG, § 52a Rn.3.

343 Vgl. *Jarass*, BImSchG, § 52a Rn.3; *Spindler*, in: Feldhaus, BImSchG, § 52a Rn.31; *Huffmann*, Der Einfluß des § 52a BImSchG auf die Verantwortlichkeit im Unternehmen, S.114 f.

344 Zur Vertretungsmacht bei der GbR s. *Huffmann*, Der Einfluß des § 52a BImSchG auf die Verantwortlichkeit im Unternehmen, S.113.

345 *Huffmann*, Der Einfluß des § 52a BImSchG auf die Verantwortlichkeit im Unternehmen, S.120 ff., eingehend auf die Aufgabenverteilung im Unternehmen, Delegierbarkeit der Aufgaben, Kontrolle durch den Immissionsverantwortlichen und Anforderungen an diesen.

346 *Jarass*, BImSchG, § 52a Rn.1; *Lechelt*, in: GK-BImSchG, § 52a Rn.8, 16; *Huffmann*, Der Einfluß des § 52a BImSchG auf die Verantwortlichkeit im Unternehmen, S.118 f., m.w.N.

347 Vgl. *Jarass*, BImSchG, § 52a Rn.1.

348 *Fluck/Laubinger*, in: Ule/Laubinger, BImSchG, § 52a Rn.C28; *Junker u.a.*, Genehmigungsverfahren und Umweltschutz, § 52a S.2.

c) Mitteilungspflicht nach § 52b Abs.2 BImSchG

Mit § 52b Abs.2 BImSchG trifft den Anlagenbetreiber die Pflicht, der Behörde die organisatorischen Maßnahmen mitzuteilen, die zur Einhaltung der immissions-rechtlichen Schutzvorschriften und Anordnungen beim Betrieb wahrgenommen werden. Es besteht also eine öffentlich-rechtliche Pflicht zur angemessenen Unternehmensorganisation.[349] Dabei bezieht sich die Mitteilungspflicht auf Maßnahmen zur Kontrolle des Verhaltens der beim Betrieb der Anlage tätigen Personen – insbesondere die Aufbau- und Ablauforganisation betreffend,[350] nicht hingegen auf die Beschaffenheit der Anlage.[351] In der Regel kommt der Betreiber der Mitteilungspflicht durch Vorlage eines Organisationsplanes nach, der auch die Weisungsbefugnisse darstellt.[352] Stellt die Behörde fest, dass die Maßnahmen nicht ausreichen, kann sie nachträgliche Anordnungen nach § 17 BImSchG gegenüber dem Betreiber erlassen.[353]

§ 4. Der immissionsschutzrechtliche Grundsatz der Betreiberidentität

Der Gesetzgeber hat in § 1 Abs.1 S.4 der 4. BImSchV den Grundsatz der Betreiberidentität festgeschrieben. Dieser Grundsatz besagt, dass eine Anlage grundsätzlich nur durch einen und denselben Anlagenbetreiber betrieben werden darf.[354] In der Praxis stellt sich die Frage, ob dieser Grundsatz für alle Anlagen und ohne Einschränkungen im Immissionsschutzrecht verankert ist.

---

349 *Schneider*, ZGR 1996, 225 (229 f.).

350 Zu diesen betriebswirtschaftlichen Begriffen s. *Huffmann*, Der Einfluß des § 52a BImSchG auf die Verantwortlichkeit im Unternehmen, S.22 m.w.N., S.129 f.

351 *Hansmann/Röckinghausen*, in: Landmann/Rohmer, BImSchG, § 52a Rn.16; *Jarass*, BImSchG, § 52a Rn.6, 9 m.w.N., wonach Adressat allein der Anlagenbetreiber ist, nicht hingegen die anzuzeigende Person; zustimmend *Huffmann*, Der Einfluß des § 52a BImSchG auf die Verantwortlichkeit im Unternehmen, S.124; *Manssen*, GewArch 1993, 280 (282); a.A. *Kotulla*, in: Kotulla, BImSchG, § 52a Rn.55 f.

352 *Lechelt*, in: GK-BImSchG, § 52a Rn.22.

353 *Hansmann/Röckinghausen*, in: Landmann/Rohmer, BImSchG, § 52a Rn.26.

354 *OVG Münster*, Beschl. v. 27.11.2008 – 8 B 1476/08 –, DVBl 2009, 456 (457); *OVG Lüneburg*, Beschl. v. 2.4.2009 – 12 ME 53/09 –, NVwZ 2009, 991 (992); *VG Frankfurt*, Beschl. v. 2.9.2011 – 8 L 1767/11.F –; *Böhm*, in: GK-BImSchG, § 4 Rn.63; *Jarass*, BImSchG, § 4 Rn.30; *Schmidt-Kötters*, in: BeckOK, BImSchG, § 4 Rn.122; *Müggenborg*, Industrieparks, S.74 Rn.148; *ders.*, NVwZ 2010, 479 (484); *Gellermann*, NVwZ 2004, 1199 (1201).

I. Historischer Hintergrund des § 1 Abs. 1 S. 4 der 4. BImSchV – Die Windfarm-Rechtsprechung des Bundesverwaltungsgerichts zum Abweichen vom Grundsatz der Betreiberidentität

Erste Hinweise auf den Umfang der Geltung des Grundsatzes der Betreiberidentität im deutschen Immissionsschutzrecht lassen sich dem historischen Hintergrund der Vorschrift des § 1 Abs.1 S.4 der 4. BImSchV entnehmen. Vor dem Entwurf dieser Regelung hatte das *BVerwG* in seinen sog. „Windfarm"-Urteilen im Nachgang der Verabschiedung des sog. Artikelgesetzes vom 27. Juli 2001[355] eine abweichende Position zu dem bis dahin allgemein im Immissionsschutzrecht angenommenen Grundsatz der Betreiberidentität eingenommen.[356]

Nach der durch die Einführung des Artikelgesetzes geschaffenen Rechtslage war eine Genehmigung in Bezug auf Windenergieanlagen für eine oder zwei Anlagen i.S.d. § 3 Abs.5 BImSchG lediglich aufgrund baurechtlicher Vorgaben zu erteilen, während drei oder mehr Anlagen als „Windfarm" nach immissionsschutzrechtlichen Grundsätzen gemäß Nr.1.6 des Anhangs zur 4. BImSchV a.F.[357] genehmigungsbedürftig waren.[358] In der Praxis wurde das baurechtliche Genehmigungsverfahren aber auch dann durchgeführt, wenn die einzelnen Windenergieanlagen von unterschiedlichen Betreibern unterhalten wurden.[359] Dies hatte zur Folge, dass größere Gruppen von Windkraftanlagen ohne Umweltverträglichkeitsprüfung im Baugenehmigungsverfahren zugelassen wurden.[360] Entgegen der Praxis entschied der *Vierte Senat des BVerwG* daraufhin, dass in einem solchen Fall das immissionsschutzrechtliche Genehmigungsverfahren das einschlägige Verfahren sei. Zur Begründung führte der *Vierte*

355 Gesetz zur Umsetzung der UVP-Änderungsrichtlinie, der IVU-RL und weiterer EG-Richtlinien zum Umweltschutz vom 27. Juli 2001, BGBl I S.1950; zum Artikelgesetz *Enders/Krings*, DVBl 2001, 1389; *Günter*, NuR 2002, 317; *Koch/Siebel-Huffmann*, NVwZ 2001, 1081; *Ohms*, DVBl 2003, 958 (959 f.); das Artikelgesetz war eine der weitreichendsten Reformen des deutschen Umweltrechts, s. *Schmidt-Eriksen*, NuR 2002, 648 (648 ff.).

356 *BVerwG*, Urt. v. 30.6.2004 – 4 C 9/03 –, BVerwGE 121, 182 (185 ff.) = NVwZ 2004, 1235 (1235 f.); *dass.*, Urt. v. 21.10.2004 – 4 C 3/04 –, BVerwGE 122, 117 (120) = NVwZ 2005, 208.

357 Verordnung über genehmigungsbedürftige Anlagen in der Fassung der Bekanntmachung vom 14. März 1997, BGBl I S.504.

358 *Dietlein*, in: Landmann/Rohmer, BImSchG, § 4 Rn.51; *Gellermann*, NVwZ 2004, 1199 (1199 f.); *Wustlich*, NVwZ 2005, 996.

359 *Dietlein*, in: Landmann/Rohmer, BImSchG, § 4 Rn.51.

360 *Gellermann*, NVwZ 2004, 1199.

Senat an, eine „Windfarm" liege nach dem Wortlaut des Nr.1.6 des Anhangs der 4. BImSchV a.F. auch dann vor, wenn einzelne Windkraftanlagen, die ihr zuzurechnen seien, durch mehrere unabhängige Betreiber betrieben würden. Trotz unterschiedlicher Betreiber könne es sich um eine „genehmigungsrechtlich unauflösbare Einheit" handeln.[361] Immissionsschutzrechtlich relevant sei die zeitgleich erfolgende oder die nach und nach erfolgende Errichtung von drei oder mehr Windkraftanlagen, sofern sich deren Einwirkungsbereiche überschnitten oder wenigstens berührten, und daher eine Windfarm bildeten.[362] Damit hatte das *BVerwG* den Anlagenbegriff der „Windfarm" neuartig interpretiert und betreiberübergreifend bestimmt.[363]

In einem weiteren Urteil entschied der *Vierte Senat*, dass sich auch die Genehmigungsbedürftigkeit der Änderung einer Windfarm gem. Nr.1.6. des Anhangs zur 4. BImSchV a.F. durch Hinzutreten einer weiteren Windkraftanlage nach den §§ 15, 16 BImSchG richte – unabhängig davon, wer Betreiber der Windfarm sei.[364] Diese Rechtsprechung hatte den Vorteil, dass sie die rechtliche Situation der sog. „Windparks" als bloßer Ansammlung einzelner Windenergieanlagen unterschiedlicher Betreiber und der „Windfarmen" im Sinne der 4. BImSchV vereinheitlichte.[365] Betreiber konnten die immissionsschutzrechtliche Genehmigungspflicht von Windfarmen nicht dadurch umgehen, dass sie Untergruppen von Betreibern bildeten, von denen jede maximal zwei Windenergieanlagen betrieb.[366]

Insgesamt nahm das *BVerwG* mit der „Windfarm"-Rechtsprechung vom immissionsschutzrechtlichen Grundsatz der Identität von Anlage und Betreiber als einem tragenden Element des Immissionsschutzrechts Abstand. Der *Vierte Senat* gab damit seine bisher verfolgte Linie auf, wonach sich die Genehmigungsbedürftigkeit einer Anlage nur aus der Anlage selbst herleitet und nicht von Anlagen Dritter in der Nachbarschaft oder dem Standort einer Anlage abhängig ist.[367]

---

361 *BVerwG*, Urt. v. 30.6.2004 – 4 C 9.03 –, BVerwGE 121, 182 (185) = NVwZ 2004, 1235.

362 *BVerwG*, Urt. v. 30.6.2004 – 4 C 9.03 –, BVerwGE 121, 182 (188) = NVwZ 2004, 1235 (1236); *Gellermann*, NVwZ 2004, 1199 (1200).

363 Krit. ggü. einer betreiberübergreifenden Auslegung *BReg*, BRat-Drs. 389/05, S.1 ff.

364 *BVerwG*, Urt. v. 21.10.2004 – 4 C 3/04 –, BVerwGE 122, 117 (120) = NVwZ 2005, 208; *Sellner/Reidt/Ohms*, Immissionsschutzrecht, 1. Teil, B.II., Rn.23.

365 *Dietlein*, in: Landmann/Rohmer, BImSchG, § 4 Rn.51.

366 *Müggenborg*, Industrieparks, S.81 Rn.164.

367 Für einen rein anlagenbezogenen Ansatz in Übereinstimmung mit dem *BVerwG* und die Verabschiedung des betreiberbezogenen Ansatzes bzgl. genehmigungsrechtlicher

Der Verordnungsgeber sah sich durch diese Rechtsprechung veranlasst klarzustellen, dass der Grundsatz der Betreiberidentität künftig uneingeschränkt auch für Windenergieanlagen gilt.[368] Er hat daher durch die Änderungsverordnung vom 20. Juni 2005[369] den Grundsatz der Betreiberidentität in der 4. BImSchV festgeschrieben, indem er die Vorschrift des § 1 Abs.1 S.4 der 4. BImSchV a.F. um die Worte „der durch denselben Betreiber betriebenen Anlage" ergänzte.[370] Zudem gab der Verordnungsgeber den Begriff der „Windfarm" auf und fasste die Nr.1.6 des Anhangs der 4. BImSchV derart, dass nunmehr jede einzelne Windkraftanlage[371] mit einer Gesamthöhe von mehr als 50 Metern dem immissionsschutzrechtlichen Genehmigungsverfahren unterfällt.[372]

II. Umfang und Berechtigung der Geltung des Grundsatzes der Betreiberidentität im deutschen Immissionsschutzrecht

Das *BVerwG* hat in seiner Windfarm-Rechtsprechung allein im Hinblick auf Windenergieanlagen mit dem Grundsatz der Betreiberidentität gebrochen. Zweifel an der Geltung des Grundsatzes der Betreiberidentität im Übrigen lassen sich den Entscheidungsgründen nicht entnehmen.[373] Das *BVerwG* und der Verordnungsgeber sind sich danach einig darin, dass der Grundsatz der Betreiberidentität für alle übrigen genehmigungsbedürftigen Anlagen des BImSchG gilt (vgl. § 1 Abs.1 S.4 der 4. BImSchV).[374]

Behandlung von Windkraftanlagen *Roßnagel/Hentschel*, UTR 2003, 319 (340 f.); a.A. *BReg*, BRat-Drs. 389/05, S.1 ff.; *Gellermann*, NVwZ 2004, 1199 (1201 f.); *Wustlich*, NVwZ 2005, 996 (997).

368 *Hansmann/Röckinghausen*, in: Landmann/Rohmer, 4. BImSchV, Vorb. Rn.15e; *Schmidt-Kötters*, in: BeckOK, BImSchG, § 4 Rn.122.

369 Verordnung zur Änderung der Verordnung über genehmigungsbedürftige Anlagen und zur Änderung der Anlage 1 des Gesetzes über die Umweltverträglichkeitsprüfung vom 20. Juni 2005, BGBl I S.1687. Diese Verordnung wurde durch die Verordung über genehmigungsbedürftige Anlagen vom 2. Mai 2013, BGBl I S.973, ersetzt. Zu den Veränderungen im Einzelnen *Wustlich*, NVwZ 2005, 996 (998).

370 Vgl. Verordnung über genehmigungsbedürftige Anlagen vom 20. Juni 2005, BGBl I S.1687.

371 Wie bereits zwanzig Jahre zuvor, vgl. Verordnung über genehmigungsbedürftige Anlagen vom 24. Juli 1985, BGBl I S.1586.

372 BRat-Drs. 389/05, S.3.

373 Ausf. *Müggenborg*, Industrieparks, S.83 Rn.166 f.

374 Siehe auch *Jarass*, UPR 2011, 201 (202), der Betreiberidentität als generelles Merkmal des immissionsschutzrechtlichen Anlagenbegriffs bezeichnet.

Die Vorschrift des § 1 Abs.2 der 4. BImSchV erfasst unter Anwendung des Grundsatzes der Betreiberidentität nur Nebeneinrichtungen, die von dem Betreiber der Hauptanlage betrieben werden.[375] Andernfalls fehlt der erforderliche räumliche und betriebstechnische Zusammenhang. Erhalten Haupt- und Nebeneinrichtung zu einem späteren Zeitpunkt unterschiedliche Betreiber, kann der räumliche und betriebstechnische Zusammenhang folglich nachträglich entfallen.[376] Bei einer gemeinsamen Anlage nach § 1 Abs.3 der 4. BImSchV wird danach ebenfalls vorausgesetzt, dass sie ein und denselben Betreiber für alle zugehörigen einzelnen Anlagen hat.[377] Die Vorschrift des § 1 Abs.1 S.4 der 4. BImSchV gilt auch für die gemeinsame Anlage, weil diese lediglich einen Unterfall der Anlage i.S.d. 4. BImSchV darstellt[378] und weder § 1 Abs.1 S.4 noch § 1 Abs.3 der 4. BImSchV Bestimmungen enthalten, aus denen sich etwas Gegenteiliges ergibt. Die Einzelanlagen einer gemeinsamen Anlage unterstehen also der gemeinsamen Leitung eines Betreibers.[379] Zum Teil wird dabei angenommen, dass der Grundsatz der Betreiberidentität in das Merkmal „auf demselben Betriebsgelände" in § 1 Abs.3 S.2 Nr.1 der 4. BImSchV hineinzulesen ist, das nicht gegeben sein soll, wenn die Anlagen von unterschiedlichen Betreibern betrieben werden.[380] Hiergegen spricht jedoch, dass der Gesetzgeber sich der ausdrücklichen Worte „durch denselben Betreiber" in § 1 Abs.1 S.4 der 4. BImSchV bedient hat,[381] so dass nicht davon ausgegangen werden kann, dass er Identisches

---

375 *Jarass*, BImSchG, § 4 Rn.72; *ders.*, UPR 2011, 201 (202).

376 Im Zusammenhang mit Industrieparks s. *Müggenborg*, Industrieparks, S.79 Rn.159.

377 *OVG Münster*, Beschl. v. 27.11.2008 - 8 B 1476/08 -, DVBl 2009, 456 (457); *OVG Lüneburg*, Beschl. v. 2.4.2009 - 12 ME 53/09 -, NVwZ 2009, 991 (992); *Hansmann/Röckinghausen*, in: Landmann/Rohmer, 4. BImSchV, § 1 Rn.26; *Jarass*, BImSchG, § 4 Rn.30; *Schmidt-Kötters*, in: BeckOK, BImSchG, § 4 Rn.122; *Sellner/Reidt/Ohms*, Immissionsschutzrecht, 1. Teil, C.II., Rn.51; *Müggenborg*, Industrieparks, S.80 f. Rn.163; *ders.*, DVBl 2001, 417 (422); a.A. *Ohms*, Praxishandbuch Immissionsschutzrecht, Voraufl., Rn.119.

378 *Ludwig*, in: Feldhaus, 4. BImSchV, § 1 Rn.12a. Hierzu s. oben Teil 2 § 1 II 5 c).

379 *OVG Lüneburg*, Beschl. v. 2.4.2009 - 12 ME 53/09 -, NVwZ 2009, 991 (992); *Feldhaus*, in: Feldhaus, 4. BImSchV, § 1 Rn.22; *Hansmann/Röckinghausen*, in: Landmann/Rohmer, 4. BImSchV, § 1 Rn.26; *Jarass*, BImSchG, § 3 Rn.85, § 4 Rn.30; *Sellner/Reidt/Ohms*, Immissionsschutzrecht, 1. Teil, C.II., Rn.51.

380 Vgl. *OVG Lüneburg*, Beschl. v. 2.4.2009 - 12 ME 53/09 -, NVwZ 2009, 991 (992); *Feldhaus*, in: Feldhaus, 4. BImSchV, § 1 Rn.22; *Hansmann/Röckinghausen*, in: Landmann/Rohmer, 4. BImSchV, § 1 Rn.26; *Sellner/Reidt/Ohms*, Immissionsschutzrecht, 1. Teil, C.II., Rn.51.

381 Vgl. *Jarass*, BImSchG, § 4 Rn.30.

mit „auf demselben Betriebsgelände" ausdrücken wollte. Vielmehr ist der Grundsatz der Betreiberidentität als ungeschriebenes Merkmal in § 1 Abs.3 der 4. BImSchV hineinzulesen.

Für die umfangreiche Geltung des Grundsatzes der Betreiberidentität im deutschen Immissionsschutzrecht sprechen, wie im Folgenden gezeigt wird, gute Gründe. Es gibt aber auch Argumente, die an der – jedenfalls uneingeschränkten – Berechtigung des Grundsatzes der Betreiberidentität zweifeln lassen.

1. *Vorteile des Grundsatzes der Betreiberidentität im deutschen Immissionsschutzrecht*

Für die umfassende Geltung des Grundsatzes der Betreiberidentität im deutschen Immissionsschutzrecht sprechen zunächst praktische Erwägungen. So erleichtert sie die Zuordnung von Rechten und Pflichten. Hätte eine Anlage mehrere Betreiber, die zivilrechtlich nicht miteinander verbunden sind, wäre für die zuständige Behörde nicht erkennbar, wem die Rechte aus der Genehmigung zustehen. Es wäre auch nicht eindeutig bestimmt, wer die Erfüllung der auf die gesamte Anlage bezogenen Pflichten sicherstellt, insbesondere die immissionsschutzrechtlichen Pflichten,[382] die Anzeigepflicht nach § 15 BImSchG, die Emissionserklärung nach § 27 BImSchG i.V.m. der 11. BImSchV und die Pflichten nach §§ 52 ff. BImSchG im Hinblick auf die Überwachung und den Immissionsschutz.[383] Schließlich wäre auch nicht erkennbar, wer als Verantwortlicher für die Anlage Adressat nachträglicher Anordnungen ist. Dementsprechend hätte eine Abweichung vom Grundsatz der Betreiberidentität bei der Vorschrift des § 1 Abs.2 der 4. BImSchV zur Folge, dass im Falle der Durchführung eines einheitlichen Genehmigungsverfahrens für Haupt- und Nebenanlagen unterschiedlicher Betreiber anschließend unklar wäre, wer die Verantwortung für die Hauptanlage und für die Nebenanlage trägt und wer welche Rechte aus der Genehmigung herleiten kann.

Der Grundsatz der Betreiberidentität ist auch im Übrigen für die Durchführung des immissionsschutzrechtlichen Genehmigungsverfahrens von Vorteil. Wenn zu bereits bestehenden Anlagen eines Betreibers weitere emittierende Anlagen eines anderen Betreibers auf demselben Betriebsgelände hinzuträten, wären sowohl die hinzukommende als auch die Bestandsanlagen zusammen

---

382 *Sellner/Reidt/Ohms*, Immissionsschutzrecht, 1. Teil, B.II., Rn.23 f.

383 *Hansmann/Röckinghausen*, in: Landmann/Rohmer, 4. BImSchV, § 1 Rn.26; *Müggenborg*, DVBl 2001, 417 (422).

immissionsschutzrechtlich zu beurteilen. Folglich wäre eine Änderungsgenehmigung nach § 16 BImSchG zu beantragen, obwohl die Anlagen von unterschiedlichen Personen betrieben würden.[384] Ein neu Hinzutretender käme in die Situation, die Änderung einer Anlage zu beantragen, für die er bislang keine Genehmigung hätte und deren Inhalt er nicht kennen würde.[385] Damit wäre er letztlich auch für ein Gefahrenpotenzial einer Anlage (mit-)verantwortlich, die er gar nicht selbst betreiben würde und auf die er keinen Einfluss hätte. In der Folge könnte sich auch das Problem einer gerechten Kostenverteilung im Sinne des im Umweltrecht geltenden Verursacherprinzips[386] stellen, z.B. in Bezug auf Kosten, die sich durch Änderungsgenehmigungen einschließlich Auflagen zum Zwecke der Vermeidung, Verringerung oder Beseitigung von Immissionen sowie durch nachträgliche Anordnungen ergeben.

Die aufgezeigten Vorteile sprechen gleichermaßen für die Geltung des Grundsatzes der Betreiberidentität für Windenergieanlagen. Insoweit war es konsequent vom Verordnungsgeber, den Grundsatz der Betreiberidentität im Anschluss an die Windfarm-Rechtsprechung des *BVerwG* für Windkraftanlagen festzuschreiben. Darüber hinaus hätte gerade in Bezug auf Windfarmen die Verabschiedung des betreiberbezogenen Ansatzes kaum zu bewältigende Schwierigkeiten für das immissionsschutzrechtliche Genehmigungsverfahren bedeutet.[387] Stellten drei Betreiber unabhängig voneinander einen Antrag auf Errichtung jeweils einer Windkraftanlage, hätte das Gesamtvorhaben einer immissionsschutzrechtlichen Genehmigung bedurft, ohne dass ein Betreiber die Errichtung oder den Betrieb einer Windfarm beantragt hätte. Die Betreiber hätten sich dann auf einen gemeinsamen Antrag verständigen müssen. Bei konkurrierenden Projektträgern (insb. beim Inhaber der Altgenehmigung) hätte eine Mitwirkungsbereitschaft regelmäßig gefehlt.[388] Ein Verständigungszwang wiederum hätte die Grundrechte des Betreibers aus Art.12 Abs.1, 14 Abs.1 GG verletzt, da die Genehmigung von unbeeinflussbaren Umständen abhängig gemacht worden

384 Vgl. zu Windkraftanlagen *Dietlein*, in: Landmann/Rohmer, BImSchG, § 4 Rn.51.

385 Vgl. zu Windkraftanlagen *Sellner/Reidt/Ohms*, Immissionsschutzrecht, 1. Teil, B.II., Rn.23.

386 Nach dem Verursacherprinzip, soll derjenige, der für die Entstehung von Umweltbelastungen verantwortlich ist, grundsätzlich auch deren Kosten tragen, s. *Epiney*, in: Landmann/Rohmer, AEUV, Art.191 Rn.38 m.w.N.; ausf. *Günther*, Umweltvorsorge und Umwelthaftung, S.21 f.

387 BRat-Drs. 389/05, S.1 ff.; ausf. *Gellermann*, NVwZ 2004, 1199 (1201 f.).

388 *Gellermann*, NVwZ 2004, 1199 (1201); *Wustlich*, NVwZ 2005, 996 (997).

wäre.[389] Des Weiteren hätte bei einer geglückten Verständigung eine einheitliche Genehmigung für jeden einzelnen Betreiber innerhalb der Windfarm nicht erteilt werden können, weil jeder Betreiber nur für seine Anlagen verantwortlich wäre. Diese Schwierigkeit hätte zwar durch eine inhaltliche Verknüpfung jeder einzelnen Genehmigung innerhalb der Windfarm gelöst werden können, jedoch fehlte es an einem praxisgerechten Muster.[390]

2. *Nachteile des Grundsatzes der Betreiberidentität*

Es gibt auch praktische Gründe, die gegen die Geltung des Grundsatzes der Betreiberidentität sprechen. Die Aufspaltung eines Unternehmens, für das ursprünglich eine Genehmigung erteilt worden ist, kann bei Geltung des Grundsatzes der Betreiberidentität zur Folge haben, dass für jede einzelne Anlage ein individuelles Genehmigungserfordernis besteht. Dies kann der Behörde und den aufgespalteten Unternehmen größere Umstände bereiten, als mehrere Betreiber im Rahmen eines einheitlichen Genehmigungsverfahrens, bei der eine einheitliche Genehmigung für alle erteilt wird, zu organisieren. Teilweise wird daher die Auffassung vertreten, die Praxis erfordere ein Abweichen vom Grundsatz der Betreiberidentität.[391]

Darüber hinaus birgt die uneingeschränkte Anwendung des Grundsatzes der Betreiberidentität die Gefahr des Missbrauchs. Unternehmer können durch Aufspaltung ihres Unternehmens in mehrere selbständige Teilunternehmen, bewusst herbeiführen, dass die emittierenden (Teil-)Anlagen beim Genehmigungsverfahren nicht mehr zusammen betrachtet werden. Auf diese Weise kann erreicht werden, dass bestimmte Schwellenwerte unterschritten werden, obwohl das Gesamtgefährdungspotenzial unverändert bleibt. Dies ist z.B. für die Anwendbarkeit der StörfallVO (§ 1 Abs.1 StörfallVO) von Bedeutung. Selbst wenn bei den abgespaltenen Anlagen ebenfalls Mengen an gefährlichen Stoffen gem. § 2 Nr.1 StörfallVO vorhanden sind, bleiben diese im Hinblick auf die Eröffnung des Anwendungsbereichs der StörfallVO unberücksichtigt.[392] Damit ist eine uneingeschränkte Anwendung des Betreibergrundsatzes auch vor dem Hintergrund eines effektiven Schutzes vor Umweltgefahren zu hinterfragen.

---

389 Ausf. *Gellermann*, NVwZ 2004, 1199 (1201); a.A. ohne Angaben von Gründen *Müggenborg*, Industrieparks, S.83 Rn.167.

390 *Müggenborg*, Industrieparks, S.82 Rn.165.

391 *Ohms*, Praxishandbuch Immissionsschutzrecht, Voraufl., Rn.119.

392 Daher krit. im Hinblick auf Industrieparks *Müggenborg*, Industrieparks, S.102 Rn.203 f.; *Spindler/Peter*, in: Jochum u.a., Industriepark und Störfallrecht, Rn.215 f. Hierzu im Zusammenhang mit Industrieparks s. unten Teil 5 § 4 III 6.

3. *Faktische Durchbrechung und Einschränkungen des Grundsatzes der Betreiberidentität*

Die Vorschriften des deutschen Immissionsschutzrechts sind, wie oben aufgezeigt, erkennbar auf den Grundsatz der Betreiberidentität ausgerichtet. Die Gründe für die Geltung des Grundsatzes der Betreiberidentität überwiegen – jedenfalls im Regelfall. Jedoch besteht auch Bedarf für eine Abweichung von einer strikten Anwendung dieses Prinzips. Dies belegen einzelne Regelungen des BImSchG und die Handhabe in der Verwaltungspraxis, durch die der Grundsatz der Betreiberidentität faktisch durchbrochen wird. Besonders deutlich wird dies anhand des Koordinierungsgebots des § 10 Abs.5 S.2, 2. Var. BImSchG, mit dem der Gesetzgeber versucht, Lücken, die mit der isolierten Betrachtung von Anlagen einhergehen, zu schließen. Nach § 10 Abs.5 S.2, 2. Var. BImSchG trifft die Genehmigungsbehörde die Pflicht zur Koordinierung paralleler Zulassungsverfahren für mehrere sich auf die Umwelt auswirkende Vorhaben, die in einem unmittelbar räumlichen oder betrieblichen Zusammenhang stehen, Auswirkungen auf die Umwelt haben können[393] und für die immissionsschutzrechtliche Genehmigung Bedeutung haben.[394]

Der Wortlaut des § 10 Abs.5 S.2, 2. Var. BImSchG schweigt darüber, ob das Koordinierungsgebot auch für Vorhaben gilt, die nicht den gleichen Träger haben. Im Zusammenhang mit den Vorschriften des Gesetzes über die Umweltverträglichkeitsprüfung (UVPG) leuchtet es jedoch nicht ein, warum die Pflicht zur Kommunikation und wechselseitigen Information zur Vermeidung von unnötigem Verfahrensaufwand nicht für Vorhaben verschiedener Träger maßgeblich sein soll. Das UVPG enthält für die zweite Variante des § 10 Abs.5 S.2 BImSchG

393 Der Begriff ist im Rahmen des Konzepts eines integrierten Umweltschutzes in einem weiteren Sinne zu verstehen als die von § 3 Abs.2 BImSchG definierten „Umwelteinwirkungen". Er ist auch auf nicht vom BImSchG erfasste Auswirkungen gerichtet, wie z.B. die Entnahme und Einleitung von Wasser oder Abbau von Boden, s. *Schack*, in: BeckOK, BImSchG, § 10 Rn.42.

394 Ausf. zum Koordinierungsgebot, das Folge der Umsetzung von Art.7 der IVU-Richtlinie ist, *Jarass*, BImSchG, § 10 Rn.48; *ders.*, NVwZ 2009, 65; *Storost*, in: Ule/Laubinger, BImSchG, § 10 Rn.E4. Zum Inhalt der Koordinierungsaufgabe s. *Czajka*, in: Feldhaus, BImSchG, § 10 Rn.54i ff. Zur Koordination des Behördenhandelns nach der IVU-RL s. *Staupe*, ZUR 2006, 368. Die Koordinierungspflicht nach der zweiten Var. des § 10 Abs.5 S.2 BImSchG kann z.B. den Fall erfassen, dass auf demselben Betriebsgelände die Änderung einer Chemieanlage nach dem BImSchG sowie die Änderung einer Abwasseranlage nach dem WHG zu genehmigen sind, s. *Jarass*, BImSchG, § 10 Rn.50; *Sellner*, in: Dolde, Umweltrecht im Wandel, S.416.

keine Spezialvorschriften über die Koordinierungspflicht, so dass insbesondere die allgemeine Regelung des § 10 Abs.5 S.2 BImSchG gilt.[395] In der Regelung des § 3b Abs.2 S.1[396] erstreckt das UVPG die Verpflichtung zur Durchführung einer Umweltverträglichkeitsprüfung auf mehrere Vorhaben derselben Art, die gleichzeitig von mehreren Trägern verwirklicht werden sollen und in einem engen Zusammenhang stehen.[397] Danach wäre es widersprüchlich, eine Koordinierungspflicht nicht auch auf Vorhaben mehrerer Träger zu beziehen. Folglich ist die Formulierung der Voraussetzungen für die Koordinierungspflicht in § 10 Abs.5 S.2 BImSchG, wonach nur ein räumlicher oder betrieblicher Zusammenhang zwischen den Vorhaben gefordert ist, als abschließend zu verstehen. Es kommt also nicht darauf an, ob die Vorhabenträger identisch sind.[398] Sind die Voraussetzungen des § 10 Abs.5 S.2, 2. Var. BImSchG erfüllt, wird demnach ggf. betreiberübergreifend koordiniert. Kein Koordinierungsbedarf besteht demgegenüber, wenn die Voraussetzungen des § 1 Abs.3 der 4. BImSchV erfüllt sind, weil dann „eine gemeinsame Anlage im Rechtssinne" vorliegt.[399]

Darüber hinaus wird der Grundsatz der Betreiberidentität bei der Beurteilung der Schutzpflicht nach § 5 Abs.1 Nr.1 BImSchG durchbrochen. Für die Frage, wann die Schwelle der „Erheblichkeit" gem. § 5 Abs.1 Nr.1 BImSchG überschritten ist, kommt es aufgrund des weiten Immissionsbegriffs auf die Gesamtbelastung am Einwirkungsort und nicht im Wege einer isolierten Betrachtung auf die Schädlichkeit der von einer einzelnen Anlage ausgehenden Immissionen an.[400] Ist der Einwirkungsbereich bereits vorbelastet, sind also Immissionen der gleichen Art, die von der zu genehmigenden Anlage hervorgerufen

---

395 *Schack*, in: BeckOK, BImSchG, § 10 Rn.48.

396 „Die Verpflichtung zur Durchführung einer Umweltverträglichkeitsprüfung besteht auch, wenn mehrere Vorhaben derselben Art, die gleichzeitig von demselben oder mehreren Trägern verwirklicht werden sollen und in einem engen Zusammenhang stehen (kumulierende Vorhaben), zusammen die maßgeblichen Größen- oder Leistungswerte erreichen oder überschreiten."

397 Vgl. *Jarass*, BImSchG, § 10 Rn.50. Zur Ausdehnung der Vorschrift des § 3b Abs.2 UVPG auf mehrere Vorhabenträger s. *Sangenstedt*, in: Landmann/Rohmer, UVPG, § 3 Rn.4 ff.

398 *Czajka*, in: Feldhaus, BImSchG, § 10 Rn.54d f.; *Schack*, in: BeckOK, BImSchG, § 10 Rn.39.

399 *Schack*, in: BeckOK, BImSchG, § 10 Rn.40 f. Siehe auch *Czajka*, in: Feldhaus, BImSchG, § 10 Rn.54e.

400 *Jarass*, BImSchG, § 3 Rn.19, 49, § 5 Rn.20; *Dietlein*, in: Landmann/Rohmer, BImSchG, § 5 Rn.57.

würden, mitzuberücksichtigen.[401] Dies kann für den Betreiber der Anlage die Auferlegung von Schutzmaßnahmen oder die Versagung der immissionsschutzrechtlichen Genehmigung zur Folge haben, wenn durch die hinzukommenden Immissionen schädliche Umwelteinwirkungen hervorgerufen würden.[402]

Schließlich wird der Grundsatz der Betreiberidentität auch im Hinblick auf die GbR faktisch durchbrochen. Denn im deutschen Immissionsschutzrecht kann auch ein Zusammenschluss mehrerer Unternehmen zur gemeinschaftlichen Nutzung einer Anlage deren Rechtsträger sein (vgl. § 52b Abs.1 S.1 BImSchG).[403] Ist die Rechtsform des Zusammenschlusses nicht ausdrücklich geregelt, liegt im Zweifel eine GbR (§ 705 BGB) vor.[404] Damit wird letztlich eine Anlage von mehreren Personen bzw. Personenvereinigungen betrieben, d.h. nicht von ein und derselben Person, so dass letztlich vom Grundsatz der Betreiberidentität im engeren Sinne abgewichen wird. Insoweit zwingt also die Praxis das deutsche Immissionsschutzecht dazu, Ausnahmen vom Grundsatz der Betreiberidentität zuzulassen.

III. Der Betreiber und der Grundsatz der Betreiberidentität im Unionsrecht

Bei der Suche nach Anhaltspunkten im Unionsrecht für die Bestimmung des Betreiberbegriffs und die Behandlung des Grundsatzes der Betreiberidentität ist vornehmlich auf europäische Richtlinien zurückzugreifen. Der *Europäischen Union* stehen zwar alle in Art.288 AEUV vorgesehenen Handlungsformen zur Verfügung. Sie bevorzugt aber bei der praktischen Umsetzung rechtlicher Regelungen insbesondere im Rahmen der Umweltpolitik[405] die Regelungsform der Richtlinie

---

401 *BVerwG*, Urt. v. 21.3.1996 – 4 C 9/95 –, NVwZ 1996, 1003 (1005); *Dietlein*, in: Landmann/Rohmer, BImSchG, § 5 Rn.57; *Kotulla*, in: Kotulla, BImSchG, § 5 Rn.29; *Roßnagel*, in: GK-BImSchG, § 5 Rn.279. Zu den Begriffen Vor-, Zusatz- und Gesamtbelastung s. *Sellner/Reidt/Ohms*, Immissionsschutzrecht, 1. Teil, D.III., Rn.76.

402 *Dietlein*, in: Landmann/Rohmer, BImSchG, § 5 Rn.57.

403 Siehe oben Teil 2 § 3 II 4.

404 *OVG Lüneburg*, Beschl. v. 2.4.2009 – 12 ME 53/09 –, NVwZ 2009, 991 (992); *Schmidt-Kötters*, in: BeckOK, BImSchG, § 4 Rn.121 f.; *Müggenborg*, Industrieparks, S.74 Rn.148; *Spindler*, in: FS Feldhaus, S.43 f.; *Friedrich*, NVwZ 2002, 1174 (1177).

405 Die Umweltpolitik der *EG* erhielt erst im Jahre 1987 ihre eigene rechtliche Kompetenzgrundlage (früher: Art.174–176 EGV, jetzt: Art.191–193 AEUV) im Rahmen der Einheitlichen Europäischen Akte, s. *Scherer/Heselhaus*, in: Dauses, Handbuch des EU-Wirtschaftsrechts, Bd.2, O. Umweltrecht, Rn.11. Die bereits zuvor auf diesem Gebiet erlassenen Rechtsakte hatte sie auf Art.100 EWGV (Vertrag zur

– trotz ihrer rechtlichen und strukturellen Besonderheiten.[406] Denn Richtlinien haben den Vorteil, dass sie mit ihrer Zweistufigkeit mitgliedstaatliche Regelungsstrukturen schonen.[407]

Im Folgenden wird untersucht, welchen Einfluss die Vorgaben des europäischen Richtliniengebers auf das deutsche Immissionsschutzrecht im Hinblick auf den Betreiberbegriff und den Grundsatz der Betreiberidentität haben. Dabei soll zunächst der allgemeine Hintergrund des europäischen Industrieanlagenrechts unter Berücksichtigung der IVU-Richtlinie[408] und deren Neufassung durch die Richtlinie über Industrieemissionen vom 24. November 2010 (IE-Richtlinie)[409] dargestellt werden. Der IVU-Richtlinie kommt besondere Bedeutung insoweit zu, als der Genehmigungsvorbehalt in § 4 BImSchG und die 4. BImSchV auch der Umsetzung dieser Richtlinie in deutsches Recht dienen.[410] Anschließend befasst sich die Arbeit mit dem Betreiberbegriff der IE-Richtlinie und den Vorgaben des europäischen Richtliniengebers im Hinblick auf den Grundsatz der Betreiberidentität. Nach Vorstellung des Grundsatzes der richtlinienkonformen Auslegung wird die Frage der Vereinbarkeit des deutschen Immissionsschutzrechts mit dem Unionsrecht untersucht.

1. Allgemeiner Hintergrund des europäischen Industrieanlagenrechts

In seiner Anfangsphase vertrat das europäische Umweltrecht – wie das deutsche Umweltrecht, von dem es stark beeinflusst wurde – einen sektoralen Ansatz, d.h.

Gründung der Europäischen Wirtschaftsgemeinschaft vom 25. März 1957, BGBl II S.766, jetzt: Art.115 AEUV) oder auf Art.235 EWGV (jetzt: Art.266 AEUV) gestützt, s. *Streinz*, Europarecht, Rn.1165. Zur historischen Entwicklung des EG-Umweltrechts im Überblick s. *Scherer/Heselhaus*, in: Dauses, Handbuch des EU-Wirtschaftsrechts, Bd.2, O. Umweltrecht, Rn.7 ff.; *Engelsberger*, Der Vollzug europarechtlicher Vorschriften auf dem Gebiet des Umweltschutzes, S.51 f.; *Epiney*, Umweltrecht in der Europäischen Union, S.10 ff.; *Himmelmann*, EG-Umweltrecht und nationale Gestaltungsspielräume, S.14.

406 Hierzu und zur Rechtsform der RL als Instrument der europäischen Umweltpolitik s. *Faßbender*, Die Umsetzung von Umweltstandards in der Europäischen Gemeinschaft, S.17 ff.

407 *Ruffert*, in: Callies/Ruffert, Art.288 AEUV Rn.23; *Engelsberger*, S.57.

408 RL 2008/1/EG vom 15. Januar 2008 über die integrierte Vermeidung und Verminderung der Umweltverschmutzung, ABl. Nr. L 24 vom 29. Januar 2008, S.8.

409 RL 2010/75/EU vom 24. November 2010 über Industrieemissionen (integrierte Vermeidung und Verminderung der Umweltverschmutzung), ABl. Nr. L 334 vom 17. Dezember 2010, S.17.

410 *Jarass*, BImSchG, § 4 Rn.3, 12.

Umweltschutzmaßnahmen wurden in abgegrenzten Bereichen (z.B. nur Bodenschutz) geregelt. Diesen Ansatz verfolgte auch die Industrieanlagenrichtlinie[411], die 1984 als die maßgebliche anlagenbezogene Regelung des europäischen Umweltschutzes in Kraft trat. Am 24. September 1996 wurde die IVU-Richtlinie, die Richtinie 96/61/EG des *Rates* über die integrierte Vermeidung und Verminderung der Umweltverschmutzung, auf Grundlage des Art.174 EG erlassen.[412] Ziel war es, die Industrieanlagenrichtlinie elf Jahre nach Inkrafttreten vollständig zu ersetzen (Art.20 Abs.3)[413] und den Wechsel von dem medienbezogenen Ansatz hin zu einem medienübergreifenden, integrativen Ansatz des europäischen Umweltrechts einzuleiten. Es sollten ein hohes Schutzniveau für die Umwelt insgesamt erreicht und die Formalien für Genehmigungsverfahren auf europäischer Ebene für umweltrelevante Industrieanlagen harmonisiert werden. Seitdem wird die Umwelt als ein System verstanden, für dessen Schutz sektorübergreifende Regelungen, d.h. für Wasser, Boden und Luft zusammen, notwendig sind.[414]

Die IVU-Richtlinie wurde damit ein wichtiger Baustein im vorsorgenden Umweltschutz der EU.[415] In den Jahren 2005/2006 fielen insgesamt 52.000 Anlagen in der EU unter die IVU-Richtlinie,[416] ca. 9.000 Anlagen davon befanden sich in Deutschland.[417] Der Wechsel zum medienübergreifenden integrierten Umweltschutz führte zu zahlreichen Abweichungen, sowohl verfahrens- als auch materiellrechtlicher Art.[418] Er hatte erhebliche Auswirkungen auf das deutsche

411 RL 84/360/EWG des *Rates* vom 28. Juni 1984 zur Bekämpfung der Luftverunreinigung durch Industrieanlagen, ABl. Nr. L 188 vom 16. Juli 1984, S.20 ff., geändert durch die Entscheidung 90/481/EWG, RL 90/656/EWG, RL 91/692/EWG. Zur Industrieanlagenrichtlinie und den mit der IVU-RL einhergehenden Änderungen s. *Stapelfeldt*, Anlagenzulassung nach europäischen Recht, S.16 ff.

412 RL 96/61/EG des *Rates* vom 24. September 1996 über die integrierte Vermeidung und Verminderung der Umweltverschmutzung, ABl. Nr. L 257 vom 10. Oktober 1996, S.26.

413 *Stapelfeldt*, Anlagenzulassung nach europäischem Recht, S.22, 42.

414 *Bader*, Die Umsetzung der IVU-Richtlinie in deutsches Recht, S.27 f.; *Schreiber*, Genehmigungsmodell im integrierten Umweltschutz, S.67. *Koch*, UTR 1997, 31 (45 f.).

415 Am 18. Februar 2008 trat die novellierte Fassung der IVU-Richtlinie in Kraft, RL 2008/1/EG, ABl. L Nr. 24 vom 29. Januar 2008, S.8.

416 Davon hatten allerdings nur 50 % eine IVU-konforme Genehmigung, hierzu s. *Koch/Braun*, NVwZ 2010, 1271 (1272).

417 BR-Drs. 314/12, S.40; *Braunewell*, UPR 2011, 250.

418 *Stapelfeldt*, Anlagenzulassung nach europäischem Recht, S.42 f.

Umweltrecht, insbesondere im Hinblick auf das Luftreinhalterecht[419]. Die IVU-Richtlinie wurde erst durch das Artikelgesetz aus dem Jahr 2001 in nationales Recht umgesetzt.[420] Der Zweck des BImSchG erstreckt sich seitdem gemäß § 1 Abs.2 auf die integrierte Vermeidung und Verminderung schädlicher Umwelteinwirkungen.[421]

Die Neufassung der IVU-Richtlinie als „Richtlinie 2010/75/EU des Europäischen Parlaments und des Rates vom 24. November 2010 über Industrieemissionen (integrierte Vermeidung und Verminderung der Umweltverschmutzung)"[422], auch Richtlinie über Industrieemissionen (IE-Richtlinie) genannt, ist am 6. Januar 2011 in Kraft getreten (vgl. Art.83 IE-Richtlinie).[423] Die IE-Richtlinie beinhaltet die Zusammenführung der IVU-Richtlinie (2008/1/EG) mit sechs weiteren, Industrieanlagen betreffenden Richtlinien, nämlich mit der Richtlinie über die Verbrennung von Abfällen,[424] über die Begrenzung von Schadstoffemissionen von Großfeuerungsanlagen in die Luft,[425] über Lösemittel anwendende Tätigkeiten[426]

419 *Sobczak*, Normung und Umweltschutz im Europäischen Gemeinschaftsrecht, S.153 f.; *Stapelfeldt*, Anlagenzulassung nach europäischem Recht, S.22, 43. Zu den europarechtlichen Vorgaben für das Luftreinhalterecht s. *Koch*, Umweltrecht, § 4, B., Rn.19 ff.

420 *Dietlein*, in: Landmann/Rohmer, BImSchG, § 5 Rn.47.

421 *Jarass*, BImSchG, § 1 Rn.10.

422 ABl. L 334 vom 17. Dezember 2010, S.17.

423 Zu Einzelheiten des Verfahrens zur IE-Richtliniengebung s. *Koch/Braun*, NVwZ 2010, 1271 (1272). Zum ursprünglichen Richtlinienvorschlag s. *Europäisches Parlament* und *Rat der Europäischen Union*, KOM (2007) 844 endg., Ratsdok. 5088/08, in: BR-Drs. 31/08. Zum anschließenden Richtlinienvorschlag s. *Rat der Europäischen Union*, Interinstitutionelles Dossier: 2007/0286 (COD) – 10898/09, ADD 1, ENV 423, CODEC 838 –, im Internet abrufbar unter http://register.consilium.europa.eu/pdf/de/09/st10/st10898-ad01.de09.pdf (Stand: 22.6.2013).

424 RL 2000/76/EG vom 4. Dezember 2000, ABl. Nr. L 332 vom 28. Dezember 2000, S.91, geändert durch Verordnung 1137/2008 vom 22. Oktober 2008, ABl. Nr. L 311 vom 21. November 2008, S.1.

425 RL 2001/80/EG vom 23. Oktober 2001, ABl. Nr. L 309 vom 27. November 2001, S.1, zuletzt geändert durch RL 2009/31/EG vom 23. April 2009, ABl. Nr. L 140 vom 5. Juni 2009, S.114.

426 RL 1999/13/EG vom 11. März 1999, ABl. Nr. L 85 vom 29. März 1999, S.1, zuletzt geändert durch RL 2008/112/EG vom 16. Dezember 2008, ABl. Nr. L 345 vom 23. Dezember 2008, S.68.

sowie mit drei Richtlinien über die Titandioxidherstellung[427].[428] Wesentliches Ziel der IE-Richtlinie ist es, die bestehenden Rechtsvorschriften über Industrieanlagen zu überarbeiten, sie zu vereinfachen und in nur einem Regelwerk unter Anwendung einheitlicher Begrifflichkeiten zusammenzufassen.[429]

2. *Der Betreiberbegriff nach der IE-Richtlinie*

Die IE-Richtlinie enthält wie die IVU-Richtlinie als das Kernstück des Anlagengenehmigungsrechts der EU[430] – neben Regelungen zu den Grundpflichten des Betreibers, zur Genehmigung von Anlagen, zu Auflagen, zum Genehmigungsverfahren und zur Information und Beteiligung der Öffentlichkeit – eine Reihe von Begriffsbestimmungen, darunter auch eine Bestimmung des Betreiberbegriffs. Sie definiert in Art.3 Nr.14 den Betreiber als

> „jede natürliche oder juristische Person, die die Anlage, Feuerungsanlage, Abfallverbrennungsanlage oder Abfallmitverbrennungsanlage vollständig oder teilweise betreibt oder besitzt oder der – sofern in den nationalen Rechtsvorschriften vorgesehen – die ausschlaggebende wirtschaftliche Verfügungsmacht über deren technischen Betrieb übertragen worden ist".

Danach erfasst der Betreiberbegriff neben natürlichen Personen auch juristische Personen. Allerdings sind die nach deutschem Rechtsverständnis nicht vom Begriff der juristischen Person erfassten Personengesellschaften in der

---

427 RL 78/176/EWG vom 20. Februar 1978, ABl. Nr. L 54 vom 25. Februar 1978, S.19, zuletzt geändert durch RL 91/692/EWG vom 23. Dezember 1991, ABl. Nr. L 377 vom 31. Dezember 1991, S.48; RL 82/833/EWG vom 3. Dezember 1982, ABl. Nr. L 378 vom 31. Dezember 1982, S.1, zuletzt geändert durch Verordnung Nr.219/2009 vom 11. März 2009, ABl. Nr. L 87 vom 31. März 2009, S.109; RL 92/112/EWG vom 15. Dezember 1992, ABl. Nr. L 409 vom 31. Dezember 1992, S.11.

428 Die IE-Richtlinie stellt damit die bislang umfangreichste unionsrechtliche Rechtssetzung im Bereich des Immissionsschutzes dar, s. *Braunewell*, UPR 2011, 250.

429 *Europäisches Parlament* und *Rat der Europäischen Union*, KOM (2007) 844 endg., Ratsdok. 5088/08, S.9, in: BR-Drs. 31/08. Unter anderem sind striktere Vorschriften für Luftverschmutzung festgelegt worden. Die Novellierung der IVU-Richtlinie soll Wettbewerbsverzerrungen unter den Mitgliedstaaten durch ein einheitliches Zulassungsrecht für Industrieanlagen und eine einheitliche Anwendung von Emissionsstandards abbauen, s. *Koch/Braun*, NVwZ 2010, 1271 (1272). Zu den Kernpunkten der IE-RL für die Praxis s. *Braunewell*, UPR 2011, 250 (251); *Jarass*, NVwZ 2013, 169; *Traulsen*, DÖV 2011, 769; *Weidemann/Krappel*, DVBl 2012, 1457. Zu den Bestimmungen der IE-RL im Hinblick auf die immissionsschutzrechtliche Genehmigung s. *Peine*, UPR 2012, 8.

430 In Bezug auf die IVU-Richtlinie s. *Koch*, Umweltrecht, § 4, B., Rn.24.

unionsrechtlichen Begriffsbestimmung nicht aufgeführt. Dies liegt jedoch daran, dass nach dem europarechtlichen Sprachverständnis allein zwischen natürlichen und juristischen Personen unterschieden wird, so dass Personengesellschaften wie z.B. die OHG, KG oder GmbH & Co. KG dem Begriff der juristischen Person im europarechtlichen Kontext zuzuordnen sind.[431]

Die Definition der IE-Richtlinie enthält wie ihre Vorgängerin, die IVU-Richtlinie, keine eindeutige Begriffsbestimmung,[432] weil sie zum Teil auf das nicht definierte „Betreiben" der Anlage abstellt. Die ungefähre Bedeutung der Betreibereigenschaft, die Anlage zu „betreiben", gibt der Richtliniengeber lediglich durch das Gleichsetzen mit dem „Besitzen", d.h. dem Innehaben der tatsächlichen Verfügungsgewalt, sowie dem Innehaben der „ausschlaggebenden wirtschaftlichen Verfügungsmacht" in Bezug auf den technischen Betrieb der Anlage wieder. Der Betreiberbegriff ist dadurch, dass nach Art.3 Nr.14 der IE-Richtlinie (wie zuvor Art.2 Nr.12 IVU-Richtlinie) lediglich eine dieser drei Eigenschaften vorliegen muss, um Betreiber sein zu können, weit gefasst. Das hat zur Folge, dass mehrere Personen als Betreiber in Betracht kommen, wenn die tatsächliche und die wirtschaftliche Verfügungsgewalt in Bezug auf eine Anlage bei unterschiedlichen Personen liegen. Wer in diesem Fall Betreiber ist, klärt der Richtliniengeber nicht. Er hat in Art.3 Nr.14 keine Gewichtung der Eigenschaften vorgenommen, die ein Abstufungsverhältnis der Eigenschaften erkennen ließen.

3. *Die Abkehr vom Grundsatz der Betreiberidentität nach der IE-Richtlinie*

Der europäische Richtliniengeber ist bei der Neufassung der IVU-Richtlinie von den Bestimmungen zum Grundsatz der Betreiberidentität abgewichen: In der IVU-Richtlinie hatte er noch den Grundsatz der Betreiberidentität aufgenommen und war insoweit dem deutschen Immissionsschutzrecht gefolgt.[433] So sah er in Art.2 Nr.9 S.2 der IVU-Richtlinie die Regelung vor, dass eine Genehmigung nur

> „für eine oder mehrere Anlagen oder Anlagenteile gelten [kann], die denselben Standort haben und von demselben Betreiber betrieben werden".

Demgegenüber ist nach der IE-Richtlinie eine rechtliche Aufspaltung des Betreibers auf mehrere Betreiber möglich. Dies belegt bereits der in der Begriffsbestimmung

---

431 Vgl. *Frenz/Müggenborg*, EEG, § 3 Rn.11.

432 Die IVU-Richtline definiert den Betreiber in Art.2 Nr.12 als „natürliche oder juristische Person, die die Anlage betreibt oder besitzt oder der – sofern in den nationalen Rechtsvorschriften vorgesehen – die ausschlaggebende wirtschaftliche Verfügungsmacht über den technischen Betrieb der Anlage übertragen worden ist."

433 *Müggenborg*, Industrieparks, S.74 Rn.149.

der IE-Richtlinie enthaltene Zusatz „vollständig oder teilweise […] betreibt". Der Richtliniengeber hat damit die Begriffsbestimmung aus Art.2 Nr.12 der IVU-Richtlinie fast vollständig übernommen, aber ist gerade in Bezug auf das Erfordernis der Betreiberidentität bewusst von der IVU-Richtlinie abgewichen. Im Einklang mit dieser neuen Definition sieht Art.4 Abs.3 S.1 der IE-Richtlinie für die Anlagengenehmigungspflicht vor, dass die Mitgliedstaaten regeln können,

> „dass eine Genehmigung für mehrere Teile einer Anlage gilt, die von verschiedenen Betreibern betrieben wird."

Danach ist es möglich, Anlagen unterschiedlicher und sogar auch konkurrierender Betreiber an einem Standort zusammen zu betrachten. Trotz Unterschreitung der Mengenschwellen einzelner Anlagen unterschiedlicher Betreiber kann eine Genehmigungspflicht durch eine betreiberübergreifende gemeinsame Betrachtung aller Anlagen bestehen und die eine erteilte Genehmigung für mehrere Betreiber gelten.

4. *Das Verhältnis nationalen Rechts zum Unionsrecht*

Die IE-Richtlinie musste von den Mitgliedstaaten gemäß Art.80 Abs.1 IE-Richtlinie bis zum 7. Januar 2013 in nationales Recht umgesetzt werden.[434] Dies ist in Deutschland nicht fristgerecht geschehen. Die *Bundesregierung* hat am 23. Mai 2012 ein Gesetz zur Umsetzung der Richtlinie über Industrieemissionen[435] sowie eine Verordnung zur Umsetzung der Richtlinie über Industrieemissionen, zur Änderung der Verordung über Immissionschutz- und Störfallbeauftragte und zum Erlass einer Bekanntgaberverordnung[436] beschlossen. Danach sollen insbesondere Änderungen im BImSchG und in den dem BImSchG zu Grunde liegenden Rechtsverordnungen sowie im WHG vorgenommen werden.[437]

434 *Weidemann/Krappel*, DVBl 2012, 1457.

435 BR-Drs. 314/12 (Gesetzentwurf); BT-Drs. 17/10486 (Gesetzentwurf); BT-Drs. 17/11394 (Beschlussempfehlung und Bericht).

436 BR-Drs. 319/12. Die *Bundesregierung* hat am 5. September 2012 den Entwurf einer Verordnung zur Umsetzung der Richtlinie über Industrieemissionen, zur Änderung der Verordnung zur Begrenzung der Emissionen flüchtiger organischer Verbindungen beim Umfüllen oderLagern von Ottokraftstoffen, Kraftstoffgemischen oder Rohbenzin sowie zur Änderung der Verordnung zur Begrenzung der Kohlenwasserstoffemissionen bei der Betankung von Kraftfahrzeugen beschlossen. Der Entwurf ist im Internet abrufbar unter http://www.bmu.de/ fileadmin/bmu-import/files/pdfs/allgemein/application/pdf/verordnung_industrieemissionen_2012_bf.pdf (Stand: 18.6.2013).

437 Siehe auch *Braunewell*, UPR 2011, 250.

Das BImSchG[438] und die 4. BImSchV[439] sind im Mai 2013 verabschiedet worden. Eine Bestimmung des Betreiberbegriffs im BImSchG ist nach wie vor nicht vorgesehen. Zudem hält der deutsche Gesetzgeber weiterhin am Grundsatz der Betreiberidentität (vgl. § 1 Abs.1 S.4 der 4. BImSchV) fest.[440]

Vor dem Hintergrund, dass der europäische Richtliniengeber eine Begriffsbestimmung vorsieht und nicht mehr am Erfordernis der Betreiberidentität festhält, stellt sich bei der Auslegung des Betreiberbegriffs im deutschen Immissionsschutzrecht die Frage, inwieweit die Betreiber-Vorschriften des Unionsrechts zu berücksichtigen sind. Schließlich handelt es sich bei Richtlinien nicht um Bestimmungen, die automatisch unmittelbare Geltung und Wirkung in jedem Mitgliedstaat besitzen, wie z.B. die unionsrechtliche Verordnung gem. Art.288 Abs.2 AEUV, die keiner Umsetzung in mitgliedstaatliches Recht bedarf.[441] Richtlinien (Art.288 Abs.3 AEUV) wie die IE-Richtlinie sind vielmehr ein Instrument indirekter Rechtsetzung.[442] Sie sind an die Mitgliedstaaten adressierte Rechtsakte, die regelmäßig erst mit ihrer Umsetzung in mitgliedstaatliches Recht unmittelbare Wirkung entfalten.[443] Verabschiedet der Unionsgesetzgeber eine Richtlinie, gewährt er den Mitgliedstaaten also regelmäßig einen gewissen Spielraum, in dem er ihnen die Umsetzung überlässt.

a) Vorrang der richtlinienkonformen Auslegung

Die Mitgliedstaaten sind nicht vollkommen frei bei der Umsetzung von Unionsrechtlichen Richtlinien, sondern haben nach ständiger Rechtsprechung des *EuGH* den Grundsatz der richtlinienkonformen Auslegung zu beachten.[444]

---

438 BImSchG in der Fassung der Bekanntmachung vom 17. Mai 2013, BGBl I S.1274.

439 Verordnung über genehmigungsbedürftige Anlagen vom 2. Mai 2013, BGBl I S.973.

440 Vgl. BR-Drs. 314/12; BT-Drs. 17/10486; BR-Drs. 319/12.

441 Vgl. *Kotzur*, in: Geiger u.a., EUV/AEUV, Art.288 AEUV, Rn.6–8; *Nettesheim*, in: Grabitz/Hilf, AEUV, Art.288 Rn.104 ff.

442 Zur Rechtsnatur der RL s. *Nettesheim*, in: Grabitz/Hilf, AEUV, § 288 Rn.104 ff.

443 *Kotzur*, in: Geiger u.a., EUV/AEUV, Art.288 AEUV, Rn.10 f.; *Jarass*, BImSchG, Einl. Rn.27; ausf. zur Umsetzung von Richtlinien *Ruffert*, in: Callies/Ruffert, Art.288 AEUV Rn.23 ff.; zur unmittelbaren Wirkung von Richtlinien bei nicht rechtzeitiger und vollständiger Umsetzung in nationales Recht unter engen Voraussetzungen s. *EuGH*, Urt. v. 19.1.1982 – Rs. 8/81 („Becker") –, Slg. 1982, 53, Rn.21 ff.; *Kotzur*, in: Geiger u.a., EUV/AEUV, Art.288 AEUV, Rn.17 ff.

444 Die Rechtsfigur der richtlinienkonformen Auslegung gehört zur Rspr. des EuGH spätestens seit 1984, d.h. seit *EuGH*, Urt. v. 10.4.1984 – Rs. C-14/83 („von Colson, Kamann") –, Slg. 1984, 1891. Siehe auch *EuGH*, Urt. v. 8.10.1987 – Rs. C-80/86 („Kolpinghuis Nijmegen") –, Slg. 1987, 3969; *ders.*, Urt. v. 13.11.1990 – Rs.

Danach sind bei der Anwendung und Auslegung des nationalen Rechts stets die Regelungsziele und Inhalte der jeweils einschlägigen Richtlinie zu berücksichtigen.[445] Denn die Richtlinie hat den Zweck, die Harmonisierung mitgliedstaatlichen Rechts herbeizuführen, indem sich der Mitgliedstaat gem. Art.288 Abs.3 AEUV verpflichtet, das in der Richtlinie vorgegebene Ziel zu erreichen und entsprechend dem Inhalt der Richtlinie tätig zu werden.[446] Hieraus und aus Art.4 Abs.3 EUV[447] folgt, dass die Bestimmungen des harmonisierten mitgliedstaatlichen Rechts soweit wie möglich am Wortlaut und Zweck der Richtlinie auszulegen sind. Dies gilt insbesondere auch für die Auslegung der Vorschriften eines speziell zur Durchführung einer Richtlinie erlassenen Gesetzes.[448] Lässt also das harmonisierte nationale Recht Beurteilungsspielräume zu oder ist es einer Auslegung zugänglich, sind die mit der Richtlinie verfolgten Ziele zu berücksichtigen. Ermessensspielräume sind ebenfalls unionsrechtsgemäß zu nutzen.[449] Dabei kommt es nicht darauf an, ob die in Rede stehenden nationalen Rechtsvorschriften bereits vor oder erst nach Erlass der Richtlinie in Kraft getreten sind.[450] Stimmen Rechtsbegriffe des harmonisierten Rechts mit Rechtsbegriffen der Richtlinie überein, sind sie entsprechend der in der Richtlinie verwendeten Begriffe auszulegen.[451]

C 106/89 („Marleasing"), Slg. 1990, I-4135; *ders.*, Urt. v. 15.9.2011 – Rs. C-53/10 („Franz Müksch") –, Slg. 2011, 00000; *Nettesheim*, in: Grabitz/Hilf, AEUV, § 288 Rn.133; *Ruffert*, in: Callies/Ruffert, AEUV, Art.288 Rn.77 f., m.w.N.; *Streinz*, Europarecht, Rn.499 ff.; umfassend *Brechmann*, Die richtlinienkonforme Auslegung, S.1 ff.; *Himmelmann*, EG-Umweltrecht und nationale Gestaltungsspielräume, S.136; *Müggenborg/Duikers*, NVwZ 2007, 623 (624).

445 Siehe nur *EuGH*, Urt. v. 15.9.2011 – Rs. C-53/10 („Franz Müksch") –, Slg. 2011, 00000, Rn.29, 33 ff.

446 *Kotzur*, in: Geiger u.a., EUV/AEUV, Art. 288 AEUV, Rn.10.

447 So sind nach EuGH Art.288 Abs.3 AEUV und Art.4 Abs.3 EUV dogmatische Grundlagen für die richtlinienkonforme Auslegung. Zu den unterschiedlichen Ansätzen und Auffassungen des Schrifttums s. *Ruffert*, in: Callies/Ruffert, Art.288 AEUV Rn.78; *Brechmann*, Die richtlinienkonforme Auslegung, S.127 ff.

448 Vgl. nur *EuGH*, Urt. v. 10.4.1984 – Rs. C-14/83 („von Colson, Kamann"), Slg. 1984, 1891, Rn.15 ff.; *ders.*, Urt. v. 12.10.1993 – Rs. C-37/92 („Vanacker"), Slg. 1993 I, 4947, Rn.7; *BGH*, Urt. v. 5.2.1998 – I ZR 211-95 –, NJW 1998, 2208; *Kotzur*, in: Geiger u.a., EUV/AEUV, Art. 288 AEUV, Rn.11, 14.

449 *Ohms*, Praxishandbuch Immissionsschutzrecht, Voraufl., Rn.126 m.w.N.

450 *EuGH*, Urt. v. 3.10.2000 – Rs. C-371/97 („Gozza")–, Slg. 2000 I, 7899, Rn.38 ff.; *Kotzur*, in: Geiger u.a., EUV/AEUV, Art. 288 AEUV, Rn.14; *Ruffert*, in: Callies/Ruffert, EUV/AEUV, Art.288 AEUV, Rn.77.

451 *Kotzur*, in: Geiger u.a., EUV/AEUV, Art. 288 AEUV, Rn.15.

Der Grundsatz der richtlinienkonformen Auslegung des nationalen Rechts kann dabei gleich einem die Richtlinie konkretisierenden Umsetzungsakt[452] verstanden werden. Auch er bringt Unionsrecht innerstaatlich zum Tragen.[453] Es handelt sich bei ihm um eine allgemein anerkannte Ausprägung des Grundsatzes unionsrechtskonformer Auslegung, der auf dem Prinzip der loyalen Zusammenarbeit aus Art.4 Abs.3 EUV[454] (Art.10 EGV a.F.) basiert.[455] Die Mitgliedstaaten, d.h. alle Träger öffentlicher Gewalt in den Mitgliedstaaten, sind verpflichtet, alle zur Erfüllung dieser Umsetzungsverpflichtung geeigneten Maßnahmen allgemeiner oder besonderer Art zu treffen. Eine dem Gemeinschaftsrecht widersprechende Auslegung nationalen Rechts stellt einen Verstoß gegen die jeweilige Verfassungsvorschrift dar.[456] In Deutschland ist die richtlinienkonforme Auslegung vom *Bundesverfassungsgericht* anerkannt worden[457] und wird auch von den übrigen Gerichten, insbesondere von dem *Bundesgerichtshof*[458] und dem *Bundesverwaltungsgericht*[459], angewendet.[460]

b) Grenzen der richtlinienkonformen Auslegung

Der Grundsatz der richtlinienkonformen Auslegung gilt nicht uneingeschränkt. Die Mitgliedstaaten müssen zwar während der Umsetzungsfrist den Erlass von Vorschriften unterlassen, die geeignet sind, das in der Richtlinie

---

452 *Remien*, in: Schulze/Zuleeg/Kadelbach, Europarecht, § 14, E., Rn.31.

453 *Jarass*, EuR 1991, 211 (211 f.).

454 Vertrag über die Europäische Union vom 7. Februar 1992, ABl Nr. C 191 vom 29. Juli 1992 (BGBl II S.1252), zuletzt geändert durch Art.1 Vertrag von Lissabon vom 13. Dezember 2007, ABl. Nr. C 306 vom 17. Dezember 2007 (BGBl II S.1038).

455 Zur rechtlichen Grundlage des Gebots s. *Nettesheim*, AöR 1994, 261 (267 ff.).

456 *Ruffert*, in: Callies/Ruffert, Art.249 EGV Rn.114.

457 *BVerfG*, Beschl. v. 8.4.1987 – 2 BvR 687/85 –, BVerfGE 75, 223 (237); *dass.*, Beschl. v. 19.7.2011 – 1 BvR 1916/09, BVerfGE 129, 78 = NJW 2011, 3428; Nichtannahmebeschl. v. 26.9.2011 – 2 BvR 2216/06, 2 BvR 469/07 –, NJW 2012, 669; *Ruffert*, in: Callies/Ruffert, Art.249 EGV Rn.115.

458 Siehe nur *BGH*, Beschl. v. 5.12.1974 – II ZB 11/73 –, BGHZ 63, 261 (263 ff.); *ders.*, Beschl. v. 28.2.1983 – II ZB 8/82 –, BGHZ 87, 59 (61 f.); *ders.*, Urt. v. 5.2.1998 – I ZR 211–95 –, NJW 1998, 2208; *ders.*, Urt. v. 24.4.2012 – XI ZR 96/11 –, NJW 2012, 2422; *ders.*, Urt. v. 22.5.2012 – XI ZR 290/11 –, NJW 2012, 2571; *ders.*, Urt. v. 26.6.2012 – XI ZR 316/11 –, NJW 2012, 2873.

459 Siehe nur *BVerwG*, Beschl. v. 25.2.1964 – I C 20/73 –, BVerwGE 49, 60; *dass.*, Urt. v. 7.8.1997 – 3 C 23/96 –, NVwZ-RR 1998, 645; *dass.*, Urt. v. 17.8.2011 – 6 C 9/10 –, BVerwGE 140, 221 = NVwZ 2012, 168; *dass.*, Urt. v. 1.2.2012 – 8 C 24/11 –, NJW 2012, 1018; *dass.*, Urt. v. 2.8.2012 – 7 C 7/12 –.

460 *Ruffert*, in: Callies/Ruffert, EUV/EGV, Art.249 EGV Rn.116 m.w.N.

vorgegebene Ziel ernstlich in Frage zu stellen (Frustrationsverbot). Insoweit entfalten Richtlinien schon ab dem Zeitpunkt ihres Inkrafttretens eine Vorwirkung. Dies haben auch die nationalen Gerichte ab dem Zeitpunkt des Inkrafttretens einer Richtlinie bei ihrer Auslegung zu berücksichtigen.[461] Aufgrund der Anknüpfung an Art.288 Abs.3 AEUV und aus Gründen der Rechtsklarheit besteht aber eine Verpflichtung der Judikative und Exekutive zur richtlinienkonformen Auslegung erst mit Ablauf der Umsetzungsfrist für die Gesetzgebung.[462]

Ferner besteht keine unionsrechtliche Verpflichtung, mitgliedstaatliches Recht, das von der Richtlinie nicht erfasst wird, richtlinienkonform auszulegen (sog. überschießende Umsetzung).[463] Ist eine ordnungsgemäße Umsetzung der Richtlinien in nationale Normen erfolgt, finden nur diese Anwendung, nicht mehr die zu Grunde liegende Richtlinie.[464] Die Umsetzungsvorschriften sind aber, sofern Beurteilungsspielräume oder Ermessensspielräume bestehen oder der Text eine Auslegung zulässt, so anzuwenden, dass die Ziele der Richtlinie Beachtung finden.[465]

Da die uneingeschränkte Pflicht zur Außerachtlassung richtlinienwidriger nationaler Rechtsvorschriften besteht, ist nationales Recht auch richtlinienkonform zu reduzieren.[466] Richtlinienkonforme Auslegung darf aber nicht etwa dazu führen, dass eine vorher im nationalen Recht nicht bestehende Pflicht begründet wird. Eine richtlinienkonforme Auslegung kommt nur in Betracht, wenn das nationale Recht dem Gesetzesanwender einen Spielraum einräumt.[467] Weitere Grenzen findet die richtlinienkonforme Auslegung in den allgemeinen

---

461 *Ruffert*, in: Callies/Ruffert, Art.249 EGV Rn.119 m.w.N. unter Anführung der Möglichkeit, dass nationale Gerichte Generalklauseln richtlinenkonform bereits vor Ablauf der Umsetzungsfrist ausfüllen können; *Streinz*, Europarecht, Rn.505.

462 *Jarass*, EuR 1991, 211 (220) m.w.N.; *Nettesheim*, in: Grabitz/Hilf, AEUV, Art.288 Rn.114 ff.; *Ruffert*, in: Callies/Ruffert, Art.249 EGV Rn.119 m.w.N.

463 *Ruffert*, in: Callies/Ruffert, Art.249 EGV Rn.118 m.w.N.

464 *Dietlein*, in: Landmann/Rohmer, BImSchG, § 5 Rn.49; *Ruffert*, in: Callies/Ruffert, Art.249 EGV Rn.121.

465 *EuGH*, Urt. v. 10.4.1984 – Rs. C-14/83 („von Colson, Kamann“) –, Slg. 1984, 1891, Rn.15 ff.; *ders.*, Urt. v. 16.12.1993 – Rs. C-334/92 („Wagner Miret“) –, Slg. 1993 I, 6911, Rn.20 ff.; *BVerwG*, Urt. v. 6.12.1996 – 7 C 64/95 –, NJW 1997, 753 (754); *Dietlein*, in: Landmann/Rohmer, BImSchG, § 5 Rn.49.

466 *Streinz*, Europarecht, Rn.499 ff.

467 *EuGH*, Urt. v. 10.4.1984 – Rs. C-14/83 („von Colson, Kamann“) –, Slg. 1984, 1891, Rn.15 ff.; *Jarass*, EuR 1991, 211 (217).

Rechtsgrundsätzen des Gemeinschaftsrechts, insbesondere in den Grundsätzen der Rechtssicherheit und des Rückwirkungsverbotes.[468]

c) Behandlung des Betreiberbegriffs und des Grundsatzes der Betreiberidentität im deutschen Recht vor dem Hintergrund der IE-Richtlinie

Nach dem aufgezeigten Verhältnis zwischen nationalem und europäischem Recht gelten die Begriffsbestimmungen des europäischen Richtliniengebers nicht unmittelbar im deutschen Immissionsschutzrecht. Vielmehr finden sie über die Umsetzung des deutschen Gesetzgebers Anwendung. So hat er zahlreiche Vorschriften des BImSchG (z.B. § 1 Abs.2, § 3 Abs.6, § 5, § 7, § 10 Abs.5 S.2, § 12 Abs.1, § 13, § 15 Abs.1 BImSchG)[469] an unionsrechtliche Richtlinienvorgaben angepasst. Dabei beziehen sich die Anpassungen an das Unionsrecht auf die IVU-Richtlinie und die kürzlich umgesetzte IE-Richtlinie (vgl. deren Anhänge I und II mit Anhang 1 und 2 der 4. BImSchV[470]).

Der deutsche Gesetzgeber hat mit dem Begriff „Betreiber" denselben Terminus in den harmonisierten Vorschriften verwendet wie der Richtliniengeber. Bezeichnenderweise hat er jedoch nicht die Betreiber-Definition der Richtlinie ausdrücklich in die harmonisierten Regelungen aufgenommen. Damit ist die Begriffsbestimmung der IVU-Richtlinie bzw. IE-Richtlinie nicht wortwörtlich ins deutsche Immissionsschutzrecht übernommen worden.

Der deutsche Betreiberbegriff ist nach dem Grundsatz der richtlinienkonformen Auslegung entsprechend der mit der Richtlinie verfolgten Zielsetzung auszulegen. Die Betreiber-Definition der IE-Richtlinie ist, wie aufgezeigt, weit gefasst. Es ist daher an dem Rechtsanwender zu entscheiden, welchen Eigenschaften welches Gewicht zukommt und welche den Betreiber letztendlich kennzeichnen.[471] Die alleinige Anwendung der unionsrechtlichen Definition ermöglicht demnach, selbst wenn sie 1:1 gelten würde, keine konkrete Begriffsbestimmung im nationalen Recht. Dem Rechtsanwender steht vielmehr ein Gestaltungsspielraum zur konkreten Ausfüllung des Betreiberbegriffs zur Verfügung.

---

468 *EuGH*, Urt. v. 8.10.1987 – Rs. C-80/86 („Kolpinghuis Nijmegen") –, Slg. 1987, 3969, Rn.13; *Ruffert*, in: Callies/Ruffert, EUV/EGV, Art.249 EGV Rn.115.

469 Siehe zum Stand nach Umsetzung der IVU-Richtlinie *Jarass*, BImSchG, Einl. Rn.2 (34).

470 Vgl. Verordnung über genehmigungsbedürftige Anlagen vom 2. Mai 2013, BGBl I S.973.

471 Zu den Hinweisen der Rechtsprechung s. unten Teil 4.

Fraglich ist, ob dem deutschen Gesetzgeber auch Gestaltungsspielraum im Hinblick auf den Grundsatz der Betreiberidentität zusteht. Die Beibehaltung des Grundsatzes der Betreiberidentität durch den deutschen Gesetzgeber im Rahmen der Umsetzung der IE-Richtlinie (insb. in § 1 Abs.1 S.4 der 4. BImSchV) könnte mit dem Unionsrecht unvereinbar sein. Hierfür sprechen die Gesetzesmaterialien zur IE-Richtlinie insoweit, als bereits der am 21. Dezember 2007 von der *Europäischen Kommission* vorlegte Vorschlag für die IE-Richtlinie in Art.5 davon ausging, dass grundsätzlich mehrere Personen Betreiber sein können[472]:

> „Zwei oder mehrere natürliche oder juristische Personen können eine Anlage, Feuerungsanlage, Abfallverbrennungsanlage oder Abfallmitverbrennungsanlage gemeinsam oder verschiedene Teile von diesen betreiben.“[473]

Der deutsche Betreiberbegriff ist demgegenüber wesentlich enger gefasst, da die Möglichkeit, dass mehrere Personen eine Anlage betreiben, (weiterhin) nicht vorgesehen ist. Dementsprechend ist der Vorschlag der *Kommission* frühzeitig auf deutliche Kritik des deutschen Gesetzgebers gestoßen. Bereits im April 2008 hatte der *Bundesrat* den Betreiberbegriff im Sinne des Entwurfs der *Europäischen Kommission*[474] abgelehnt[475] unter Hinweis auf die bislang vorherrschende und bewährte Regelungssystematik und die unbestimmte Erweiterung des neuen Richtlinienentwurfs.[476] Er bat in diesem Zusammenhang die *Bundesregierung*, darauf hinzuwirken, dass der Betreiberbegriff in der IE-Richtlinie genauso wie in der IVU-Richtlinie definiert wird.[477] Dabei führte der *Bundesrat* die damals noch geltenden Vorschriften der IVU-Richtlinie sowie die Vorschriften des BImSchG an. Nach Auffassung des *Bundesrats* setzt eine Anlage im Rechtssinne die Verantwortung eines einheitlichen Betreibers voraus.[478] Die Kapazitäten benachbarter Anlagen in Chemieparks oder Industriegebieten, die in die Verantwortung unterschiedlicher Betreiber fallen, können danach nicht zusammengerechnet werden. Nach Ansicht des *Bundesrats* wird nach dem Richtlinienentwurf auch

472 *Europäische Kommission*, KOM(2007) 844 endg., Ratsdok. 5088/08, S.18, in: BR-Drs. 31/08. Im Internet abrufbar unter http://eur-lex.europa.eu/LexUriServ/LexUriServ.do?uri=COM:2007:0844:FIN:DE:PDF (Stand: 22.6.2013).

473 *Europäische Kommission*, KOM(2007) 844 endg., Ratsdok. 5088/08, in: BR-Drs. 31/08.

474 *Europäische Kommission*, KOM (2007) 844 endg., Ratsdok. 5088/08, in: BR-Drs. 31/08.

475 BRat-Drs. 31/1/08, S.2, 4; BRat-Drs. 31/8, S.4.

476 BRat-Drs. 31/1/08, S.5.

477 BRat-Drs. 31/1/08, S.5.

478 BRat-Drs. 31/1/08, S.4 f.

verwischt, wer verantwortlich für die Errichtung und den Betrieb der Anlage und pflichtig gegenüber der zuständigen Behörde ist.[479]

Das *Europäische Parlament* schloss sich dieser Kritik des deutschen Gesetzgebers zunächst an. Es forderte in seiner ersten Lesung vom 10. März 2009 Art.5 des bisherigen Richtlinienvorschlags dahingehend zu ändern, dass ein Mitgliedstaat nur im Ausnahmefall Betreibermehrheit vorsehen kann:

> „Die Mitgliedstaaten können vorschreiben, dass zwei oder mehrere natürliche oder juristische Personen Anspruch darauf haben, eine Anlage, Feuerungsanlage, Abfallverbrennungsanlage oder Abfallmitverbrennungsanlage gemeinsam oder verschiedene Teile von diesen zu betreiben. Eine einzelne natürliche oder juristische Person muss als für die Einhaltung dieser Richtlinie verantwortliche Person benannt werden."[480]

Schließlich stimmte das *Europäische Parlament* in seiner zweiten Lesung am 7. Juli 2010 folgendem Kompromiss zu: Die Mitgliedstaaten „können" nach der Richtlinie Betreiberidentität (Art.4 Abs.2) oder Betreibermehrheit (Art.4 Abs.3) vorsehen.[481] Die IE-Richtlinie enthält mit dieser Möglichkeit für die Mitgliedstaaten, vom Grundsatz der Betreiberidentität abweichen zu können, einen „gespaltenen" Betreiberbegriff. Die Betreiberbegriffsbestimmung in Art.1 Nr.15 IE-Richtlinie, wonach eine Anlage auch nur „teilweise", d.h. von mehreren Betreibern, betrieben werden kann, belegt aber, dass der Richtliniengeber Betreibermehrheit gegenüber offen ist. Umgekehrt könnte dies dafür sprechen, dass eine grundsätzliche Ablehnung von Betreibermehrheit nicht mit dem Unionsrecht zu vereinbaren ist.

Hiergegen dürfte jedoch die sog. Schutzverstärkungsklausel des Art.193 AEUV sprechen. Danach darf ein Mitgliedstaat verstärkte Schutzmaßnahmen beibehalten oder ergreifen, d.h. vom Unionsrecht abweichen, wenn es sich um

479 BRat-Drs. 31/1/08, S.4 f.

480 Standpunkt des *Europäischen Parlaments*, festgelegt in erster Lesung am 10. März 2009 im Hinblick auf den Erlass der Richtlinie des *Europäischen Parlaments* und des *Rates* über Industrieemissionen – EP-PE_TC1-COD(2007)0286, S.18 – im Internet abrufbar unter http://www.europarl.europa.eu/sides/getDoc.do?pubRef=-//EP//NONSGML+TC+P6-TC1-COD-2007-0286+0+DOC+PDF+V0//DE (Stand: 22.6.2013).

481 Standpunkt des *Europäischen Parlaments*, festgelegt in zweiter Lesung am 7. Juli 2010 im Hinblick auf den Erlass der Richtlinie des *Europäischen Parlaments* und des *Rates* über Industrieemissionen – P7_TC2-COD(2007)0286, S.34 – im Internet abrufbar unter http://www.europarl.europa.eu/sides/getDoc.do?pubRef=-//EP//NONSGML+TC+P7-TC2-COD-2007-0286+0+DOC+PDF+V0//DE (Stand: 22.6.2013).

Schutzmaßnahmen auf dem Gebiet der Umweltpolitik (im Rahmen des Art.192 AEUV) handelt.[482] Allerdings ist fraglich, ob das deutsche Immissionsschutzrecht tatsächlich ein „mehr" an Umweltschutz gegenüber dem Unionsrecht vorsieht. Denn die IE-Richtlinie sieht im Fall mehrerer Betreiber einer Anlage die Einschränkungen der Art.4 Abs.3 S.2 der IE-Richtlinie und Art.5 Abs.2 der IE-Richtlinie vor. Danach muss bei Betreibermehrheit „in der Genehmigung die Verantwortlichkeiten jedes Betreibers genau angegeben" sein (Art.4 Abs.3 S.2 der IE-Richtlinie), damit für die Behörde erkennbar ist, wer letztlich wofür verantwortlich ist.[483] Zudem sollen die Genehmigungsverfahren und Genehmigungsauflagen bei mehreren mitwirkenden Betreibern entsprechend koordiniert werden (Art.5 Abs.2 der IE-Richtlinie[484]).

Trotz dieser Einschränkungen dürfte die Geltung des Grundsatzes der Betreiberidentität eher Gewähr dafür bieten, dass übersichtlich und klar geregelt ist, wer (Letzt-)Verantwortlicher i.S.d. Gefahrenabwehr für die emittierenden Anlagen ist. Denn es wird in der Praxis schwierig sein, Veranwortlichkeiten und Verantwortungsbereiche mehrerer Betreiber einer Anlage konkret abzugrenzen. Das nach Art.5 Abs.2 der IE-Richtlinie erforderliche integrierte Konzept deckt die Risiken, die mit dem Anlagenbetrieb mehrerer Betreiber einhergehen, insoweit nicht ab. Zudem wird ein Betreiber aufgrund der ungeteilten Verantwortung und dem hiermit verbundenen Haftungsrisiko auch eher seinen immissionsrechtlichen Pflichten nachkommen als mehrere für eine Anlage zuständige Betreiber. Folglich ist davon auszugehen, dass mit Betreiberidentität ein gegenüber Betreibermehrheit stärkerer Schutz für die Umwelt einhergeht, weswegen der Grundsatz der Betreiberidentität die Merkmale einer verstärkten Schutzmaßnahme im Bereich der Umweltpolitik gem. Art.193, 192 AEUV erfüllt. Selbst wenn man also die Unionsregelung der Betreibermehrheit und Abweichung vom Grundsatz der Betreiberidentität als abschließende Regelung[485] verstünde,

---

482 *Nettesheim*, in: Grabitz/Hilf, AEUV, Art.193 Rn.1 f.

483 Siehe auch Erwägungsgrund 6 der RL 2010/75/EU vom 24. November 2010, ABl. Nr. L 334 vom 17. Dezember 2010, S.17.

484 „Die Mitgliedstaaten treffen die erforderlichen Maßnahmen für eine vollständige Koordinierung der Genehmigungsverfahren und der Genehmigungsauflagen, wenn bei diesen Verfahren mehrere zuständige Behörden oder mehr als ein Betreiber mitwirken oder wenn mehr als eine Genehmigung erteilt wird, um ein wirksames integriertes Konzept aller für diese Verfahren zuständigen Behörden sicherzustellen."

485 Handelt es sich um eine nicht abschließende Unionsregelung, hat der Mitgliedstaat ohnehin Regelungsspielraum, so dass Art.193 AEUV nur deklaratorisch wirkt, s. *Nettesheim*, in: Grabitz/Hilf, AEUV, Art.193 Rn.2.

die dem Mitgliedstaat nicht erlauben würde, sich der Betreibermehrheit zu verschließen, wäre hier die Abweichungsmöglichkeit des Art.193 AEUV gegeben.[486]

Abgesehen davon gibt der Europäische Richtliniengeber insgesamt keine einheitliche Linie im Hinblick auf Betreiberidentität bzw. Betreibermehrheit vor, sondern räumt dem Rechtsanwender je nach dem Kontext Wertungsspielraum ein. So stellt die kürzlich neugefasste Seveso III-Richtlinie[487] im Gegensatz zur IE-Richtlinie weiterhin auf den einen Betreiber ab, unter dessen Aufsicht der Anlagenbetrieb steht (vgl. Art.3 Nr.1).[488] Unter anderem sind an diesen (einen) Betreiber die allgemeinen Betreiberpflichten zu adressieren (vgl. Art.5 Seveso III-Richtlinie). Der Betreiber ist zudem vom Mitgliedstaat zu verpflichten, ein Sicherheitskonzept zu erstellen (vgl. Art.8 Seveso III-Richtlinie).[489] Mit dem Grundsatz der Betreiberidentität dürfte jedenfalls gerade im Zusammenhang mit der Störfallvorsorge und den allgemeinen Betreiberpflichten das Ziel, Störfälle zu verhindern, besser als mit Betreibermehrheit zu erreichen sein. Mit der Aufsicht eines „Letzt"-Verantwortlichen geht eher ein einheitliches und wirkungsvolles Sicherheitsmanagementsystem einher als bei Betreibermehrheit. Insgesamt führt die Geltung des Grundsatzes der Betreiberidentität im Kontext des Anlagenzulassungsrechts daher nicht zu einem dem Ziel der einschlägigen Richtlinien zuwiderlaufenden Ergebnis. Der Grundsatz der Betreiberidentität ist folglich mit dem Unionsrecht vereinbar. Demnach begründet auch die 4. BImSchV vom 2. Mai 2013, die weiterhin am Grundsatz der Betreiberidentität festhält, keine Unionsrechtsverletzung.

§ 5. Der Betreiber nach der Störfallverordnung

Den Betreiber können über die allgemeinen Grundpflichten hinaus besondere Pflichten in Form von Konkretisierungen der Grundpflichten treffen. So hat der Betreiber z.B. die Vorgaben der Technischen Anleitung zum Schutz gegen Lärm (TA Lärm)[490] und der Technischen Anleitung zur Reinhaltung der Luft (TA

---

486 Allerdings müsste eine verstärkte Schutzmaßnahme nach Art.193 S.3 AEUV gegenüber der Europäischen Kommission notifiziert werden, was in diesem Fall nicht geschehen ist.

487 RL 2012/18/EU des *Europäischen Parlaments* und des *Rates* vom 4. Juli 2012 zur Beherrschung der Gefahren schwerer Unfälle mit gefährlichen Stoffen, zur Änderung und anschließenden Aufhebung der Richtlinie 96/82/EG des *Rates*, ABl. EG Nr. L 197 vom 24. Juli 2012, S.1.

488 Vgl. zu § 1 StörfallVO *Hansmann*, in: Landmann/Rohmer, 12. BImSchV, § 1 Rn.15.

489 Ausf. zum Betreiber im Rahmen der StörfallVO s. unten Teil 2 § 5.

490 TA Lärm vom 26. August 1998, GMBl Nr.26 S.503.

Luft)[491], die jeweils die Schutzpflicht nach § 5 Abs.1 Nr.1 BImSchG auf Grundlage des § 48 BImSchG konkretisieren,[492] zu beachten.[493] Eine weitere Konkretisierung der Schutzpflicht enthält die StörfallVO[494] (12. BImSchV).[495] Sie ist ebenfalls dem Gefahrenabwehrrecht zuzuordnen,[496] denn sie bezweckt den Schutz von Mensch und Umwelt vor schädlichen Umwelteinwirkungen und sonstigen Gefahren, die – abseits des Normalbetriebs von technischen Anlagen – durch Störfälle gem. § 2 Nr.3 StörfallVO[497] verursacht werden[498]. Daher legt sie dem Betreiber von Störfall-Anlagen nach § 1 Abs.2, §§ 3 ff. StörfallVO allgemeine Betreiberpflichten auf und darüber hinaus ggf. nach §§ 9 ff. StörfallVO auch noch

---

491 TA Luft vom 24. Juli 2002, GMBl Nr.25–29 S.511.

492 Siehe nur *BVerwG*, Beschl. v. 22.3.2010 – 7 VR 1/10, 7 VR 1/10 (7 C 21/09) – (bzgl. TA Luft); *dass.*, Urt. v. 4.4.2012 – 4 C 8/09, 4 C 9/09, 4 C 1/10, 4 C 2/10, 4 C 3/10, 4 C 4/10, 4 C 5/10, 4 C 6/10 –, NVwZ 2012, 1314 (bzgl. TA Lärm).

493 Den Regelungen der TA Lärm und TA Luft kann drittschützende Wirkung zugunsten betroffener Nachbarn zukommen, siehe nur *Dietlein*, in: Landmann/Rohmer, BImSchG, § 5 Rn.114; *Sellner/Reidt/Ohms*, Immissionsschutzrecht, 1. Teil, D.III., Rn.167 ff.

494 StörfallVO in der Fassung der Bekanntmachung vom 8. Juni 2005 (BGBl I S.1598), die zuletzt durch Art.5 Abs.4 der Verordnung vom 26. November 2010, BGBl I S.1643, geändert worden ist. Die StörfallVO wurde aus Anlass zunehmender schwerer Störfälle in chemischen Produktionsanlagen erlassen und trat am 1. September 1980 in Kraft. Nachdem sie in den folgenden Jahren aufgrund weiterer Chemieunfälle verschärft worden war, wurde sie schließlich im Jahr 2000 im Rahmen der Umsetzung der Richtlinie 96/82/EG, der sog. Seveso II-Richtlinie, neu gefasst. In dieser neuen Fassung trat die StörfallVO am 3. Mai 2000 in Kraft, ausf. *Roßnagel*, in: GK-BImSchG, § 7 Rn.218 f., m.w.N.

495 *OVG Berlin-Brandenburg*, Beschl. v. 14.5.2007 – 11 S 83.06 –; *OVG Münster*, Urt. v. 1.12.2011 – 8 D 58/08.AK –, NWVBl 2012, 181; *VGH Kassel*, Urt. v. 4.12.2008 – 4 A 882/08 –, UPR 2009, 115.

496 *Köck*, NVwZ 2012, 1353.

497 Ein Störfall ist nach § 2 Nr.3 StörfallVO „ein Ereignis, wie z.B. eine Emission, ein Brand oder eine Explosion größeren Ausmaßes, das sich aus einer Störung des bestimmungsgemäßen Betriebs in einem unter diese Verordnung fallenden Betriebsbereich oder in einer unter diese Verordnung fallenden Anlage ergibt, das unmittelbar oder später innerhalb oder außerhalb des Betriebsbereichs oder der Anlage zu einer ernsten Gefahr oder zu Sachschäden nach Anhang VI Teil 1 Ziffer I Nr.4 führt und bei dem ein oder mehrere gefährliche Stoffe beteiligt sind“.

498 *OVG Münster*, Urt. v. 1.12.2011 – 8 D 58/08.AK –, NWVBl 2012, 181; *Jarass*, BImSchG, § 5 Rn.12 m.w.N., § 7 Rn.28; *Sellner/Reidt/Ohms*, Immissionsschutzrecht, 1. Teil, D.III., Rn.146 ff., 172; *Köck*, NVwZ 2012, 1353. Siehe auch *Breuer*, NVwZ 1990, 211 (218 f.).

erweiterte Pflichten.[499] Für die StörfallVO ist der Betreiberbegriff damit von besonderer Bedeutung. Die fehlende Begriffsbestimmung wirft beim Rechtsanwender Fragen insbesondere im Zusammenhang mit Betreibern benachbarter Anlagen und der Seveso III-Richtlinie[500] (bzw. zuvor Seveso II-Richtlinie[501]) auf. Im Folgenden wird daher untersucht, welche einzelnen Vorschriften der StörfallVO Rückschlüsse auf den Inhalt des Betreiberbegriffs zulassen.

I. Der Betreiber eines Betriebsbereichs nach der StörfallVO

Bezugspunkt des Anwendungsbereichs der StörfallVO nach § 1 Abs.1 S.1 und der einhergehenden Störfall-Pflichten ist im Unterschied zu § 5 BImSchG nicht die (genehmigungsbedürftige) Anlage gem. § 3 Abs.5 BImSchG, sondern in Umsetzung der Seveso II-Richtlinie der „Betriebsbereich".[502] Adressat der StörfallVO ist also der Betreiber des Betriebsbereichs. Die StörfallVO und die von ihr auferlegten Pflichten haben daher nach dem Wortlaut der StörfallVO auch Geltung für Betreiber nicht genehmigungsbedürftiger Anlagen nach §§ 22 ff. BImSchG.[503] Hierfür spricht auch der Schutzzweck der StörfallVO, da nicht genehmigungsbedürftige Anlagen nicht automatisch als "ungefährlich" i.S.d. Störfallrechts einzustufen sind, sowie eine unionsrechtskonforme Umsetzung der Seveso II-Richtlinie, die zwischen genehmigungsbedürftigen und nicht genehmigungsbedürftigen Anlagen nicht unterscheidet (vgl. Art.2 Abs.1).[504]

Der Gesetzgeber hat den Begriff „Betriebsbereich" in § 3 Abs.5a BImSchG legaldefiniert, indem er die Definition des Begriffs „Betrieb" aus der Seveso II-Richtlinie[505] übernommen hat[506]:

---

499 *OVG Münster*, Urt. v. 1.12.2011 – 8 D 58/08.AK –, NWVBl 2012, 181.

500 RL 2012/18/EU des *Europäischen Parlaments* und des *Rates* vom 4. Juli 2012 zur Beherrschung der Gefahren schwerer Unfälle mit gefährlichen Stoffen, zur Änderung und anschließenden Aufhebung der Richtlinie 96/82/EG des *Rates*, ABl. EG Nr. L 197 vom 24. Juli 2012, S.1.

501 RL 96/82/EG vom 9. Dezember 1996, ABl. EG Nr. L 10 vom 14. Januar 1997, S.13. Die RL ist u.a. durch die RL 2003/105/EG vom 16. Dezember 2003, ABl. EG Nr. L 345 vom 31. Dezember 2003, S.97 geändert worden.

502 Vgl. *OVG Münster*, Urt. v. 11.12.2012 – 8 A 722/11 –, I+E 2013, 38 (Leitsatz); *Spindler/Peter*, in: Jochum u.a., Industriepark und Störfallrecht, Rn.139.

503 *OVG Münster*, Urt. v. 6.8.2009 – 10 D 103/06.NE –, ZUR 2008, 434; *Roßnagel*, in: GK-BImSchG, § 7 Rn.221, 221a.

504 *OVG Münster*, Urt. v. 6.8.2009 – 10 D 103/06.NE –, ZUR 2008, 434.

505 Der Begriff ist wortgleich mit dem Betriebsbegriff der Seveso III-Richtlinie.

506 *OVG Münster*, Urt. v. 11.12.2012 – 8 A 722/11 – I+E 2013, 38 (Leitsatz); *Spindler/Peter*, in: Jochum u.a., Industriepark und Störfallrecht, Rn.171 f. Ausf. zur

„Ein Betriebsbereich ist der gesamte unter Aufsicht eines Betreibers stehende Bereich, in dem gefährliche Stoffe [...] in einer oder mehreren Anlagen einschließlich gemeinsamer oder verbundener Infrastrukturen und Tätigkeiten einschließlich Lagerung im Sinne des Artikels 3 Nr.8 der Richtlinie in den in Artikel 2 der Richtlinie bezeichneten Mengen tatsächlich vorhanden oder vorgesehen sind oder vorhanden sein werden, soweit davon auszugehen ist, dass die genannten gefährlichen Stoffe bei einem außer Kontrolle geratenen industriellen chemischen Verfahren anfallen [...].“

Danach kennzeichnen den Betriebsbereich drei Merkmale: das Vorhandensein gefährlicher Stoffe bei Überschreiten einer bestimmten Mengenschwelle, der räumliche Zusammenhang von Anlagen und die Aufsicht ein und desselben Betreibers.[507] Der StörfallVO liegt dabei im Hinblick auf das Erfordernis der Überschreitung der Mengenschwelle – entsprechend der Seveso-II-Richtlinie – eine abstrakte Betrachtungsweise zu Grunde.[508] Denn für die Annahme eines Betriebsbereichs muss es zunächst möglich sein, dass gefährliche Stoffe gem. § 2 Nr.1 i.V.m. Anhang I der StörfallVO in bestimmten Mengen in dem fraglichen Bereich nach § 2 Nr.2 StörfallVO vorhanden sind (vgl. § 3 Abs.5a BImSchG). Dem Sinn der StörfallVO entsprechend sind alle gefährlichen Stoffe innerhalb eines Betriebsbereichs zu addieren.[509]

Ein Betriebsbereich kann mehrere Anlagen umfassen, wenn ein räumlicher Zusammenhang der Anlagen besteht. Hierbei kommt es insb. auf die Sicherheitsrelevanz des räumlichen Zusammenhangs an, d.h. ob ein derartiger Zusammenhang zwischen den Nutzungen der Grundstücksteile oder Grundstücke besteht, dass hieraus besondere Gefahren resultieren können, denen durch einheitliche Maßnahmen begegnet werden kann (sog. Synergieeffekte).[510] Hierfür sprechen

---

Abgrenzung des in der Seveso II-RL verwandten Ausdrucks „Betrieb“, dem nicht vorkommenden Ausdruck „Betriebsbereich“ und „Betriebsstätte“ *Kutscheidt*, in: Landmann/Rohmer, BImSchG, § 3 Rn.28j.

507 *VG Düsseldorf*, Urt. v. 25.1.2011 – 3 K 7297/09 –.

508 *OVG Münster*, Urt. v. 11.12.2012 – 8 A 722/11 –, I+E 2013, 38 (Leitsatz). Siehe auch *OVG Lüneburg*, Beschl. v. 31.3.2011 – 12 ME 26/11 –; *VGH Kassel*, Urt. v. 4.12.2008 – 4 A 882/08 –, UPR 2009, 115.

509 Vgl. *OVG Münster*, Urt. v. 1.12.2011 – 8 D 58/08.AK –, NWVBl 2012, 181; *VGH Mannheim*, Urt. v. 20.7.2011 – 10 S 2102/09 –, NuR 2012, 204; *Kutscheidt*, in: Landmann/Rohmer, BImSchG, § 3 Rn.28o ff.; *Jarass*, BImSchG, § 3 Rn.90.

510 *OVG Münster*, Urt. v. 11.12.2012 – 8 A 722/11 –, I+E 2013, 38 (Leitsatz); *VG Düsseldorf*, Urt. v. 25.1.2011 – 3 K 7297/09 –, mit Verweis auf die Arbeitshilfe der *Störfall-Kommission*, SFK-GS-35, die nach Auffassung des *VG Düsseldorf* „angesichts des Sachverstands“ der Mitglieder der Störfall-Kommission „ohne Weiteres [...] als Grundlage“ für Fragestellungen zum räumlichen Zusammenhang

Sinn und Zweck der StörfallVO, Störfälle zu verhindern. Ein räumlicher Zusammenhang besteht demnach regelmäßig, wenn technische Einrichtungen gemeinsam genutzt werden. Dies ist z.B. bei einem Werksgelände regelmäßig der Fall.[511] Ein vergleichbares, erhöhtes Gefährdungspotential dürfte gegeben sein, wenn Infrastrukturen wie etwa Rohrleitungen gemeinsam genutzt werden oder bestimmte Tätigkeiten zwischen zwei oder mehreren Anlagen (z.B. Umschlag) ausgeführt werden.[512] Selbst bei getrennten Betriebsgrundstücken, z.B. durch öffentliche Verkehrswege, kann es daher gerechtfertigt sein, noch einen räumlichen Bezug zwischen verschiedenen Anlagen eines Betreibers anzunehmen.[513]

Mit dem weiteren Kennzeichen des Betriebsbereichs, dass er unter der „Aufsicht" ein und desselben Betreibers (vgl. Art.3 Nr.1 der Seveso II-Richtlinie bzw. der Seveso III-Richtlinie) im Sinne einer organisatorischen Einheit stehen muss (sog. räumlich-organisatorische Bestimmung des Betriebsbereichs), soll ein wirksames „Sicherheitsmanagementsystem" erreicht werden.[514] Benachbarte Anlagen, bei denen ebenfalls Mengen an gefährlichen Stoffen vorhanden sind, aber von einem anderen Betreiber beaufsichtigt werden, haben folglich keinen Einfluss auf die Eröffnung des Anwendungsbereichs der StörfallVO.[515]

Teilweise wird unter Verweis auf die Seveso II-Richtlinie angenommen, ein Betriebsbereich sei über den räumlichen Zusammenhang hinaus durch den

---

herangezogen werden kann, s. daher (und im Folgenden als Beleg angeführt) *Störfall-Kommission*, in: SFK-GS-35, S.2 f.; *Hansmann*, in: Landmann/Rohmer, 12. BImSchV, § 1 Rn.13; *Spindler/Peter*, in: Jochum u.a., Industriepark und Störfallrecht, Rn.139, 204, 220.

511 Ausf. *Störfall-Kommission*, in: SFK-GS-35, S.5 f.; *Hansmann*, in: Landmann/Rohmer, 12. BImSchV, § 1 Rn.13. Siehe auch *OVG Münster*, Urt. v. 18.3.2011 – 12 A 396/07 –, UPR 2011, 313.

512 *OVG Münster*, Urt. v. 11.12.2012 – 8 A 722/11 –, I+E 2013, 38 (Leitsatz); *VG Düsseldorf*, Urt. v. 25.1.2011 – 3 K 7297/09 –; *Störfall-Kommission*, in: SFK-GS-35, S.2 f., 7.

513 *Störfall-Kommission*, in: SFK-GS-35, S.2 f., 6, 8. Zum erhöhten Gefahrenpotenzial in Industrieparks s. unten Teil 5 § 4.

514 Vgl. *OVG Münster*, Urt. v. 11.12.2012 – 8 A 722/11 –, I+E 2013, 38 (Leitsatz); *Hansmann*, in: Landmann/Rohmer, 12. BImSchV, § 1 Rn.15; *Jarass*, BImSchG, § 3 Rn.88.

515 Vgl. *OVG Münster*, Urt. v. 11.12.2012 – 8 A 722/11 –, I+E 2013, 38 (Leitsatz); *VG Düsseldorf*, Urt. v. 25.1.2011 – 3 K 7297/09 –. Krit. im Hinblick auf Industrieparks *Müggenborg*, Industrieparks, S.102 Rn.203 f., *Spindler/Peter*, in: Jochum u.a., Industriepark und Störfallrecht, Rn.215 f. Hierzu im Zusammenhang mit dem Grundsatz der Betreiberidentität s. oben Teil 2 § 4 II, im Zusammenhang mit Industrieparks s.u. Teil 5 § 4 III. 6.

betriebstechnischen Zusammenhang gekennzeichnet.[516] Hiergegen spricht jedoch der Wortlaut des § 3 Abs.5a BImSchG, der dieses einschränkende Kriterium im Gegensatz zur Regelung des § 1 Abs.2 Nr.2 der 4. BImSchV gerade nicht voraussetzt.[517] In der Praxis wird es allerdings auf diese Frage nicht ankommen, da das Merkmal des betriebstechnischen Zusammenhangs regelmäßig gegeben sein wird, wie z.B. bei einem Werksgelände.[518]

II. Die Pflichten des Betreibers zur Verhinderung von Störfällen

1. Die Grundpflichten und erweiterten Pflichten

Der Betreiber einer genehmigungsbedürftigen oder nicht genehmigungsbedürftigen Anlage hat die „Allgemeinen Betreiberpflichten" des § 3 StörfallVO zu beachten, sofern im Betriebsbereich in Bezug auf gefährliche Stoffe bestimmte Mengenschwellen gem. Anhang I zur StörfallVO überschritten werden (§ 1 Abs.1 S.1 StörfallVO).[519] Zur Erfüllung der allgemeinen Betreiberpflichten hat er nach § 3 Abs.1 Hs.1 StörfallVO

> „die nach Art und Ausmaß der möglichen Gefahren erforderlichen Vorkehrungen zu treffen, um Störfälle zu verhindern".

Hierbei hat der Betreiber neben betrieblichen Gefahrenquellen (§ 3 Abs.2 Nr.1 StörfallVO) und Eingriffen Unbefugter (§ 3 Abs.2 Nr.3) auch „umgebungsbedingte Gefahrenquellen" nach § 3 Abs.2 Nr.2 StörfallVO zu berücksichtigen.[520] Zu umgebungsbedingten Gefahrenquellen zählen nach der beispielhaften Aufzählung in § 3 Abs.2 Nr.2 StörfallVO („Erdbeben oder Hochwasser") natürliche Gefahrenquellen. Darüber hinaus wird angenommen, dass auch andere äußere Gefahrenquellen insoweit zu berücksichtigen sind, als mit diesen „an dem vorgesehenen Standort eher als an anderen Standorten gerechnet werden muss", wie

516 *Kotulla*, in: Kotulla, BImSchG, § 3 Rn.91; *Kutscheidt*, in: Landmann/Rohmer, BImSchG, § 3 Rn.28m; einschränkend *Spindler*, UPR 2001, 81 (84 f.). Ausf. zum umstrittenen Begriff des Betriebsbereichs s. *Spindler/Peter*, in: Jochum u.a., Industriepark und Störfallrecht, Rn.170 ff., m.w.N.

517 Vgl. (i.E.) *OVG Münster*, Urt. v. 11.12.2012 – 8 A 722/11 –, I+E 2013, 38 (Leitsatz); *Spindler/Peter*, in: Jochum u.a., Industriepark und Störfallrecht, Rn.208.

518 *Kotulla*, in: Kotulla, BImSchG, § 3 Rn.91.

519 *VGH Kassel*, Urt. v. 4.12.2008 – 4 A 882/08 –, UPR 2009, 115. Zu Einrichtungen, die vom Anwendungsbereich der StörfallVO nach § 1 Abs.5 ausgeschlossen sind, s. *Roßnagel*, in: GK-BImSchG, § 7 Rn.221d.

520 *OVG Münster*, Urt. v. 9.12.2009 – 8 D 6/08.AK –, DVBl 2010, 719; *Köck*, NVwZ 2012, 1353 (1356).

z.B. bei Gefahrenquellen aufgrund benachbarter Industrieanlagen eines anderen Betreibers.[521] Diese Annahme ist im Hinblick auf den Zweck der allgemeinen Betreiberpflichten nach § 3 Abs.1 Hs.1, nämlich Störfalle zu verhindern, sachgerecht.

Der Betreiber des Betriebsbereichs hat eine Vielzahl von Maßnahmen und Sicherheitsvorkehrungen nach §§ 4–6 StörfallVO (nicht abschließend) zu ergreifen, um seine allgemeinen Betreiberpflichten zu erfüllen.[522] Zu diesen Maßnahmen gehören vornehmlich technische Anforderungen an die Ausrüstung von Betriebsbereichen, wie z.B. mit ausreichenden Warn-, Alarm- und Sicherheitseinrichtungen (§ 4 Nr.2) und zuverlässigen Messeinrichtungen sowie Steuer- oder Regeleinrichtungen (§ 4 Nr.3).[523] Des Weiteren besteht die Pflicht zu regelmäßigen Wartungs- und Reparaturarbeiten nach dem Stand der Technik (§ 6 Abs.1 Nr.2).[524] Im Falle eines Störfalls hat der Betreiber für eine unverzügliche, umfassende und sachkundige Beratung der Gefahrenabwehrbehörden und ihrer Einsatzkräfte zu sorgen (§ 5 Abs.2).[525]

Ferner hat der Betreiber nach der StörfallVO auch besondere Anzeige- und Meldepflichten zu erfüllen. Er hat vor Beginn der Errichtung eines Betriebsbereichs bzw. vor dessen Änderung dies der Behörde anzuzeigen (§ 7).[526] Zudem trifft ihn bei Störfällen gem. Teil 1 des Anhangs VI eine Meldepflicht nach § 19 StörfallVO.

Eine weitere zentrale Pflicht zur Verhinderung und Kontrolle von Störfällen ist nach § 8 StörfallVO die Entwicklung eines schriftlichen Sicherheitskonzepts zur Verhinderung von Störfällen unter Beachtung der dem Anhang III zu entnehmenden Grundsätze, das der Betreiber zur Einsichtnahme bereithalten muss.[527] Die entsprechenden Vorschriften wurden mit der Novellierung der StörfallVO im Jahre 2000 aufgenommen[528] und dienen der Umsetzung der

---

521 *Hansmann*, in: Landmann/Rohmer, 12. BImSchV, § 3 Rn.16 ff. Hierzu im Zusammenhang mit Industrieparks s. unten Teil 5 § 4 III 6.

522 Vgl. *OVG Münster*, Urt. 9.12.2009 – 8 D 12/08.AK –, DVBl 2010, 719; *VGH Mannheim*, Urt. v. 20.7.2011 – 10 S 2102/09 –, NuR 2012, 204.

523 Vgl. *OVG Münster*, Urt. 9.12.2009 – 8 D 12/08.AK –, DVBl 2010, 719.

524 *Müggenborg*, Industrieparks, S.103 ff. Rn.208 ff.

525 *Hansmann*, in: Landmann/Rohmer, 12. BImSchV, § 5 Rn.6.

526 Hierzu s. unten Teil 2 § 5 II 2.

527 Vgl. *OVG Münster*, Urt. v. 1.12.2011 – 8 D 58/08.AK –, NWVBl 2012, 181; *dass.*, Urt. v. 11.12.2012 – 8 A 722/11 –, I+E 2013, 38 (Leitsatz); *VGH Mannheim*, Urt. v. 20.7.2011 – 10 S 2102/09 –, NuR 2012, 204.

528 *Müggenborg*, Industrieparks, S.112 ff. Rn.230 ff. Ausf. *Heinze*, UPR 2002, 53. Zur StörfallVO im Zusammenhang mit Industrieparks s. unten Teil 5 § 4 III 6.

Seveso II-Richtlinie, nach deren Erwägungsgründen der Richtliniengeber auf das organisatorische und menschliche Versagen als eine der Hauptursachen von Störfällen reagieren wollte.[529]

Ist bei einem Störfall die besondere Gefahrenlage einer Ereigniskette, eines sog. Domino-Effekts[530], gem. § 15 StörfallVO zu befürchten, weil bereits aufgrund eines Betriebsbereichs eines anderen Betreibers in der Umgebung ein höheres Risikopotenzial besteht, ist der Betreiber nach § 6 Abs.3 StörfallVO zur Zusammenarbeit in Form eines Informationsaustauschs verpflichtet, um abgestimmte Sicherheitskonzepte zu erzielen.[531] Insoweit verpflichtet die StörfallVO den Anlagenbetreiber nicht nur zur Ergreifung einzelner betrieblicher Maßnahmen, sondern auch zu einer koordinierten Gesamtorganisation.[532]

Über die aufgezeigten Grundpflichten hinaus können den Betreiber auch sog. erweiterte Pflichten nach §§ 9–12 StörfallVO treffen, wenn besonders hohe Mengen an gefährlichen Stoffen gem. Anhang I Sp.5 StörfallVO im Betriebsbereich erreicht werden.[533] Zu diesen Pflichten zählen insbesondere das Verfassen und Vorlegen eines Sicherheitsberichts, der sicherstellen soll, „dass der Betreiber sich mit allen Sicherheitsaspekten befasst und die notwendigen Konsequenzen zieht".[534] Hierzu gehört auch der Nachweis eines Sicherheitsmanagementsystems gegenüber der zuständigen Behörde (§ 9 Abs.4).[535] Schließlich hat der Betreiber zwecks Eigen-, Fremdüberwachung und Information[536] die Pflicht

529 RL 96/82/EG vom 9. Dezember 1996, ABl. EG Nr. L 10, vom 14. Januar 1997, S.13, Erwägungsgrund 15: „Eine Analyse der in der Gemeinschaft gemeldeten schweren Unfälle zeigt, daß in den meisten Fällen Management- bzw. organisatorische Mängel die Ursache waren. Es müssen deshalb auf Gemeinschaftsebene grundlegende Prinzipien für die Managementsysteme festgelegt werden, die geeignet sein müssen, den Gefahren schwerer Unfälle vorzubeugen und sie zu verringern und die Unfallfolgen zu begrenzen."; s. auch *Spindler/Peter*, in: Jochum u.a., Industriepark und Störfallrecht, Rn.139.

530 Vgl. *VGH Kassel*, Urt. v. 21.2.2001 – 2 UE 2899/96 –, UPR 2001, 396.

531 *Sparwasser/Engel/Voßkuhle*, Umweltrecht, § 10 Rn.186; *Müggenborg*, Industrieparks, S.104 Rn.209.

532 *Huffmann*, Der Einfluß des § 52a BImSchG auf die Verantwortlichkeit im Unternehmen, S.71. Zu den Koordinationspflichten der Betreiber im Industriepark s. unten Teil 5 § 4 III 3 c).

533 Vgl. *OVG Münster*, Urt. v. 11.12.2012 – 8 A 722/11 –, I+E 2013, 38 (Leitsatz).

534 *OVG Münster*, Urt. v. 9.12.2009 – 8 D 12/08.AK –, DVBl 2010, 719.

535 Ausf. zu den Konkretisierungen des Sicherheitsmanagementsystems s. *Spindler/Peter*, in: Jochum u.a., Industriepark und Störfallrecht, Rn.155 ff.

536 *Spindler/Peter*, in: Jochum u.a., Industriepark und Störfallrecht, Rn.150.

zur Aufstellung von internen Alarm- und Gefahrenabwehrplänen (§ 10 i.V.m. Anhang IV) sowie die Pflicht zur Information der Öffentlichkeit über die getroffenen Sicherheitsmaßnahmen (§ 11 i.V.m. Anhang V) zu erfüllen.

2. *Die Anzeigepflichten des Betreibers nach der StörfallVO*

Der Betreiber hat, wie erwähnt, nach § 7 StörfallVO (in Umsetzung des Art.6 der Seveso II-Richtlinie,[537] Art.7 nach der Fassung der Seveso III-Richtlinie) der zuständigen Behörde die Errichtung eines Betriebsbereichs oder dessen Änderung anzuzeigen. Vor Beginn der Errichtung hat der Betreiber u.a. den Namen oder die Firma des Betreibers (§ 7 Abs.1 Nr.1 StörfallVO), d.h. seine Identität anzugeben. Eine Anzeige der Errichtung des Betriebsbereichs nach der StörfallVO kann folglich eine Hilfe bei der Bestimmung des Betreibers sein. Allerdings wird ein derartiger Hinweis nicht vorliegen, wenn nach § 7 Abs.3 StörfallVO keine gesonderte Anzeige i.S.d. § 7 Abs.1 erforderlich ist, d.h. wenn der Behörde die erforderlichen Angaben bereits im Genehmigungs- oder Anzeigeverfahren vorgelegt worden sind.

Neben dem Namen oder der Firma des Betreibers ist im Rahmen der Anzeigepflicht auch der „Name oder die Funktion der für den Betriebsbereich verantwortlichen Person“ anzuzeigen,[538] sofern dieser bzw. diese von der Person des Betreibers abweicht (Nr.3). Dem Wortlaut zufolge unterscheidet das Immissionsschutzrecht somit zwischen der „verantwortlichen Person“ nach § 7 Abs.1 Nr.3 StörfallVO und dem „Betreiber“ nach § 7 Abs.1 Nr.1 StörfallVO. Dies ist insoweit widersprüchlich, als auch der Betreiber als zentraler Adressat der immissionsschutzrechtlichen Pflichten eine Person mit Verantwortung sein muss, zumal der Betriebsbereich unter dessen Aufsicht steht (vgl. § 3 Abs.5a BImSchG). Die Vorschrift dürfte daher sinngemäß dahingehend auszulegen sein, dass es sich bei der verantwortlichen Person um die Person mit der „Verantwortung vor Ort“ handelt, d.h. um den jeweiligen Betriebsleiter, der die die Verantwortung für die Anlage hat. Betreiber ist hingegen derjenige, der die „letzte Verantwortung“ über den Anlagenbetrieb des Betriebsbereichs hat.[539] Zeigt der Betreiber keine verantwortliche Person für den Betriebsbereich an, ist folglich anzunehmen, dass der Betreiber (auch) die Verantwortung vor Ort hat.[540]

---

537 BRat-Drs. 75/00, S.69.

538 Die Vorschrift setzt damit Art.6 Abs.2a und c der Seveso II-Richtlinie um.

539 Vgl. *Hansmann*, in: Landmann/Rohmer, 12. BImSchV, § 7 Rn.12.

540 Vgl. *Hansmann*, in: Landmann/Rohmer, 12. BImSchV, § 7 Rn.12.

Im Rahmen der Anzeigepflicht des § 7 StörfallVO stellt sich weiter die Frage, ob eine Anzeigepflicht für den bloßen Wechsel des Störfall-Anlagenbetreibers besteht. Hiergegen spricht zunächst der Wortlaut des § 7 Abs.2 Nr.1 StörfallVO, wonach der Betreiber allein die Änderung des Betriebsbereichs anzuzeigen hat. Die Anzeige einer Änderung des Betreibers ordnet § 7 Abs.2 StörfallVO demgegenüber nicht an. Darüber hinaus sehen selbst die Vorschriften zur Änderung genehmigungsbedürftiger Anlagen nach §§ 15 f. BImSchG keine Anzeigepflicht vor.[541] Dies lässt den Schluss zu, dass erst recht keine Anzeigepflicht im Hinblick auf Betreiberwechsel nach § 7 StörfallVO besteht, da sich der Anwendungsbereich der StörfallVO sogar auf nicht genehmigungsbedürftige Anlagen erstreckt und insoweit weiter ist.

Dieser Erst-Recht-Schluss trägt jedoch nicht, weil die StörfallVO nur Anlagen erfasst, die einem Betriebsbereich mit Störfallgefahr (vgl. § 1 Abs.1 S.1 StörfallVO) zuzuordnen sind. Der Anwendungsbereich lässt daher keinen Vergleich des § 7 StörfallVO mit den Vorschriften der §§ 15 f. BImSchG zu. Vielmehr sprechen der Sinn und Zweck der Vorschriften der StörfallV für die Annahme einer Anzeigepflicht des Betreiberwechsels, denn bei der StörfallVO handelt es sich um eine besondere Konkretisierung der Schutzpflicht. Um Störfälle zu verhindern, bedarf es einer sachgerechten Organisation und guten Zusammenarbeit mit den Behörden. Hierfür ist auch die Anzeigepflicht des Betreiberwechsels notwendig. Dies belegt zudem die sog. Vollzugshilfe zur StörfallVO vom März 2004, die vom *Bundesministerium für Umwelt, Naturschutz und Reaktorsicherheit* (*BMU*) herausgegeben worden ist und nach eigenen Angaben wichtige Hinweise für eine sachgerechte Anwendung der StörfallVO für die Länderbehörden, die betroffene Wirtschaft und das interessierte Fachpublikum enthält.[542] Die Vollzugshilfe geht von einer Anzeigepflicht für den bloßen Betreiberwechsel bei Störfall-Anlagen aus.[543] Allerdings gibt sie keine Begründung für diese Annahme an. Insbesondere fehlt ein Verweis auf eine konkrete Vorschrift des § 7 StörfallVO, aus der sie diese Pflicht herleitet. Bei der Vollzugshilfe selbst handelt es sich jedenfalls nicht um eine Rechtsgrundlage, da sie keine Außenwirkung hat und damit dem Betreiber nicht verbindlich eine Pflicht auferlegen kann.

Letztlich wird die Frage einer Anzeigepflicht des Betreiberwechsels in denjenigen Fällen aufgeworfen, in denen der Betreiber nicht der Meldepflicht nach

---

541 Siehe oben Teil 2 § 2 III.

542 Vgl. Einleitung zur Vollzugshilfe vom März 2004, im Internet abrufbar unter www.bmu.de/anlagensicherheit/doc/6133.php (Stand: 4.6.2013); *Hansmann*, in: Landmann/Rohmer, 12. BImSchV, § 2 Rn.4.

543 Vgl. Vollzugshilfe vom März 2004, S.9, Rn.7.2.

§ 52b BImSchG unterliegt. Denn der Betreiber zeigt, wenn er der Meldepflicht nachkommt, ggf. mittelbar, wie erwähnt,[544] einen Betreiberwechsel an. Das Problem stellt sich also allein beim Wechsel von Betreibern nicht genehmigungsbedürftiger Anlagen sowie bei Wechseln von Betreibern genehmigungsbedürftiger Anlagen, bei denen die Betreiber nicht aus mehreren vertretungsberechtigten Mitgliedern oder Gesellschaftern bestehen. In diesen Fällen wäre eine Pflicht zur Anzeige des Betreiberwechsels im Hinblick auf eine gute Organisation zum umfassenden Schutz vor Störfällen sinnvoll.

Die Anzeige eines Betreiberwechsels bei Störfall-Anlagen ist in der Praxis dennoch empfehlenswert. Schließlich fördert dies die Zusammenarbeit mit den Behörden. Gleichzeitig kann sich der Betreiber auf diese Weise vor dem Vorwurf einer unterlassenen Anzeige im Falle eines Störfalls schützen: Es ist nicht auszuschließen, dass Zivilgerichte die Anzeige des Betreiberwechsels als best practice bzw. eine unterlassene Anzeige als Verstoß gegen die Verkehrssicherungspflichten des Betreibers ansehen.

III. Die Bestimmung des Betreiberbegriffs vor dem Hintergrund der Seveso II-Richtlinie und Seveso III-Richtlinie

Ursprünglich bestanden zwischen dem deutschen Störfallrecht und der Seveso II-Richtlinie erhebliche strukturelle Unterschiede. Dies zeigte sich im Rahmen der Richtlinienumsetzung.[545] Der deutsche Gesetzgeber reagierte hierauf durch die Änderung und Ergänzung zahlreicher Vorschriften. Im Zuge dessen kam es z.B. zur Einfügung des Begriffs „Betriebsbereich" in § 3 BImSchG. Ziel des deutschen Gesetzgebers war es, dass „das Störfallrecht künftig von der Seveso II-Richtlinie bestimmt wird, während die allgemeinen Sicherungsgrundpflichten dem Genehmigungsrecht unterfallen" sollten.[546]

Im Folgenden wird untersucht, welchen Einfluss die Seveso II-Richtlinie[547] bzw. ihre Nachfolgerin, die Seveso III-Richtlinie[548], auf das deutsche Störfallrecht im Hinblick auf den Betreiberbegriff haben. Dabei wird zunächst auf die

544 Siehe oben Teil 2 § 2 III.

545 BRat-Drs. 75/00, S.61.

546 BRat-Drs. 75/00, S.1.

547 RL 96/82/EG vom 9. Dezember 1996, ABl. EG Nr. L 10 vom 14. Januar 1997, S.13. Die RL ist u.a. durch die RL 2003/105/EG vom 16. Dezember 2003, ABl. EG Nr. L 345/97 vom 31. Dezember 2003, S.100, geändert worden.

548 RL 2012/18/EU des *Europäischen Parlaments* und des *Rates*, ABl. EU Nr. L 197/1 vom 4. Juli 2012, zur Beherrschung der Gefahren schwerer Unfälle mit gefährlichen Stoffen, zur Änderung und anschließenden Aufhebung der RL 96/82/EG des Rates.

Seveso II-Richtlinie eingegangen, die der deutsche Gesetzgeber bei der derzeitigen Fassung der StörfallVO hat berücksichtigen können. Die Nachfolge-Bestimmungen der am 13. August 2012 in Kraft getretenen Seveso III-Richtlinie – und damit aktuell geltenden Fassung – werden zum Vergleich angeführt. Letztere Bestimmungen sind noch nicht in das deutsche Recht umgesetzt worden; die Umsetzungsfrist läuft erst am 31. Mai 2015 ab (vgl. Art.31 Abs.1 der Seveso III-Richtlinie).

1. *Der Betreiberbegriff nach der Seveso II-Richtlinie und der Seveso III-Richtlinie*

Die Seveso II-Richtlinie sollte nach dem ursprünglichen Vorschlag der *Europäischen Kommission* eine Bestimmung zum Begriff Betreiber enthalten, die allein auf die „Aufsicht" über den Betrieb abstellt (vgl. Art.3 Nr.1 der Seveso II-Richtlinie).[549] Dies hätte jedoch wegen des unbestimmten Begriffs der Aufsicht zu Auslegungsproblemen und -fehlern führen können. Daher wurde auf die Begriffsbestimmung der IVU-Richtlinie[550] zurückgegriffen.[551] Mit dieser stimmt folglich die Begriffsbestimmung der Seveso II-Richtlinie im Wesentlichen überein[552]: Nach der Legaldefinition des Art.3 Nr.3 der Seveso II-Richtlinie ist Betreiber

> „jede natürliche oder juristische Person, die den Betrieb oder die Anlage betreibt oder besitzt oder, wenn dies in den einzelstaatlichen Rechtsvorschriften vorgesehen ist, der maßgebliche wirtschaftliche Verfügungsgewalt hinsichtlich des technischen Betriebs übertragen worden ist".

Die Legaldefinition der Seveso III-Richtlinie, die die Seveso II-Richtlinie ersetzt hat, unterscheidet sich vom Wortlaut der Definition der Seveso II-Richtlinie. Betreiber ist nach Art.3 Nr.9 der Seveso III-Richtlinie

> „jede natürliche oder juristische Person, die einen Betrieb oder eine Anlage betreibt oder kontrolliert oder der – sofern in den nationalen Vorschriften vorgesehen – die ausschlaggebende Verfügungsgewalt oder Entscheidungsgewalt über das technische Funktionieren des Betriebs oder der Anlage übertragen worden ist".

---

549 *Spindler/Peter*, in: Jochum u.a., Industriepark und Störfallrecht, Rn.265.

550 Zum Betreiberbegriff nach der IVU-RL u. IE-RL s. oben Teil 2 § 4 III 2 u. 3.

551 *Spindler/Peter*, in: Jochum u.a., Industriepark und Störfallrecht, Rn.265 mit Verweis auf die Begründung des *Rates* zur Seveso II-RL.

552 *Uth*, StörfallVO, 2.2.4.1, S.59. Siehe auch *OVG Münster*, Urt. v. 11.12.2012 – 8 A 722/11 –, I+E 2013, 38 (Leitsatz).

Während nach der Seveso II-Richtlinie schon derjenige Betreiber sein kann, der die „maßgebliche wirtschaftliche Verfügungsgewalt" über den technischen Betrieb hat, setzt die Seveso III-Richtlinie stattdessen die „ausschlaggebende Verfügungsgewalt oder Entscheidungsgewalt" voraus. Die Seveso III-Richtlinie konkretisiert dabei nicht, was unter ausschlaggebender Verfügungsgewalt zu verstehen ist.[553]

Ein weiterer Unterschied zwischen der Seveso II- und Seveso III-Richtlinie liegt darin, dass nach der Seveso II-Richtlinie als Betreiber derjenige in Betracht kommt, der die Anlage „betreibt oder besitzt", wohingegen die Seveso III-Richtlinie darauf abstellt, wer die Anlage „betreibt oder kontrolliert". Der Begriff des Kontrollierens ist enger als der des Besitzens, so dass die Seveso III-Richtlinie insoweit präziser formuliert ist. Allerdings nimmt die Seveso III-Richtlinie ebenso wenig wie die Seveso II-Richtlinie eine Gewichtung der Betreibereigenschaften vor. Danach sorgt auch die neue Fassung für wenig Klarheit.

Dem Wortlaut der Begriffsbestimmungen beider Richtlinien zufolge ist es möglich, dass es nebeneinander zum einen eine Person gibt, die die Anlage oder den Betrieb betreibt, und zum anderen eine Person, die die Anlage oder den Betrieb kontrolliert (bzw. besitzt).[554] Dass allerdings tatsächlich eine Person, die eine Anlage lediglich „kontrolliert"(bzw. „besitzt"), ohne sie zugleich zu „betreiben", Betreiber sein kann, während eine andere Person die Anlage „betreibt", ohne zugleich Betreiber zu sein, lässt sich im Hinblick auf die Nähe zur Gefahrenquelle, die regelmäßig aus dem Betrieb der Anlage resultiert, nicht nachvollziehen. Offensichtlich sollte die Begriffsbestimmung möglichst weit gefasst werden, um einen weiten Anwendungsspielraum zu eröffnen und den Mitgliedstaaten eine Konkretisierung zu ermöglichen.[555]

Insgesamt fällt bei der neuen Betreiber-Begriffsbestimmung der Seveso III-Richtlinie auf, dass der Richtliniengeber stärker die Nähe zum technischen Anlagenbetrieb betont und dass der Betreiberbegriff klarer formuliert ist[556]. Es kommt auf das „Betreiben", „Kontrollieren" bzw. die „ausschlaggebende Verfügungsgewalt oder Entscheidungsgewalt" im Hinblick auf den technischen Anlagenbetrieb an. Die wirtschaftliche Verfügungsgewalt wird nicht ausdrücklich erwähnt und tritt damit in den Hintergrund.

553 Ebenso wenig konkretisiert die Seveso II-Richtlinie, was unter wirtschaftlicher Verfügungsgewalt zu verstehen ist und welche Intensität erforderlich ist (mittelbarer wirtschaftlicher Einfluss etc.), s. *Spindler/Peter*, in: Jochum u.a., Industriepark und Störfallrecht, Rn.268, 271 f.

554 Vgl. *Spindler/Peter*, in: Jochum u.a., Industriepark und Störfallrecht, Rn.268.

555 Vgl. *Spindler/Peter*, in: Jochum u.a., Industriepark und Störfallrecht, Rn.268, 271.

556 Vgl. BR-Drs. 873/10, Begründung zu Art.3 der Seveso III-Richtlinie.

Im Gegensatz zur IE-Richtlinie geht die Seveso III-Richtlinie weiterhin (wie die Seveso II-Richtlinie) von dem Grundsatz der Betreiberidentität aus. Art.3 Nr.1 der Seveso III-Richtlinie spricht von dem „gesamten unter der Aufsicht eines Betreibers stehenden Bereich“, und es kommt nach Art.8 Abs.1 auf ein einheitliches Managementsystem innerhalb des Betriebsbereichs an[557].

2. *Die Umsetzung der auf den Betreiber bezogenen Vorgaben der Seveso II-Richtlinie in das deutsche Störfallrecht*

Während der deutsche Gesetzgeber bei der Umsetzung der Seveso II-Richtlinie die Begriffsbestimmung „Betrieb“ des Richtliniengebers aus Art.3 Nr.1[558] für die Definition des Betriebsbereichs im Wesentlichen und ohne inhaltliche Änderungen übernommen hat (§ 3 Abs.5a BImSchG),[559] hat ihn demgegenüber die Bestimmung des Betreiberbegriffs durch den Richtliniengeber nicht dazu veranlasst, eine Betreiberdefinition ins deutsche Störfallrecht aufzunehmen. Der Verzicht auf die ausdrückliche Definition wird damit begründet, dass der Betreiberbegriff im deutschen Recht seit langem „im selben Sinne“ verstanden werde.[560]

Diese Begründung für den Verzicht auf eine Betreiber-Begriffsbestimmung im Störfallrecht trägt nicht. Die weite Begriffsbestimmung des Richtliniengebers eröffnet einen großen Spielraum bei der konkreten Ausfüllung des Betreiberbegriffs und der Gewichtung der maßgeblichen Betreibereigenschaften. Sie ermöglicht keine exakte Bestimmung des Betreibers. Angesichts dessen hätte es sich für den deutschen Gesetzgeber angeboten, mit einer Konkretisierung bei der Umsetzung der Richtlinie zu reagieren, um Auslegungsproblemen vorzubeugen. Dies gilt erst recht vor dem Hintergrund des aufgezeigten uneinheitlichen

557 Vgl. *Kutscheidt*, in: Landmann/Rohmer, BImSchG, § 3 Rn.28n, zum entsprechenden Art.7 Abs.1 der Seveso II-Richtlinie.

558 Art.3 Nr.1 der Seveso II-Richtlinie wurde in Art.3 Nr.1 der Seveso III-Richtlinie 1:1 übernommen. Neu ist insb., dass die Seveso III-Richtlinie zwischen „Betriebe[n] der unteren Klasse“ und „Betriebe[n] der oberen Klasse“ differenziert, Art.3 Nr.1 2.HS. (vgl. Begriffsbestimmungen in Art.3 Nr.2–3 der Seveso III-Richtlinie.

559 Vgl. *OVG Münster*, Urt. v. 11.12.2012 – 8 A 722/11 –, I+E 2013, 38 (Leitsatz); *Hansmann*, in: Landmann/Rohmer, 12. BImSchV, § 1 Rn.12, § 2 Rn.1 f.; *Spindler/Peter*, in: Jochum u.a., Industriepark und Störfallrecht, Rn.172.

560 *Hansmann*, in: Landmann/Rohmer, 12. BImSchV, § 2 Rn.3; *Spindler/Peter*, in: Jochum u.a., Industriepark und Störfallrecht, Rn.267. Siehe auch *OVG Münster*, Urt. v. 11.12.2012 – 8 A 722/11 –, I+E 2013, 38 (Leitsatz), das den Betreiberbegriff „in Anlehnung an Art.3 Nr.3 Seveso II-Richtlinie“ entsprechend bestimmt.

Gebrauchs der Begriffe „Träger des Vorhabens" und „Betreiber" (vgl. § 7 Abs.1, 3 StörfallVO, §§ 15 f. BImSchG)[561] sowie der Novellierung der Betreiberbegriffsbestimmung auf europäischer Ebene im Rahmen der IE-Richtlinie.

Schließlich zeigen erste Präzisierungen des Betreiberbegriffs („kontrolliert", „ausschlaggebende Verfügungsgewalt") durch den Richtliniengeber der Seveso III-Richtlinie, dass Konkretisierungsbedarf besteht. Im Rahmen der Umsetzung der Seveso III-Richtlinie hat der deutsche Gesetzgeber nun die Gelegenheit, mit einer Bestimmung des Betreiberbegriffs etwaigen Auslegungsproblemen vorzubeugen. Er sollte sie nutzen und entsprechend der Schwerpunktsetzung des Richtliniengebers die erforderliche Nähe zum technischen Anlagenbetrieb betonen. Die wirtschaftliche Verfügungsgewalt sollte hingegen unerwähnt bleiben.[562]

§ 6. Der Betreiber als Adressat sanktionsrechtlicher Vorschriften

Die Bedeutung des Betreibers wird über die bereits aufgezeigten Vorschriften hinaus anhand der sanktionsrechtlichen Vorschriften im BImSchG und StGB deutlich, deren Adressat regelmäßig der Betreiber ist.[563]

I. Der Betreiber als Adressat von Ordnungsverfügungen und Sanktionen nach dem BImSchG

Der Betreiber kann nach §§ 20 f. BImSchG Adressat von Ordnungsverfügungen sein. Kommt er einer Auflage, einer vollziehbaren nachträglichen Anordnung oder einer abschließend bestimmten Pflicht aus einer Rechtsverordnung nach § 7 BImSchG im Hinblick auf die Beschaffenheit oder den Betrieb der Anlage nicht nach, kann die Behörde nach § 20 Abs.1 BImSchG den Anlagenbetrieb teilweise oder vollständig untersagen. Werden die Unfallverhütungsverschriften des § 20 Abs.1a BImSchG nicht eingehalten, kann dem Betreiber zudem die Inbetriebnahme oder Weiterführung des Betriebs der Anlage untersagt werden. Fehlt die erforderliche Genehmigung für die emittierende Anlage, adressiert die Behörde an den Betreiber regelmäßig eine Stilllegungs- oder Beseitigungsverfügung nach § 20 Abs.2 BImSchG.

---

561 Siehe oben Teil 2 § 2.

562 Ausf. zu den Betreibermerkmalen s. unten Teil 4. Zum Vorschlag einer Betreiberdefinition s. unten Teil 6.

563 Zu den Sanktionsmöglichkeiten von Umweltdelikten im Überblick s. *Schall/Schreibauer*, NuR 1996, 440.

Des Weiteren kann die Behörde den Anlagenbetrieb wegen der Unzuverlässigkeit des Betreibers (bzw. eines mit der Leitung des Betriebs Beauftragten) nach § 20 Abs.3 BImSchG untersagen. Unzuverlässigkeit ist eine Eigenschaft einer natürlichen Person, so dass eine Kapital- oder Personengesellschaft als solche nicht unzuverlässig sein kann. Es erscheint insoweit sachgerecht zu sein, auf die nach § 52b Abs.1 S.1 BImSchG angezeigte Person, die die Betreiberpflichten wahrnimmt, abzustellen.[564] Schließlich kann die ursprünglich rechtmäßig erteilte Genehmigung unter bestimmten Voraussetzungen nach § 21 BImSchG dem Betreiber gegenüber widerrufen werden, was letztlich die Stilllegung der Anlage zur Folge hat.[565]

Der Betreiber kann darüber hinaus auch „Täter" sein. Das BImSchG sieht zahlreiche Ordnungswidrigkeitstatbestände (§ 62 BImSchG) vor, deren Erfüllung mit einer Geldbuße sanktioniert wird.[566] Im Regelfall ist der Anlagenbetreiber der „Täter", weil er vornehmlich der Adressat derjenigen Bestimmungen ist, in Bezug auf die Rechtsverstöße nach § 62 BImSchG sanktioniert werden.[567] Allerdings muss es sich beim Betreiber dann um eine natürliche Person handeln, weil Ordnungswidrigkeiten nicht durch juristische Personen zurechenbar begangen werden können.[568] Verantwortlich im strafrechtlichen Sinne sind andernfalls (ggf.) die Mitglieder des vertretungsberechtigten Organs oder vertretungsberechtigte Gesellschafter, die für die Pflichterfüllung verantwortlich sind (vgl. § 9 Abs.1 OWiG).[569] Insgesamt sieht danach das Immissionsschutzrecht bei Verstoß gegen immissionsschutzrechtliche Bestimmungen oder Anordnungen zahlreiche Sanktionsmöglichkeiten gegenüber dem Betreiber vor.

---

564 Vgl. *Lechelt*, in: GK-BImSchG, § 52a Rn.12 m.w.N.

565 *Jarass*, BImSchG, § 21 Rn.1. Die „allgemeine" Widerrufsvorschrift des § 49 VwVfG wird durch den spezielleren § 21 BImSchG verdrängt. Für die Rücknahme rechtswidrig erteilter Genehmigungen gilt § 48 VwVfG.

566 Vgl. *OLG Düsseldorf*, Beschl. v. 16.1.2002 – 2b Ss (OWi) 2/01 – (OWi) 75/01 IV –, GewArch 2002, 389; *OLG München*, Beschl. v. 25.10.1999 – 3 ObOWi 109/99 –, UPR 2000, 72. Zu emissionshandelsrechtlichen Sanktionen, insb. Ordnungswidrigkeiten s. §§ 17–19 TEHG.

567 Vgl. *Jarass*, BImSchG, § 62 Rn.3, 12 ff.; *Scheidler*, in: Feldhaus, BImSchG, § 62 Rn.10.

568 *Jarass*, BImSchG, § 62 Rn.3; *Weber*, in: GK-BImSchG, Vorb. § 62 Rn.135.

569 *Jarass*, BImSchG, § 62 Rn.3 ff. Vgl. *BVerfG*, stattgebender Kammerbeschl. v. 15.9.2011 – 1 BvR 519/10 –, NVwZ 2012, 504.

II. Der Betreiber als Adressat von Sanktionen nach dem Strafgesetzbuch

Der Betreiber kann nicht nur eine Ordnungswidrigkeit nach § 62 BImSchG begehen, sondern auch eine Straftat nach §§ 324 ff. StGB. Die Umweltstrafbestimmungen sehen insbesondere den Schutz vor Gewässer- und Luftverunreinigungen sowie vor den besonderen Gefahren der Abfallbeseitigung vor. Sie werden auch zusammenfassend als „Betreiberdelikte" bezeichnet, weil die Vorschriften als Bezugsmerkmal entweder „beim Betrieb einer Anlage" (§§ 325 Abs.1, 2, 325 Abs.1a, Abs.2, 328 Abs.3 Nr.1 StGB) oder (wer eine Anlage) „betreibt" (§§ 327 Abs.1 Nr.1, Abs.2, 329 Abs.1 S.1, 2, Abs.2 Nr.1, 2 StGB) vorsehen.[570]

1. *Der Betreiber als Täter bei unerlaubtem Anlagenbetrieb nach § 327 Abs.2 Nr.1 StGB*

Der Anlagenbetreiber kann sich nach § 327 StGB strafbar machen. Nach § 327 Abs.2 Nr.1 StGB wird das vorsätzliche unerlaubte Betreiben einer genehmigungsbedürftigen Anlage i.S.d. BImSchG mit einer Freiheitsstrafe von bis zu drei Jahren oder mit einer Geldstrafe bestraft, nach § 327 Abs.3 Nr.2 StGB das fahrlässige Betreiben mit einer Freiheitsstrafe von bis zu zwei Jahren oder mit Geldstrafe.[571] Der Täterkreis dieses Sonderdelikts beschränkt sich demnach auf den Kreis der Adressaten der Genehmigungspflicht, also den Betreiber.[572] Handelt es sich beim Betreiber um ein Unternehmen, kann § 327 StGB auf die Personen an der Unternehmensspitze Anwendung finden, die die umweltrechtlichen Pflichten des Betreibers als dessen Organe bzw. Vertreter gemäß § 14 StGB zu erfüllen haben (vgl. § 52b Abs.1 S.1 BImSchG).[573]

---

570 *Rengier*, in: FS Kohlmann, S.225.

571 Die Sanktionierung des Betreibens einer die Allgemeinheit beeinträchtigenden Anlage ohne Genehmigung lässt sich bis zur Preußischen Allgemeinen GewO von 1845 zurückverfolgen, *Heine*, in: Meinberg/Möhrenschlager/Link, Umweltstrafrecht, C.1., S.109; *Witteck*, Der Betreiber im Umweltstrafrecht, S.34 ff., 41.

572 *Alt*, in: Joecks/Miebach, MüKo, StGB, § 327 Rn.38; *Cramer/Heine*, in: Schönke/Schröder, StGB, § 327 Rn.23 m.w.N.; *Heine*, in: Schönke/Schröder, StGB, Vorb. zu §§ 324 ff. Rn.25; *Sack*, StGB, § 327 Rn.195 ff.; *Witteck*, in: BeckOK, StGB, § 327 Rn.31 f., m.w.N.; ausf. *Rengier*, in: FS Kohlmann, S.225 (S.236 f.).

573 *Heine*, in: Schönke/Schröder, StGB, Vorb. zu §§ 324 ff. Rn.25 ff., mit Ausführungen zur Verantwortung der Führungsetage und des mittleren Managments; *Sack*, StGB, § 327 Rn.198; a.A. *Witteck*, in: BeckOK, StGB, § 327 Rn.32, der anführt, dass Personen der Ausführungsebene allein nach den §§ 325, 27 StGB strafbar sein können. Zur Diskussion, wer im Rahmen der §§ 327, 329 StGB als Täter in Betracht kommt, s. *Rengier*, in: FS Kohlmann, S.225 (S.228 f.).

Der Betreiberbegriff ist ebensowenig wie das Tatbestandsmerkmal „Betreiben“ in den Begriffsbestimmungen des Strafgesetzbuches, § 330d StGB, definiert. Die Untätigkeit des Strafgesetzgebers beruht auf dessen Annahme, dass sich nach dem Verwaltungsrecht bestimmt, wer Betreiber ist. Denn bei den Umweltstrafbestimmungen handelt es sich um sog. verwaltungsakzessorische Vorschriften, d.h. strafbar ist das bezeichnete Verhalten nur dann, wenn es nach den einschlägigen verwaltungsrechtlichen Vorschriften nicht zulässig ist.[574] Entsprechend der verwaltungsakzessorischen Ausgestaltung des Tatbestands soll demnach der Betreiberbegriff und das Betreiben nach § 327 StGB im Sinne des Immissionsschutzrechts ausgelegt werden.[575] Hinweise auf den Inhalt des Begriffs des Anlagenbetreibers sind dem StGB danach nicht zu entnehmen, obwohl der Begriffsinhalt angesichts der Höhe der nach § 327 Abs.2, 3 StGB drohenden Sanktionen von großer Bedeutung ist.

2. *Der Betreiber als Täter bei Luftverunreinigung und Lärmverursachung nach §§ 325, 325a StGB*

Der Betreiber einer emittierenden Anlage kann sich – neben § 327 StGB – nach §§ 325, 325a wegen Luftverunreinigung bzw. Lärmverursachung strafbar machen.[576] Nach § 325 Abs.1 Nr.1 StGB wird derjenige mit einer Freiheitsstrafe bis zu fünf Jahren oder mit Geldstrafe bestraft, der beim Anlagenbetrieb[577] unter Verletzung verwaltungsrechtlicher Pflichten Luftveränderungen verursacht, die bereits die generelle Eignung besitzen, die Umwelt gem. § 325 Abs.1 Nr.1 StGB außerhalb des Anlagenbereichs zu schädigen (Strafbarkeit des Versuchs nach S.2, fahrlässige Begehung nach Abs.3).[578] Absatz 2 sieht entsprechend die Strafbarkeit desjenigen vor, der beim Freisetzen von Schadstoffen in bedeutendem Umfang in die Luft gravierende verwaltungsrechtliche Pflichten beim

574 *Meinberg*, in: Meinberg/Möhrenschlager/Link, Umweltstrafrecht, Einf. II, S.7; krit. *Witteck*, Der Betreiber im Umweltstrafrecht, S.28 ff., S.168 ff.

575 Vgl. BT-Drs. 8/3633, S.30 f., wonach Betreiben entsprechend dem BImSchG „jegliches Betreiben“ der Anlage erfassen soll; *Rengier*, in: FS Kohlmann, S.225 (S.229).

576 Die Tatbestände der Luftverunreinigung und der Lärmverursachung wurden erst im Rahmen des 18. StrÄndG vom 1. Juli 1980 in das Strafgesetzbuch (unter gleichzeitiger Aufhebung des § 64 BImSchG) eingefügt, s. *Alt*, in: Joecks/Miebach, MüKo, StGB, § 325 Rn.7, § 325a Rn.7.

577 Zum Betrieb einer Anlage s. oben Teil 2 § 1 II 1 b). Siehe auch *Sack, StGB,* § 325 Rn.25.

578 *Heine*, in: Meinberg/Möhrenschlager/Link, Umweltstrafrecht, C.3., S.111.

Anlagenbetrieb verletzt.[579] Nach § 325a Abs.1 StGB ist die Verursachung von Lärm unter Verletzung verwaltungsrechtlicher Pflichten strafbar, wenn der verursachte Lärm außerhalb des zur Anlage gehörenden Bereichs die Gesundheit eines anderen zu schädigen geeignet ist, nach Absatz 2 wird die Verletzung verwaltungsrechtlicher Pflichten, die dem Schutz vor Lärm, Erschütterungen oder nichtionisierenden Strahlen dienen, bei einem bestimmten Gefährdungspotenzial sanktioniert.

Täter der §§ 325, 325a StGB ist derjenige, der die umweltbelastende Anlage in Betrieb setzt oder in Gang hält und dabei verwaltungsrechtliche Pflichten verletzt, oder derjenige, der bei einer in Betrieb befindlichen Anlage die schädliche Emission ermöglicht und dabei verwaltungsrechtliche Pflichten des Betreibers missachtet.[580] Ausschließlich der Betreiber kommt dabei als Täter in Betracht, wenn eine verwaltungsrechtliche Pflicht verletzt wird, deren ausschließlicher Adressat der Anlagenbetreiber ist, wie z.B. beim Betreiben einer genehmigungsbedürftigen Anlage ohne Genehmigung, einem Verstoß gegen eine Auflage oder gegen eine Untersagungsverfügung (Betriebsverbot). Ist eine juristische Person oder eine Personengesellschaft Anlagenbetreiber, kann diese nicht selbst Täter im Sinne des Strafrechts sein, sondern nur deren Vertreter gem. § 14 StGB, d.h. diejenigen Organe oder Gesellschafter bzw. sonst Beauftragten, die auf Weisung bzw. mit Kenntnis des Anlagenbetreibers die Anlage betreiben.[581] Wer Betreiber ist, richtet sich – wie bei § 327 StGB – aufgrund der verwaltungsakzessorischen Ausrichtung der §§ 325, 325a StGB nach dem im Immissionsschutzrecht verwendeten Betreiberbegriff.

---

579 *Sack*, StGB, § 325 Rn.139 ff. Was unter verwaltungsrechtlichen Pflichten gemäß § 325 Abs.1 StGB zu verstehen ist, wird in den Begriffsbestimmungen des § 330d Nr.4, 5 StGB aufgeführt. Die eine verwaltungsrechtliche Pflicht begründenden Rechtsvorschriften müssen dabei hinreichend bestimmt sein (Art.103 Abs.2 GG). Demnach können die allgemeinen Grundpflichten für Anlagenbetreiber und bloße Verwaltungsvorschriften, wie etwa die TA Luft, aufgrund ihrer Unbestimmtheit keine verwaltungsrechtlichen Pflichten begründen, deren Verstoß nach § 325 StGB zu sanktionieren ist, s. *Heine*, in: Schönke/Schröder, StGB, § 325 Rn.8 m.w.N.

580 Vgl. *Heine, in:* Schönke/Schröder, StGB, § 325 Rn.29; *Sack*, StGB, § 325 Rn.194.

581 Vgl. *OLG Karlsruhe*, Beschl. v. 3.1.1995 – 1 Ws 192/94 –, ZfW 1996, 406; *Alt*, in: Joecks/Miebach, MüKo, StGB, § 325 Rn.76 f.; *Heine*, in: Meinberg/Möhrenschlager/Link, Umweltstrafrecht, C.3., S.114; *Sack*, StGB, § 325 Rn.194, § 325a Rn.196; *Witteck*, in: BeckOK, StGB, § 325 Rn.26 f.; *Rengier*, in: FS Kohlmann, S.225 (S.229 ff.).

§ 7. Zusammenfassung

Der Betreiberbegriff des BImSchG erhält seine Bedeutung zunächst im Zusammenhang mit dem Anlagengenehmigungsrecht. Im BImSchG steht die genehmigungsbedürftige Anlage im Vordergrund, deren Errichtung, Betrieb und wesentliche Änderung der immissionsschutzrechtlichen Genehmigung bedarf. Der Genehmigungsinhalt wird dabei vornehmlich vom Umfang der genehmigungsbedürftigen Einrichtungen nach der 4. BImSchV (Hauptanlage und ggf. Nebeneinrichtungen) beinflusst. Diese Anlagenbezogenheit prägt den Inhalt der immissionsschutzrechtlichen Genehmigung, nicht hingegen die Person des Betreibers. Während Änderungen der Lage, Beschaffenheit oder des Betriebs regelmäßig angezeigt werden müssen und je nach Auswirkung einer Genehmigung bedürfen, kann ein Wechsel der Person des Anlagenbetreibers nur mittelbar zu einer Anzeigepflicht gegenüber der zuständigen Behörde führen.

Der Gesetzgeber verwendet unterschiedliche Begrifflichkeiten im Rahmen des immissionsschutzrechtlichen Genehmigungsverfahrens. Die Vorschriften hierzu (z.B. § 2 der 9. BImSchV, § 15 Abs.1, 2, § 16 Abs.2, 4, § 19 Abs.3 BImSchG) sind vornehmlich an den „Träger des Vorhabens“ adressiert. Erst wenn es um die wesentlichen Pflichten (§ 5 BImSchG), um die Untersagung, Stilllegung und Beseitigung der Anlage (§ 15 Abs.3, § 20 BImSchG) oder besondere Nebenbestimmungen (§ 12 Abs.2c S.1 BImSchG) geht, verwendet der Gesetzgeber den Betreiberbegriff. Nach Wortlaut und Inhalt der Vorschriften zum Genehmigungsverfahren ist der Begriff des Vorhabenträgers nicht inhaltsgleich mit dem Betreiberbegriff. Vielmehr ist der Betreiberbegriff enger zu verstehen, weil der Vorhabenträger auch denjenigen erfasst, der die Anlage in eigener Verantwortung errichtet (Letztverantwortlicher im Stadium der Errichtung), nicht jedoch (später) die Anlage i.e.S. betreibt. Die Verwendung unterschiedlicher Begrifflichkeiten verfehlt dabei ihr Ziel, da sie zu Missverständnissen beitragen kann. Zudem ist das Vorgehen des Gesetzgebers insoweit inkonsequent, als nach dem BImSchG auch derjenige Betreiber sein kann, dessen Anlage stillgelegt ist und im wörtlichen Sinne nicht mehr betrieben wird. Praxisgerecht wäre daher die einheitliche Verwendung des Betreiberbegriffs. Dessen Inhalt wäre dann derart zu bestimmen, dass auch der eigenverantwortlich und im eigenen Namen handelnde Errichter einer Anlage i.S.d. BImSchG – der „frühere“ Betreiber – erfasst wird.

Der Anlagenbetreiber ist der Adressat der in § 5 Abs.1 BImSchG kodifizierten umfassenden Schutz- und Vorsorgepflichten (einschließlich Nachsorgepflichten), die der Gefahrenabwehr und -vorsorge im Hinblick auf die emittierende Anlage dienen. Der Anlagenbetreiber ist danach eine Person, die insbesondere als Störer im ordnungsrechtlichen Sinne von der Behörde verpflichtet werden kann, die erforderlichen Schutz- bzw. Vorsorgemaßnahmen umzusetzen. Insgesamt muss der Anlagenbetreiber als Adressat dieser Pflichten jedenfalls derjenige sein, der auch in der Lage ist, die Entscheidungen über die Erfüllung der Gefahrenabwehr- und Vorsorgepflichten zu treffen. Die Betreibereigenschaften Gefahrennähe und unmittelbare Entscheidungsgewalt sind danach von größerer Bedeutung als wirtschaftliche Kriterien. Dies verdeutlicht auch die StörfallVO, wonach der (Störfallanlagen-) Betreiber der Letztverantwortliche für das Treffen ausreichender Sicherheitsmaßnahmen und -vorkehrungen für den Betriebsbereich ist. Dabei muss der Betreiber nicht die Verantwortung vor Ort haben, sondern kann auch Verantwortung z.B. an einen Betriebsleiter abgeben, ohne dass die Letztverantwortlichkeit auf diesen übergeht.

Den Vorschriften über die betreibereigene und behördliche Überwachung lässt sich demgegenüber entnehmen, wer nicht der Anlagenbetreiber ist: Betriebsangehörige, einschließlich des Betriebsleiters, des Immissionsschutzbeauftragten und des Störfallbeauftragten. Zudem muss der Betreiber einer Anlage nicht zwingend mit dem Eigentümer einer Anlage oder dem Eigentümer und Besitzer der Grundstücke des Anlagenbetriebs identisch sein.

Der Anlagenbetreiber ist regelmäßig derjenige, der das finanzielle Risiko in Bezug auf den Anlagenbetrieb eingeht. Ihn trifft insbesondere die Kostenlast der Überwachung nach § 30 Abs.1 S.1 BImSchG und § 52 Abs.4 BImSchG. Die Nationalität oder der Sitz des Betreibers spielen für die Bestimmung keine Rolle (vgl. § 51b BImSchG).

Betreiber kann neben einer natürlichen Person auch eine juristische Person oder eine gleichgestellte Personenvereinigung sein. Nach § 52b Abs.1 S.1 BImSchG ist im Hinblick auf Kapital- und Personengesellschaften mit mehreren Vertretungsberechtigten der Betreiber jedenfalls nicht bereits derjenige, der nach den Bestimmungen der Geschäftsführungsbefugnis „für die Gesellschaft die Pflichten des Betreibers“ wahrnimmt und der unmittelbare Ansprechpartner für die Behörde ist. Originärer Adressat der Betreiberpflichten bleibt die Kapital- bzw. Personengesellschaft.

Das deutsche Immissionsschutzrecht sieht vor, dass eine Anlage nur durch denselben Betreiber betrieben werden kann. Dies steht im Einklang mit den Vorgaben des Richtliniengebers insbesondere im Bereich des Störfallrechts (Seveso III-Richtlinie) (Störfallrecht). Im Hinblick auf das Anlagengenehmigungsrecht ist das deutsche Immissionschutzrecht strenger als das Unionsrecht (IE-Richtlinie), das die Möglichkeit der Betreibermehrheit vorsieht. Der Grundsatz der Betreiberidentität gilt jedoch auch im deutschen

Immissionsschutzrecht nicht uneingeschränkt. Vielmehr wird er faktisch durchbrochen (z.B. bei der GbR). Darüber hinaus besteht Regelungsbedarf für praxisrelevante Sonderfälle (z.B. Aufspaltung von Anlagen).

Den Begriffsbestimmungen des Richtliniengebers (IVU-Richtlinie, IE-Richtlinie, Seveso III-Richtlinie) lassen sich mehrere Kriterien – tatsächliche oder rechtliche Verfügungsgewalt über eine Anlage oder ggf. die ausschlaggebende wirtschaftliche Verfügungsmacht über den technischen Betrieb einer Anlage – zur Bestimmung des Betreibers entnehmen. Die Merkmale (wie z.B. das Betreiben oder Besitzen einer Anlage) sind jedoch lediglich alternativ aufgeführt. Das Kriterium der ausschlaggebenden bzw. maßgeblichen wirtschaftlichen Verfügungsmacht über den technischen Anlagenbetrieb kann berücksichtigt werden. Eine Gewichtung nimmt der Richtliniengeber nicht vor. Auch die unionsrechtlichen Begriffsbestimmungen halten damit keine Anleitung für die Praxis bereit, wie zu verfahren ist, wenn mehrere Personen als Betreiber in Betracht kommen.

Insgesamt gehen die Vorschriften des BImSchG und die zugehörigen Rechtsverordnungen von einem einheitlichen Betreiberbegriff aus, den sie allerdings trotz seiner Bedeutung für die Praxis nicht definieren. Das Strafrecht, nach dem der Anlagenbetreiber Täter von Umweltstraftaten sein kann, sieht ebenfalls keine Definition vor, sondern überlässt es dem Immissionsschutzrecht, dem Begriff seinen Inhalt zu geben. Den immissionsschutzrechtlichen Regelungen sind im Rahmen der Auslegung einzelne Anhaltspunkte für den Inhalt des Betreiberbegriffs zu entnehmen. Jedoch fehlen konkrete Angaben, welches Gewicht dem jeweiligen Kriterium im Zusammenspiel mit den anderen Kriterien zukommt. Der deutsche Gesetzgeber sollte daher eine Bestimmung des Betreiberbegriffs im BImSchG vornehmen.

Teil 3. Der in anderen Gesetzen verwendete Betreiber- bzw. Inhaberbegriff in Abgrenzung zum Betreiberbegriff des BImSchG

Der Begriff des Anlagenbetreibers wird in einer Vielzahl von Gesetzen, z.B. von dem TEHG, dem Erneuerbare-Energien-Gesetz (EEG), dem Kraft-Wärme-Kopplungsgesetz (KWKG), der Seeanlagenverordnung (SeeAnlV) und dem WHG abseits des Immissionsschutzrechts benutzt. Manche Gesetze verwenden stattdessen ähnliche Begriffe wie den Begriff „Verantwortlicher", etwa das Umweltschadensgesetz (USchadG) und das TEHG a.F., oder den Begriff „Inhaber der Anlage", z.B. das Umwelthaftungsgesetz (UHaftG) und das WHG a.F. Dabei ist auf den ersten Blick nicht ersichtlich, ob diese Begriffe inhaltsgleich sind oder ob ihnen je nach Gesetzeskontext eine andere Bedeutung zukommt. Eine Untersuchung der Begriffe im jeweiligen Gesetzeszusammenhang kann Aufschluss hierüber und zugleich über die Verwendung des Betreiberbegriffs im Immissionsschutzrecht geben.

§ 1. Der Betreiber nach dem TEHG

I. Allgemeiner Hintergrund

Das TEHG enthält die wesentlichen Regelungen für das Emissionshandelssystem in Deutschland.[582] Während es sich zunächst allein auf Kohlendioxid-Emissionen von Anlagen bezog, hat die novellierte Fassung vom 21. Juli 2011[583] die Liste erfasster Treibhausgas-Emissionen und Tätigkeiten in Anhang 1 zum TEHG deutlich erweitert.[584] Damit setzt die novellierte Fassung des TEHG die Richtlinie 2009/29/EG[585] zur Änderung der Richtlinie 2003/87/EG[586] zwecks

582 *Weinreich*, in: Landmann/Rohmer, TEHG, Vorb., Rn.47.

583 TEHG vom 21. Juli 2011, BGBl I S.1475, das zuletzt durch Art.2 Abs.24 des Gesetzes vom 22. Dezember 2011, BGBl I S.3044, geändert worden ist.

584 *Weinreich*, in: Landmann/Rohmer, TEHG, Vorb., Rn.48.

585 RL 2009/29/EG des *Europäischen Parlaments* und des *Rates* vom 23. April 2009, ABl. Nr. L 140 vom 5. Juni 2009, S.63.

586 RL 2003/87/EG des *Europäischen Parlaments* und des *Rates* vom 13. Oktober 2003, ABl. Nr. L 275/32 vom 25. Oktober 2003, zur Änderung der RL 96/61/EG des *Rates*. Die RL wurde zuletzt geändert durch die RL 2009/29/EG zwecks Verbesserung und

Verbesserung und Ausweitung des Gemeinschaftssystems für den Handel mit Treibhausgasemissionszertifikaten[587] um.[588] Ziel der Richtlinie 2009/29/EG ist es insbesondere, dass zu den Emissionsreduktionen von jetzt an alle Wirtschaftszweige beitragen, einschließlich der Seeschifffahrt und der Luftfahrt (Erwägungsgrund Abs.3 der Richtlinie).

Das TEHG enthält also ebenso wie das BImSchG einschränkende Regelungen zu Emissionen, um die Umwelt – im Hinblick auf das Klima – zu schützen.[589] Es handelt sich danach um „verwandte" Gesetze.[590] Gerade die Begriffsbestimmung des TEHG könnte daher Hinweise für den Begriff des Anlagenbetreibers des BImSchG enthalten.

II. Der „Anlagenbetreiber" als Adressat nach § 3 Nr.4 TEHG

Das TEHG führt als Adressat der wesentlichen Rechte und Pflichten – wie das BImSchG – den „Anlagenbetreiber" (z.B. § 4 Abs.1, 2 Nr.1, § 7 Abs.1 S.2, § 9 Abs.1 TEHG) bzw. „Betreiber" (z.B. § 5 Abs.1, § 6, § 7 Abs.1 S.1 TEHG) auf.[591] Verstößt der Betreiber gegen zentrale Pflichten des TEHG (§§ 5–7), drohen

---

Ausweitung des Gemeinschaftssystems für den Handel mit Treibhausgasemissionszertifikaten. Die RL 2003/87/EG war bereits durch die Änderungs-RL 2008/101/EG vom 19. November 2008 zwecks Einbeziehung des Luftverkehrs ab 2012 in das System für den Handel mit Treibhausgasemissionszertifikaten in der Gemeinschaft, ABl. Nr. L 8 vom 13. Januar 2009, S.3, geändert worden.

587 ABl. Nr. L 140 vom 5. Juni 2009, S.16–62.

588 Ausf. zu dieser Richtlinienumsetzung BT-Drs. 15/2328, S.7 ff.; *Michaelis/Holtwisch*, NJW 2004, 2127.

589 Siehe auch § 5 Abs.2 BImSchG zur Beachtung der Schutzpflicht bei eröffnetem Anwendungsbereich des TEHG: „Soweit genehmigungsbedürftige Anlagen dem Anwendungsbereich des Treibhausgas-Emissionshandelsgesetzes unterliegen, sind die Anforderungen zur Begrenzung von Treibhausgasen nur zulässig, um zur Erfüllung der Pflichten nach Absatz 1 Nummer 1 sicherzustellen, dass im Einwirkungsbereich der Anlage keine schädlichen Umwelteinwirkungen entstehen; dies gilt nur für Treibhausgase, die für die betreffende Tätigkeit nach Anhang 1 des Treibhausgas-Emissionshandelsgesetzes umfasst sind."

590 Nach der Genehmigungsfiktion des § 4 Abs.4 S.1 TEHG ist die immissionsschutzrechtliche Genehmigung als Emissionsgenehmigung gemäß § 4 Abs.1 TEHG anzusehen, wenn es sich um eine Bestandsanlage handelt, die bis zum 31.12.2012 immissionsschutzrechtlich genehmigt worden ist, s. hierzu auch BT-Drs. 17/5296, S.46. Die Emissionsgenehmigung gemäß § 4 Abs.1 TEHG wird von der Konzentrationswirkung i.S.d. § 13 BImSchG erfasst, s. *Schweer/v. Hammerstein*, TEHG, § 4 Rn.31.

591 Vgl. *Mutschler*, in: Säcker, Berliner Kommentar zum Energierecht, TEHG, § 3 Rn.11; *Vierhaus*, in: Körner/Vierhaus, TEHG, § 3 Rn.30; *Mühlbauer*, Emissionshandel, S.78.

ihm Sanktionen nach §§ 29–32.[592] Zu diesen Pflichten gehören die fortlaufende Ermittlungspflicht bzgl. der verursachten Emissionen sowie die Abgabe eines Emissionsberichts und einer bestimmten Anzahl die verursachten Emissionen abdeckenden Berechtigungen.[593]

Nach § 3 Nr.4 TEHG ist ein „Betreiber" ein „Anlagenbetreiber oder Luftfahrzeugbetreiber". Der Begriff „Anlagenbetreiber" ist in § 3 Nr.2 TEHG legaldefiniert als

> „eine natürliche oder juristische Person oder Personengesellschaft, die die unmittelbare Entscheidungsgewalt über eine Anlage innehat, in der eine Tätigkeit nach Anhang 1 Teil 2 Nummer 1 bis 32 durchgeführt wird, und die dabei die wirtschaftlichen Risiken trägt; wer eine genehmigungsbedürftige Anlage im Sinne des § 4 Absatz 1 Satz 3 des Bundes-Immissionsschutzgesetzes betreibt, in der eine Tätigkeit nach Anhang 1 Teil 2 Nummer 1 bis 30 durchgeführt wird, ist Anlagenbetreiber nach Halbsatz 1".

Der 1. Halbsatz der Begriffsbestimmung „Anlagenbetreiber" in § 3 Nr.2 TEHG sieht das kumulative Vorliegen der unmittelbaren Entscheidungsgewalt über eine der in Anhang 1 zum TEHG aufgeführten Tätigkeiten und das Tragen des wirtschaftlichen Risikos des Betriebs vor.[594] Die unmittelbare Entscheidungsgewalt über Tätigkeiten des Anhangs 1 hat nicht zwingend derjenige, der allein Eigentümer der Anlage ist. Vielmehr können stattdessen auch sonstige dinglich oder obligatorisch Berechtigte, wie z.B. Mieter oder Pächter, die unmittelbare Entscheidungsgewalt über eine Anlage haben, wenn ihnen die tatsächliche Sachherrschaft über sie übertragen worden ist.[595] Denn durch die Verfügungsgewalt über die Anlage können sie den maßgeblichen Einfluss auf die Lage, Beschaffenheit und den Betrieb der Anlage – die unmittelbare Entscheidungsgewalt – ausüben und die notwendigen Vorsorgemaßnahmen treffen.[596]

---

592 Zum Beispiel sieht das Sanktionsinstrument nach § 29 TEHG eine Kontosperrung bei Nichterfüllung der Berichtspflicht vor. Nach § 30 TEHG kann die Behörde eine Zahlungspflicht für jede emittierte Tonne ohne entsprechende Berechtigung festsetzen und eine Schätzung der verursachten Emissionen mangels Erfüllung der Berichtspflicht vornehmen, s. *Frenz*, in: Frenz, TEHG, § 29 Rn.1 ff., § 30 Rn.1 ff.; vgl. *Vierhaus*, in: Körner/Vierhaus, TEHG, § 3 Rn.27 *Hohmuth*, Emissionshandel, S.157.

593 Siehe hierzu (im Zusammenhang mit TEHG a.F.) *Kotulla*, in: Kotulla, BImSchG, § 5 Rn.123d; *Sellner/Reidt/Ohms*, Immissionsschutzrecht, 6. Teil, II., Rn.107 ff.; *Hohmuth*, Emissionshandel, S.156 ff.

594 Vgl. *Frenz*, in: Frenz, TEHG, § 3 Rn.4; *Mutschler*, in: Säcker, Berliner Kommentar zum Energierecht, TEHG, § 3 Rn.12 f.

595 *Mutschler*, in: Säcker, Berliner Kommentar zum Energierecht, TEHG, § 3 Rn.14; *Schweer/v. Hammerstein*, TEHG, § 3 Rn.12.

596 Vgl. *Schweer/v. Hammerstein*, TEHG, § 3 Rn.12.

Die wirtschaftliche Komponente der Definition des Verantwortlichen war im ursprünglichen Gesetzesentwurf zum TEHG nicht enthalten.[597] Sie ist vom Gesetzgeber aufgenommen worden, um Fragen bei der Zuordnung der innerbetrieblichen Verantwortung (Betriebsleiter versus Betriebsinhaber) zu vermeiden.[598] Der Bundesrat hatte sich demgegenüber gegen die Aufnahme dieser Komponente ausgesprochen, da die Definition „viel Raum für kreative Gestaltung“ böte und zu einem „beachtlichen Prüfungsaufwand“ führe, zumal sie eine „besondere betriebswirtschaftliche Fachkompetenz“ erfordere.[599] Dem ist allerdings entgegenzuhalten, dass das TEHG, wie der Name des Gesetzes bereits andeutet, vom Emissionshandel geprägt ist,[600] dessen Voraussetzungen es regelt, und damit der vollkommene Ausschluss einer wirtschaftlichen Betrachtungsweise im Hinblick auf den Betreiber abwegig erscheint.[601]

Der 1. Halbsatz des § 3 Nr.2 TEHG ist missverständlich formuliert, weil in der Praxis nicht immer derjenige, der die unmittelbare Entscheidungsgewalt hat, auch das „wirtschaftliche Risiko“ im weitesten Sinne für das Betreiben der Anlage trägt. So tragen z.B. bei Kapitalgesellschaften die Gesellschafter oder stille Eigenkapitalgeber zwar das wirtschaftliche Risiko (insb. das Insolvenzrisiko). Sie haben aber damit nicht zugleich die unmittelbare Entscheidungsgewalt über den Betrieb der Anlage. Ebensowenig haben in der Regel Darlehensgeber oder Finanzierungsgesellschaften (Fonds- oder Leasinggesellschaften) die unmittelbare Entscheidungsgewalt inne, selbst wenn sie für die überwiegende Finanzierung des Anlagenbetriebs sorgen.[602] In diesen Konstellationen fallen die Entscheidungsgewalt und das wirtschaftliche Risiko auseinander, mit der Folge, dass nicht feststellbar wäre, wer letztlich Verantwortlicher ist.[603] Dies

---

597 Zur Begriffsbestimmung des Verantwortlichen nach § 3 Abs.7 TEHG a.F. s. BR-Drs. 14/04, S.39. Vgl. auch BT-Drs. 15/2328, S.2, § 3 Abs.5 S.1.

598 Siehe zu § 3 Abs.7 TEHG a.F. *Vierhaus*, in: Körner/Vierhaus, TEHG, § 3 Rn.34.

599 BR-Drs. 198/04, S.2; *Schweer/v. Hammerstein*, TEHG, § 3 Rn.11; a.A. *Theuer*, in: Frenz, TEHG a.F., § 3 Rn.32, Fn.20.

600 Siehe hierzu auch unten Teil 3 § 1 V.

601 A.A. *Mutschler*, in: Säcker, Berliner Kommentar zum Energierecht, TEHG, § 3 Rn.15.

602 *Schweer/v. Hammerstein*, TEHG, § 3 Rn.13 m.w.N.; *Vierhaus*, in: Körner/Vierhaus, TEHG, § 3 Rn.32; i.E. ebenso *Mutschler*, in: Säcker, Berliner Kommentar zum Energierecht, TEHG, § 3 Rn.16. Vgl. in Bezug auf die Abgrenzung einer finanzierenden Leasinggesellschaft und dem späteren Betreiber eines Kernkraftwerks *OVG Koblenz*, Urt. v. 20.7.1982 – 7 A II 3/82 –, ET 1983, 155.

603 *Schweer/v. Hammerstein*, TEHG, § 3 Rn.13.

spricht für eine praxisgerechte Auslegung des Merkmals des wirtschaftlichen Risikos nach § 3 Nr.2 Hs.1 TEHG. Maßgeblich ist danach, wer neben der unmittelbaren Verfügungsgewalt die Anlage unmittelbar auf eigene Rechnung betreibt, nutzt und die Kosten für den Unterhalt aufbringt (in Anlehnung an den ans Schadensersatzrecht anknüpfenden Begriff des Betreibers von KWK-Anlagen).[604]

Fraglich ist, wer die unmittelbare Entscheidungsgewalt i.S.d. TEHG hat, wenn die Betriebsführung gegen Entgelt einem Dritten übertragen wird. Mit der Übertragung der Betriebsführung werden letzterem auch Entscheidungsbefugnisse übertragen. Der Dritte hat diese Entscheidungsgewalt jedoch allein im Rahmen des Auftragsverhältnisses inne. Der Auftraggeber kann demnach weiterhin aufgrund dieser Vertragsbeziehung den entscheidenden Einfluss auf den Betrieb ausüben, während der Dritte lediglich sein Verrichtungsgehilfe ist.[605] Daher ist regelmäßig anzunehmen, dass die unmittelbare Entscheidungsgewalt beim Auftraggeber verbleibt.

Nach § 3 Nr.2 Hs.2 TEHG beschränkt sich die Begriffsbestimmung des Anlagenbetreibers von genehmigungsbedürftigen Anlagen des BImSchG letztlich darauf, dass es sich um eine Person handelt, die eine Anlage gem. § 4 Abs. 1 S.3 BImSchG „betreibt". Der Begriff des Anlagenbetreibers richtet sich insoweit also nach dem immissionsschutzrechtlichen Betreiberbegriff.[606] Eine konkrete Bestimmung des Begriffs des Anlagenbetreibers des BImSchG wird damit umgangen, obwohl der Betreiber genehmigungsbedürftiger Anlagen wegen der nach der alten Fassung relevanten Treibhausgasquellen der „zentrale personale Anknüpfungspunkt des Emissionshandelsrecht[s]"[607] ist.

III. Der Verantwortliche als Adressat nach § 3 Abs.7 TEHG a.F.

Die Fassung des § 3 Nr.2 TEHG entspricht damit im Wesentlichen dem Wortlaut des früheren § 3 Abs.7 TEHG a.F., der ebenfalls auf das kumulative Vorliegen der unmittelbaren Entscheidungsgewalt und das Tragen des wirtschaftlichen Risikos

---

604 *Mutschler*, in: Säcker, Berliner Kommentar zum Energierecht, TEHG, § 3 Rn.16; *Salje*, KWKG, § 3 Rn.139. Vgl. *Schweer/v. Hammerstein*, TEHG, § 3 Rn.14. Zum Betreiberbegriff i.S.d. KWKG s. unten Teil 3 § 2 II.

605 *Schweer/v. Hammerstein*, TEHG, § 3 Rn.15.

606 Vgl. *Altenschmidt*, CuR 2006, 43 (44).

607 *Vierhaus*, in: Körner/Vierhaus, TEHG, § 3 Rn.30.

abstellte.[608] Adressat des § 3 Abs.7 TEHG a.F.[609], die bis zum 27. Juli 2011 galt, war allerdings der „Verantwortliche".[610]

Die Ersetzung des Begriffs „Verantwortlicher" durch „Anlagenbetreiber" wurde damit begründet, dass Letzterer eine deutliche Abgrenzung zur neu aufgenommenen Teilgruppe der Luftfahrzeugbetreiber erlaube:

> „Auf den Begriff des Verantwortlichen aus § 3 Absatz 7 des aktuellen TEHG wird verzichtet. Stattdessen wird immer vom Betreiber (Nr.4) gesprochen, wodurch sowohl Anlagenbetreiber (Nr.2) als auch Luftfahrzeugbetreiber (Nr.7) umfasst sind. Diese Differenzierung erlaubt eine eindeutige Zuordnung und ermöglicht die Unterscheidung, ob eine bestimmte Regelung des Gesetzes für alle Betreiber gilt oder nur für die Teilgruppen der Anlagenbetreiber oder Luftfahrzeugbetreiber."[611]

Diese Begründung ist insoweit überraschend, als die Verwendung des Begriffs des Verantwortlichen im Zuge der Novellierung endlich ihre Berechtigung gehabt hätte. Denn § 2 Abs.6 TEHG n.F. hat die Emissionen von Luftfahrzeugen, die durch den Verbrauch von Treibstoffen entstehen, in den Anwendungsbereich des TEHG aufgenommen. Der Begriff des Verantwortlichen war gerade für den Fall einer zukünftigen Ausdehnung des Zertifikatehandels auf andere Sektoren, wie z.B. den Luft- und Kfz.-Verkehr, gedacht.[612] Demgegenüber wurden dem Betreiberbegriff allein genehmigungsbedürftige Anlagen i.S.d. BImSchG als Treibhausgasquelle zugeordnet.[613] Auf diese Weise sollten insbesondere Verkehrsemissionen unter den Anwendungsbereich des TEHG fallen können, die nicht von einem Betreiber verursacht werden.[614] Die alte Fassung des TEHG hat jedoch, solange sie in Kraft gewesen ist, allein genehmigungsbedürftige Anlagen erfasst. Demnach ist der Begriff „Verantwortlicher" faktisch ins Leere gelaufen.[615] Im Übrigen hatte bereits im Gesetzgebungsverfahren zur

---

608 Vgl. *VG Berlin*, Urt. v. 11.11.2010 – 10 A 173.08 –; *Salje*, in: Elspas u.a., Emissionshandel, Kapitel 7 Rn.2; *Schweer/v. Hammerstein*, TEHG, § 3 Rn.9.

609 TEHG vom 8. Juli 2004, BGBl I S.1578.

610 Vgl. *Frenz*, in: Frenz, TEHG, § 3 Rn.5.

611 BT-Drs. 17/5296, S.45.

612 BT-Drs. 15/2328, S.10; *Konzak/Bahlert*, Emissionshandel, Teil 3, Rn.26; *Vierhaus*, in: Körner/Vierhaus, TEHG, § 3 Rn.29 m.w.N.; *Mühlbauer*, Emissionshandel, S.80. Vgl. *Theuer*, in: Frenz, TEHG a.F., § 3 Rn.26.

613 *Beyer*, in: Landmann/Rohmer, TEHG a.F., § 3 Rn.6; *Vierhaus*, in: Körner/Vierhaus, TEHG, § 3 Rn.29.

614 *Vierhaus*, in: Körner/Vierhaus, TEHG, § 3 Rn.29.

615 *Beyer*, in: Landmann/Rohmer, TEHG a.F., § 3 Rn.6; *Vierhaus*, in: Körner/Vierhaus, TEHG, § 3 Rn.29.

alten Fassung des TEHG der Bundesrat aufgrund der mangelnden Bestimmtheit des Begriffs des Verantwortlichen empfohlen, stattdessen den Begriff des Betreibers im TEHG zu verwenden.[616] Die Ersetzung des Terminus Verantwortlicher durch den Betreiberbegriff ist jedenfalls zu begrüßen. Hierfür spricht die nunmehr mit der Emissionshandelsrichtlinie 2003/87/EG übereinstimmende Terminologie, die für den Rechtsanwender besser handhabbar ist.[617]

IV. Der Betreiberbegriff nach der Emissionshandelsrichtlinie 2003/87/EG

Der Richtliniengeber definiert den Betreiber in Art.3f der Richtlinie 2003/87/EG im Einklang mit der Begriffsbestimmung der IVU-Richtlinie.[618] Die Emissionshandelsrichtlinie verzichtet wie die Begriffsbestimmung der IVU-Richtlinie im Rahmen der Definition auf eine Gewichtung der Betreibereigenschaften (wirtschaftliche Verfügungsmacht, unmittelbare Verfügungsgewalt über die Anlage). Der Zusammenschau mit weiteren an den Betreiber adressierten Regelungen der Richtlinie 2003/87/EG lässt sich jedoch entnehmen, dass dem Kriterium der Letztverantwortung über die Überwachung (mit entsprechender Einflussnahmemöglichkeit auf die Anlage) besonderes Gewicht zukommt. Hierfür spricht, dass nach Art.6 Abs.1 der Betreiber von der zuständigen Behörde nur dann die Emissionsgenehmigung für seine Anlage erhält, wenn die Behörde davon überzeugt ist, dass der Betreiber seinen Überwachungs- und Berichtspflichten nachkommen kann („dass der Betreiber in der Lage ist, die Emissionen zu überwachen und darüber Bericht zu erstatten.").

Auf den ersten Blick unterscheidet sich die Begriffsbestimmung des Art.3f der Richtlinie 2003/87/EG nicht wesentlich von der des § 3 Nr.2 TEHG. Beide Definitionen führen als wesentliche Eigenschaften die wirtschaftliche Verfügungsmacht und die unmittelbare Verfügungsgewalt über die Anlage an. Ein inhaltlicher Unterschied der Begriffsbestimmung nach dem TEHG und nach der

616 BR-Drs. 14/1/04, S.5 f. Siehe auch *Vierhaus*, in: Körner/Vierhaus, TEHG, § 3 Rn.29.

617 Die ursprüngliche Verwendung des Begriffs Verantwortlicher und damit einer vom Richtliniengeber abweichenden Terminologie ist nicht unionsrechtswidrig gewesen, da sich der deutsche Gesetzgeber damit in den Grenzen der richtlinienkonformen Auslegung gehalten hat, s. *Mühlbauer*, Emissionshandel, S.81.

618 *Theuer*, in: Frenz, TEHG a.F., § 3 Rn.24. Betreiber ist nach RL 2003/87/EG „eine Person, die eine Anlage betreibt oder besitzt oder der — sofern in den nationalen Rechtsvorschriften vorgesehen — die ausschlaggebende wirtschaftliche Verfügungsmacht über den technischen Betrieb einer Anlage übertragen worden ist". Zur IVU-RL, ersetzt durch die IE-RL, s. oben Teil 2 § 4 III.

Emissionshandelsrichtlinie besteht aber darin, dass das TEHG die maßgeblichen Kriterien nicht alternativ aufführt, sondern kumulativ.[619]

V. Der Betreiber nach dem TEHG in Abgrenzung zum Betreiber des BImSchG

Das TEHG verweist gerade in Bezug auf den Begriff des Anlagenbetreibers einer genehmigungsbedürftigen Anlage i.S.d. BImSchG auf die Begriffsbestimmung des BImSchG.[620] Auch im Zuge der Novellierung des TEHG hat der Gesetzgeber die Möglichkeit nicht genutzt, den Begriff des Anlagenbetreibers nach dem BImSchG zu definieren und für Klarheit in der Praxis zu sorgen. Offenbar will sich der Gesetzgeber nicht auf einen konkreten Inhalt des Betreiberbegriffs des BImSchG festlegen. Dass es die „herkömmliche"[621] Betreiberbegriffsbestimmung gibt und es daher einer Legaldefinition nicht bedarf,[622] scheint vorgeschoben zu sein. Der Betreiberbegriff mag durch seine Verwendung in den betreiberbezogenen Vorschriften des BImSchG und durch die Rechtsprechung geformt worden sein, er ist jedoch nicht im engeren Sinne bestimmt.[623]

Die Systematik der Regelung des § 3 Nr.2 Hs.2 TEHG lässt den Rückschluss zu, dass der Betreiber einer genehmigungsbedürftigen Anlage sich nicht nach den Kriterien der Definition des § 3 Abs.2 Hs.1 TEHG bestimmt. Die Begriffsbestimmung in § 3 Abs.2 Hs.1 TEHG kann daher nicht 1:1 zur Bestimmung des Betreibers einer genehmigungsbedürftigen Anlage herangezogen werden. Eine Austauschbarkeit der Begriffe Anlagenbetreiber i.S.d. BImSchG und Anlagenbetreiber i.S.d. TEHG (zuvor „Verantwortlicher") ist folglich nicht anzunehmen.[624]

---

619 Krit. insoweit *Schweer/v. Hammerstein*, TEHG, § 3 Rn.9 f.

620 Vgl. *Schweer/v. Hammerstein*, TEHG, § 3 Rn.16; *Vierhaus*, in: Körner/Vierhaus, TEHG, § 3 Rn.30; *Hohmuth*, Emissionshandel, S.150; *Altenschmidt*, CUR 2006, 43 (44).

621 Siehe *Sellner/Reidt/Ohms*, Immissionsschutzrecht, 1. Teil, B.IV., Rn.31, der ohne Begründung davon ausgeht, dass die Definition des TEHG (§ 3 Abs.7 S.1) der „herkömmlichen Definition des Betreibers nach dem BImSchG entspricht".

622 BR-Drs. 14/1/04, S.6.

623 Vgl. *Schweer/v. Hammerstein*, TEHG, § 3 Rn.10 mit Verweis auf BR-Drs. 198/04, S.2; a.A. BR-Drs. 14/1/04, S.6, wonach der Betreiberbegriff „eingeführt" ist. Die konkrete für den Rechtsanwender zu verwendende Definition wird jedoch nicht in diesem Zusammenhang genannt. Zur Rechtsprechung zum Betreiberbegriff i.S.d. BImSchG s. unten Teil 4.

624 A.A. *Schmidt-Kötters*, in: BeckOK, BImSchG, § 4 Rn.114; *Vierhaus*, in: Körner/Vierhaus, TEHG, § 3 Rn.29; *Konzak/Bahlert*, Emissionshandel, Teil 2, Rn.50; *Mühlbauer*, Emissionshandel, S.80. Der Betreiber i.S.d. BImSchG ist zwar

Gleichwohl dürften die Kriterien des § 3 Abs.2 Hs.1 TEHG auch für die Bestimmung des Betreibers des BImSchG „richtungsweisend" sein. Hierfür sprechen die Ähnlichkeit des TEHG und des BImSchG im Hinblick auf den Regelungsgegenstand (Emissionen) und Schutzzweck (Umweltschutz[625]) sowie den anlagenbezogenen[626] Ansatz (vgl. Anhang 1 zum TEHG). In welchem Umfang die Kriterien der Definition des TEHG – unmittelbare Entscheidungsgewalt und das Tragen der wirtschaftlichen Risiken – bei der Bestimmung des Anlagenbetreibers des BImSchG mit einfließen, ist jedoch fraglich.

Das Vorliegen einer bedeutenden wirtschaftlichen Komponente dürfte beim Betreiberbegriff des BImSchG nicht das gleiche Gewicht haben wie beim Betreiberbegriff des TEHG. Das TEHG ist von dem Gedanken geprägt, dass das weltweite Klima dadurch geschützt wird, dass das Emissonsverhalten über das finanzielle Instrument des Emissionshandels gesteuert wird (vgl. § 1 TEHG).[627] Anlagenbetreiber, die vom Anwendungsbereich des TEHG erfasst werden, müssen ausreichend Emissionsberechtigungen entsprechend ihrer treibhausgasrelevanten Tätigkeiten erwerben (vgl. §§ 7 f. TEHG). Beim Emissionshandel handelt es sich vornehmlich um ein Mittel des indirekten Umweltschutzes: Es soll erreicht werden, dass „Emissionen in der Summe aller Anlagen" reduziert werden.[628] Demgegenüber sieht das BImSchG keinen

---

Verantwortlicher nach dem TEHG, jedoch gilt nicht automatisch die Definition des Verantwortlichen (Satz 1) für den Betreiber i.S.d. BImSchG (insb. im Hinblick auf die wirtschaftliche Komponente). Wenig hilfreich ist daher auch die Begründung des Gesetzesentwurfs in BT-Drs. 15/2328, S.10, die den Anschein erweckt, dass Betreiber derjenige sei, der die unmittelbare Entscheidungsgewalt inehabe bzw. selbsterklärend sei, wer Betreiber ist.

625 *Mühlbauer*, Emissionshandel, S.71.

626 Zum „streng anlagenbezogenen Ansatz" des TEHG s. *Zenke/Vollmer*, in: Danner/Theobald, Energierecht, Umweltrecht, B5., Rn.85 ff. Allerdings unterscheiden sich TEHG und BImSchG insoweit, als das TEHG eine globale Emissionsreduzierung anstrebt, die nicht wie das BImSchG auf den Austrittsort der Emission fokussiert ist, s. *Zenke/Vollmer*, in: Danner/Theobald, Energierecht, Umweltrecht, B5., Rn.88.

627 Vgl. *Frenz*, in: Frenz, TEHG, § 1 Rn.1; *Mühlbauer*, Emissionshandel, S.73; *Schweer/v. Hammerstein*, TEHG, Einl., Rn.44; *Weinreich*, in: Landmann/Rohmer, TEHG, Vorb., Rn.7. Siehe auch *Elspas/Stewing*, in: Elspas u.a., Emissionshandel, Kapitel 1, Rn.4, die den Emissionshandels als ein „mengenorientiertes wirtschaftspolitisches Instrument zum Umweltschutz" bezeichnen. Zu den ökonomischen Grundlagen des Emissionszertifikatehandels s. *Konzak/Bahlert*, Emissionshandel, Teil 1, Rn.15 ff.; *Körner*, in: Körner/Vierhaus, TEHG, Einl., Rn.7 ff.

628 *Mühlbauer*, Emissionshandel, S.73.

Emissionszertifikatehandel vor, sondern regelt die Pflichten in Bezug auf die einzelne emittierende Anlage.[629] Demnach hat beim Betreiberbegriff die wirtschaftliche Komponente keine wesentliche Bedeutung. Vielmehr kommt es auf Aspekte, die mit Gefahrenabwehr und Risikovorsorge und damit Gefahrennähe zusammenhängen, an. Das TEHG wiederum stellt nicht auf die Gefahrenabwehr ab, sondern ist allein vom Vorsorgeprinzip geprägt.[630] Insgesamt spielt also beim Betreiberbegriff des BImSchG vornehmlich das Kriterium der unmittelbaren Entscheidungsgewalt gem. § 3 Nr.2 Hs.1 TEHG eine Rolle: Der Anlagenbetreiber i.S.d. BImSchG ist eine Person, die in der Lage ist, entsprechende Schutz- bzw. Vorsorgemaßnahmen in Bezug auf die emittierende Anlage umzusetzen.

§ 2. Der energiewirtschaftliche Begriff des Anlagenbetreibers nach dem EEG und KWKG

Der Betreiberbegriff des Anlagenbetreibers wird insbesondere in den Vorschriften des Gesetzes für den Vorrang Erneuerbarer Energien (EEG) und des Gesetzes für die Erhaltung, Modernisierung und den Ausbau der Kraft-Wärme-Kopplung (KWKG) verwendet. Diese Gesetze enthalten, wie ihre Namen indizieren, energierechtliche Bestimmungen zum Schutze der Umwelt (vgl. § 1 Abs.1 EEG, § 1 KWKG).[631] Im Folgenden wird untersucht, inwieweit sich der Betreiberbegriff des EEG bzw. KWKG vom Betreiberbegriff des BImSchG unterscheidet.

I. Der Anlagenbetreiber nach dem EEG

Das EEG ist in seiner ursprünglichen Fassung am 1. April 2000 in Kraft getreten.[632] Es handelt sich demnach im Vergleich zum BImSchG um ein recht

629 *Mühlbauer*, Emissionshandel, S.73.

630 *Körner*, in: Körner/Vierhaus, TEHG, Einl., Rn.2; *Schweer/v. Hammerstein*, TEHG, Einl., Rn.47.

631 Vgl. *BGH*, Urt. v. 28.11.2007 – VIII ZR 306/04 –; NVwZ-RR 2008, 462; *OVG Berlin-Brandenburg*, Beschl. v. 4.2.2009 – OVG 11 S 53.08 –; *VG Gießen*, Beschl. v. 3.2.2011 – 8 L 5455/10.GI –, NuR 2011, 223; *Oschmann*, in: Danner/Theobald, Energierecht, EEG, B1., § 1 Rn.1 f., 11 f.; *Jacobshagen/Kachel*, in: Danner/Theobald, Energierecht, KWKG, B1., § 1 Rn.5.

632 EEG vom 29. März 2000, BGBl I S.305. Das EEG vom 25.10.2008 (BGBl I S.2074) ist in der Fassung von Art.1 des Gesetzes zur Neuregelung des Rechtsrahmens für die Förderung der Stromerzeugung aus erneuerbaren Energien vom 18. Juli 2011 (BGBl I S.1634), zuletzt durch Art.8 Abs.1 des Gesetzes vom 20. Dezember 2012 (BGBl I S.2730), geändert worden.

junges Gesetz. Ziel des EEG ist es, den Ausbau der erneuerbaren Energien zur Stromerzeugung als zentrales Element für Klimaschutz zu fördern und den Anteil erneuerbarer Energien an der Stromversorgung zu erhöhen.[633] Hierfür sieht das EEG insbesondere eine Mindestvergütung vor, wonach der nächstgelegene Netzbetreiber die Pflicht hat, den von Anlagebetreibern erneuerbar erzeugten Strom aufzunehmen und nach Maßgabe der §§ 18 bis 33 EEG zu vergüten (§ 16 EEG).[634]

1. *Wirtschaftliche Risikoteilung*

Während der europäische Richtliniengeber auf eine Begriffsbestimmung des Anlagenbetreibers im Rahmen der Richtlinie 2009/28/EG verzichtet,[635] ist nach § 3 Nr.2 EEG Anlagenbetreiber – bzw. Anlagenbetreiberin[636] –,

> „wer unabhängig vom Eigentum die Anlage für die Erzeugung von Strom aus Erneuerbaren Energien oder aus Grubengas nutzt".

Der Anlagenbegriff i.S.d. EEG ist dabei enger als der des BImSchG. Nach § 3 Nr.1 EEG sind Anlagen allein Einrichtungen zur Erzeugung von Strom aus erneuerbaren Energien oder aus Grubengas.[637] Ob der Anlagenbetreiber zugleich Eigentümer der Anlage ist, ist dabei nach dem Gesetzeswortlaut § 3 Nr.2 EEG nicht entscheidend.[638] Ebenso wenig ist die Inhaberschaft der Anlagengenehmigung nach dem

---

633 *BGH*, Urt. v. 18.7.2007 – VIII ZR 288/05 –, NJW-RR 2007, 1645; *ders.*, Urt. v. 28.11.2007 – VIII ZR 306/04 –, NVwZ-RR 2008, 462; *OVG Berlin-Brandenburg*, Beschl. v. 4.2.2009 – OVG 11 S 53.08 –; *VG Gießen*, Beschl. v. 3.2.2011 – 8 L 5455/10. GI –, NuR 2011, 223; *Oschmann*, in: Danner/Theobald, Energierecht, EEG, B1., § 1 Rn.1 f., 8; *Mühlbauer*, Emissionshandel, S.75.

634 *BVerwG*, Beschl. v. 17.3.2011 – 7 B 61/10 –, ZNER 2011, 348. Zur Begrenzung der EEG-Strommenge bzgl. neu gegründeter Unternehmen s. *BVerwG*, Urt. v. 31.5.2011 – 8 C 52/09 –, NVwZ 2011, 1069. Ausf. zum Grundkonzept des EEG s. *Oschmann*, in: Danner/Theobald, Energierecht, EEG, B1., Einf. Rn.42, 48 ff.

635 Vgl. Art. 2 der RL 2009/28/EG vom 23. April 2009 zur Förderung der Nutzung von Energie aus erneuerbaren Quellen und zur Änderung und anschließenden Aufhebung der Richtlinien 2001/77/EG und 2003/30/EG, ABl. Nr. L 140 vom 5. Juni 2009, S.16–62.

636 Ein aus gleichstellungspolitischen Gründen vom Gesetzgeber hinzugefügter Begriff, s. *Ekardt*, in: Frenz/Müggenborg, EEG, § 3 Rn.10.

637 Zum Anlagenbegriff s. *Böwing*, in: Säcker, Berliner Kommentar zum Energierecht, EEG, Einf. Rn.19 ff.

638 I.E. *BGH*, Urt. v. 11.6.2003 – VIII ZR 161/02 –, ZNER 2003, 234; *Salje*, EEG, § 3 Rn.168, 175; *Kachel*, CuR 2011, 100 (101).

BImSchG eine Voraussetzung für die Betreiberstellung nach dem EEG.[639] Dies lässt sich bereits aus der fehlenden Erwähnung im Gesetzestext und in den Gesetzesmaterialien sowie aus dem Gesetzeszweck schließen. Maßgeblich ist hiernach vielmehr, ob der Anlagenbetreiber tatsächlich eine Erzeugungsanlage zur Erzeugung erneuerbarer Energien nutzt.[640] Dies beurteilt sich im Einzelfall danach, ob er

> „die Kosten und das wirtschaftliche Risiko des Anlagenbetriebes trägt und das Recht hat, die Anlage auf eigene Rechnung zur Stromerzeugung zu nutzen, also über den Einsatz der Anlage bestimmt bzw. zumindest bestimmenden Einfluss hat."[641]

Diese Kriterien – Trägerschaft der Kosten und des wirtschaftlichen Risikos der Stromerzeugung der Anlage, tatsächliche Herrschaft über die Stromerzeugung – ähneln den Merkmalen haftungsrechtlicher Begriffe wie etwa dem Begriff des Halters nach § 7 StVG.[642] Denn nach ständiger höchstrichterlicher Rechtsprechung ist Halter eines Kfz, „wer es für eigene Rechnung in Gebrauch hat und die Verfügungsgewalt darüber besitzt, die ein solcher Gebrauch voraussetzt."[643] Die Ähnlichkeit der Begriffsinhalte dürfte darauf zurückzuführen sein, dass der Betreiber nach dem EEG im Rahmen eines gesetzlichen Schuldverhältnisses (§ 4 EEG) – ähnlich einem Halter eines Kfz – Inhaber zahlreicher Ansprüche sowie Träger von Verpflichtungen ist.[644] Zu diesen Ansprüchen gehören insb.

---

639 *Ekardt*, in: Frenz/Müggenborg, EEG, § 3 Rn.12; *Salje*, EEG, § 3 Rn.183; *Riedel*, IR 2010, 101 (103 f.).

640 *Oschmann*, in: Danner/Theobald, Energierecht, EEG, B1., § 3 Rn.51 ff.; *Oschmann*, in: Altrock u.a., EEG, § 3 Rn.40 ff. Siehe auch *Salje*, EEG, § 3 Rn.168, 175, der anführt, dass das Gesetz früher deutlicher formuliert war durch den Zusatz „im eigenen Interesse" (nutzt); *Riedel*, IR 2010, 101 (103) m.w.N., der den Begriff des Anlagenbetreibers i.S.d. EEG im Zusammenhang mit der Frage, wer „Erzeuger" gemäß EEG ist und wann umlagefreie (vgl. § 37 EEG) „Eigenversorgung" vorliegt, behandelt.

641 BT-Drs. 16/8148, S.38. Siehe auch *BGH*, Urt. v. 11.6.2003 – VIII ZR 161/02 –, ZNER 2003, 234; *Ekardt*, in: Frenz/Müggenborg, EEG, § 3 Rn.12; *Oschmann*, in: Danner/Theobald, Energierecht, EEG, B1., § 3 Rn.52; *Reshöft*, EEG, § 3 Rn.44.

642 *Ekardt*, in: Frenz/Müggenborg, EEG, § 3 Rn.12. Siehe auch *BGH*, Urt. v. 11.6.2003 – VIII ZR 161/02 –, ZNER 2003, 234.

643 *BGH*, Urt. v. 3.12.1991 – VI ZR 378/90 –, BGHZ 116, 200. Siehe auch *BGH*, Urt. v. 10.7.2007 – VI ZR 199/06 –, NJW 2007, 3120; *OVG Münster*, Beschl. v. 5.5.2011 – 8 B 453/11 –, VRS 121, 319; *VGH München*, Urt. v. 15.3.2010 – 11 B 08/2521 –; *dass.*, Beschl. v. 30.10.2012 – 11 ZB 12/1608 –; *Burmann* in: Burmann u.a., StVG, § 7 Rn.5 m.w.N., der anführt, dass die Verfügungsgewalt darin bestehe, „Anlass, Zeit und Zeitpunkt der Fahrt selbst zu bestimmen", während die Eigentumslage „von untergeordneter Bedeutung" sei.

644 *Ekardt*, in: Frenz/Müggenborg, EEG, § 3 Rn.10, 12; *Salje*, EEG, § 3 Rn.163.

der Anspruch auf vorrangigen Anschluss seiner Anlage an das Netz nach § 5 EEG, der Anspruch auf Übertragung und Verteilung des produzierten Stroms nach § 8 EEG und der Anspruch auf Zahlung des gesetzlich vorgeschriebenen Mindestpreises nach § 16 Abs.1 EEG. Verpflichtet ist der Anlagenbetreiber insb. zur Einspeisung von Strom nach § 16 Abs.4 EEG. Darüber hinaus will das EEG die höheren Kosten und Risiken, die mit der Erzeugung von Strom aus Erneuerbaren Energien verbunden sind, ausgleichen.[645] Vor diesem Hintergrund knüpft das EEG an energiewirtschaftliche Kriterien (Unternehmerrisiko) an.[646] Nach der Definition des § 3 Nr.2 EEG bleibt neben diesem Kriterium des wirtschaftlichen Risikos kein Raum für ein weiteres, auf die Einspeisungsbeziehung zwischen dem Anlagen- und Netzbetreiber gerichtetes Begriffsmerkmal.[647]

2. *Juristische Personen*

Die Begriffsbestimmung des § 3 Nr.2 EEG erwähnt nicht, ob juristische Personen und Personenvereinigungen vom Betreiberbegriff erfasst sind. Nach der Gesetzesbegründung zum EEG bezieht sich der Begriff des Anlagenbetreibers jedenfalls sowohl auf natürliche als auch juristische Personen.[648] Personengesellschaften werden hingegen nicht erwähnt. Sie werden aber dennoch vom Begriff des Anlagenbetreibers erfasst.[649] Hierfür spricht, dass der Wortlaut des § 3 Nr.2 EEG („wer") insoweit offen ist und kein Grund ersichtlich ist, Personengesellschaften auszuschließen. Die Verwendung des Begriffs der juristischen Person in der Gesetzesbegründung dürfte vielmehr – entsprechend der Verwendung des Begriffs auf der europäischen Ebene – den Begriff der Personengesellschaften mit einschließen, d.h. insbesondere die Rechtsformen der OHG, KG, GmbH & Co. KG[650] und GbR[651].

---

645 *Ekardt*, in: Frenz/Müggenborg, EEG, § 3 Rn.10, 12.

646 *Salje*, EEG, § 3 Rn.167 ff.

647 Ausf. *Ekardt*, in: Frenz/Müggenborg, EEG, § 3 Rn.13; *Oschmann*, in: Altrock u.a., EEG, § 3 Rn.46; *ders.*, in: Danner/Theobald, Energierecht, TEHG a.F., § 3 Rn.53; a.A. *Salje*, EEG, § 3 Rn.171.

648 BT-Drs. 16/8148, S.38.

649 *Salje*, EEG, § 3 Rn.165.

650 *Ekardt*, in: Frenz/Müggenborg, EEG, § 3 Rn.11; *Salje*, EEG, § 3 Rn.164.

651 *BGH*, Urt. v. 11.6.2003 – VIII ZR 161/02 –, ZNER 2003, 234; *Oschmann*, in: Danner/Theobald, Energierecht, EEG, B1., § 3 Rn.52; *Salje*, EEG, § 3 Rn.165 f., 180, der jedoch missverständlich formuliert, dass bei einem Gemeinschaftskraftwerk die einzelnen (natürlichen oder juristischen) Personen jeweils Betreiber seien. Dies ist in der Pauschalität nicht richtig und wird in Rn.181 leicht korrigiert. Zur Betreiberfrage bei Gemeinschaftskraftwerken s. unten Teil 3 § 2 II 2.

3. *Einzelfallbetrachtung auf Grundlage zivilrechtlicher Verträge*

Das EEG stellt bei der Bestimmung des Betreibers auf die tatsächlichen Umstände im Einzelfall ab.[652] Auf die Inhaberschaft von Genehmigungsurkunden kommt es nach dem aufgezeigten Gesetzeszweck[653] ebenso wenig an wie auf die Polizeipflichtigkeit oder Störereigenschaft i.S.d. Ordnungsrechts.[654] Wer das wirtschaftliche Risiko des Anlagenbetriebs nach dem EEG tatsächlich trägt, lässt sich vielmehr anhand der zivilrechtlich ausgestalteten Verhältnisse in Bezug auf die Anlage beurteilen.[655]

Eigentümer, Mieter, Pächter, Leasingnehmer, Betriebsführer oder auch ein Bevollmächtigter können demnach Anlagenbetreiber i.S.d. EEG sein, sofern sie nach den vertraglichen Vereinbarungen das Unternehmerrisiko der Stromproduktion tragen. Es wird eine wirtschaftliche Betrachtung der insoweit relevanten Verträge vorgenommen, z.B. der Gesellschaftsverträge, der zwischen Eigentümer und Betreibergesellschaften abgeschlossenen Verträge, der Betriebsführungsverträge und der Betriebsüberlassungsverträge.[656]

Wer die Anlage dem Vertrag zu Folge allein technisch betreut, scheidet somit als Anlagenbetreiber von vornherein aus (z.B. der Betriebsführer bei entsprechend ausgestaltetem Betriebsführungsvertrag).[657] Ebenso wenig kommen bloße Händler von Strom aus erneuerbaren Energien als Anlagenbetreiber in Betracht. Ihnen fehlt bereits der notwendige Anlagenbezug.[658] Bloße Finanzierungsgesellschaften erfüllen ebenfalls regelmäßig nicht die Merkmale eines Betreibers nach dem EEG. Sie tragen nur mittelbar das wirtschaftliche Risiko des stromerzeugenden Anlagenbetriebs, nämlich in steuerrechtlicher Hinsicht und im Hinblick auf eine Insolvenz.[659]

---

652 *Ekardt*, in: Frenz/Müggenborg, EEG, § 3 Rn.12; *Reshöft*, EEG, § 3 Rn.44. Vgl. BT-Drs. 16/8148, S.38.

653 Vgl. *Oschmann*, in: Danner/Theobald, Energierecht, EEG, B1., § 3 Rn.54 ff.

654 Vgl. *Ekardt*, in: Frenz/Müggenborg, EEG, § 3 Rn.16; *Salje*, EEG, § 3 Rn.183.

655 *Salje*, EEG, § 3 Rn.176 ff., 182.

656 *Ekardt*, in: Frenz/Müggenborg, EEG, § 3 Rn.14; *Salje*, EEG, § 3 Rn.176 ff. Zur Ausgestaltung von Betriebsüberlassungs- u. Betriebsführungsverträgen s. unten Teil 5 § 2 IV 6. und 7.

657 *Oschmann*, in: Altrock u.a., EEG, § 3 Rn.47; *Weißenborn*, in: Böhmer, Erneuerbare Energien, S.81. Siehe auch *Salje*, EEG, § 3 Rn.168 f., 177.

658 *Salje*, EEG, § 3 Rn.172.

659 *Ekardt*, in: Frenz/Müggenborg, EEG, § 3 Rn.14; *Salje*, EEG, § 3 Rn.179; *Oschmann*, in: Altrock u.a., EEG, § 3 Rn.49; *Oschmann*, in: Danner/Theobald, Energierecht, TEHG a.F., § 3 Rn.54 ff. Hierzu s. oben Teil 3 § 1 II.

II. Der Betreiber einer Kraft-Wärme-Kopplungsanlage

Die energierechtlichen Bestimmungen des am 1. April 2002 in Kraft getretenen KWKG[660] sollen – wie die Regelungen des EEG – dem Umweltschutz dienen, indem insbesondere die ressourcenschonende und klimafreundliche Form der Energieerzeugung in Kraft-Wärme-Kopplungsanlagen (KWK-Anlagen) gesichert, modernisiert und ausgebaut wird. Im Rahmen der Novellierung des KWKG wurde festgelegt, dass im Interesse der Energieeinsparung und des Umwelt- und Klimaschutzes ein 25%iger Anteil der Kraft-Wärme-Kopplung an der deutschen Stromerzeugung erreicht werden soll (§ 1 KWKG).[661]

Dem Betreiber von KWK-Anlagen werden vom KWKG – vergleichbar mit dem Anlagenbetreiber nach dem EEG – sowohl Pflichten auferlegt (vgl. § 6 Abs.1 S.1, § 8 Abs.1 S.1 KWKG) als auch zahlreiche Ansprüche (§§ 4–7 KWKG) eingeräumt. Der Betreiber ist danach insbesondere Inhaber eines Vergütungsanspruchs gegenüber den Netzbetreibern sowie Förderungsberechtigter.[662] Die Vergütung für den eingespeisten Strom umfasst neben einem Entgelt einen Zuschlag zum Anreiz für den Zubau und die Modernisierung von KWKG-Anlagen.[663]

1. *Wirtschaftliche Risikoverteilung*

Nach der Legaldefinition des § 3 Abs.10 S.1 KWKG sind Betreiber von KWK-Anlagen

> „diejenigen, die den Strom in eines der in Absatz 9 genannten Netze einspeisen oder für die Eigenversorgung bereitstellen."

Voraussetzung ist danach zunächst die Stromeinspeisung in ein Netz für die allgemeine Versorgung oder Bereitstellung für die Eigenversorgung.[664] Die

---

660 KWKG vom 19. März 2002 (BGBl I S.1092), zuletzt geändert durch Art.1 des Gesetzes vom 12. Juli 2012, BGBl I S.1494.

661 BT-Drs. 17/8801, S.1 f., 13; *Jacobshagen/Kachel*, in: Danner/Theobald, Energierecht, KWKG, B1., § 1 Rn.4.

662 *BGH*, Urt. v. 11.2.2004 – VIII ZR 236/02 –, RdE 2004, 164; *ders.*, Urt. v. 13.2.2008 – VIII ZR 280/05 –, NVwZ 2008, 1154; *ders.*, Urt. v. 6.10.2010 – VIII ZR 15/10 –, RdE 2011, 408.

663 *Büdenbender/Rosin*, KWKG, § 3 Rn.185 f., 189; *Koch*, NVwZ 2011, 641 (644).

664 Die Variante der Eigenversorgung wurde durch die Novelle zum KWKG 2009 eingeführt, s. *Topp*, in: Säcker, Berliner Kommentar zum Energierecht, KWKG, § 3 Rn.73. Zum Begriff der Einspeisung in ein Netz für die allgemeine Versorgung in Abgrenzung zu bloßen Netzbetreibern und Energiehändlern s. *Büdenbender/Rosin*, KWKG, § 3 Rn.191, 197 ff., sowie *Schmauser*, KWKG, S.85 f.

Eigentümerstellung im Hinblick auf die KWK-Anlage (§ 3 Abs.2 KWKG) ist hingegen für die Betreiberstellung nach dem ausdrücklichen Wortlaut des § 3 Abs.10 S.2 KWKG unbeachtlich.[665]

Demnach sind vornehmlich Energieversorgungsunternehmen Betreiber von KWK-Anlagen. Sie produzieren den Strom und speisen ihn in die Netze der allgemeinen Versorgung ein.[666] Bloße Finanzierungsgesellschaften scheiden hingegen als Betreiber aus.[667] Dies belegt auch die Begründung des Gesetzesentwurfs[668]. Danach wurde eine Definition des Anlagenbetreibers im Rahmen der KWKG-Novelle 2002 für „notwendig" befunden, nachdem in den ostdeutschen Bundesländern die Errichtung zahlreicher KWK-Anlagen durch Verträge mit Fonds- und Leasinggesellschaften finanziert worden war und es insoweit in der Praxis vermehrt zu Problemen bei der Zuordnung des Betreibers gekommen war.[669] Der Gesetzgeber wollte mit der Begriffsbestimmung verdeutlichen, dass – zur Sicherung des vorhandenen Bestands an KWK-Anlagen und deren Modernisierung – diejenigen als Anlagenbetreiber die Zuschläge aus der KWK-Stromproduktion erhalten sollten, die die KWK-Anlage tatsächlich betreiben und das wirtschaftliche Risiko der Stromproduktion (insb. die Gefahr sinkender Verkaufspreise für Elektrizität) tragen. Dies sind nach der Begründung zum Gesetzesentwurf regelmäßig die Energieversorgungsunternehmen, nicht hingegen die Finanzierungsgesellschaften, weil Letztere durch langfristige Verträge mit feststehenden Konditionen in der Regel abgesichert sind und lediglich das Insolvenzrisiko des eigentlichen Anlagenbetreibers tragen.[670]

---

665 Siehe auch *BGH*, Urt. v. 14.7.2004 – VIII ZR 356/03 –, RdE 2004, 300; *ders.*, Urt. v. 13.2.2008 – VIII ZR 280/05 –, NVwZ 2008, 1154; *ders.*, Urt. v. 21.5.2008 – VIII ZR 90/06 –, RdE 2008, 372; *OLG Hamm*, Urt. v. 9.3.2006 – 21 U 103/05 –, ZNER 2006, 160; *Büdenbender/Rosin*, KWKG, § 3 Rn.220 f.

666 Vgl. BT-Drs. 14/7024, S.17.

667 *BGH*, Urt. v. 13.2.2008 – VIII ZR 280/05 –, NVwZ 2008, 1154.

668 BT-Drs. 14/7024, S.17; *Topp*, in: Säcker, Berliner Kommentar zum Energierecht, KWKG, § 3 Rn.72.

669 BT-Drs. 14/7024, S.17; *Jacobshagen/Kachel*, in: Danner/Theobald, Energierecht, KWKG, B1., § 3 Rn.33; hierzu ausf. *Topp*, in: Säcker, Berliner Kommentar zum Energierecht, KWKG, § 3 Rn.72.

670 BT-Drs. 14/7024, S.17; siehe auch *BGH*, Urt. v. 14.7.2004 – VIII ZR 356/03 –, RdE 2004, 300; *ders.*, Urt. v. 13.2.2008 – VIII ZR 280/05 –, NVwZ 2008, 1154; *Büdenbender/Rosin*, KWKG, § 3 Rn.232, die anführen, dass das wirtschaftliche Risiko i.S.d. Steuerrechts, das Fondsgesellschaften ggf. trügen, keinen Einfluss auf das wirtschaftliche Risiko i.S.d. Energiewirtschaftsrechts hätte; *Jacobshagen/Kachel*, in: Danner/Theobald, Energierecht, KWKG, B1., § 3 Rn.33; *Salje*, KWKG, § 3 Rn.141, 152; *Topp*, in: Säcker, Berliner Kommentar zum Energierecht, KWKG, § 3 Rn.72.

2. *Einzelfallbetrachtung bei Gemeinschaftskraftwerken*

Nach dem Umkehrschluss zur Betreiberdefinition des § 3 Abs.10 KWKG ist für die Betreiberstellung – ebenso wie im Rahmen des EEG – weder die tatsächliche Herrschaft über die Anlage[671] noch die Inhaberschaft der immissionsschutzrechtlichen Genehmigung (vgl. § 6 Abs.1 S.1 Nr.1 KWKG)[672] entscheidend.[673] Soweit die Rechtsprechung zum KWKG die tatsächliche Herrschaft über das Kraftwerk und die eigenverantwortliche Arbeitsweise als weitere Betreiberkriterien nennt,[674] steht dies der Gesetzesbegründung[675] und dem aufgezeigten Sinn und Zweck des KWKG entgegen. Der pauschale Verweis des *BGH*, dass der Betreiberbegriff an den immissionsschutzrechtlichen Begriff angelehnt sei,[676] ist jedenfalls ohne weitere Begründung nicht nachzuvollziehen.

Ebenso widerspricht es dem Sinn und Zweck des KWKG, bei der Betreiberbestimmung darauf abzustellen, wer „Inhaber der Genehmigung nach dem BImSchG" ist.[677] Diese Ansicht verwischt die unterschiedlichen Zielrichtungen des KWKG und BImSchG.[678] Beim KWKG kommt es überwiegend auf das wirtschaftliche Risiko des Anlagenbetriebs an, insb. darauf, wer alle Kosten für die Errichtung und den Betrieb der Anlagen, das Brennstoffbeschaffungsrisiko sowie das Absatzrisiko der erzeugten Energie, trägt.[679] Dies ist anhand der

---

671 A.A. *BGH*, Urt. v. 14.7.2004 – VIII ZR 356/03 –, RdE 2004, 300; *ders.*, Urt. v. 13.2.2008 – VIII ZR 280/05 –, NVwZ 2008, 1154; *ders.*, Urt. v. 21.5.2008 – VIII ZR 90/06 –, RdE 2008, 372; *OLG Hamm*, Urt. v. 9.3.2006 – 21 U 103/05 –, ZNER 2006, 160.

672 A.A. *Topp*, in: Säcker, Berliner Kommentar zum Energierecht, KWKG, § 3 Rn.71. Dieser will, obwohl er das wirtschaftliche Risiko für die Betreiberstellung nach dem KWKG für maßgeblich hält, dennoch „in der Regel" auf den „Inhaber der Genehmigung nach dem BImSchG" abstellen. Insoweit verwischt *Topp* die unterschiedlichen Zielrichtungen des KWKG und BImSchG.

673 I.E. *Jacobshagen/Kachel*, in: Danner/Theobald, Energierecht, KWKG, B1., § 3 Rn.35 f.; *Salje*, KWKG, § 3 Rn.137.

674 *BGH*, Urt. v. 14.7.2004 – VIII ZR 356/03 –, RdE 2004, 300; *ders.*, Urt. v. 13.2.2008 – VIII ZR 280/05 –, NVwZ 2008, 1154; *ders.*, Urt. v. 21.5.2008 – VIII ZR 90/06 –, RdE 2008, 372; *OLG Hamm*, Urt. v. 9.3.2006 – 21 U 103/05 –, ZNER 2006, 160.

675 Vgl. BT-Drs. 14/7024, S.17.

676 *BGH*, Urt. v. 14.7.2004 – VIII ZR 356/03 –, RdE 2004, 300; *ders.*, Urt. v. 13.2.2008 – VIII ZR 280/05 –, NVwZ 2008, 1154.

677 A.A. *Topp*, in: Säcker, Berliner Kommentar zum Energierecht, KWKG, § 3 Rn.71.

678 Hierzu s. unten Teil 3 § 2 III u. § 7.

679 *BGH*, Urt. v. 13.2.2008 – VIII ZR 280/05 –, NVwZ 2008, 1154; *Jacobshagen/Kachel*, in: Danner/Theobald, Energierecht, KWKG, B1., § 3 Rn.35; *Kachel*, CuR 2011, 100 (101).

vertraglichen Abreden[680] (z.B. Energielieferungs-, Betriebsführungs-[681], Betriebsüberlassungsverträge[682]) zu beurteilen.

Die Zuordnung des wirtschaftlichen Risikos zur Bestimmung des Betreibers gestaltet sich im Energierecht allerdings in den Fällen schwierig, in denen Kraftwerke nicht nur von einer Person betrieben werden, sondern von mehreren verschiedenen Personen und Gesellschaften als Gemeinschaftskraftwerke, was in der Praxis häufig vorkommt.[683] Je nach den Beteiligungsverhältnissen am Kraftwerk können dem Anlagenbetrieb komplexe Vertragswerke zu Grunde liegen.[684]

Schließen sich die Beteiligten zum Zwecke der gemeinschaftlichen Errichtung und/oder des Betriebs des Kraftwerks zusammen, entsteht bei fehlender förmlicher Organisationsform eine Gesellschaft bürgerlichen Rechs. Die Betreibergesellschaft ist nach den aufgezeigten Betreibermerkmalen Anlagenbetreiberin i.S.d. KWKG, sofern sie das Kraftwerk selbständig betreibt und entsprechend das unmittelbare Risiko der Stromerzeugung (auf Basis von Erzeugungskosten, Mengenabsatz- und Erlösrisiken) trägt.[685] Die einzelnen Gesellschafter der GbR hingegen tragen in diesem Fall nur ein den gesellschaftsrechtlichen Strukturen folgendes, mittelbares Risiko und sind damit keine Anlagenbetreiber. Denn ein schlechtes Ergebnis der Betreibergesellschaft bedeutet für die Gesellschafter lediglich minderwertige Anteile oder den Verlust der Rendite.[686]

Anders dürfte es sich mit der Konstellation verhalten, bei der ein Kraftwerk von mehreren Personen bzw. Personengesellschaften in der Art genutzt wird, dass das Kraftwerk vertraglich in Kraftwerksscheiben („virtuelle

---

680 *BGH*, Urt. v. 14.7.2004 – VIII ZR 356/03 –, RdE 2004, 300; *ders.*, Urt. v. 13.2.2008 – VIII ZR 280/05 –, NVwZ 2008, 1154; *ders.*, Urt. v. 21.5.2008 – VIII ZR 90/06 –, RdE 2008, 372.

681 *BGH*, Urt. v. 13.2.2008 – VIII ZR 280/05 –, NVwZ 2008, 1154 – ausf. zur Frage, ob eine Fondsgesellschaft nach der Gesamtschau von Regelungen des Energielieferungsvertrags und Betriebsführungsvertrags Betreiberin nach dem KWKG ist. Zu diesem Vertragstyp im Zusammenhang mit Anlagenbetrieb nach dem BImSchG s. unten Teil 5 § 2 IV 6.

682 Hierzu ausf. *Büdenbender/Rosin*, KWKG, § 3 Rn.233 ff.; *Salje*, KWKG, § 3 Rn.150 f. Zu diesen Vertragstypen im Zusammenhang mit dem Anlagenbetrieb nach dem BImSchG s. unten Teil 5 § 2 IV 7.

683 *Vierhaus*, in: Körner/Vierhaus, TEHG, § 3 Rn.32; *Kachel*, CuR 2011, 100 (101).

684 Vgl. *Büdenbender/Rosin*, KWKG, § 3 Rn.212, 230; *Jacobshagen/Kachel*, in: Danner/Theobald, Energierecht, KWKG, B1., § 3 Rn.38.

685 Vgl. *Büdenbender/Rosin*, KWKG, § 3 Rn.239; *Vierhaus*, in: Körner/Vierhaus, TEHG, § 3 Rn.32; *Salje*, KWKG, § 3 Rn.153. Vgl. *Salje*, EEG, § 3 Rn.181.

686 *Büdenbender/Rosin*, KWKG, § 3 Rn.240.

Vertragsgebilde zur Aufteilung der Erzeugungskapazität"), sog. Tranchen, aufgeteilt wird.[687] Bei einem derartigen Gemeinschaftskraftwerk können mehrere natürliche oder juristische Personen nebeneinander Betreiber sein.[688] Hierfür spricht, dass sich die Betreiberstellung nach den aufgezeigten Grundsätzen allein danach bestimmt, ob dem Anteilsinhaber das Risiko der Stromproduktion zugewiesen ist.[689] Die von der Literatur teilweise zur Bestimmung des Betreibers des KWKG verwendete Formel, wonach Betreiber ist, wer „über den unmittelbaren Einfluss auf den Einsatz und Fahrweise der Anlage verfügt"[690], lässt hingegen keine präzise Bestimmung des Betreibers in dieser besonderen Konstellation zu. Wem das Risiko der Stromproduktion zugewiesen ist, lässt sich demgegenüber konkret ermitteln, wenn dem Anteilsträger nach dem Vertrag bestimmte Kraftwerksscheiben und entsprechende (gesonderte) Risikosphären zugeteilt sind (sog. Scheiben-Modell). Der anteilige Nutzer trägt in diesem Fall ein bestimmbares, auf die jeweilige Kraftwerkscheibe bezogenes wirtschaftliches Risiko der Stromerzeugung und ist damit Betreiber nach dem KWKG.[691]

Allerdings dürfte die bloße Bezeichnung als Betreiber im Vertrag ohne Zuweisung einer Kraftwerksscheibe und Risiko regelmäßig nicht ausreichen, um die Betreiberstellung zu begründen.[692] Denn es fehlt an einem Anhaltspunkt, dass dem Gesellschafter ein konkretes, von der übrigen Stromproduktion abgrenzbares Risiko zugewiesen worden ist. Auch dem Zulassungsbescheid für die KWK-Anlage kann insoweit keine konstitutive Wirkung oder Indizwirkung zukommen. Dies folgt daraus, dass der Zulassungsbescheid von vornherein nur bezogen auf eine KWK-Anlage gem. § 3 Abs.2 KWKG erteilt werden kann, nicht aber für einzelne Kraftwerksscheiben.[693]

---

687 Hierzu ausf. *Riedel*, IR 2010, 101 (101 f.).

688 *Vierhaus*, in: Körner/Vierhaus, TEHG, § 3 Rn.32.

689 *Salje*, KWKG, § 3 Rn.154.

690 Siehe nur *Büdenbender/Rosin*, KWKG, § 3 Rn.220, 230.

691 Vgl. *Büdenbender/Rosin*, KWKG, § 3 Rn.242; *Jacobshagen/Kachel*, in: Danner/Theobald, Energierecht, KWKG, B1., § 3 Rn.38, die anführen, dass jeder anteilige Nutzer Eigenstromerzeuger in Bezug auf den Strom in seiner Scheibe sei; *Salje*, KWKG, § 3 Rn.154; *Kachel*, CuR 2011, 100 (101 f.), der insoweit von einem „kaufmännisch-bilanziellen Zuordnungsbegriff" spricht.

692 *Vierhaus*, in: Körner/Vierhaus, TEHG, § 3 Rn.32.

693 *Jacobshagen/Kachel*, in: Danner/Theobald, Energierecht, KWKG, B1., § 3 Rn.39.

III. Das Verhältnis der Betreiberbegriffe des EEG und KWKG zum Betreiberbegriff des BImSchG

Sowohl die energierechtlichen Bestimmungen des EEG und KWKG als auch die immissionsschutzrechtlichen Regelungen des BImSchG dienen dem Umweltschutz. Im Gegensatz zum BImSchG knüpfen EEG und KWKG hierbei jedoch ausdrücklich an Fördertatbestände an.[694] Das EEG und KWKG berücksichtigen dabei nicht nur rechtliche, sondern auch ökonomische und politische Interessen. Sie sind insoweit unter Zugrundelegung einer energiewirtschaftlichen Betrachtungsweise konzipiert.[695] In dieser Hinsicht unterscheiden sich BImSchG und EEG bzw. KWKG deutlich voneinander.[696] Die Berücksichtigung des Unternehmerrisikos ist in den Vorschriften des BImSchG nicht annähernd vergleichbar angelegt.[697]

Vielmehr ist das BImSchG vom Gefahrenabwehrrecht geprägt.[698] Es soll vor den Gefahren der Anlage unmittelbar vor Ort geschützt und eine entsprechende Risikovorsorge getroffen werden. Der Anlagenbetreiber ist in diesem Kontext ein potenziell Ordnungspflichtiger bzw. polizeilicher Störer.[699] Es handelt sich bei ihm folglich um eine Person, die den mit dem Anlagenbetrieb verbundenen Gefahren in technischer Hinsicht am nächsten ist[700] und verpflichtet werden kann, die durch die Immissionsschutzbehörden

---

694 Vgl. *Salje*, EEG, § 3 Rn.167.

695 *Büdenbender/Rosin*, KWKG, § 3 Rn.217; *Jacobshagen/Kachel*, in: Danner/Theobald, Energierecht, KWKG, B1., § 3 Rn.36; *Salje*, KWKG, § 3 Rn.139; *Topp*, in: Säcker, Berliner Kommentar zum Energierecht, KWKG, § 3 Rn.71.

696 *Kachel*, CuR 2011, 100 (101); abweichend *BGH*, Urt. v. 14.7.2004 – VIII ZR 356/03 –, RdE 2004, 300; *ders.*, Urt. v. 13.2.2008 – VIII ZR 280/05 –, NVwZ 2008, 1154; *Salje*, EEG, § 3 Rn.167; *Topp*, in: Säcker, Berliner Kommentar zum Energierecht, KWKG, § 3 Rn.71. Siehe oben Teil 3 § 2 I u. Teil 3 § 2 II.

697 *Kachel*, CuR 2011, 100 (101); missverständlich *Büdenbender/Rosin*, KWKG, § 3 Rn.183, 195, die zunächst in Bezug auf den Betreiberbegriff des KWKG eine Gesamtwürdigung der tatsächlichen, rechtlichen und wirtschaftlichen Verhältnisse für maßgeblich halten und damit nicht deutlich zum Betreiberbegriff i.S.d. BImSchG abgrenzen, anschließend jedoch von einem „eigenständigen“ Betreiberbegriff des KWKG – insb. ggü. dem Immissionsschutzrecht – sprechen.

698 *Büdenbender/Rosin*, KWKG, § 3 Rn.217; *Jacobshagen/Kachel*, in: Danner/Theobald, Energierecht, KWKG, B1., § 3 Rn.36; *Schmauser*, KWKG, S.87; *Kachel*, CuR 2011, 100 (101).

699 *Büdenbender/Rosin*, KWKG, § 3 Rn.217; *Jacobshagen/Kachel*, in: Danner/Theobald, Energierecht, KWKG, B1., § 3 Rn.36.

700 *Ekardt*, in: Frenz/Müggenborg, EEG, § 3 Rn.12; vgl. *Salje*, EEG, § 3 Rn.167.

angeordneten Maßnahmen zur Gefahrenabwehr zu befolgen.[701] Für die Betreiberstellung i.S.d. BImSchG ist im Gegensatz zum EEG und KWKG also nicht vornehmlich maßgeblich, wer wirtschaftlich gesehen das Unternehmerrisiko im Hinblick auf die Anlage trägt, sondern wer in rechtlicher und tatsächlicher Hinsicht in der Lage ist, die notwendigen Entscheidungen zur Abwehr der von der Anlage ausgehenden Gefahren zu treffen (unmittelbare Entscheidungsgewalt über die Anlage).[702] Dass sich die Betreiberbegriffe des BImSchG und EEG bzw. KWKG regelmäßig inhaltlich unterscheiden, belegt auch die Begründung zum Gesetzesentwurf des KWKG. Der Gesetzgeber stellt ausdrücklich fest, dass der

> „zivil-, steuer- und emissionsrechtliche Betreiberbegriff [...] häufig [...] nicht identisch mit dem wirtschaftlichen und energierechtlichen Betreiberbegriff [ist].“[703]

Insgesamt ist daher bei dem Betreiberbegriff des EEG bzw. KWKG von einem gegenüber dem Betreiberbegriff des BImSchG eigenständigen Betreiberbegriff auszugehen.[704] Zum Teil wird hierbei von einem dem „öffentlich-rechtlichen Betreiberbegriff“ unabhängigen Betreiberbegriff gesprochen.[705] Dies suggeriert jedoch fälschlicherweise, dass es auch einen privat-rechtlichen Betreiberbegriff gibt (zu dem dann der Betreiberbegriff des EEG zählen würde). Dies ist aber nicht der Fall. Vorzuziehen ist daher die Bezeichnung energiewirtschaftlicher Betreiberbegriff[706] im Kontext des EEG und KWKG sowie Betreiberbegriff i.S.d. Gefahrenabwehrrechts für den Betreiberbegriff des BImSchG. Dies unterstreicht, wie stark der Betreiberbegriff des EEG bzw. KWKG von ökonomischen Gesichtspunkten geprägt ist, der Betreiberbegriff des BImSchG hingegen vom Gefahrenabwehrrecht.

---

701 *Jacobshagen/Kachel*, in: Danner/Theobald, Energierecht, KWKG, B1., § 3 Rn.36.

702 *Jacobshagen/Kachel*, in: Danner/Theobald, Energierecht, KWKG, B1., § 3 Rn.36; a.A. *Topp*, in: Säcker, Berliner Kommentar zum Energierecht, KWKG, § 3 Rn.71.

703 BT-Drs. 14/7024, S.17.

704 Vgl. *Büdenbender/Rosin*, KWKG, § 3 Rn.195, 214 f.; *Oschmann*, in: Danner/Theobald, Energierecht, EEG, B1., § 3 Rn.51; abweichend *BGH*, Urt. v. 14.7.2004 – VIII ZR 356/03 –, RdE 2004, 300, sowie Urt. v. 13.2.2008 – VIII ZR 280/05 –, NVwZ 2008, 1154, wonach der Begriff des Anlagenbetreibers i.S.d. KWKG an den immissionsschutzrechtlichen Betreiberbegriff „angelehnt“ sei.

705 *Oschmann*, in: Danner/Theobald, Energierecht, EEG, B1., § 3 Rn.51; *Kachel*, CuR 2011, 100 (101).

706 *Kachel*, CuR 2011, 100 (101).

§ 3. Die verantwortliche Person und der Betreiber nach der SeeAnlV

Die Seeanlagenverordnung (SeeAnlV) adressiert die sich aus der Verordnung ergebenen Pflichten an „verantwortliche Personen" (§§ 14, 15 SeeAnlV). Der Betreiber wird lediglich als verantwortliche Person aufgeführt (§ 15 Abs.1 Nr.2, Abs.5 S.2 SeeAnlV). Es wird im Folgenden untersucht, inwieweit sich diese von der SeeAnlV verwendeten Begriffe vom Betreiberbegriff des BImSchG unterscheiden und Anhaltspunkte für den Inhalt des Betreiberbegriffs i.S.d. BImSchG geben.

I. Allgemeines zur SeeAnlV

Bei der erst kürzlich novellierten SeeAnlV vom 15. Januar 2012,[707] deren ursprüngliche Fassung vom 23. Januar 1997[708] datiert, handelt es sich ähnlich wie bei dem EEG und KWKG um ein relativ junges Gesetz. Sie beruht auf dem Seerechtsübereinkommen der Vereinten Nationen vom 10. Dezember 1982 und dem deutschen Seeaufgabengesetz.[709] Wie der Titel „Verordnung über Anlagen seewärts der Begrenzung des deutschen Küstenmeeres" andeutet, gilt die SeeAnlV in räumlicher Hinsicht für ein besonderes Gebiet. Sie greift bei der Errichtung und dem Betrieb von Anlagen i.S.d. § 1 Abs.2 SeeAnlV im Bereich der deutschen Ausschließlichen Wirtschaftszone, d.h. außerhalb des Küstenmeeres im völkerrechtlichen Sinne (außerhalb der 12-Seemeilen-Zone), oder auf der Hohen See, sofern die weiteren personellen Voraussetzungen des § 1 Abs.1 SeeAnlV gegeben sind.[710]

Praktische Bedeutung erhält die SeeAnlV insbesondere für die Zulassung von Windenergieanlagen in der deutschen Nord- und Ostsee (sog. Offshore-Windparks), über die das Bundesamt für Seeschifffahrt und Hydrographie entscheidet.[711] Seit der Novellierung sieht die SeeAnlV als Zulassungsverfahren für Windparks grundsätzlich das Planfeststellungsverfahren (§ 2 ff. SeeAnlV) mit

707 BGBl I S.112.

708 BGBl I S.57, zuletzt geändert durch Art.26 des Gesetzes vom 29. Juli 2009, BGBl I S.2542. Zu den Hintergründen und Neuerungen der Novelle der SeeAnlV s. *Spieth/Uibeleisen*, NVwZ 2012, 321.

709 *Beckmann*, NordÖR 2001, 273.

710 *Brandt/Gaßner*, SeeAnlV a.F., § 1 Rn.2, 6; *Schmälter*, in: Danner/Theobald, Energierecht, SeeAnlV, B44., § 1 Rn.1 ff.; *Beckmann*, NordÖR 2001, 273.

711 Voraussetzung ist, dass sich die Windkraftanlage außerhalb des Küstenmeeres befindet, da andernfalls die jeweiligen Bundesländer zuständig sind. Siehe auch *Schmälter*, in: Danner/Theobald, Energierecht, SeeAnlV, B44., Einf. Rn.1 ff., Gesetzliche Entwicklung, Rn.4 ff., 14 f.; *Jenn*, ZfBR-Sonderausgabe 2012, 14 (17).

einer (abwägenden) Planungsentscheidung[712] vor statt des bis dahin üblichen Genehmigungsverfahrens (§§ 6 ff. SeeAnlV).[713]

II. Die verantwortliche Person und der Betreiber nach der SeeAnlV

Adressat der wesentlichen Pflichten der SeeAnlV sind nach § 14 die „verantwortlichen Personen". Der Gesetzgeber hat damit eine Begrifflichkeit verwendet, die weiter gefasst ist als der Terminus Betreiber. Darauf lässt der systematische Zusammenhang der Bestimmungen des § 15 SeeAnlV schließen, wonach es verantwortliche Personen (§ 15 Abs.1 SeeAnlV) gibt, zu denen unter anderem der Betreiber der Anlage (Nr.2) gehört.

Als verantwortliche Person treffen den Betreiber die Pflichten des § 14 SeeAnlV, wonach die verantwortliche Person sicherzustellen hat, dass

> „von der Anlage während der Errichtung, des Betriebs oder nach einer Betriebseinstellung 1. keine Gefahren für die Meeresumwelt oder 2. keine Beeinträchtigungen a) der Sicherheit und Leichtigkeit des Verkehrs b) militärischer Belange oder sonstiger überwiegender öffentlicher Belange oder c) private Rechte ausgehen."

Die verantwortliche Person hat also die Schutzgüter der Seeanlagenverordnung (§ 6 Abs.5 S.1 SeeAnlV) vor Gefahren zu schützen. Für die Gefahrenabwehr ist aber nicht allein der Betreiber zuständig, sondern verantwortlich hierfür sind auch der Adressat des Planfeststellungsbeschlusses, der Plangenehmigung oder der Genehmigung (§ 15 Abs.1 Nr.1 SeeAnlV) und der Betriebsleiter (§ 15 Abs.1 Nr.3 SeeAnlV).[714] Für den Gesetzgeber sind danach die verantwortlichen Personen diejenigen Personen, die die Möglichkeit haben, auf die Anlage und deren Betrieb entsprechend einzuwirken.[715]

Die SeeAnlV sah vor ihrer Novellierung noch den „Anlagenbetreiber" als alleinigen Adressaten der Pflichten (§ 13 SeeAnlV a.F.) vor.[716] Die Erweiterung des Adressatenkreises ist zu begrüßen.[717] Denn die damalige Regelung des § 14

---

712 Hierzu s. *Schmälter*, in: Danner/Theobald, Energierecht, SeeAnlV, § 2 Rn.1 ff.

713 *Zabel*, NordÖR 2012, 263 (264, 267).

714 Handelt es sich nicht um eine natürliche Person, sind bei juristischen Personen und Personenhandelsgesellschaften die nach Gesetz, Satzung oder Gesellschaftsvertrag zur Vertretung berufenen Personen verantwortlich, vgl. § 15 Abs.1 SeeAnlV, s. *Schmälter*, in: Danner/Theobald, Energierecht, SeeAnlV, § 15 Rn.2.

715 Vgl. *Brandt/Gaßner*, SeeAnlV a.F., § 13 Rn.1.

716 *Schmälter*, in: Danner/Theobald, Energierecht, SeeAnlV, § 14 Rn.1.

717 *Schmälter*, in: Danner/Theobald, Energierecht, SeeAnlV, § 14 Rn.1; a.A. *Pfeil*, Beseitigungspflichten für stillgelegte Anlagen, S.301 ff.

SeeAnlV a.F. (jetzt § 15 SeeAnlV) hatte als „verantwortliche Personen" für die Erfüllung der Betreiberpflichten neben dem Anlagenbetreiber auch den Inhaber der Genehmigung und das Leitungs- und Aufsichtspersonal bezeichnet, während als Adressat der entsprechenden Betreiberpflichten allein der Anlagenbetreiber aufgeführt worden war (§ 13 SeeAnlV a.F.). Dies war widersprüchlich. Zudem konnte der damalige Regelungszusammenhang zu dem Missverständnis führen, auch Betriebsleiter seien letztlich Betreiber i.S.d. SeeAnlV. Mit der Novellierung sind diese Widersprüchlichkeiten innerhalb der SeeAnlV beseitigt worden.[718]

Aus der Aufzählung der zu den Verantwortlichen gehörenden Personen in § 15 SeeAnlV folgt, dass der Adressat des Planfeststellungsbeschlusses, der Plangenehmigung oder der Genehmigung nach § 15 Abs.1 Nr.1 SeeAnlV (nach a.F. der „Inhaber der Genehmigung") nicht identisch mit dem Anlagenbetreiber i.S.d. § 15 Abs.1 Nr.2 SeeAnlV sein muss. In der Praxis dürfte dies insbesondere den Fall betreffen, dass jemand die Seeanlage errichtet und hierfür die Genehmigung nach der SeeAnlV erhält, die Anlage aber veräußert, ohne sie vorher in Betrieb genommen zu haben.[719] Die Aufzählung des § 15 SeeAnlV verdeutlicht, dass der Gesetzgeber der SeeAnlV offensichtlich Grundsätze des Anlagengenehmigungsrechts i.S.d. BImSchG zu Grunde gelegt hat.[720] Im Übrigen gibt die SeeAnlV selbst aber keinen Aufschluss darüber, welche Merkmale den Anlagenbetreiber kennzeichnen. Insbesondere hat der Gesetzgeber den Terminus nicht im Anschluss an den Anlagenbegriff (§ 1) in der SeeAnlV bestimmt.

III. Das Verhältnis der von der SeeAnlV verwendeten Begriffe zum Betreiberbegriff des BImSchG

Für die Praxis stellt sich mangels Definition des Betreiberbegriffs im Rahmen der SeeAnlV die Frage, ob der Begriff eher dem Betreiberbegriff des BImSchG oder des Energiewirtschaftsrechts (EEG oder KWKG) entspricht. Zum Teil wird angenommen, dass der Betreiberbegriff des BImSchG auch für die SeeAnlV maßgeblich ist.[721] Dabei wird auf die „Patenschaft" des BImSchG „für mehrere Begriffe" der SeeAnlV verwiesen.[722] Für diese Ansicht spricht, dass die SeeAnlV viele Begriffe enthält („Anlage", „Errichtung", „Betrieb", „Träger des

718 Vgl. *Schmälter*, in: Danner/Theobald, Energierecht, SeeAnlV, § 14 Rn.1.
719 *Schmälter*, in: Danner/Theobald, Energierecht, SeeAnlV, § 15 Rn.3.
720 Hierzu s. oben Teil 2 § 1 II und § 2.
721 *Pfeil*, Beseitigungspflichten für stillgelegte Anlagen, S.302 f.
722 *Pfeil*, Beseitigungspflichten für stillgelegte Anlagen, S.302.

Vorhabens", „Betreiber"), die auch vom BImSchG verwendet werden. Dabei ähneln die Regelungen der SeeAnlV inhaltlich den Vorschriften des BImSchG. Der Gesetzgeber hat sich offensichtlich beim Gesetzesentwurf der erst 23 Jahre nach dem BImSchG in Kraft getretenen SeeAnlV am BImSchG orientiert und mehrere Vorschriften aus dem BImSchG übernommen.[723] So bilden einen nicht unwesentlichen Teil der SeeAnlV wie beim BImSchG Vorschriften zum Anlagengenehmigungsverfahren, von dem zudem – ebenfalls wie beim BImSchG (§ 1 Abs.2 Nr.2 der 4. BImSchV) – Nebeneinrichtungen erfasst werden können (§§ 1 Abs.2, 6 SeeAnlV).[724] Dabei enthält die SeeAnlV – nach dem Vorbild des BImSchG (§§ 5, 12, 52b) – Regelungen im Hinblick auf Nebenbestimmungen für die Genehmigung (§ 6 Abs.4), Schutzpflichten (§ 14), Mitteilungspflichten gegenüber der Behörde (§ 15 Abs.4) sowie Beseitigungspflichten (§ 13).[725]

Darüber hinaus spricht für eine Identität der Betreiberbegriffe des BImSchG und der SeeAnlV deren Zuordnung zum Gefahrenabwehrrecht.[726] Die Genehmigungspflicht nach der SeeAnlV zielt ebenso wie nach dem BImSchG (§§ 1, 4 Abs.1, 5 BImSchG) auf die Abwehr von Gefahren, die von der Anlage ausgehen, ab. Dies folgt aus §§ 6 Abs.5, 7 SeeAnlV, wonach die Genehmigung versagt werden darf, wenn die Sicherheit und Leichtigkeit des Verkehrs beeinträchtigt, die Meeresumwelt gefährdet wird oder die Erfordernisse der Raumordnung, überwiegende militärische oder sonstige überwiegende öffentliche oder private Belange (z.B. Rohstoffsicherung, Fischerei) einer Genehmigung entgegenstehen.[727] Beim Planfeststellungsverfahren bzw. Genehmigungsverfahren der SeeAnlV kommt es wie beim BImSchG (§§ 6 Abs.1 Nr.1, 5 Abs.1) darauf an, dass „die Anlage und ihr Betrieb dem Stand der Technik und den Sicherheitsanforderungen entsprechen" (§ 4 Abs.1 bzw. § 6 Abs.3). Im Übrigen misst die SeeAnlV wie das BImSchG den auf die Gefahrenabwehr bezogenen Pflichten (§ 14 SeeAnlV) wesentliche Bedeutung zu.

Im Gegensatz dazu sind die Vorschriften der SeeAnlV nicht an energiewirtschaftlichen Regelungen, insbesondere nicht am EEG und KWKG ausgerichtet. Etwaige Stimmen in der Praxis, die den Betreiberbegriff der SeeAnlV dem

---

723 *Beckmann*, NordÖR 2001, 273 (275 f.). Siehe auch *Pfeil*, Beseitigungspflichten für stillgelegte Anlagen, S.302 f.

724 Vgl. *Zabel*, NordÖR 2012, 263 (263 f.).

725 Zu den Pflichten im Einzelnen s. *Beckmann*, NordÖR 2001, 273 (278).

726 Vgl. *Pfeil*, Beseitigungspflichten für stillgelegte Anlagen, S.303.

727 Vgl. *Brandt/Gaßner*, SeeAnlV a.F., § 2 Rn.32 ff.; *Pfeil*, Beseitigungspflichten für stillgelegte Anlagen, S.251 ff., 303; *Schmälter*, in: Danner/Theobald, Energierecht, SeeAnlV, § 7 Rn.3 ff.

Energiewirtschaftsrecht zuordnen wollen, sind abzulehnen. Denn die SeeAnlV ist nicht wie z.B. das EEG oder KWKG unter Zugrundelegung einer energiewirtschaftlichen Betrachtungsweise konzipiert. Die SeeAnlV bewegt sich zwar im Kontext von energieerzeugenden Anlagen (vor allem Windenergieanlagen), enthält jedoch keine Fördertatbestände im Sinne des Energiewirtschaftsrechts. Vielmehr ist sie, wie aufgezeigt, unter besonderer Berücksichtigung von Aspekten der Gefahrenabwehr insbesondere im Offshore-Windpark-Bereich geprägt. Insgesamt können daher Betreiberbestimmungen des Energiewirtschaftsrechts nicht für die Auslegung des Betreiberbegriffs der SeeAnlV herangezogen werden.

Aber auch die Ansicht, der Betreiberbegriff des BImSchG gelte 1:1 für die SeeAnlV, hält einer genaueren Untersuchung nicht stand: Die Betreiberbegriffe unterscheiden sich zumindest in Nuancen voneinander.[728] Zum einen spricht hierfür, dass seit der Novellierung der SeeAnlV das Planfeststellungsrecht (VwVfG) besonders praxisrelevant im Kontext der SeeAnlV ist, während das Genehmigungsrecht der §§ 6 f. SeeAnlV in den Hintergrund gerückt ist. Insbesondere sieht die SeeAnlV im Regelfall nicht mehr (im Gegensatz zum BImSchG, § 6) eine gebundene Genehmigungsentscheidung für Windparks vor, sondern eine Abwägungsentscheidung im Rahmen der Planfeststellung.[729] Der Schwerpunkt im Hinblick auf das Zulassungsverfahren, dem Kern der beiden Regelungswerke, ist also bei der SeeAnlV und dem BImSchG unterschiedlich. Zum anderen folgt dies daraus, dass die SeeAnlV nicht allein den Betreiber zum Adressaten der wesentlichen Gefahrenabwehrpflichten in den Stadien der Errichtung, des Betriebs und nach der Betriebseinstellung macht (so aber § 5 BImSchG), sondern auch den Adressaten des Planfeststellungsbeschlusses, der Plangenehmigung bzw. der Genehmigung sowie den Betriebsleiter (vgl. § 15 Abs.1 SeeAnlV) benennt.[730] Nach dem Wortlaut der SeeAnlV sind also mehrere Personen für die Erfüllung der Pflichten der Gefahrenabwehr unmittelbar verantwortlich, während dies nach dem BImSchG allein der Betreiber ist, den seine „Letzt-Verantwortlichkeit" und seine exklusive Gefahrennähe kennzeichnet. Betriebsleiter sind im Kontext des BImSchG regelmäßig nur ausführende Organe, aber nicht Adressaten der Grundpflichten nach § 5 BImSchG. Danach sind die Betreiberbegriffe der SeeAnlV und des BImSchG im Hinblick auf die Verantwortlichkeit nicht vollkommen identisch. An dieser Stelle zeigt sich wiederum, dass eine Betreiber-

728 A.A. *Pfeil*, Beseitigungspflichten für stillgelegte Anlagen, S.302 f.

729 Vgl. *Zabel*, NordÖR 2012, 263 (263 f.).

730 Vgl. *Schmälter*, in: Danner/Theobald, Energierecht, SeeAnlV, § 14 Rn.2 f., § 15 Rn.3 f.

Begriffsbestimmung sowohl im BImSchG als auch in der SeeAnlV Abgrenzungsfragen beantworten und damit für mehr Klarheit in der Praxis sorgen würde.

§ 4. Der Inhaber- bzw. Betreiberbegriff nach dem WHG

Im Folgenden wird nach einer kurzen Einführung ins WHG untersucht, welche Bedeutung und welchen Inhalt der Betreiber- bzw. Inhaberbegriff im jeweiligen Kontext des WHG haben kann und welche Rückschlüsse sich in Abgrenzung zum Betreiberbegriff des BImSchG ziehen lassen. Im Rahmen der Wasserrechtsreform im Anschluss an die Föderalismusreform 2006[731] hat der Gesetzgeber nämlich den Inhaberbegriff (§ 22 WHG a.F.) durch den Betreiberbegriff ausgetauscht. Auf eine Bestimmung des Betreiberbegriffs hat der Gesetzgeber – wie zuvor in Bezug auf den Inhaberbegriff des WHG a.F. – verzichtet.[732]

I. Allgemeines zum WHG

Nachdem infolge der Föderalismusreform 2006 die Rahmenkompetenz des Bundes im Bereich des Wasserrechts in die konkurrierende Gesetzgebungskompetenz überführt worden war und damit die Voraussetzungen für eine bundesweit einheitliche Umsetzung des Wasserrechts geschaffen worden waren, wurde das WHG (ursprünglich aus dem Jahre 1957[733]) umfassend novelliert. Das neue WHG vom 31. Juli 2009[734] ist am 1. März 2010 in Kraft getreten und enthält erstmals einheitliche Vorgaben zur Bewirtschaftung der oberirdischen Gewässer, der Küstengewässer und des Grundwassers, die insbesondere durch das Überführen landesrechtlicher Regelungen in Bundesrecht entstanden sind und die bis dahin geltenden Rahmenregelungen im WHG ablösen.[735]

---

731 Gesetz zur Änderung des Grundgesetzes vom 28. August 2006, BGBl I S.2034.

732 Auch die wasserrechtlichen Vorschriften der Länder enthalten keine Begriffsbestimmung.

733 Vgl. BGBl I S.1110. Siehe auch *Czychowski/Reinhardt*, WHG, Einl. Rn.7.

734 BGBl I S.2585, geändert durch Art.12 des Gesetzes vom 11. August 2010, BGBl I S.1163.

735 Hierzu ausf. *Czychowski/Reinhardt*, WHG, Einl. Rn.9 ff., m.w.N.; *Lauer*, NuR 2010, 692. Neben allgemeinen einführenden Bestimmungen (§§1–6, erstes Kapitel) enthält das WHG zur Erreichung seines Regelungszwecks allgemeine Vorschriften zur Bewirtschaftung der Gewässer (§§ 6–49, zweites Kapitel), besondere wasserwirtschaftliche Bestimmungen (§§ 50–95, drittes Kapitel), Vorschriften zu Entschädigung und Ausgleich (§§ 96–99, viertes Kapitel), Vorschriften zur Gewässeraufsicht (§§ 100–102, fünftes Kapitel) und Bußgeld- und Überleitungsbestimmungen (§§ 103–106, sechstes Kapitel), s. *Czychowski/Reinhardt*, WHG, Einl. Rn.29.

Zweck des WHG ist es – in Umsetzung der Europäischen Wasserrahmenrichtlinie 2000/60/EG des Europäischen Parlaments und des Rates vom 23. Oktober 2000 –[736] nach § 1, im Wege einer nachhaltigen Gewässerbewirtschaftung die Gewässer in ihren verschiedenen Funktionen, „als Bestandteil des Naturhaushalts, als Lebensgrundlage des Menschen, als Lebensraum für Tiere und Pflanzen sowie als nutzbares Gut", zu schützen.[737] Das WHG verfolgt danach einen „nutzungsbezogenen und ökologischen" Schutzzweck.[738] Zu dessen effektiver Befolgung gehören auch Maßnahmen der Gefahrenvorsorge und -abwehr.[739]

II. Der Gewässerbenutzer nach den Erlaubnis- und Bewilligungsvorschriften des WHG

Im Zusammenhang mit den Erlaubnis- und Bewilligungsvorschriften des WHG ist der Betreiberbegriff nicht aufgeführt. Vielmehr verwendet die neue Fassung des WHG einheitlich den Begriff „Benutzer" (z.B. § 13 Abs.2 Nr.4, § 14 Abs.1 Nr.1, Abs.6 S.1, § 15 Abs.1).[740] Gewässerbenutzer i.S.d. WHG ist derjenige, „der die tatsächliche Sachherrschaft entweder über das in Anspruch genommene Gewässer oder über die für die Gewässerbenutzung vorgesehenen Gewässerbenutzungsanlagen besitzt".[741]

Zuvor hatte die alte Fassung des WHG teilweise speziell an den „Unternehmer" adressierte Erlaubnis- und Bewilligungsvorschriften (z.B. §§ 4 Abs.2 Nr.3, 8 Abs.2 Nr.1, 9a Abs.1 WHG a.F.) enthalten.[742] Dabei wurde überwiegend angenommen, dass Unternehmer im Sinne des WHG a.F. nicht derjenige ist, der im gewerbe- oder steuerrechtlichen Sinne Unternehmer ist,[743] sondern derjenige,

---

736 ABl. EG Nr. L 327 vom 22. Dezember 2000, S.1.

737 *VG Augsburg*, Urt. v. 8.2 2011 – Au 3 K 10.793 –; *Faßbender*, in: Landmann/Rohmer, WHG, § 1 Rn.10 ff., 20. Die Europäische Wasserrahmenrichtlinie ist am 22. Dezember 2000 in Kraft getreten.

738 BT-Drs. 16/12275, S.53 (Gesetzesentwurf vom 17. März 2009); *Drost*, Das neue Wasserrecht, WHG, § 1 Rn.1, 9 ff.; *Faßbender*, in: Landmann/Rohmer, WHG, § 1 Rn.22 f.; *Guckelberger*, in: BeckOK, WHG, § 1 Rn.4.

739 *Guckelberger*, in: BeckOK, WHG, § 1 Rn.4; *Kotulla*, WHG, § 1 Rn.5. Vgl. *OVG Berlin-Brandenburg*, Beschl. v. 23.8.2012 – OVG 2 N 20.10 –; *VG Augsburg*, Urt. v. 8.2. 2011 – Au 3 K 10/793 –; *VGH Kassel*, Urt. v. 1.9.2011 – 7 A 1736/10 –, NuR 2012, 63.

740 Vgl. *Czychowski/Reinhardt*, WHG, § 9 Rn.10 m.w.B.

741 *VG Magdeburg*, Urt. v. 9.5.2012 – 9 A 21/11 –.

742 *OVG Schleswig*, Urt. v. 24.2.1999 – 2 L 68/97 –, NuR 2000, 61.

743 Vgl. *Czychowski/Reinhardt*, WHG, § 9 Rn.11.

der die tatsächliche oder rechtliche Verfügungsmacht aufgrund eines Pachtvertrages, einer Satzung oder eines dinglichen Rechts besitzt.[744] Mit der nunmehr einheitlichen Verwendung des Begriffs „Benutzer" nach der neuen Fassung des WHG soll offensichtlich vermieden werden, dass der Begriff des Unternehmers falsch ausgelegt wird.[745] Nach dem offenen Wortlaut und der gebotenen weiten Auslegung kann Benutzer dabei eine natürliche oder juristische Person[746] des privaten oder des öffentlichen Rechts sein.[747]

Der Gewässerbenutzer benötigt nach § 8 Abs.1 WHG im Regelfall für die Nutzung des Gewässers (§ 9 WHG[748]) eine Erlaubnis oder Bewilligung nach § 10 WHG.[749] Andernfalls ist die Benutzung, z.B. das Entnehmen und Ableiten von Wasser oder das Einbringen und Einleiten von Stoffen, unzulässig. Dies gilt nach § 4 Abs.3 Nr.1 WHG auch für den Grundstückseigentümer.[750] Dies folgt daraus, dass es für die Gestattung der Nutzung des Gewässers als nach dem Wasserrecht öffentliche Sache (sog. Bewirtschaftungsauftrag des Staates[751]) nicht auf die Eigentumsverhältnisse ankommen kann.[752]

Die Vorschrift des § 8 WHG enthält ein repressives Verbot mit Befreiungsvorbehalt.[753] Nach § 12 Abs.1 Nr.1 WHG ist die Erlaubnis zwingend zu versagen, wenn „schädliche Gewässerveränderungen" (§ 3 Nr.10 WHG) zu erwarten

---

744 *ATV-Fachausschuss 4.2. „Wasserrecht Neue Bundesländer"*, ATV-Arbeitsberichte 1995, 449 (450), mit weiteren Ausführungen zur Unternehmereigenschaft bezogen auf eine Abwasserbeseitigungsanlage. Siehe auch *Brüning*, ZfW 1998, 341 (344).

745 *Czychowski/Reinhardt*, WHG, § 9 Rn.11.

746 *OVG Münster*, Urt. v. 24.11.2009 – 9 A 1580/08 –, DVBl 2010, 265.

747 Vgl. *Hünnekens*, in: Landmann/Rohmer, WHG, § 64 Rn.3.

748 Zu den Begrifflichkeiten des § 9 WHG siehe nur *Czychowski/Reinhardt*, WHG, § 9 Rn.5 ff.

749 Vgl. *BVerwG*, Urt. v. 16.11.1973 – IV C 44/69 –, DÖV 1974, 207; *dass.*, Urt. v. 10.2.1978 – IV C 71/75 –, DÖV 1978, 413; *VG Augsburg*, Urt. v. 15.3.2011 – Au 3 K 10/729 –; *VG Würzburg*, Urt. v. 5.8.2010 – W 4 K 10.67; *ders.*, Urt. v. 20.3.2012 – W 4 K 11.492 –. Siehe auch *BVerwG*, Urt. 3.7.1987 – 4 C 41/86 –, ZfW 1988, 337; *dass.*, Beschl. v. 6.9.2004 – 7 B 62/04 –, NVwZ 2005, 84.

750 Siehe nur *VGH München*, Beschl. v. 11.10.2012 – 8 ZB 11.528 –, ZUR 2013, 107; *Czychowski/Reinhardt*, WHG, § 4 Rn.22, § 8 Rn.3, 5, 6.

751 *VGH Kassel*, Urt. v. 1.9.2011 – 7 A 1736/10 –, NuR 2012, 63.

752 Vgl. *Pape*, in: Landmann/Rohmer, WHG, § 8 Rn.21 f.; *Berendes*, in: Berendes u.a., WHG, § 8 Rn.8 f.

753 *VGH Kassel*, Urt. v. 1.9.2011 – 7 A 1736/10 –, NuR 2012, 63; *Czychowski/Reinhardt*, WHG, § 4 Rn.22, § 8 Rn.3; *Berendes*, Wasserhaushaltsgesetz, § 8 Rn.4.

sind.[754] Das WHG stellt insoweit auf einen Begriff ab, der dem Begriff „schädliche Umwelteinwirkungen" des § 3 Abs.1 BImSchG ähnlich ist und eine vergleichbare Funktion und Bedeutung für das Genehmigungsverfahren hat (vgl. § 6 Abs.1 Nr.1 i.V.m. § 5 Abs.1 Nr.1, Nr.2 BImSchG).[755]

Bei der Erlaubnis bzw. Bewilligung handelt es sich wie bei der Genehmigung des BImSchG um eine reine Sachkonzession.[756] Dies belegt auch § 8 Abs.4 WHG, wonach die wasserrechtliche Erlaubnis bzw. Bewilligung mit der Wasserbenutzungsanlage bzw. mit dem Grundstück, für das sie erteilt worden ist, auf den Rechtsnachfolger übergeht.[757] Bei der Verleihung des Wassernutzungsrechts kommt es folglich auf die Person des Nutzers nicht an, sondern es wird anlagebezogen erteilt.[758]

Das WHG enthält wie das BImSchG zahlreiche weitere anlagebezogene Vorschriften, der Gesetzgeber hat jedoch bewusst auf einen einheitlichen Anlagenbegriff im WHG – im Gegensatz zum BImSchG – verzichtet.[759] Die wasserrechtlichen Anlagenbegriffe gehen zwar auf den Anlagenbegriff des BImSchG zurück, unterscheiden sich aber aufgrund der unterschiedlichen Zweckausrichtung der Anlageregelungen,[760] so z.B. „Wasserbenutzungsanlage" (§ 8 Abs.4 WHG), „Wassergewinnungsanlage" (§ 14 Abs.4 S.1 Nr.3 WHG), „Abwasseranlagen" (§§ 60 f. WHG) oder „Rohrleitungsanlagen" (§ 62 Abs.1 WHG)[761]. Insgesamt ähneln sich folglich die Erlaubnis-, Bewilligungs- bzw. Genehmigungsvorschriften des WHG und BImSchG, variieren aber im Hinblick auf den Anlagenbegriff sowie den Adressaten. Letzterer ist nach dem WHG nicht der Betreiber, sondern der Gewässerbenutzer.

---

754 *VGH München*, Beschl. v. 11.10.2012 – 8 ZB 11.528 –, ZUR 2013, 107; *VG Würzburg*, Urt. v. 20.3.2012 – W 4 K 11.492 –.

755 Vgl. *Guckelberger*, in: BeckOK, WHG, § 3 Rn.25 m.w.N.

756 *OVG Schleswig*, Urt. v. 24.2.1999 – 2 L 68/97 –, NuR 2000, 61; *Czychowski/Reinhardt*, WHG, § 8 Rn.52, 54; *Berendes*, in: Berendes u.a., WHG, § 8 Rn.33.

757 Vgl. *Pape*, in: Landmann/Rohmer, WHG, § 8 Rn.68.

758 *Pape*, in: Landmann/Rohmer, WHG, § 8 Rn.66, 69.

759 Krit. zum uneinheitlichen Anlagenbegriff im Zusammenhang mit der neuen Abweichungsgesetzgebung *Dietlein*, Vortragsbericht, in: Ditzel, DVBl 2010, 1154.

760 Vgl. *Sundermann*, in: Kimminich/von Lersner/Storm, Handwörterbuch, Stichwort „Anlage".

761 Zu den Definitionen „Wasserbenutzungsanlage", „Wassergewinnungsanlage", „Abwasseranlagen", „Rohrleitungsanlagen" siehe nur *Cychowski/Reinhardt*, WHG, § 8 Rn.53, § 14 Rn.76, § 60 Rn.9, § 62 Rn.33.

III. Der Betreiber im Umgang mit wassergefährdenden Stoffen

Der Betreiberbegriff taucht in den Vorschriften des WHG das erste Mal im Zusammenhang mit den besonderen wasserwirtschaftlichen Bestimmungen zur Einleitung von Abwasser – § 58 Abs.1 („Betreiber einer öffentlichen Abwasseranlage"), § 59 Abs.2 („Betreiber der privaten Abwasseranlage") – auf, die jedoch keine konkreten Anhaltspunkte über den Inhalt des Betreiberbegriffs enthalten. Auch die Vorschriften des Abschnitts über die Bestellung der Gewässerschutzbeauftragten, die teilweise den Betreiber als Adressaten aufführen (§ 64 Abs.2 Nr.3: „Betreiber von Anlagen nach § 62 Absatz 1"; Nr.4: „Betreiber von Rohrleitungsanlagen"), geben keine inhaltlichen Hinweise zum Betreiberbegriff. Vielmehr nimmt § 66 WHG Bezug auf die Vorschriften des BImSchG, um das Verhältnis zwischen Gewässerbenutzer und Gewässerschutzbeauftragten zu regeln.[762]

Mehr Aufschluss über die Betreiberstellung dürften die Vorschriften der Übergangsverordnung über Anlagen zum Umgang mit wassergefährdenden Stoffen[763] (WasgefStAnlV – § 62 Abs.4 BImSchG i.V.m. § 1 Abs.2 WasgefStAnlV) geben, die spezielle Pflichten an den Betreiber adressieren.[764] Nach § 1 WasgefStAnlV, der § 19i WHG a.F. inhaltlich entspricht,[765] hat der Betreiber einer Anlage zum Umgang mit wassergefährdenden Stoffen über die allgemeine Sorgfaltspflicht des § 5 Abs.1 Nr.1 WHG hinaus besondere Überwachungspflichten in Bezug auf die Sicherheitseinrichtungen der Anlage zu erfüllen und kann insoweit auch Adressat von Anordnungen der Behörde sein[766]:

---

762 „Auf das Verhältnis zwischen dem Gewässerbenutzer und den Gewässerschutzbeauftragten finden die §§ 55 bis 58 des Bundes-Immissionsschutzgesetzes entsprechende Anwendung."

763 Verordnung über Anlagen zum Umgang mit wassergefährdenden Stoffen vom 31. März 2010, BGBl I S.377.

764 Vgl. *VG Ansbach*, Urt. v. 19.12.2012 – 12.00694 – (Heizöltank).

765 *Sanden*, in: BeckOK, WHG, § 62 Rn.29a. Auch § 19i WHG a.F. war an den "Betreiber" adressiert. § 62 Abs.1 WHG entspricht § 19g WHG a.F., s. *Drost*, Das neue Wasserrecht, WHG, § 62 Rn.12.

766 Vgl. *Sanden*, in: BeckOK, WHG, § 62 Rn.29 ff. Zur Verordnungsermächtigung des § 62 Abs.4 WHG s. *Gößl*, in: Sieder u.a., WHG, § 62 Rn.10 ff. Seit der Föderalismusreform hat der *Bund* die Möglichkeit, auch bundesweit geltende technische Regelungen zu erlassen. Ein Referentenentwurf (vom 27. Januar 2012) einer entsprechenden Verordnung zum Umgang mit wassergefährdenden Stoffen (VAUwS) ist bereits vorgelegt worden. Danach hat der Betreiber z.B. besondere Pflichten beim Befüllen und Entleeren (vgl. § 21 des Entwurfs) zu erfüllen. Zudem trifft ihn eine Anzeigepflicht bei Anlagen mit einer höheren Gefährdungsstufe (§ 40 des Entwurfs), ausf. s. *Sanden*, in: BeckOK, WHG, § 62 Rn.1 ff., 24 ff., 29 d, 30.1–30.6. Die

„Der Betreiber einer Anlage nach § 62 Absatz 1 des Wasserhaushaltsgesetzes hat mit ihrem Einbau, ihrer Aufstellung, Instandhaltung, Instandsetzung oder Reinigung Fachbetriebe nach § 3 Absatz 2 zu beauftragen, wenn er selbst nicht die Voraussetzungen des § 3 Absatz 2 Satz 1 erfüllt oder keine öffentliche Einrichtung ist, die über eine dem § 3 Absatz 2 Satz 1 Nummer 2 gleichwertige Überwachung verfügt“ (§ 1 Abs.1 WasgefStAnlV). „Der Betreiber einer Anlage nach § 62 Absatz 1 des Wasserhaushaltsgesetzes hat ihre Dichtheit und die Funktionsfähigkeit der Sicherheitseinrichtungen ständig zu überwachen. Die zuständige Behörde kann im Einzelfall anordnen, dass der Betreiber einen Überwachungsvertrag mit einem Fachbetrieb nach § 3 Absatz 2 abschließt, wenn er selbst nicht die erforderliche Sachkunde besitzt oder nicht über sachkundiges Personal verfügt. Er hat darüber hinaus die Anlage durch zugelassene Sachverständige auf den ordnungsgemäßen Zustand überprüfen zu lassen“ (§ 1 Abs.2 WasgefStAnlV).

Die Auferlegung dieser qualifizierten Sorgfaltspflichten ist erforderlich, weil gerade beim Umgang mit wassergefährdenden Stoffen, beispielsweise beim Befüllen oder Entleeren von Anlagen, die wassergefährdende Stoffe lagern (z.B. Öltanklager), erhöhte Kontaminierungsgefahr für Boden und Gewässer besteht.[767] Demnach muss der Betreiber derjenige sein, der rechtlich und tatsächlich in der Lage ist, die notwendigen, insbesondere sicherheitstechnischen Entscheidungen über die Anlage zum Umgang mit wassergefährdenden Stoffen zu treffen.[768] In rechtlicher Hinsicht bedeutet dies, dass er weisungsunabhängig ist und Weisungen gegenüber den Beschäftigten erteilen kann.[769] Denn andernfalls wäre er in der Praxis nicht in der Lage, seinen Überwachungspflichten nachzukommen. Die wirtschaftliche Stellung spielt demgegenüber für die Erfüllung der Überwachungpflichten eine untergeordnete Rolle, so dass dieses Kriterium für die Betreiberstellung nicht von ausschlaggebender Bedeutung sein dürfte.[770]

Verabschiedung der endgültigen Fassung der Verordnung wird im Laufe des Jahres 2013 erwartet (bislang geregelt durch entsprechende Verordnungen der Länder, s. *Drost*, Das neue Wasserrecht, WHG, § 62 Rn.9).

767 *Sanden*, in: BeckOK, WHG, § 62 Rn.30.1.

768 Vgl. *OVG Schleswig*, Urt. v. 19.8.1997 – 2 L 279/95 –, ZfW 1998, 461 mit Verweis auf die – allerdings das Abfallrecht und den Inhaberbegriff betreffende – Entscheidung des *VGH Mannheim*, Urt. v. 15.12.1987 – 10 S 240/86 –, NVwZ 1988, 562; *VG Ansbach*, Urt. v. 19.12.2012 – 12.00694 –; *Gößl*, in: Sieder u.a., WHG a.F., § 19i Rn.2; abweichend *Sanden*, in: BeckOK, WHG, § 62 Rn.30, der zusätzlich eine wirtschaftliche Komponente voraussetzt.

769 *Sanden*, in: BeckOK, WHG, § 62 Rn.30. Vgl. *Gößl*, in: Sieder u.a., WHG a.F., § 19i Rn.2.

770 A.A. *VG Ansbach*, Urt. v. 19.12.2012 – 12.00694 –.

IV. Der Betreiber als Adressat der zivilrechtlichen Gefährdungshaftung wegen Gewässerveränderungen

Der Betreiber ist, wie aufgezeigt, nicht die zentrale Person im WHG – anders als im BImSchG. Die wasserrechtlichen Vorschriften enthalten allerdings im Gegensatz zum BImSchG (vgl. § 14 Abs.1 S.2) einen umfassenden Haftungsanspruch zu Lasten des Betreibers.[771]

1. *Der „Betreiber" als neuer Haftungsadressat nach § 89 Abs.2 S.1 WHG*

Der Anlagenbetreiber ist nach § 89 Abs.2 WHG einem zivilrechtlichen,[772] verschuldensunabhängigen Haftungsanspruch ausgesetzt, wenn durch die von ihm betriebene Anlage in bestimmter Weise Stoffe in ein Gewässer gelangen und dadurch die Wasserbeschaffenheit nachteilig verändert wird. Der Betreiber haftet also trotz eines etwaigen störungsfreien Betriebs der Anlage und trotz rechtmäßigen Verhaltens seinerseits.[773] Dabei erstreckt sich der Haftungsanspruch auf alle Vermögensnachteile, die einem Gewässerbenutzer durch die nachteilige Veränderung des Gewässers entstehen.[774] Diese umfassende anlagenbezogene Gefährdungshaftung soll den besonderen Gefahren der Gewässerverunreinigung begegnen, die das Betreiben von Anlagen typischerweise mit sich bringt.[775]

---

771 Ausf. zu den einzelnen Anspruchsgrundlagen im Umwelthaftungsrecht s. *Huffmann*, Der Einfluß des § 52a BImSchG auf die Verantwortlichkeit im Unternehmen, S.135 ff.

772 *Berendes*, Wasserhaushaltsgesetz, § 89 Rn.1; *Drost*, Das neue Wasserrecht, WHG, § 89 Rn.6; *Hilf*, in: BeckOK, WHG, § 89 Rn.4; *Petersen*, in: Landmann/Rohmer, WHG, § 89 Rn.1.

773 Vgl. *BVerwG*, Urt. v. 16.11.1973 – IV C 44/69 –, DÖV 1974, 207; *Petersen*, in: Landmann/Rohmer, WHG, § 89 Rn.6 f.; *Reiff*, in: Berendes u.a., WHG, § 89 Rn.66; *Berendes*, Wasserhaushaltsgesetz, § 89 Rn.2; *Huffmann*, Der Einfluß des § 52a BImSchG auf die Verantwortlichkeit im Unternehmen, S.178 m.w.N. Demgegenüber besteht im Rahmen der Haftung nach dem UmweltHG in § 6 Abs.2 die Möglichkeit, die Ursachenvermutung zu widerlegen, s. *Jarass*, BImSchG, § 5 Rn.126. Zur Gefährdungshaftung nach dem UmweltHG s. unten Teil 3 § 5.

774 Siehe nur *Petersen*, in: Landmann/Rohmer, WHG, § 89 Rn.60.

775 *BGH*, Urt. v. 29.11.1979 – III ZR 101/77 –, BGHZ 76, 35 (42) = NJW 1980, 943 (945); *Czychowski/Reinhardt*, WHG, § 89 Rn.73; *Petersen*, in: Landmann/Rohmer, WHG, § 89 Rn.60. Daneben kann der Betreiber auch nach § 89 Abs.1 WHG verhaltensbezogen haften, wenn er entsprechend auf das Gewässer eingewirkt hat, s. *Hilf*, in: BeckOK, WHG, § 89 Rn.5; *Petersen*, in: Landmann/Rohmer, WHG, § 89 Rn.2; *Reiff*, in: Berendes u.a., WHG, § 89 Rn.71. Umfassend zum Verhältnis des § 89 WHG zu anderen haftungsrechtlichen Vorschriften

a) Inhaberbegriff versus Betreiberbegriff innerhalb des WHG

Das WHG verwendet erst seit Inkrafttreten des Gesetzes zur Neuregelung des Wasserrechts vom 31. Juli 2009 den Betreiberbegriff im Zusammenhang mit Haftungsfragen. Die alte Fassung des WHG sah demgegenüber in § 22 WHG a.F. den Begriff „Inhaber“ (Abs.2 S.1 Hs.1) vor.[776] Es stellt sich daher zunächst die Frage, ob der Betreiberbegrifft dem Inhaberbegriff inhaltlich entspricht.

Vor der Wasserrechtsreform war lange Zeit ungeklärt, ob die innerhalb des WHG verwendeten Begriffe „Inhaber“ und „Betreiber“ inhaltsgleich und austauschbar sind.[777] Trotz der unterschiedlichen Begrifflichkeiten war die Ansicht verbreitet, dass der Inhaberbegriff des § 22 Abs.2 WHG a.F. und der Betreiberbegriff des § 19i WHG a.F. weitgehend identisch sind.[778] Dies wurde aus der allgemein anerkannten Definition des Inhabers geschlossen. Danach ist Inhaber der Anlage i.S.d. § 22 Abs.2, S.1 Hs.1 WHG a.F., wer die tatsächliche Verfügungsgewalt über die Anlage hat.[779]

Zum Teil wurde für die Inhaberstellung über die tatsächliche Verfügungsgewalt hinaus ausdrücklich ein wirtschaftliches Kriterium vorausgesetzt, nämlich dass die Anlage für eigene Rechnung – ähnlich einem Halter nach StVG – in Gebrauch ist, d.h. nach den dem Anlagenbetrieb zu Grunde liegenden vertraglichen Bestimmungen die unmittelbaren Nutzungen gezogen und das wirtschaftliche

s. *Petersen*, in: Landmann/Rohmer, WHG, § 89 Rn.10 ff.; *Schwendner*, in: Sieder u.a., WHG, § 89 Rn.13 ff.

776 *Reiff*, in: Berendes u.a., WHG, § 89 Rn.84.

777 Vgl. *Salje/Peter*, UmweltHG, §§ 1, 3 Rn.18.

778 *Kotulla*, WHG a.F., § 22 Rn.50; *Spindler/Peter*, in: Jochum u.a., Industriepark und Störfallrecht, Rn.234; *Fischer/Günther*, NVwZ 2005, 1116 (1121); a.A. *Czychowsky/Reinhardt*, WHG a.F., § 19i Rn.4, § 22 Rn.50, die anführen, dass der Begriff Betreiber einer Anlage gemäß § 19i WHG a.F. „nicht identisch mit dem Inhaber zu sein braucht“.

779 *BGH*, Urt. v. 8.1.1981 – III ZR 157/79 –, BGHZ 80, 1 = NJW 1981, 1516 = ZfW 1981, 153 (155); *ders.*, Urt. v. 29.11.1979 – III ZR 101/77 –, BGHZ 76, 35 = NJW 1980, 943 (944); *ders.*, Urt. v. 6.5.1999 – III ZR 89/97 –, NJW 1999, 3203; *ders.*, Urt. v. 22.7.1999 – III ZR 198/98 –, BGHZ 142, 227 = NJW 1999, 3633 (3633 f.); *BVerwG*, Beschl. v. 5.8.1987 – 4 B 159/87 –, ZfW 1988, 350; *OLG Frankfurt*, Urt. v. 4.12.1986 – 1 U 281/85 –, VersR 1988, 1069; *dass.*, Urt. v. 31.5.2007 – III ZR 3/06 –, NVwZ-RR 2007, 754 (755); siehe auch *Balensiefen*, Umwelthaftung, S.213; *Breuer*, Wasserrecht, Rn.1145; *Huber*, VersR 1962, 310; *Petersen*, in: Landmann/Rohmer, WHG, § 89 Rn.73 f.; *Salje/Peter*, UmweltHG, §§ 1, 3 Rn.16; *Schwendner*, in: Sieder u.a., WHG a.F., § 22 Rn.41. Ausf. zur wasserrechtlichen Kasuistik s. *Spindler/Peter*, in: Jochum u.a., Industriepark und Störfallrecht, Rn.235 ff.

Risiko (Reparaturen etc.) getragen wird.[780] Diese Auffassung dürfte insoweit konsequent sein, als der Gesetzgeber einen zivilrechtlichen Gefährdungshaftungsanspruch nicht nur gegenüber demjenigen für angemessen hält, der die Gefahrenquelle tatsächlich beherrscht, sondern auch – und gerade – gegenüber demjenigen, der über sie in wirtschaftlicher Hinsicht bestimmt (vgl. § 7 StVG).[781] Zudem dürfte angesichts der umfassenden drohenden Haftung auch die Forderung eines gerechten Schadensausgleiches dafür sprechen, dass den Inhaber des § 22 Abs.2 S.1 Hs.1 WHG a.F. neben der tatsächlichen Verfügungsgewalt über die Anlage das Tragen des wirtschaftlichen Nutzens und Risikos bzgl. des Anlagenbetriebs kennzeichnet.[782]

Innerhalb des WHG a.F. ähnelt danach der Inhaberbegriff dem Betreiberbegriff im Hinblick auf das Kriterium der tatsächlichen Sachherrschaft. Die Begriffe unterscheiden sich allerdings bzgl. der Bedeutung der wirtschaftlichen Komponente, die den Inhaber stärker als den Betreiber des WHG a.F. kennzeichnen. Zudem weichen sie in Bezug auf die Bedeutung der rechtlichen Verfügungsgewalt (insb. Weisungsunabhängigkeit) über die Anlage voneinander ab. Die rechtliche Verfügungsgewalt spielt beim Inhaberbegriff eine untergeordnete Rolle, wohingegen sie im Zusammenhang mit den Vorschriften zum Umgang mit wassergefährdenden Stoffen als Betreibereigenschaft vorausgesetzt wird.[783] Dies belegt auch die systematische und inhaltliche Einordnung der Regelungsabschnitte: Der Begriff des Inhabers ist im Rahmen der Regelungen zur zivilrechtlichen Haftung (§ 22 Abs.2 S.1 Hs.1 WHG a.F.) vorgesehen, der Begriff des Betreibers hingegen bei den erst später eingefügten Vorschriften zum Umgang

780 *BGH*, Urt. v. 8.1.1981 – III ZR 157/79 –, BGHZ 80, 1 = NJW 1981, 1516 = ZfW 1981, 153 (155); *BVerwG*, Beschl. v. 5.8.1987 – 4 B 159/87 –, ZfW 1988, 350; *Hilf*, in: BeckOK, WHG, § 89 Rn.53; *Petersen*, in: Landmann/Rohmer, WHG, § 89 Rn.73 f.; *Schwendner*, in: Sieder u.a., WHG, § 89 Rn.68.

781 Vgl. *BGH*, Urt. v. 29.11.1979 – III ZR 101/77 –, BGHZ 76, 35 = NJW 1980, 943 (944); *Petersen*, in: Landmann/Rohmer, WHG, § 89 Rn.60; *Salje/Peter*, UmweltHG, §§ 1, 3 Rn.17; a.A. *Berendes*, Wasserhaushaltsrecht, § 89 Rn.8, der allein auf die tatsächliche Sachherrschaft abstellt.

782 *Kotulla*, WHG a.F., § 22 Rn.50.

783 Vgl. *BGH*, Urt. v. 31.5.2007 – III ZR 3/06 –, NVwZ-RR 2007, 754 (755); *BVerwG*, Beschl. v. 5.8.1987 – 4 B 159/87 –, ZfW 1988, 350; *VGH Mannheim*, Urt. v. 15.12.1987 – 10 S 240/86 –, NVwZ 1988, 562; *OLG Frankfurt*, Urt. v. 4.12.1986 – 1 U 281/85 –, VersR 1988, 1069, wonach der rechtlichen Verfügungsgewalt nur „indizielle Bedeutung“ zukommt; *Kotulla*, WHG, § 89 Rn.49; *ders.*, WHG a.F., § 22 Rn.50; *Salje/Peter*, UmweltHG, §§ 1, 3 Rn.17; *Breuer*, Wasserrecht, Rn.1145; a.A. *OLG Köln*, Teilurt. v. 7.6.1995 – 26 U 54/94 –, ZfW 1998, 396 (398).

mit wassergefährdenden Stoffen (§ 19i WHG a.F.), d.h. im Rahmen von Regelungen zu öffentlich-rechtlichen Pflichten.[784] Demzufolge sind die Begriffe Inhaber und Betreiber innerhalb der WHG a.F. nicht austauschbar.

Danach liegt der Schluss nahe, dass die Betreiberbegriffe innerhalb des WHG n.F. ebenfalls nicht austauschbar, sondern vielmehr unterschiedlich zu handhaben sind.[785] Hierfür spricht auch, dass das Bezugsobjekt des Betreibers in den Vorschriften zum Umgang mit wassergefährdenden Stoffen nicht mit dem Bezugsobjekt im Bereich des § 89 WHG identisch ist. Denn im Rahmen der Gefährdungshaftung geht es dem Schutzzweck der Norm entsprechend nicht allein um Gefährdungen, die von Anlagen des Betreibers mit der Zweckrichtung des § 19i WHG a.F. bzw. § 62 Abs.1 S.1 WHG i.V.m. WasgefStAnlV ausgehen,[786] d.h. von „Anlagen zum Lagern, Abfüllen, Herstellen und Behandeln wassergefährdender Stoffe sowie Anlagen zum Verwenden wassergefährdender Stoffe“, sondern auch um Gefährdungen, die mit dem Betrieb von Anlagen zur Verwendung von wassergefährdenden Stoffen zu anderen Zwecken (z.B. Verbrauch) einhergehen[787].

Die nunmehr einheitliche Verwendung des Betreiberbegriffs ist aufgrund der aufgezeigten unterschiedlichen Regelungziele und -gegenstände innerhalb des WHG nicht in sich stimmig und dürfte für falsche Schlussfolgerungen im Hinblick auf den Inhalt des Betreiberbegriffs in § 89 Abs.2 WHG sorgen. Dabei soll nach der Begründung zum Gesetzesentwurf zur Neuregelung des Wasserrechts § 89 Abs.2 WHG inhaltlich dem § 22 Abs.2 WHG a.F. entsprechen.[788] Die Verwendung des Betreiberbegriffs in § 89 Abs.2 WHG ist daher abzulehnen. Es dürfte allein sachgerecht sein, den Adressat öffentlich-rechtlicher Pflichten als „Betreiber“ zu bezeichnen, nicht jedoch den Haftungsadressaten im Rahmen der privatrechtlichen Gefährdungshaftung des § 89 Abs.2 WHG. Schließlich wird der Inhaberbegriff auch in den privatrechtlichen Haftungsvorschriften des

---

784 *Reiff*, in: Berendes u.a., WHG, § 89 Rn.84; *Ossenbühl*, Umweltgefährdungshaftung im Konzern, S.46; die beide zudem auf die fehlende Gesetzesbegründung zur Änderung der Begrifflichkeiten hinweisen.

785 A.A. wohl *VG Ansbach*, Urt. v. 19.12.2012 – 12.00694 –.

786 Vgl. *Berendes*, Wasserhaushaltsrecht, § 89 Rn.6.

787 *Sanden*, in: BeckOK, WHG, § 62 Rn.7. Siehe auch zur stillgelegten Anlage *Reiff*, in: Berendes u.a., WHG, § 89 Rn.69.

788 Vgl. BT-Drs. 16/12275, S.78. Siehe auch *Hilf*, in: BeckOK, WHG, § 89 Rn.53 ff.; *Petersen*, in: Landmann/Rohmer, WHG, § 89 Rn.73; *Reiff*, in: Berendes u.a., WHG, § 89 Rn.84; *Schwendner*, in: Sieder u.a., WHG, § 89 Rn.68; *Berendes*, Wasserhaushaltsrecht, § 89 Rn.6; *Drost*, Das neue Wasserrecht, WHG, § 89 Rn.2.

UmweltHG (§§ 1, 2) verwendet.[789] Die einheitliche Verwendung des Inhaberbegriffs im Zusammenhang mit den umweltrechtlichen Haftungsvorschriften wäre danach konsequent und vorzuziehen. Die Arbeit verwendet im Folgenden aber gleichwohl aufgrund des Wortlauts des Gesetzes den Betreiberbegriff im Zusammenhang mit der Gefährdungshaftung des § 89 Abs.2 WHG.

b) Erlaubnisinhaber, Eigentümer und gesamtschuldnerische Haftung mehrerer Betreiber

Nach den aufgezeigten Kriterien ist der „Inhaber der Bewilligung" bzw. „Inhaber der Erlaubnis"[790] oder der Eigentümer nicht automatisch Haftungsadressat nach § 89 Abs.2 WHG.[791] Denn er beeinflusst nicht zwangsläufig das Risikopotenzial des Anlagenbetriebes. Vielmehr haftet er im Rahmen der Gefährdungshaftung des § 89 Abs.2 WHG nur dann, wenn er der auf den Anlagenbetrieb bezogene „Verantwortliche" ist.[792]

Dementsprechend haftet bei mehreren verbundenen Anlagen verschiedener Betreiber regelmäßig derjenige, der die tatsächliche Verfügungsgewalt innehat und die wirtschaftlichen Kriterien erfüllt.[793] Fraglich ist, ob auch mehrere Personen in Bezug auf ein und dieselbe Anlage nach § 89 Abs.2 WHG haften können.[794] Hierfür spricht zunächst der Wortlaut des § 89 Abs.2 S.2 i.V.m. § 89 Abs.1 S.2 WHG, wonach mehrere zugleich schadensersatzpflichtige Betreiber als

---

789 Vgl. *Kohler*, in: Staudinger, Umwelthaftungsrecht, § 89 WHG, Rn.63.

790 *Huber*, VersR 1962, 310.

791 Vgl. *BGH*, Urt. v. 17.10.1985 – III ZR 99/84 –, NJW 1986, 2312 (2313); siehe auch *Spindler/Peter*, in: Jochum u.a., Industriepark und Störfallrecht, Rn.237; *Balensiefen*, Umwelthaftung, S.213; *Huber*, VersR 1962, 310. Das bedeutete jedoch nicht, dass der Eigentümer dann nicht anderweitig schadensersatzpflichtig ist, z.B. im Falle einer Gebrauchsüberlassung, wenn er konkrete Anhaltspunkte hatte, dass der andere seinen Verkehrssicherungspflichten nicht nachkommen wird, s. *BGH* Urt. v. 22.7.1999 – III ZR 198/98 –, BGHZ 142, 227 = NJW 1999, 3633 (3633 f.).

792 Vgl. *BGH*, Urt. v. 17.10.1985 – III ZR 99/84 –, NJW 1986, 2312 (2313); *ders.*, Urt. v. 22.7.1999 – III ZR 198/98 –, BGHZ 142, 227 = NJW 1999, 3633 (3633 f.). Siehe auch *OLG Köln*, Teilurt. v. 7.6.1995 – 26 U 54/94 –, ZfW 1998, 396 (398); *Schwendner*, in: Sieder u.a., WHG a.F., § 22 Rn.41 u. Rn.41a (unter Angabe von zahlreichen Rechtsprechungsfällen) *Breuer*, Wasserrecht, Rn.1145.

793 Vgl. *Breuer*, Wasserrecht, Rn.1147 ff.

794 Vgl. *BGH*, Urt. v. 31.5.2007 – III ZR 3/06 –, NVwZ-RR 2007, 754 (755). Im Tankstellenagenturgeschäft werden regelmäßig sowohl die Mineralölgesellschaft als auch der Verwalter, der als Handelsvertreter gemäß § 84 HGB im Namen und für Rechnung der Gesellschaft gegen Provision tätig wird, als Anlagenbetreiber angesehen, s. *Schwendner*, in: Sieder u.a., WHG, § 89 Rn.68.

Gesamtschuldner haften können.[795] Darüber hinaus gibt es einen dem Grundsatz der Betreiberidentität des Immissionsschutzrechts[796] entsprechenden Grundsatz der „Inhaberidentität“ im WHG nicht. Daher können nach § 89 Abs.2 WHG mehrere Personen nebeneinander als (Mit-)Betreiber haften.[797]

Im Falle eines Betreiberwechsels ist es im Hinblick auf den Regelungszweck der Gefährdungshaftung sachgerecht darauf abzustellen, wer Betreiber zum Zeitpunkt des Austritts der schadensursächlichen Emission war und damit die Gefahrensituation beherrschen konnte.[798] Dementsprechend haften Betreiber gesamtschuldnerisch, wenn zum Zeitpunkt des Betreiberwechsels Emissionen aus der Anlage austreten, die jedenfalls im Zusammenwirken geeignet sind, einen bestimmten Schaden herbeizuführen, und anschließend nicht festgestellt werden kann, ob vor oder nach dem Zeitpunkt des Betreiberwechsels die schadensursächlichen Emissionen ausgetreten sind.[799]

2. *Haftung für Dritte*

Verursacht ein Dritter, z.B. ein Verrichtungsgehilfe gem. § 831 Abs.1 S.2 BGB, den Schaden, sieht die anlagenbezogene Gefährdungshaftung nach § 89 Abs.2 WHG keine Entlastungsmöglichkeit für den Betreiber vor.[800] Auch durch zivilvertragliche Regelungen lässt sich die Haftung nach § 89 Abs.2 WHG nicht auf einen Dritten abwälzen. Denn eine Haftungsdelegation nach außen widerspräche dem Sinn der Gefährdungshaftung, so dass derartige Regelungen nur Bedeutung für die Schadensabwicklung im Innenverhältnis haben können.[801] Zum

---

795 Vgl. *Balensiefen*, Umwelthaftung, S.213 (zu § 22 WHG a.F.).

796 Siehe oben Teil 2 § 4.

797 Vgl. *BGH*, Urt. v. 8.1.1981 – III ZR 157/79 –, BGHZ 80, 1 = NJW 1981, 1516 = ZfW 1981, 153 (155); *OLG Frankfurt*, Urt. v. 4.12.1986 – 1 U 281/85 –, VersR 1988, 1069 (1070). Zu einzelnen Fallgruppen *Ballensiefen*, Umwelthaftung, S.213 ff., 236 ff. Siehe auch *Petersen*, in: Landmann/Rohmer, WHG, § 89 Rn.75 f., 79; einschränkend *Wernicke*, NJW 1954, 772 (775).

798 Vgl. *BGH*, Urt. v. 22.7.1999 – III ZR 198/98 –, ZfW 2000, 131 (133); *Kotulla*, WHG, § 89 Rn.49; *Petersen*, in: Landmann/Rohmer, WHG, § 89 Rn.75; *Schwendner*, in: Sieder u.a., WHG a.F., § 22 Rn.41; *ders.*, in: Sieder u.a., WHG, § 89 Rn.68.

799 Vgl. *BGH*, Urt. v. 22.11.1971 – III ZR 112/69 –, BGHZ 57, 257 = NJW 1972, 205; *Petersen*, in: Landmann/Rohmer, WHG, § 89 Rn.75; *Schwendner*, in: Sieder u.a., WHG a.F., § 22 Rn.41. Ausf. zur Frage, ob eine Anlage vorliegt und wer bei mehreren Anlagen verschiedener Inhaber haftet s. *Breuer*, Wasserrecht, Rn.1147 ff.

800 Vgl. *Schwendner*, in: Sieder u.a., WHG a.F., § 22 Rn.41.

801 Vgl. *OLG Karlsruhe*, Urt. v. 17.12.1964 – 5 U 12/64 –, BB 1965, 435; *Schwendner*, in: Sieder u.a., WHG a.F., § 22 Rn.41a; *Engert*, BB 1963, 657 (659).

Teil wird diese strenge Haftung abgelehnt und dabei auf die Rechtsprechung des *BGH* vom 7. Oktober 1975[802] verwiesen.[803] Danach könne das Inhaberunternehmen durchaus die Haftung im Rahmen der Umwelthaftung abwälzen und hafte dann lediglich für die eigene Sorgfalt bei der Auswahl und Kontrolle des Drittunternehmens.[804] Dem ist allerdings entgegenzuhalten, dass dem zitierten Verfahren vor dem *BGH* eine andere Ausgangssituation zu Grunde lag, die eine abweichende Beurteilung rechtfertigt. In dem Fall ging es um eine Gewässerverschmutzung durch Ölabfälle, die durch Schadstoffe aus dem Betrieb eines Drittunternehmens verursacht worden waren, nicht hingegen durch die Anlage der Betreiberin. Damit schied eine Haftung der ursprünglichen Inhaberin nach § 89 Abs.2 WHG von vornherein aus.[805] Insgesamt hat folglich im Regelfall die Übertragung der Haftung auf einen Dritten, z.B. im Rahmen eines Lieferungs-, Reparatur- oder Wartungsvertrags, nicht zur Folge, dass der Dritte statt des Auftraggebers als Betreiber haftet.[806]

V. Die Betreiberbegriffe des WHG in Abgrenzung zum Betreiberbegriff des BImSchG

Das WHG ist – wie das BImSchG – vornehmlich dem besonderen Gefahrenabwehrrecht zuzuordnen: Es bezweckt den Schutz der Gewässer und sieht zur effektiven Verfolgung dieses Schutzzwecks ordnungs- und polizeirechtliche Instrumente vor, z.B. das repressive Verbot mit Befreiungsvorbehalt nach § 8 WHG sowie Gebote und Überwachungspflichten beim Umgang mit wassergefährdenden Stoffen nach § 62 Abs.4 BImSchG i.V.m. WasgefStAnlV.[807] Den Betreiberbegriff kennzeichnet daher, und das ist den beiden Betreiberbegriffen des WHG trotz ihrer Verschiedenheit gemein, eine besondere Gefahrennähe: Der Betreiber hat die tatsächliche Verfügungsgewalt über die Anlage.[808]

---

802 *BGH*, Urt. v. 7.10.1975 – VI ZR 43/74 –, NJW 1976, 46.

803 *Schmidt*, UTR 1993, 69 (77, 88 f., 90); ebenso *Westermann*, ZHR 1991, 223 (240 f.).

804 *Schmidt*, UTR 1993, 69 (77, 88 f., 90); ebenso *Westermann*, ZHR 1991, 223 (240 f.).

805 Vgl. *BGH*, Urt. v. 7.10.1975 – VI ZR 43/74 –, NJW 1976, 46.

806 Vgl. *OLG Karlsruhe*, Urt. v. 17.12.1964 – 5 U 12/64 –, BB 1965, 435; *Schwendner*, in: Sieder u.a., WHG a.F., § 22 Rn.41a; *Engert*, BB 1963, 657 (659); a.A. *Schmidt*, UTR 1993, 69 (77, 88 f., 90); ebenso *Westermann*, ZHR 1991, 223 (240 f.). Zur Regelung öffentlich-rechtlicher Verantwortlichkeit im Vertrag s. unten Teil 4 § 3. Zur Umwelthaftung im Konzern s. unten Teil 5 § 2 VII.

807 *Czychowsky/Reinhardt*, WHG, Einl. Rn.51 m.w.N.

808 Siehe oben Teil 3 § 4 III und IV.

Der weitere Inhalt des Betreiberbegriffs des WHG wird, wie aufgezeigt, vom Zweck des Regelungskontextes bestimmt.[809] Der Betreiberbegriff des § 89 Abs.2 WHG dürfte dabei nicht inhaltsgleich mit dem Betreiberbegriff des BImSchG sein.[810] Bei der Auslegung des Betreiberbegriffs des § 89 Abs.2 WHG dürfte vielmehr der wirtschaftliche Einfluss eine größere Rolle als im BImSchG spielen. Hierfür spricht, dass das WHG im Gegensatz zum BImSchG einen umfassenden Haftungsanspruch – ohne Entlastungsmöglichkeit – zu Lasten des Betreibers nach § 89 Abs.2 WHG vorsieht und ohne Berücksichtigung einer wirtschaftlichen Komponente die Inanspruchnahme im Rahmen der Gefährdungshaftung des WHG nicht gerecht erscheint. Es ist vielmehr sachgerecht, einen Ausgleich zwischen den aus dem Anlagenbetrieb resultierenden Vorteilen, d.h. den Nutzungen, und den Nachteilen, d.h. den Kosten für den Unterhalt der Anlage sowie dem Risiko einer umfassenden Haftung, zu erzielen. Entscheidend sind aufgrund dieser Schadensausgleichsfunktion folglich die tatsächlichen und wirtschaftlichen Umstände bei der Bestimmung des Betreibers i.S.d. § 89 Abs.2 WHG.

Für eine differenzierte Betrachtung der Betreiberbegriffe des § 89 Abs.2 WHG und BImSchG spricht auch, dass nach § 89 Abs.2 S.2 i.V.m. § 89 Abs.1 S.2 WHG zugleich mehrere Betreiber (verschuldensunabhängig) in Bezug auf ein und dieselbe Anlage nebeneinander haften können. Die Vorschrift des § 14 S.2 BImSchG sieht demgegenüber lediglich einen (verschuldensunabhängigen) Schadensersatzanspruch des Nachbarn gegenüber einem Betreiber (und dies auch nur unter bestimmten Bedingungen) vor. Regelungen zur gesamtschuldnerischen Haftung und zu Betreibermehrheit enthält das BImSchG nicht.

Auf die rechtliche Verfügungsgewalt des Betreibers kommt es im Rahmen der wasserrechtlichen Haftung nach § 89 Abs.2 WHG regelmäßig nicht an.[811] Demgegenüber dürften der Betreiberbegriff im Zusammenhang mit dem Umgang mit wassergefährdenden Stoffen (§ 62 Abs.4 BImSchG i.V.m. WasgefStAnlV) und der Betreiberbegriff des BImSchG ähnlich sein. Hierfür spricht auch, dass

---

809 Vgl. *Czychowski/Reinhardt*, WHG, § 9 Rn.10.

810 A.A. *Müggenborg*, in: Berendes u.a., WHG, § 59 Rn.17.

811 Vgl. *Reiff*, in: Berendes u.a., WHG, § 89 Rn.84; A.A. *Müggenborg*, in: Berendes u.a., WHG, § 59 Rn.17; *Spindler/Peter*, in: Jochum u.a., Industriepark und Störfallrecht, Rn.240 f., die die Rspr. des *BGH*, Urt. v. 10.6.1976 – III ZR 150/73 –, ZfW 1977, 41 (43), zu einem Fall des § 22 Abs.1 WHG a.F. auf § 22 Abs.2 WHG a.F. übertragen, wonach die tatsächlichen Verhältnisse „oft nur bei Berücksichtigung auch der rechtlichen Beziehungen zutreffend erfasst werden". Gegen eine solche Übertragung spricht, dass sich der zitierte Abschnitt auf den Vorgang einer tatsächlichen Handlung (des Einbringens) bezieht, nicht hingegen auf einen bloßen Zustand (die Inhaberschaft).

sich der Gesetzgeber in diesem Regelungsabschnitt des WHG eher am BImSchG orientiert (vgl. § 66 WHG). Insgesamt zeigt die Untersuchung des Betreiberbegriffs des WHG in Abgrenzung zum BImSchG, dass gerade in Folge der Wasserrechtsnovelle und des Austausches der Begrifflichkeiten eine Definition des Betreiberbegriffs (bzw. der Betreiberbegriffe) erforderlich erscheint.

§ 5. Der Inhaber der Anlage nach dem UmweltHG

Der Haftung nach dem UmweltHG kommt besondere Bedeutung zu. Es handelt sich bei ihr wie bei § 89 Abs.2 WHG um eine anlagenbezogene Gefährdungshaftung. Bevor das UmweltHG am 1. Januar 1991 in Kraft getreten ist, stellten die Vorschriften des allgemeinen Deliktsrechts (§§ 823 ff. BGB) die wesentliche Haftungsgrundlage für Umweltschäden – abgesehen von den Haftungsregelungen zum Gewässerschutz nach dem WHG – dar. Das Deliktsrecht sieht allerdings vornehmlich eine verschuldensabhängige Haftung vor, d.h. die Haftungsvorschriften greifen insbesondere dann nicht, wenn Schäden ohne ein menschliches Fehlverhalten allein aufgrund eines technischen Ablaufs entstehen oder wenn sich der Unternehmer für das Fehlverhalten des Beschäftigten entlasten kann.[812] Auch die verschuldensunabhängige Haftung nach § 906 BGB begründet keinen umfassenden Ersatzanspruch,[813] denn die Vorschrift sieht keinen Ausgleich für Personenschäden vor und ist grundstücksbezogen.[814] Wie bereits im vorigen Abschnitt zum WHG aufgezeigt, sieht die verschuldensunabhängige Haftung nach § 14 S.2 BImSchG ebenfalls nur einen Haftungsanspruch zugunsten des Nachbarn vor und gewährt keinen ausreichenden Schutz.[815]

Ziel des Gesetzgebers des UmweltHG ist es, die bestehenden Regelungslücken für die Haftung zum Schutz von Boden und Luft zu schließen.[816] Das UmweltHG sieht daher wie die auf den Gewässerschutz angelegte Regelung des § 89 WHG eine anlagenbezogene Gefährdungshaftung vor,[817] die auch den störungsfreien,

---

812 BT-Drs. 11/7104, S.14.

813 *Landsberg/Lülling*, Umwelthaftungsrecht, § 1 Rn.4.

814 BT-Drs. 11/7104, S.14, ausf. zu den Wertungswidersprüchen des § 906 Abs.2 S.2 BGB; *Landsberg/Lülling*, Umwelthaftungsrecht, § 1 Rn.4; *dies.*, DB 1990, 2205.

815 Vgl. *Landsberg/Lülling*, Umwelthaftungsrecht § 1 Rn.4; *dies.*, DB 1990, 2205. Siehe auch *BGH*, Urt. v. 18.9.1984 – VI ZR 223/82 –, NJW 1985, 47. Einen Überblick über die vor Erlass des UmweltHG maßgeblichen (nachbarrechtlichen) Anspruchsgrundlagen gibt *Westermann*, ZHR 1991, 223 (228 f.).

816 *Landsberg/Lülling*, Umwelthaftungsrecht § 1 Rn.1 ff.

817 Vgl. BT-Drs. 11/7104, S.15; *Huffmann*, Der Einfluß des § 52a BImSchG auf die Verantwortlichkeit im Unternehmen, S.179 (ausf. auch zur verschuldensabhängigen

rechtmäßigen Normalbetrieb in die Haftung miteinbezieht.[818] Nach einer kurzen Einführung untersucht die Arbeit daher im Folgenden den Inhaberbegriff im Kontext des UmweltHG. Dabei werden die vorigen Untersuchungsergebnisse zum Betreiberbegriff des WHG zum Vergleich herangezogen.

I. Die zivilrechtliche Gefährdungshaftung nach dem UmweltHG

Nach dem UmweltHG ist der Ersatzpflichtige, der „Inhaber der Anlage" (§§ 1, 2 UmweltHG), einem umfassenden Gefährdungshaftungsanspruch für Personen- oder Sachschäden (Individualschäden) – nicht hingegen für rein ökologische Schäden –ausgesetzt.[819] Nicht nur ein Störfall, sondern auch der bestimmungsgemäße Normalbetrieb kann die Haftung nach § 1 UmweltHG, der zentralen Haftungsnorm des UmweltHG, auslösen.[820] Dasselbe gilt für nicht betriebene Anlagen, die Haftung nach dem UmweltHG auslösen,[821] wenn etwa vor Betriebsbeginn bei der Errichtung der Anlage gefährliche Stoffe auf das Betriebsgelände gelangen (§ 2 Abs.1) oder nach Betriebseinstellung auf dem Betriebsgelände verbleiben (§ 2 Abs.2). Der Gefährdungshaftung unterfallen dabei Anlagen i.S.d. § 3 Abs.2, 3 UmweltHG, deren Umwelteinwirkungen (§ 3 Abs.1 UmweltHG) der Gesetzgeber der – enumerativen[822] – Auflistung in Anhang 1 zum UmweltHG zufolge als gefährlich einstuft.[823]

Das UmweltHG setzt für den Haftungsanspruch in § 1 lediglich eine Umwelteinwirkung und nicht eine Umweltbeeinträchtigung wie in § 89 Abs.2 WHG

---

und -unabhängigen Umwelthaftung, S.135 ff., sowie zu den einzelnen Haftungsvoraussetzungen nach UmweltHG, S.179 ff.).

818 BT-Drs. 11/7104, S.1, 14 f.; *Rehbinder*, in: Landmann/Rohmer, UmweltHG, § 1 Rn.1. Die Haftungsregelungen des WHG und UmweltHG können parallel zur Anwendung gelangen, s. *Hilf*, in: BeckOK, WHG, § 89 Rn.6 m.w.N.

819 Vgl. BT-Drs. 11/7104, S.16; *Rehbinder*, in: Landmann/Rohmer, UmweltHG, § 1 Rn.1. Der Umfang der Haftung richtet sich nach §§ 249 ff. BGB, wobei für Sachschäden eine Bagatellgrenze nach § 5 UmweltHG sowie bzgl. Wiederherstellungsmaßnahmen die Regelung des § 16 UmweltHG zu beachten sind, bei Personenschäden die zusätzlichen Regelungen nach §§ 12 ff. UmweltHG. Geht von der Anlage ein besonders hohes Risiko aus (Anhang 2 des UmweltHG), ist der Inhaber der Anlage zur Sicherung der Erfüllung der Haftung verpflichtet, eine Deckungsvorsorge zu treffen (§ 19 UmweltHG), z.B. in Form einer Haftpflichtversicherung, s. BT-Drs. 11/7104, S.2, 15.

820 *OLG Düsseldorf*, Urt. v. 29.10.2010 – I-22 U 70/10 –, m.w.N.

821 *OVG Münster*, Beschl. v. 3.11.2009 – 9 A 2398/08 –, GewArch 2010, 126.

822 Vgl. *BGH*, Urt. v. 17.5.2001 – III ZR 249/00 –, NJW 2001, 3049; *OLG Zweibrücken*, Urt. v. 17.12.2003 – 1 U 137/00 –; *VG Düsseldorf*, Urt. v. 7.5.2010 – 26 K 3136/08 –, AbfallR 2010, 258 m.w.N.

823 BT-Drs. 11/7104, S.1, 16.

voraus. Dies hat zur Folge, dass eine Ersatzpflicht schon dadurch begründet werden kann, dass Emissionen einer Anlage über ein Umweltmedium (Luft, Wasser, Boden) transportiert worden sind, auch wenn sie zu keiner Umweltverschmutzung führen.[824] Der Ersatzpflichtige soll damit veranlasst werden, sich entsprechend schadensvermeidend und umsichtig zu verhalten.[825] Die Haftungsregelung des § 1 UmweltHG dient also auch der Umweltvorsorge neben einem gerechten Schadensausgleich für individuelle Rechtsverletzungen.[826]

Im Gegensatz zu § 89 WHG sieht das UmweltHG in § 6 Abs.2 bei der Ursachenvermutung eine Entlastungsmöglichkeit im Fall eines Störfalls vor.[827] Hierfür muss der Anlageninhaber nachweisen, dass er die Anlage bestimmungsgemäß betreibt,[828] d.h. die besonderen Betriebspflichten (§ 6 Abs.3 UmweltHG) eingehalten worden sind und keine Störung des Betriebs vorliegt (§ 6 Abs.2 S.2 UmweltHG).[829] Damit wird der Anreiz für den Anlageninhaber geschaffen, die Anlage bestimmungsgemäß zu betreiben[830] und für eine entsprechend beweiskräftige Dokumentation der Betriebsvorgänge und Emissionen des Betriebs zu

824 *Brüggemeier*, in: FS Jahr, S.223 (235).

825 BT-Drs. 11/7104, S.1, 14; *Landsberg/Lülling*, Umwelthaftungsrecht, § 1 Rn.5; *Rehbinder*, in: Landmann/Rohmer, UmweltHG, § 1 Rn.2.

826 BT-Drs. 11/7104, S.1, 14; *Rehbinder*, in: Landmann/Rohmer, UmweltHG, § 1 Rn.2 m.w.N.; ausf. *Salje*, in: Salje/Peter, UmweltHG, §§ 1, 3 Rn.5 ff., m.w.N.; a.A. *Weyers*, Unfallschäden, S.446 ff., der anführt, dass die Gefährdungshaftung keine Präventionswirkung habe. Ausf. zur Diskussion zum Vorsorgeprizip als Grundprinzip des Umweltrechts s. *Günther*, Umweltvorsorge und Umwelthaftung, S.21 f., 25 ff., m.w.N.

827 Vgl. *OLG Düsseldorf*, Urt. v. 29.10.2010 – I-22 U 70/10 –, m.w.N.

828 Zugunsten des Geschädigten sieht § 6 Abs.1 S.1 UmweltHG eine Beweiserleichterung für den Nachweis der Verursachung des Schadens vor, da zunächst vermutet wird, dass der Schaden durch eine bestimmte Anlage verursacht worden ist, sofern sie nach Gegebenheiten des Einzelfalles (gemäß § 6 Abs.1 S.2 UmweltHG) geeignet ist, die eingetretene Rechtsgutsverletzung zu verursachen, s. BT-Drs. 11/7104, S.1, 15, 18; *BGH*, Urt. v. 17.6.1997 – VI ZR 372/95 –, NJW 1997, 2748; *OLG Düsseldorf*, Urt. v. 17.8.2001 – 22 U 9/01, NJW-RR 2002, 26; *Huffmann*, Der Einfluß des § 52a BImSchG auf die Verantwortlichkeit im Unternehmen, S.182 f.

829 *BGH*, Urt. v. 17.6.1997 – VI ZR 372/95 –, NJW 997, 2748; *Landsberg/Lülling*, Umwelthaftungsrecht § 1 Rn.10. Zur Vermutung des bestimmungsgemäßen Betriebs bei amtlich vorgeschriebenen Kontrollen s. *Huffmann*, Der Einfluß des § 52a BImSchG auf die Verantwortlichkeit im Unternehmen, S.185 f.

830 BT-Drs. 11/7104, S.18; *Huffmann*, Der Einfluß des § 52a BImSchG auf die Verantwortlichkeit im Unternehmen, S.183.

sorgen[831]. Der Gefährdungshaftung kommt insoweit eine größere Präventivwirkung als der Verschuldenshaftung zu.[832] Einen weiteren Haftungsausschluss sieht das UmweltHG in § 7 für den Fall vor, dass mehrere Anlagen geeignet sind, den Schaden zu verursachen, und ein anderer Umstand im konkreten Fall zur Schadensherbeiführung geeignet ist. Eine gesamtschuldnerische Haftung des „Normalbetreibers" scheidet insoweit aus.[833]

Allerdings kann sich der Inhaber der Anlage als Ersatzverpflichteter nach dem UmweltHG nicht entsprechend § 831 BGB exkulpieren.[834] Dies folgt aus der Ausgestaltung der Haftung als Gefährdungshaftung, die nicht darauf angelegt ist, dass der Anlageninhaber bereits bei ordnungsgemäßer Ausübung der Überwachungs- und Kontrollpflichten beschränkt haftet.[835] Zudem legt die Gefährdungshaftung die Person des Ersatzpflichtigen jedenfalls für die Haftung im Außenverhältnis zum Geschädigten zwingend fest und ist nicht dispositiv.[836] Eine nach außen hin wirksame Haftungsdelegation hingegen widerspräche dem Sinn der Gefährdungshaftung.[837] Dies gilt umso mehr, als selbst im Rahmen der verschuldensabhängigen Haftung des § 823 BGB eine vollständige Haftungsfreistellung mit Hilfe von Delegation jeglicher Pflichten nicht erreicht werden kann.[838] Dementsprechend kann der eigentliche Inhaber (Auftraggeber) der Anlage seine Verantwortung auch nicht ohne Weiteres mit Wirkung für Dritte übertragen.[839]

II. Der Inhaber der Anlage als Haftungsadressat

1. Inhaber- und Betreiberbegriff im Rahmen des UmweltHG

Bei einer Zusammenschau der Regelungen zum UmweltHG fällt – wie bereits in Bezug auf das WHG a.F. – der uneinheitliche Terminologiegebrauch durch den

---

831 *Huffmann*, Der Einfluß des § 52a BImSchG auf die Verantwortlichkeit im Unternehmen, S.185 f.

832 BT-Drs. 11/7104, S.14, 18.

833 Vgl. BT-Drs. 11/7104, S.19

834 *Schmidt-Salzer*, Umwelthaftung, § 1 Rn.312.

835 *Salje*, in: Salje/Peter, UmweltHG, §§ 1, 3 Rn.23. Ein Haftungsausschluss besteht i.Ü. nur bei höherer Gewalt nach § 4 UmweltHG, s. BT-Drs. 11/7104, S.17.

836 *Salje*, in: Salje/Peter, UmweltHG, §§ 1, 3 Rn.23.

837 I.E. ebenso *Schmidt-Salzer*, Umwelthaftung, § 1 Rn.309.

838 *Salje*, in: Salje/Peter, UmweltHG, §§ 1, 3 Rn.23 m.w.N. Siehe auch *Schmidt-Salzer*, Umwelthaftung, § 1 Rn.309.

839 *Salje*, in: Salje/Peter, UmweltHG, §§ 1, 3 Rn.23; a.A. *Schmidt*, UTR 1993, 69 (77); *Westermann*, ZHR 1991, 224 (240 f.), soweit auf Übertragung von Pflichten und Haftung nach dem UmweltHG bezogen.

Gesetzgeber auf. Ob der Gesetzgeber unter dem Inhaber der Anlage etwas anderes versteht als dem Betreiber der Anlage, erschließt sich dem Rechtsanwender dabei nicht.[840] Während nach § 1 UmweltHG Haftungsadressat der „Inhaber der Anlage" ist, wird demgegenüber in Anhang 1 zum UmweltHG (Nr.3) der Betreiberbegriff („mehrere Anlagen eines Betreibers") verwendet. Die Regelung des § 32a ZPO, die den zwingenden besonderen Gerichtsstand der Umwelteinwirkung bestimmt,[841] stellt wiederum auf den Inhaberbegriff ab, wobei Bezugspunkt ausschließlich eine Anlage i.S.d. Anhangs 1 zum UmweltHG sein kann. Die Vorschrift des § 32a ist mit dem Gesetz über die Umwelthaftung vom 10. Dezember 1990[842] in die ZPO eingeführt worden.[843]

Eine Begründung für die Verwendung unterschiedlicher Begrifflichkeiten innerhalb des UmweltHG liefert der Gesetzgeber nicht. Dabei sahen die ersten Entwürfe des UmweltHG noch den „Betreiber" als alleinigen Haftungsadressaten vor. Der Betreiberbegriff wurde dann ohne weitere Erläuterung in den Gesetzesmaterialien durch den Begriff des Anlageninhabers ersetzt.[844] Von der Literatur wird die Änderung zum Teil damit begründet, dass die Haftung nach § 2 UmweltHG auch an nicht betriebene Anlagen anknüpft und daher der Betreiberbegriff schon vom Wortlaut her nicht passe.[845] Zudem sei der Inhaberbegriff im Bereich des Haftungsrechts vorzuziehen, da er nicht so technikorientiert wie der Betreiberbegriff sei. Darüber hinaus richte sich die Haftung nach der privatrechtlichen Zuordnung einer Sache – wie die Zuordnung einer Gefahrenquelle im Deliktsrecht –, während der Betreiberbegriff zu verwenden sei, wenn es um die öffentlich-rechtliche und betriebstechnische Zuordnung im Sinne eines effektiven Zugriffs auf den Störer gehe.[846]

Dieser Auffassung ist zuzustimmen. Wie bereits im Zusammenhang mit der Gefährdungshaftung nach dem WHG dargestellt, ist es sachgerecht, den

840 Krit. daher *Weber/Weber*, VersR 1990, 688 (689 Fn.13).

841 Hierzu s. *Baumbach/Lauterbach*, ZPO, § 32a Rn.1 ff.; *Vollkommer*, in: Zöller, ZPO, § 32a Rn.1 ff.

842 BGBl I S.2634.

843 *Laubinger*, in: Ule/Laubinger, BImSchG, § 51b Rn.B3.

844 *Salje*, in: Salje/Peter, UmweltHG, §§ 1, 3 Rn.15; *Schmidt-Salzer*, Umwelthaftung, § 1 Rn.309.

845 *Rehbinder*, in: Landmann/Rohmer, UmweltHG, § 1 Rn.48; *Salje*, in: Salje/Peter, UmweltHG, §§ 1, 3 Rn.15; krit. *Laubinger*, in: Ule/Laubinger, BImSchG, § 51b Rn.C8.

846 *Spindler/Peter*, in: Jochum u.a., Industriepark und Störfallrecht, Rn.247. Siehe auch *Salje*, in: Salje/Peter, UmweltHG, §§ 1, 3 Rn.15 f.; krit. *Schmidt*, UTR 1993, 69 (73).

Inhaberbegriff im Rahmen der zivilrechtlichen Umwelthaftung zu verwenden, den Betreiberbegriff hingegen im Kontext der Erfüllung seiner öffentlich-rechtlichen Betreiberpflichten. Hierfür spricht auch, dass der unterschiedliche Zweck der jeweiligen Vorschrift je nach Verwendung des Inhaber- bzw. Betreiberbegriffs besser aufgezeigt werden kann. Denn der Zweck des UmweltHG, einen gerechten Schadensausgleich zu erzielen, ist insbesondere dem technikorientierten BImSchG, in dessen Zentrum die Grundpflichten des Betreibers stehen, nicht immanent. Insoweit ist auch die ausnahmsweise Verwendung des Betreiberbegriffs in Anhang 1 zum UmweltHG (Nr.3) schlüssig, da dies im Zusammenhang mit Anlagen geschieht, die vornehmlich dem Immissionsschutzrecht (vgl. 4. BImSchV) zuzuordnen sind. Dies belegt zugleich, dass das WHG im Rahmen der Gefährdungshaftung den Inhaberbegriff verwenden sollte.

2. Der Inhaber der Anlage als Gefahrenbeherrscher und Nutznießer

Die Regelungen des UmweltHG enthalten keine Kriterien, wonach sich der Inhaber der Anlage i.S.d. UmweltHG konkret bestimmen lässt.[847] Der Geschädigte kann zwar anhand des speziellen Auskunftsanspruchs nach § 9 S.3 UmweltHG herausfinden, wer Inhaber der Anlage ist, um seinen Schadensersatz durchzusetzen.[848] Die Auskunft bezieht sich jedoch allein auf den Sachstand nach den der Behörde vorliegenden Unterlagen. Dieser Sachstand kann unter Umständen veraltet sein und von den tatsächlichen Gegebenheiten abweichen.

In der Literatur wird zur Begriffsbestimmung des Inhabers nach dem UmweltHG regelmäßig ohne Begründung direkt auf die Ausführungen der Rechtsprechung und Kommentierung zum Inhaber- bzw. Halterbegriff des WHG (a.F.), HaftpflG und StVG verwiesen.[849] Auch die Rechtsprechung zum UmweltHG erläutert den Hintergrund ihrer Begriffsbestimmung nicht, sondern verweist wiederum auf die Literatur zum UmweltHG.[850] Inhaber der Anlage ist danach derjenige, der die Gefahrenquelle tatsächlich beherrscht sowie die Anlage

847 Vgl. *Landsberg/Lülling*, Umwelthaftungsrecht, § 1 Rn.58; *Rehbinder*, in: Landmann/Rohmer, UmweltHG, § 1 Rn.48.

848 Vgl. *Landsberg/Lülling*, Umwelthaftungsrecht, § 9 Rn.11.

849 Vgl. *Landsberg/Lülling*, Umwelthaftungsrecht, § 1 Rn.58; *Rehbinder*, in: Landmann/Rohmer, UmweltHG, § 1 Rn.48 f.; *Filthaut*, HaftPflG, § 2 Rn.45; *Westermann*, ZHR 1991, 223 (234).

850 Vgl. *OLG Düsseldorf*, Urt. v. 29.10.2010 – I-22 U 70/10 –; *LG Krefeld*, Urt. v. 25.3.2010 – 3 O 260/09 –.

für eigene Zwecke benutzt,[851] d.h. der wirtschaftliche Nutznießer und Risikoträger ist. Im Hinblick auf die geforderte Gefahrennähe wird der Inhaber auch als „Herr der Gefahr“[852] oder „Inhaber kraft Gefahrenherrschaft“[853] und in Bezug auf den wirtschaftlichen Nutzen „Inhaber kraft Nutznießung“[854] bezeichnet.

Für die Annahme, dass der Inhaber der Anlage i.S.d. UmweltHG inhaltlich dem Inhaber- bzw. Betreiberbegriff der Anlage nach § 89 Abs.2 WHG entspricht, lässt sich anführen, dass die im WHG normierte Gefährdungshaftung für Individualschäden im UmweltHG in § 1 in Bezug auf über das Wasser hinausgehende Umweltmedien (Luft, Boden etc.) übernommen worden ist. Entsprechend basieren die Haftungsvorschriften des UmweltHG auf denselben Prinzipien wie die Haftungsregelungen des WHG: Mit der Normierung der Gefährdungshaftung im UmweltHG sollen Umweltschäden in Ergänzung des Ordnungsrechts verhütet werden und Schäden an der Umwelt gerecht ausgeglichen werden.[855] Das UmweltHG ist insoweit wie das WHG vom Gedanken der „Einheit von Risikobeherrschung und Haftung“[856] geprägt. Der Gesetzgeber hat demnach den Inhaberbegriff des UmweltHG an den Inhaberbegriff des WHG a.F. angelehnt.[857]

Aufgrund des Umfangs des Haftungsanspruchs erscheint es jedoch nicht gerechtfertigt, nur einen kurzen Moment der Gefahrenbeherrschung vorauszusetzen. Vielmehr ist es sachgerecht, eine Anlagenbeherrschung von gewisser Dauer

---

851 Vgl. *OLG Düsseldorf*, Urt. v. 29.10.2010 – I-22 U 70/10 –; *LG Krefeld*, Urt. v. 25.3.2010 – 3 O 260/09 –; *Landsberg/Lülling*, Umwelthaftungsrecht, § 1 Rn.58 mit Nachweisen zum WHG; *Rehbinder*, in: Landmann/Rohmer, UmweltHG, § 1 Rn.49; *Pospich*, Haftung nach dem Umwelthaftungsgesetz, S.29. Siehe oben Teil 3 § 4 IV.

852 *Landsberg/Lülling*, Umwelthaftungsrecht, § 1 Rn.58; *Salje*, in: Salje/Peter, UmweltHG, §§ 1, 3 Rn.17 m.w.N.

853 *Michalski*, Jura 1995, 617 (623).

854 *Michalski*, Jura 1995, 617 (623).

855 *Rehbinder*, in: Landmann/Rohmer, UmweltHG, § 1 Rn.1. Siehe auch *Michalski*, Jura 1996, 617 (623), der insoweit vom Vorsorge- und Verursacherprinzip spricht. Zur Verantwortung und zum Verursacherprinzip im Umweltbereich s. auch *Nettesheim*, in: Grabitz/Hilf, AEUV, Art.191 Rn.107; *Hofmann*, in: FS 50 Jahre BVerfG, S.882 ff.; *Günther*, Umweltvorsorge und Umwelthaftung, S.21 f.

856 *Salje*, in: Salje/Peter, UmweltHG, §§ 1, 3 Rn.17. Siehe auch BT-Drs. 11/7104, S.15; *OLG Düsseldorf*, Urt. v. 19.6.1998 – 22 U 111/97 –, NJW 1998, 3720; *Pospich*, Haftung nach dem Umwelthaftungsgesetz, S.20, 28.

857 *Landsberg/Lülling*, Umwelthaftungsrecht, § 1 Rn.58; *Laubinger*, in: Ule/Laubinger, BImSchG, § 51b Rn.C8; *Rehbinder*, in: Landmann/Rohmer, UmweltHG, § 1 Rn.48.

zu verlangen.[858] Dies lässt sich auch der Regelung des § 6 Abs.2 UmweltHG entnehmen, wonach der Inhaber der Anlage derjenige sein muss, der in der Lage ist, für einen bestimmungsgemäßen Betrieb zu sorgen, d.h. dass die besonderen Betriebspflichten eingehalten werden. Er muss die entsprechenden präventiven Maßnahmen treffen können, um eine Gefahrensituation zu vermeiden, durch die die Haftung nach dem UmweltHG ausgelöst werden kann. Ein kurzer Beherrschungsmoment reicht hierfür nicht aus.

Aus der Vorschrift des § 2 UmweltHG, die sich auf das Stadium der Errichtung (Abs.1) bzw. der Betriebseinstellung (Abs.2) bezieht, lässt sich ebenfalls folgern, dass die tatsächliche Verfügungsgewalt des Inhabers ein wesentliches Kriterium zur Bestimmung des Ersatzverpflichteten ist. Denn diese Eigenschaft ist wesentlich, um in Bezug auf die Gefahr einer schädlichen Umwelteinwirkung die notwendige Vorsorge zu treffen.[859] Auf die rechtliche Verfügungsgewalt kann es hingegen nicht ankommen.[860] Schließlich ändert z.B. ein unwirksamer oder nichtiger Miet- oder Pachtvertrag (zunächst) nichts an der tatsächlichen Ausübung der Verfügungsgewalt und damit der tatsächlichen dauerhaften Einflussnahme.

Dem UmweltHG ist wie dem WHG der Ausgleichsgedanke in zweierlei Hinsicht immanent. Zum einen erscheint es allein gerechtfertigt zu sein, demjenigen eine derart umfassende Haftung aufzuerlegen, der „eine besondere Gefahrenquelle schafft“[861]. Zum anderen sollte derjenige ersatzverpflichtet sein, der vom Anlagenbetrieb unmittelbar profitiert. Der Inhaber der Anlage ist also auch dadurch gekennzeichnet, dass er auf der einen Seite den unmittelbaren wirtschaftlichen Nutzen aus der Anlage zieht, auf der anderen Seite aber auch die unmittelbaren wirtschaftlichen Risiken aus dem Anlagenbetriebs trägt, d.h. er die Anlage auf eigene Rechnung betreibt, die Kosten für ihre Unterhaltung aufbringt

858 Vgl. *OLG Düsseldorf*, Urt. v. 29.10.2010 – I-22 U 70/10 –; *LG Krefeld*, Urt. v. 25.3.2010 – 3 O 260/09 –; *Salje*, in: Salje/Peter, UmweltHG, §§ 1, 3 Rn.28, der davon ausgeht, dass eine anlagenfremde Übernahme der Anlage (z.B. durch Terroristen) nicht automatisch einen Inhaberwechsel einleitet; *Westermann*, ZHR 1991, 223 (235).

859 Vgl. *Salje*, in: Salje/Peter, UmweltHG, § 2 Rn.17 f. Ausf. zur Haftung bei einem Inhaberwechsel s. *Salje*, in: Salje/Peter, §§ 1, 3 Rn.27 m.w.N.; *Schmidt-Salzer*, Umwelthaftung, § 1 Rn.313 ff.

860 Vgl. *Salje*, in: Salje/Peter, UmweltHG, §§ 1, 3 Rn.24; a.A. *Baumbach/Lauterbach*, ZPO, § 32a Rn.4; *Vollkommer*, in: Zöller, ZPO, § 32a Rn.5.

861 *OLG Düsseldorf*, Urt. v. 19.6.1998 – 22 U 111/97 –, NJW 1998, 3720. Siehe auch *Günther*, Umweltvorsorge und Umwelthaftung, S.21 f.

und im Rahmen der Gefährdungshaftung haftet.[862] Dieser Inhalt des Inhaberbegriffs lässt sich auch aus der Nähe des Gefährdungstatbestands des UmweltHG zu weiteren Gefährdungshaftungstatbeständen wie etwa dem StVG schließen.[863] So ist Halter im Sinne des § 7 StVG, wer die Verfügungsgewalt über das Kfz und es für eigene Rechnung in Gebrauch hat.[864]

Die Eigentümerstellung oder die Aufführung als Inhaber in der Genehmigungsurkunde ist demgegenüber keine Voraussetzung für die Inhaberstellung. Der Begriff „Inhaber der Anlage" suggeriert zwar, dass es sich hierbei um den „Eigentümer der Anlage" handelt oder denjenigen, der in der Anlagengenehmigung als Inhaber bezeichnet wird. Im Hinblick auf den aufgezeigten Sinn und Zweck der Gefährdungshaftung kann es jedoch für die Ersatzpflichtigkeit auf diese Gesichtspunkte nicht zwingend ankommen.[865] Hierfür spricht auch, dass es nicht nachvollziehbar wäre, wenn ein Geschädigter im Falle einer (vorschriftswidrig) ohne Genehmigung betriebenen Anlage mangels eingetragenen Inhabers auf keinen Ersatzpflichtigen Rückgriff nehmen könnte.[866] Des Weiteren wird im Regelfall z.B. der Mieter, Pächter oder Leasingnehmer den Gefahren der Anlage näher und daher eher Herr der Gefahr sein als der Eigentümer.[867] Allerdings sieht auch das UmweltHG eine gesamtschuldnerische Haftung im Sinne des Zivilrechts vor, so dass es – wie im Rahmen des § 89 Abs.2 WHG – möglich ist, dass mehrere Beteiligte haften, z.B. der Eigentümer und der Besitzer der

862 Vgl. *OLG Düsseldorf*, Urt. v. 29.10.2010 – I-22 U 70/10 –; *LG Krefeld*, Urt. v. 25.3.2010 – 3 O 260/09 –; *Landsberg/Lülling*, Umwelthaftungsrecht, § 1 Rn.58; *dies.*, DB 1990, 2205 (2206); *Rehbinder*, in: Landmann/Rohmer, UmweltHG, § 1 Rn.49; *Salje*, in: Salje/Peter, UmweltHG, §§ 1, 3 Rn.16; *Pospich*, Haftung nach dem Umwelthaftungsgesetz, S.28; *Wussow*, Unfallhaftpflichtrecht, S.758 Rn.6; *Michalski*, Jura 1995, 617 (623). I.E. *Vollkommer*, in: Zöller, ZPO, § 32a Rn.5; a.A. *Baumbach/Lauterbach*, ZPO, § 32a Rn.4, dessen Verweis auf „andersartige Haftungsarten" beim UmweltHG keine nachvollziehbare Begründung dafür ist, dass wirtschaftlichen Beherrschung nicht mitentscheidend sein soll. Letzteres folgt vielmehr aus den Haftungstatbeständen des UmweltHG. Ebenfalls krit. zu Hartmanns Auffassung s. *Laubinger*, in: Ule/Laubinger, BImSchG, § 51b Rn.C7.

863 Vgl. *Rehbinder*, in: Landmann/Rohmer, UmweltHG, § 1 Rn.48; *Salje*, in: Salje/Peter, UmweltHG, §§ 1, 3 Rn.16.

864 *Burmann*, in: Burmann u.a., StVG, § 7 Rn.5. Hierzu siehe auch oben Teil 3 § 2 I 1.

865 Vgl. *Salje*, in: Salje/Peter, UmweltHG, §§ 1, 3 Rn.19 f.; *Schmidt-Salzer*, Umwelthaftung, § 1 Rn.310.

866 Vgl. *Schmidt-Salzer*, Umwelthaftung, § 1 Rn.310.

867 Vgl. *Rehbinder*, in: Landmann/Rohmer, UmweltHG, § 1 Rn.49.
Rehbinder, in: Landmann/Rohmer, UmweltHG, § 1 Rn.50.

Anlage.[868] Voraussetzung ist, dass Einfluss auf den Anlagenbetrieb genommen werden kann, die bloße Mitbenutzung einer Anlage hingegen reicht nicht aus.[869]

Insgesamt sind danach Inhaberbegriff des UmweltHG und Betreiberbegriff des WHG im Kontext der Gefährdungshaftung inhaltsgleich und austauschbar.[870] Hieraus folgt wiederum, dass der Inhaberbegriff nach dem UmweltHG wie der Inhaberbegriff nach dem WHG einen anderen Inhalt als der Betreiberbegriff i.S.d. BImSchG hat.[871] Bei der Bestimmung des Inhabers nach dem UmweltHG ist insbesondere das Kriterium der Nutznießung zwingend vorauszusetzen, weil die umfassende Gefährdungshaftung nach dem UmweltHG – wie nach dem WHG – vom Ausgleichsgedanken geprägt ist, während das BImSchG keinen annähernd vergleichbaren Haftungsanspruch (vgl. § 14 Abs.1 S.2 BImSchG) vorsieht. Insoweit gelten die obigen Ausführungen zum WHG entsprechend.[872]

§ 6. Der Verantwortliche nach dem USchadG

Das Umweltschadensgesetz (USchadG)[873] verwendet im Gegensatz zum BImSchG, WHG und UmweltHG weder den Betreiberbegriff noch den Inhaberbegriff. Adressat der im USchadG normierten Pflichten ist vielmehr der für den Umweltschaden bzw. die Gefahr eines Umweltschadens „Verantwortliche" (§§ 4–9 USchadG). Nach einer Einführung ins USchadG einschließlich der zu Grunde liegenden Umwelthaftungsrichtlinie 2004/35/EG wird daher im Folgenden untersucht, welchen Inhalt der Begriff des Verantwortlichen in Abgrenzung zum Betreiber- bzw. Inhaberbegriff hat.

I. Allgemeines zur öffentlich-rechtlichen Haftung nach dem USchadG und der Umwelthaftungsrichtlinie

Das USchadG ist am 14. November 2007 in Kraft getreten und dient der Umsetzung der Richtlinie 2004/35/EG des Europäischen Parlaments und des Rates vom 21. April 2004 über die Umwelthaftung zur Vermeidung und Sanierung von

---

868 *Salje*, in: Salje/Peter, UmweltHG, §§ 1, 3 Rn.26, mit dem Hinweis, dass bei einer Anlage, die aus mehreren selbständigen Anlagen besteht, dies allerdings nur dann der Fall ist, wenn eine einheitliche Gesamtherrschaft vorliegt.

869 *OLG Düsseldorf*, Urt. v. 29.10.2010 – I-22 U 70/10 –.

870 *Laubinger*, in: Ule/Laubinger, BImSchG, § 51b Rn.C8.

871 A.A. *Laubinger*, in: Ule/Laubinger, BImSchG, § 51b C8.

872 Siehe oben Teil 3 § 4 V.

873 Umweltschadensgesetz vom 10. Mai 2007, BGBl I S.666 ff.

Umweltschäden[874] (Umwelthaftungsrichtlinie – UHRL)[875]. Ziel der UHRL ist es, einen gemeinsamen Ordnungsrahmen zur Vermeidung und Sanierung von Umweltschäden zu schaffen (Erwägungsgrund 3 der Richtlinie 2004/35/EG).[876] Hierbei soll eine verstärkte Orientierung am Verursacherprinzip und dem Grundsatz der nachhaltigen Entwicklung erfolgen.[877] Daher sieht die UHRL vor, dass ein Betreiber, der durch seine berufliche Tätigkeit einen Umweltschaden oder die unmittelbare Gefahr eines solchen Schadens verursacht, hierfür finanziell einzustehen hat. Dieses „grundlegende Prinzip" soll den Betreiber dazu veranlassen, entsprechende Maßnahmen zur Vermeidung von Umweltschäden zu treffen (Erwägungsgrund 2 der Richtlinie 2004/35/EG).[878]

In der UHRL werden die zentralen Bestimmungen definiert. So bezieht sich der Begriff Umweltschaden nach Art.2 Abs.1 im Wesentlichen auf Schädigungen geschützter Arten und natürlicher Lebensräume, Schädigungen von Gewässern und Schädigungen des Bodens.[879] Im Hinblick auf das Umweltmedium Luft werden Schäden nur dann erfasst, wenn durch über die Luft getragene Elemente Schädigungen der Gewässer, des Bodens oder der geschützten Arten oder natürlichen Lebensräume verursacht werden (Erwägungsgrund 4 der Richtlinie 2004/35/EG).[880]

Entsprechend den Vorgaben der UHRL legt das USchadG die Mindestanforderungen für die Vermeidung und Sanierung von Umweltschäden (im Sinne des § 1 USchadG i.V.m. jeweiligem Fachrecht) fest. Es regelt damit ausschließlich eine öffentlich-rechtliche Verantwortlichkeit.[881] Insoweit ist der im Zusammenhang mit dem USchadG verwendete Begriff der Umwelthaftung missverständlich, weil der Haftungsbegriff ursprünglich aus dem Zivilrecht stammt und suggeriert, dass es sich beim Ausgleich um den klassischen Schadenersatz handelt.[882] Das USchadG ermöglicht jedoch im Gegensatz dazu nur Informations-, Gefahrenabwehr- und/oder Schadensbeseitigungs-, Sanierungsmaßnahmen (§§ 4–7 USchadG)[883] sowie

874 ABl. EG 2004 Nr. L 143 vom 30. April 2004, S.56.

875 *VG Saarlouis*, Urt. v. 12.9.2012 – 5 K 209/12, 5 K 1941/09 –, LKRZ 2012, 474.

876 Ausf. zur UHRL s. *Petersen*, USchadG, Einl. Rn.7 ff.

877 *Petersen*, USchadG, Einl. Rn.11, 15.

878 BT-Drs. 16/3806, S.13; *Petersen*, USchadG, Einl. Rn.15 f.; *Beuck*, VersR 2012, 1215 (1216).

879 BT-Drs. 16/3806, S.13; *Petersen*, USchadG, Einl. Rn.23.

880 *Petersen*, USchadG, Einl. Rn.26.

881 *Gassner/Schemel*, USchadG, Rn.1.4.; *Beuck*, VersR 2012, 1215 (1216). Ausf. zur öffentlich-rechtlichen Verantwortlichkeit *Petersen*, USchadG, Einl. Rn.8, 17 ff.; *Ruffert*, NVwZ 2010, 1177 (1177 ff.).

882 *Petersen*, USchadG, Einl. Rn.18, 20; *Knopp*, UPR 2007, 414 (416).

883 *VG Saarlouis*, Urt. v. 12.9.2012 – 5 K 209/12, 5 K 1941/09 –, LKRZ 2012, 474.

eine entsprechende Kostenpflicht (§ 9 USchadG)[884], sofern durch eine berufliche Tätigkeit (Anlage 1 zum USchadG) die unmittelbare Gefahr eines Umweltschadens bzw. ein Umweltschaden eingetreten ist. Für die Haftung von Individualschäden (Personenschäden, Schäden an Privateigentum etc.), die im BImSchG, WHG und UmweltHG normiert ist, gilt das USchadG demgegenüber nicht.[885] Auch eine Pflicht zur Deckungsvorsorge besteht anders als nach dem UmweltHG nicht. Insgesamt findet das USchadG nach § 1 USchadG allerdings nur Anwendung, wenn nicht bereits vorhandenes Fachrecht einschlägige Regelungen zur Vermeidung und Sanierung von Umweltschäden enthält.[886]

Das USchadG sieht dabei zum einen eine verschuldensunabhängige Haftung in § 3 Abs.1 Nr.1 vor, für den Fall, dass der Umweltschaden oder die Gefahr eines solchen Schadens durch eine in Anlage 1 aufgeführte berufliche Tätigkeit (vgl. § 2 Nr.3, 4 USchadG) verursacht wurde.[887] Hierzu gehört insbesondere der Betrieb genehmigungsbedürftiger Anlagen i.S.d. IVU-Richtlinie (bzw. IE-Richtlinie), Abfallbewirtschaftungsmaßnahmen und die Einbringung und Einleitung von Schadstoffen in Gewässer.[888] Zum anderen regelt es eine – dem öffentlichen Recht im Übrigen fremde – verschuldensabhängige Haftung in § 3 Abs.1 Nr.2 für den Fall, dass Schädigungen von Arten und natürlichen Lebensräumen und unmittelbare Gefahren solcher Schäden durch eine andere, nicht in der Anlage 1 aufgeführte berufliche Tätigkeit, verursacht wurden (in Umsetzung des Artikels 3 der Richtlinie 2004/35/EG).[889]

---

884 *Beuck*, VersR 2012, 1215 (1216).

885 BT-Drs. 16/3806, S.13; vgl. Erwägungsgründe 11–14 der UHRL, ABl. EG 2004 Nr. L 143 vom 30. April 2004, S.56 ff.; *Beckmann/Wittmann*, in: Landmann/Rohmer, USchadG, § 1 Rn.27; *Schwendner*, in: Sieder u.a., WHG, § 89 Rn.28; *Beuck*, VersR 2012, 1215; *Wagner*, VersR 2008, 565 (565 f.). Ausf. zur Abgrenzung zur zivilrechtlichen Umwelthaftung *Petersen*, USchadG, Einl. Rn.17 ff., 49, 60 f., 73; *Fritsch*, UPR 2012, 365.

886 *Beckmann/Wittmann*, in: Landmann/Rohmer, USchadG, § 1 Rn.4; *Gassner/Schemel*, USchadG, Rn.1.3.1 f.

887 *Knopp*, UPR 2007, 414 (417). Die Verhaltensveranwortlichkeit nach dem USchadG erstreckt sich also nicht auf private Tätigkeiten – im Gegensatz zum allgemeinen Polizei- und Ordnungsrecht, s. *Beckmann/Wittmann*, in: Landmann/Rohmer, USchadG, § 2 Rn.29.

888 *Beckmann/Wittmann*, in: Landmann/Rohmer, USchadG, § 3 Rn.4; *Brinktrine*, ZUR 2007, 337 (340).

889 *Beckmann/Wittmann*, in: Landmann/Rohmer, USchadG, § 3 Rn.2, 9, mit dem Hinweis, dass im Polizei- und (Sonder-)Ordnungsrecht grundsätzlich anerkannt sei, dass eine öffentlich-rechtliche Verhaltensverantwortlichkeit kein Verschulden des Handelnden voraussetze.

Der nach dem USchadG Verantwortliche kann sich im Hinblick auf den anspruchsbegründenden Tatbestand nicht dadurch entlasten, dass er seine berufliche Tätigkeit rechtmäßig ausgeübt hat, indem er etwa die Grenzen erteilter Genehmigungen (z.B. nach § 4 BImSchG) gewahrt hat. Vielmehr bleibt die öffentlich-rechtliche Verantwortlichkeit nach dem USchadG auch für einen im Rahmen eines genehmigungskonformen Anlagenbetriebs verursachten Schaden bestehen.[890] Dies ergibt sich zunächst daraus, dass die Vorschriften des USchadG die sog. Legalisierungswirkung[891] der Genehmigung nicht ausdrücklich vorsehen.[892] Vielmehr ist das Gegenteil der Fall. Nach der Regelung des § 2 Nr.3 USchadG ist Adressat der Vorschriften des USchadG ausdrücklich der „Inhaber einer Zulassung oder Genehmigung für eine solche Tätigkeit".[893] Zudem sprechen auch die Regelungen des § 9 Abs.1 S.2 Hs.2 USchadG i.V.m. Art.8 Abs.4 der UHRL gegen eine Legalisierungswirkung der Genehmigung. Aus diesen Vorschriften folgt, dass eine Freistellung aufgrund einer wirksamen Genehmigung und Einhaltung ihrer Voraussetzungen nur auf der Sekundärebene, d.h. wenn es um die Kostenpflicht geht, in Betracht gezogen werden kann, nicht hingegen auf der Primärebene (Informations-, Vermeidungs- und Sanierungspflichten).[894]

II. Der Begriff des Verantwortlichen in Abgrenzung zum Betreiberbegriff

Das USchadG führt mit Begriff „Verantwortlicher" in Anlehnung an das Polizei- und Ordnungsrecht einen für das Umwelthaftungsrecht neuen Haftungsadressaten ein.[895] In § 2 Nr.3 USchadG ist der Verantwortliche definiert als

---

890 *Beckmann/Wittmann*, in: Landmann/Rohmer, USchadG, § 1 Rn.25 f.; *Shirvani*, UPR 2010, 209 (209 m.w.N., 211). Siehe auch *Ruffert*, NVwZ 2010, 1177 (1182 f.).

891 Ausf. zur seit *BVerwG*, Urt. v. 2.12.1977 – IV C 75.75 –, BVerwGE 55, 118, anerkannten Rechtsfigur der Legalisierungswirkung von Genehmigungen im Umweltrecht *Beckmann/Wittmann*, in: Landmann/Rohmer, USchadG, § 1 Rn.24 ff., m.w.N.

892 *Beckmann/Wittmann*, in: Landmann/Rohmer, USchadG, § 1 Rn.25; *Brinktrine*, ZUR 2007, 337 (341).

893 *Beckmann/Wittmann*, in: Landmann/Rohmer, USchadG, § 1 Rn.25; *Brinktrine*, ZUR 2007, 337 (341).

894 *Beckmann/Wittmann*, in: Landmann/Rohmer, USchadG, § 1 Rn.25; *Brinktrine*, ZUR 2007, 337 (341 f.). Nach Art.8 Abs.4a UHRL kann der Betreiber von den Kosten der Sanierungstätigkeiten befreit werden. Er muss nachweisen, dass er nicht vorsätzlich oder fahrlässig gehandelt hat. Weitere Voraussetzung ist, dass der Umweltschaden durch eine „erlaubte" Emission oder ein „erlaubtes" Ereignis verursacht worden ist.

895 *Schmidt*, NZG 2007, 650 (651).

„jede natürliche oder juristische Person, die eine berufliche Tätigkeit ausübt oder bestimmt, einschließlich der Inhaber einer Zulassung oder Genehmigung für eine solche Tätigkeit oder der Person, die eine solche Tätigkeit anmeldet oder notifiziert, und dadurch unmittelbar einen Umweltschaden oder die unmittelbare Gefahr eines solchen Schadens verursacht hat."

Der Gesetzgeber verwendet damit nicht den vom Richtliniengeber vorgegebenen Begriff des Betreibers (vgl. Art.1b, Art.5–8 UHRL) bei seiner Umsetzung der UHRL. Nach Art.2 Nr.6 der UHRL ist Betreiber

„jede natürliche oder juristische Person des privaten oder öffentlichen Rechts, die die berufliche Tätigkeit ausübt oder bestimmt oder der — sofern dies in den nationalen Rechtsvorschriften vorgesehen ist — die ausschlaggebende wirtschaftliche Verfügungsmacht über die technische Durchführung einer solchen Tätigkeit übertragen wurde, einschließlich des Inhabers einer Zulassung oder Genehmigung für eine solche Tätigkeit oder der Person, die die Anmeldung oder Notifizierung einer solchen Tätigkeit vornimmt".

Der deutsche Gesetzgeber hat demnach die Begriffsbestimmung des Richtliniengebers in weiten Teilen übernommen. Sowohl nach dem USchadG als auch nach der UHRL kann jede natürliche oder juristische Person, die eine bestimmte berufliche Tätigkeit ausübt, einschließlich des Inhabers einer Zulassung oder Genehmigung für eine solche Tätigkeit, Adressat sein.[896]

Bei genauer Untersuchung der Begriffsbestimmungen Verantwortlicher gem. USchadG und Betreiber gem. UHRL fallen allerdings Unterschiede auf. Zunächst hat der deutsche Gesetzgeber nicht von der vom Richtliniengeber angebotenen Möglichkeit Gebrauch gemacht, bei der Definition darauf abzustellen, wem „die ausschlaggebende wirtschaftliche Verfügungsmacht über die technische Durchführung" der beruflichen Tätigkeit übertragen worden ist.[897] Darüber hinaus betont er bei der Definition des Verantwortlichen die unmittelbare Verursachung des Umweltschadens bzw. der Gefahr[898] („und dadurch unmittelbar einen Umweltschaden oder die unmittelbare Gefahr eines solchen Schadens verursacht hat"), während dieser Gesichtspunkt bei

896 Zur anerkannten öffentilch-rechtlichen Verantwortlichkeit juristischer Personen bzw. Handelsgesellschaften für ihre Vertreter sowie für diese handelnde natürliche Personen s. BT-Drs. 16/3806, S.21 m.w.N. Ausf. zu juristischen Personen und Personenvereinigungen als Handelnden s. *Becker*, USchadG, Rn.59; *Petersen*, USchadG, § 2 Rn.126 ff.; *Ruffert*, NVwZ 2010, 1177 (1183); *Wagner*, VersR 2008, 565 (570).

897 *Petersen*, USchadG, § 2 Rn.122.

898 *VG Saarlouis*, Urt. v. 12.9.2012 – 5 K 209/12, 5 K 1941/09 –, LKRZ 2012, 474.

der Betreiberbegriffsbestimmung des Richtliniengebers fehlt.[899] Der Richtliniengeber verlangt lediglich eine Unmittelbarkeit zwischen Gefahr und Schaden, nicht aber im Zusammenhang mit der Tätigkeit.[900] Der Gesetzgeber des USchadG hat demgegenüber die im Ordnungsrecht überwiegend vertretene „Theorie der unmittelbaren Verursachung", wonach Verursacher einer Gefahr derjenige ist, der durch sein Verhalten selbst den Eintritt einer konkreten Gefahr unmittelbar herbeigeführt hat, in das USchadG übernommen.[901] Unmittelbare Herbeiführung meint dabei nicht allein die unmittelbare ausführende Handlung, sondern kann auch eine Handlung im Hintergrund erfassen (z.B. eines Aufsichtspflichtigen).[902] Danach können mehrere für dieselbe Gefahr bzw. denselben Schaden verantwortlich sein (vgl. § 9 Abs.2 USchadG).[903]

Die Gesetzesbegründung zum USchadG belegt allerdings, dass insgesamt keine inhaltliche Abweichung zum Betreiberbegriff der UHRL beabsichtigt ist.[904] Daran schließt sich wiederum die Frage an, warum der Gesetzgeber sich nicht für eine mit dem Unionsrecht übereinstimmende Terminologie entschieden hat.

Im Gesetzesentwurf werden hierfür rechtssystematische Gründe angeführt: Die Verwendung des Begriffs Verantwortlicher sei erforderlich, weil es sich im USchadG um eine „öffentlich-rechtliche Verantwortlichkeit („Polizeipflicht")" handele, so dass der Betreiberbegriff keine Anwendung finden könne. Dabei weist der Gesetzgeber wiederum ausdrücklich darauf hin, dass mit dem Begriff des Verantwortlichen keine inhaltliche Abweichung zur Richtlinie beabsichtigt war.[905]

---

899 *Beuck*, VersR 2012, 1215 (1218). Siehe auch *Beckmann/Wittmann*, in: Landmann/Rohmer, USchadG, § 2 Rn.38. Krit. *Diederichsen*, NJW 2007, 3377 (3380).

900 Vgl. Erwägungsgrund 2 der Richtlinie 2004/35/EG; *Diederichsen*, NJW 2007, 3377 (3380). Siehe auch *Schmidt*, NZG 2007, 650 (651). Siehe oben Teil 3 § 6 I.

901 Krit. hierzu *Beuck*, VersR 2012, 1215 (1219 ff., m.w.N.); siehe auch *Beckmann/Wittmann*, in: Landmann/Rohmer, USchadG, § 2 Rn.38 f., mit Verweis auf Urt. d. *VGH Kassel* v. 4.9.1985 - UE 178/85 -, NVwZ 1986, 660; *Gassner/Schemel*, USchadG, Rn.3.2.1.; *Wagner*, VersR 2008, 565 (567 ff.).

902 *Beuck*, VersR 2012, 1215 (1220 m.w.N.).

903 *Petersen*, USchadG, § 2 Rn.118; *Beuck*, VersR 2012, 1215 (1218 ff., m.w.N.). Siehe auch *Beckmann/Wittmann*, in: Landmann/Rohmer, USchadG, § 2 Rn.39, die anführen, dass es nicht wie im allgemeinen Ordnungsrecht darauf ankomme, wer den letzten Verursachungsbeitrag gesetzt habe. Schließlich sei das Kriterium der Letztverantwortung in § 2 Nr.3 USchadG nicht aufgenommen worden und die Kosten könnten nach § 9 Abs.2 USchadG intern ausgeglichen werden.

904 BT-Drs. 16/3806, S.21.

905 BT-Drs. 16/3806, S.20 f.; *Beckmann/Wittmann*, in: Landmann/Rohmer, USchadG, § 1 Rn.27; *Petersen*, USchadG, § 2 Rn.121.

Der Auffassung ist insoweit zuzustimmen, als es angemessen ist, den Terminus Verantwortlicher in Abgrenzung zum Betreiberbegriff anderer Umweltgesetze zu verwenden; jedoch ist sie insoweit abzulehnen, als der Betreiberbegriff pauschal der zivilrechtlichen Haftung zugeordnet wird[906]:

Ein Betreiberbegriff im Rahmen des USchadG entsprechend der UHRL („operator") könnte leicht zu Missverständnissen bei der Auslegung führen.[907] Anhand des Wortlauts der UHRL wird bereits deutlich, dass auch der Richtliniengeber den Begriff des Betreibers nicht im Sinne z.B. der IVU-Richtlinie bzw. IE-Richtlinie verstanden wissen will.[908] Dies folgt aus Art.2 Nr.6, 7 der UHRL, wonach Haftungsadressat nicht nur derjenige, der eine Anlage eigenverantwortlich betreibt, sondern auch – ohne Beschränkung – die eine bestimmte berufliche Tätigkeit ausübende einzelne natürliche Person sein kann.[909] Danach ist auch der mit dem Betreiberbegriff der UHRL inhaltsgleiche Begriff des Verantwortlichen des USchadG weiter gefasst als der Begriff des Betreibers i.S.d. BImSchG bzw. der Begriff des Inhabers im Rahmen der Gefährdungshaftung. Für die Verantwortlichkeit nach dem USchadG ist also keine gehobene, leitende Stellung im Unternehmen erforderlich, sondern auch einfache Mitarbeiter (Fahrer etc.) können Verantwortliche sein, wenn sie die unmittelbar gefahr- bzw. schadensverursachenden Handlung ausführen.[910] Entsprechend sind Leitungspersonen eines Unternehmens für den Umweltschaden verantwortlich, wenn die zum Schaden führenden betrieblichen Vorgänge in ihrem Verantwortungsbereich lagen und sie diese maßgeblich gesteuert haben.[911]

---

906 A.A. *Petersen*, USchadG, § 2 Rn.121.

907 Vgl. *Petersen*, USchadG, § 2 Rn.120.

908 Vgl. *Beckmann/Wittmann*, in: Landmann/Rohmer, USchadG, § 2 Rn.32; *Diederichsen*, NJW 2007, 3377 (3379).

909 Ausf. zur beruflichen Tätigkeit s. *Beuck*, VersR 2012, 1215 (1216 ff., m.w.N.).

910 *Beckmann/Wittmann*, in: Landmann/Rohmer, USchadG, § 2 Rn.32, 34; *Petersen*, USchadG, § 2 Rn.130 ff. Soweit die Inanspruchnahme der Person unverhältnismäßig erscheint, kann dies bei mehreren auf der Ebene der Störerauswahl korrigiert werden, s. *Beckmann/Wittmann*, in: Landmann/Rohmer, USchadG, § 2 Rn.32, 34. Des Weiteren besteht nach § 9 Abs.2 USchadG bei mehreren Verantwortlichen ein Innenausgleichsanspruch, der sich nach dem Umfang der Verursachungsbeiträge bemisst, s. *Schmidt*, NZG 2007, 650 (653).

911 Hierzu ausf. *Beckmann/Wittmann*, in: Landmann/Rohmer, USchadG, § 2 Rn.33, 36, die dies der mittelbaren Täterschaft gleichsetzen; *Beuck*, VersR 2012, 1215 (1217 f.); *Cosack/Enders*, DVBl 2008, 405 (412); siehe auch *Diederichsen*, NJW 2007, 3377 (3380), der anführt, dass Minderheitsgesellschafter und Kreditgeber ebenfalls in Betracht kämen; *Wagner*, VersR 2008, 565 (570 f.).

Im Übrigen wäre der Betreiberbegriff auch in sprachlicher Hinsicht nicht vereinbar mit § 3 Abs.1 USchadG i.V.m. Anhang 1, wonach die aufgezählten beruflichen Tätigkeiten teilweise nicht „betrieben", sondern „vorgenommen" werden.[912]

Insgesamt hat sich der Gesetzgeber des USchadG also richtigerweise dagegen entschieden, den Haftungsadressaten als Betreiber zu bezeichnen, um Missverständnissen vorzubeugen.[913] Der Terminus Verantwortlicher dürfte vielmehr seine „Zwitterstellung" angemessen ausdrücken.[914] Er zeigt die Nähe zu den Termini Anlageninhaber (i.S.d. UmweltHG) und Betreiber (i.S.d. BImSchG) auf, welche sich aus der Ausgestaltung als „öffentlich-rechtliche Verantwortlichkeit"[915] mit entsprechenden Pflichten auf der einen Seite und der Ausgestaltung als Verschuldens- und Gefährdungshaftung ähnlich dem zivilen Umwelthaftungsrecht,[916] mit Kostenpflichten aber ohne einen vergleichbaren Schadensausgleich, auf der anderen Seite herleitet.[917] Dabei indiziert der Begriff des Verantwortlichen auch, dass der Kreis der in Betracht kommenden Haftungsadressaten weiter ist als beim Betreiber bzw. Inhaber. Als Haftungsadressat kommt nicht allein der Anlagenbetreiber i.S.d. BImSchG (bzw. WHG) oder der Genehmigungs- bzw. Zulassungsinhaber in Betracht, da maßgeblich ist, wessen Verhalten die Umweltgefahr oder den Umweltschaden unmittelbar verursacht hat.

§ 7. Zusammenfassung

Die Untersuchung zeigt, dass der Betreiberbegriff abseits des BImSchG von einer Vielzahl anderer Umweltgesetze und -bestimmungen (z.B. BImSchG, TEHG, EEG, KWKG, SeeAnlV, WHG, UHRL) verwendet wird, die allesamt dem Umweltschutz dienen, aber dennoch regelmäßig je nach Regelungszusammenhang dem Betreiberbegriff einen anderen Inhalt zuweisen. Dies gilt erst recht für dem Betreiberbegriff ähnelnde Termini, wie etwa Inhaber (vgl. UmweltHG, WHG a.F.) und Verantwortlicher (vgl. USchadG).

---

912 *Petersen*, USchadG, § 2 Rn.120.

913 Vgl. *Petersen*, in: Landmann/Rohmer, WHG, § 89 Rn.73.

914 Vgl. *Petersen*, USchadG, Einl. Rn.17 ff.

915 Vgl. *Beckmann/Wittmann*, in: Landmann/Rohmer, USchadG, § 1 Rn.27; *Petersen*, USchadG, Einl. Rn.8, 17 ff.

916 Vgl. *Knopp*, UPR 2007, 414 (416, 418).

917 *Beuck*, VersR 2012, 1215 (1218); a.A. *Petersen*, USchadG, § 2 Rn.121, der den Betreiberbegriff pauschal mit zivilrechtlicher Haftung verbindet, nicht hingegen mit öffentlich-rechtlicher Verantwortlichkeit.

In der Zusammenschau mit dem Betreiberbegriff des TEHG ergibt sich, dass das Kriterium der unmittelbaren Entscheidungsgewalt nach § 3 Nr.2 Hs.1 TEHG auch für den Inhalt des Betreiberbegriffs des BImSchG eine wesentliche Rolle spielt: Der Anlagenbetreiber ist jemand, der in der Lage ist, entsprechende Schutz- bzw. Vorsorgemaßnahmen in Bezug auf die emittierende Anlage umzusetzen. Dabei sind auch die Aspekte Gefahrenabwehr und Risikovorsorge und damit Gefahrennähe von Gewicht. Wirtschaftlichen Kriterien hingegen kommt keine wesentliche Bedeutung zu.

Diese Anhaltspunkte für den Betreiberbegriff werden auch von der Abgrenzung des Betreiberbegriffs i.S.d. BImSchG zu den Betreiberbegriffen des EEG und KWKG bestätigt. Beim EEG sowie KWKG stehen die Förderung ökonomischer Interessen im Vordergrund, so dass beide Betreiberbegriffe energiewirtschaftlich geprägt sind. Maßgeblich ist, wer das Kostenrisiko trägt. Damit handelt es sich beim Betreiberbegriff i.S.d. EEG bzw. KWKG um einen gegenüber dem immissionsschutzrechtlichen Betreiberbegriff eigenständigen Terminus. Das BImSchG ist als technisches Industrieanlagenrecht demgegenüber von der Gefahrenabwehr gekennzeichnet. Der Betreiberbegriff des BImSchG setzt dementsprechend Gefahrenbeherrschung als Betreibereigenschaft voraus.

Aus der Zusammenschau mit der SeeAnlV ergeben sich keine weiteren Anhaltspunkte für den Betreiberbegriff des BImSchG. Bei der SeeAnlV handelt es sich wie beim BImSchG um Anlagenrecht, das wesentliche Regelungen aus dem BImSchG übernommen hat. Im Zentrum der Vorschriften der SeeAnlV stehen entsprechend dem BImSchG die Aspekte der Gefahrenabwehr und Risikovorsorge. Daraus folgt, dass der Betreiberbegriff i.S.d. SeeAnlV keinen gegenüber dem Betreiberbegriff i.S.d. BImSchG abweichenden Inhalt hat.

Die Gegenüberstellung von Betreiberbegriff nach dem BImSchG und Betreiberbegriff nach § 89 Abs.2 WHG bzw. Inhaberbegriff nach dem UmweltHG macht deutlich, dass diese Termini nicht inhaltsgleich sind. Ein wesentlicher Unterschied besteht in Bezug auf das Kriterium der wirtschaftlichen Nutznießung, das im Rahmen der zivilrechtlichen Gefährdungshaftung des WHG sowie des UmweltHG, nicht hingegen beim BImSchG eine wichtige Rolle spielt. Denn sowohl die Umweltgefährdungshaftung nach dem WHG als auch nach dem UmweltHG sehen im Gegensatz zum BImSchG einen umfassenden Haftungsanspruch zu Lasten des Betreibers bzw. Inhabers vor. Aufgrund des Haftungsumfangs kann es im Sinne eines zu erzielenden gerechten Schadensausgleichs daher im Rahmen des § 89 Abs.2 WHG bzw. UmweltHG nicht allein darauf ankommen, wer die Gefahrenquelle tatsächlich beherrscht, sondern auch, wer der unmittelbare Nutznießer des Anlagenbetriebs ist. Daher ist auch der Austausch des Inhaberbegriffs durch den Betreiberbegriff in § 89 Abs.2 WHG nicht sachgerecht. Er kann zu den falschen Annahmen führen, dass der Begriff inhaltsgleich mit dem Betreiberbegriff i.S.d. BImSchG ist, nicht hingegen mit dem Inhaberbegriff i.S.d. UmweltHG.

Der Begriff des Verantwortlichen nach dem USchadG ist ebenfalls nicht identisch mit dem Betreiberbegriff des BImSchG. Zwar ist die Verantwortlichkeit nach dem USchadG öffentlich-rechtlich ausgestaltet und legt daher dem Verantwortlichen Gefahrenabwehr- und Sanierungspflichten auf, die den Betreiberpflichten des BImSchG ähneln. Zugleich prägen das USchadG aber mit der Normierung der Gefährdungs- und Verschuldenshaftung auch Elemente der zivilrechtlichen Umwelthaftung. Zudem ist der Begriff des Verantwortlichen von dem Merkmal der unmittelbaren Ausübung der beruflichen Tätigkeit gekennzeichnet, so dass neben dem Anlagenbetreiber jeder Mitarbeiter Haftungsadressat sein kann. Im BImSchG ist demgegenüber allein der Anlagenbetreiber der für die Erfüllung der Pflichten Verantwortliche.

Teil 4. Kriterien zur Bestimmung des Anlagenbetreibers des BImSchG nach Rechtsprechung und Literatur

Der Betreiberbegriff des BImSchG wird von der Rechtsprechung in ihren Entscheidungsgründen auffällig selten definiert und näher subsumiert. Dies gilt sowohl für die höchstrichterliche Rechtsprechung des *Bundesverwaltungs-*[918] und *Bundesverfassungsgerichts*[919] als auch für die Rechtsprechung der Oberverwaltungsgerichte[920] bzw. Verwaltungsgerichtshöfe[921] sowie einfachen Verwaltungsgerichte[922]. Dies dürfte zum Teil daran liegen, dass der Betreiberfrage nicht immer zentrale Bedeutung zukommt. Zudem gibt es in der Praxis Fälle, in denen von vornherein nur eine Person als Betreiber i.S.d. BImSchG in Betracht kommt. Aufgrund dieser Offensichtlichkeit ist dann eine Erläuterung der

---

918 Vgl. *BVerwG*, Urt. v. 22.10.1998 – 7 C 38/97 –, BVerwGE 107, 299 (301) = BB 1999, 391 (392 – Betreiberhaftung eines Konkursverwalters); *dass.*, Urt. v. 25.8.2005 – 7 C 25/04 –, GewArch 2006, 170 (Betreiber bei Stilllegung der Anlage).

919 Vgl. *BVerfG*, Urt. v. 7.5.1998 – 2 BvR 1876/91, 2 BvR 1083/92, 2 BvR 2188/92, 2 BvR 2200/92, 2 BvR 2624/94 –, BVerfGE 98, 83 (Abfallabgabe). Siehe auch BVerfG, Nichtannahmebeschl. v. 14.1.2010 – 1 BvR 1627/09 – NVwZ 2010, 771 (Legehennenanlage).

920 Vgl. *OVG Berlin-Brandenburg*, Beschl. v. 17.4.2007 – OVG 11 S 54/06 –, ZInsO 2008, 1088 (Kunststoffaufbereitungsanlage); *dass.*, Beschl. v. 3.4.2008 – OVG 11 S 6/07, OVG 11 L 2/07 –, AbfallR 2008, 151 (Recyclinganlage); *OVG Lüneburg*, Urt. v. 25.9.2003 – 1 LC 276/02 –, NuR 2004, 125 (Windpark); *OVG Münster*, Urt. v. 26.11.1999 – 21 A 891/98 –, NJW 2000, 2124 (bzgl. Anordnung nach dem NWImSchG) m.w.N.; *dass.*, Beschl. v. 27.11.2008 – 8 B 1476/08 –, NVwZ-RR 2009, 462 (463 – zur Stilllegung eines Kraftwerks als gemeine Anlage); *dass.*, Urt. v. 11.12.2012 – 8 A 722/11 – (Kaltband- und Stahlwerk im Industriepark).

921 *VGH München*, Urt. v. 4.5.2005 – 22 B 99/2208, 22 B 99/2209 –, NVwZ-RR 2006, 537 (Insolvenzverwalter); *VGH Mannheim*, Urt. v. 15.12.1987 – 10 S 240/86 –, DVBl 1988, 542 (543 –Abfallbeseitigungsanlage); *ders.*, Beschl. v. 17.4.2012 – 10 S 3127/11 –, NVwZ-RR 2012, 460 (Insolvenzverwalter).

922 Vgl. *VG Ansbach*, Urt. v. 16.3.2005 – AN 11 K 04/00173 – (nicht genehmigungsbedürftige Anlagen); *VG Berlin*, Urt. v. 13.6.1988 – 13 A 175/87 – (Motorsportanlage), unveröffentlicht; *VG Halle*, Urt. v. 24.08.2010 – 2 A 278/08 – (Zerlegebetrieb); *VG München*, Urt. v. 20.8.2002 – M 16 K 99/4960 – (Schrottplatz). Siehe auch *VG Meiningen*, Urt. v. 1.12.1999 – 2 K 1332/97.Me –, LKV 2000, 410 (Deponie i.S. KrWG).

Betreibereigenschaften nicht erforderlich. Angesichts der Vielzahl der Fälle, in denen die Rechtsprechung den Betreiberbegriff nicht definiert,[923] entsteht jedoch der Eindruck, dass sich die Rechtsprechung der schwierigen Aufgabe einer konkreten Definition einschließlich einer nachvollziehbaren Gewichtung der Betreiberkriterien entziehen und sich zudem nicht festlegen will. Im Folgenden soll daher untersucht werden, welche Merkmale nach der Rechtsprechung und Literatur den Betreiberbegriff kennzeichnen. Dabei soll auch der Standpunkt eines Teils der Literatur überprüft werden, wonach angeblich der Betreiberbegriff im Immissionsschutzrecht „einheitlich verwendet" wird[924] und der Betreiberbegriff „aufgrund einer drei Jahrzehnte währenden Rechtspraxis und Rechtsprechung hinreichend ausgeformt" ist.[925]

923 Vgl. *BVerfG*, Beschl. v. 6.5.1987 – 2 BvL 11/85 –, NJW 1987, 3175 (Abfallanlage); *dass.*, Nichtannahmebeschl. v. 1.9.2009 – 1 BvR 1370/08 –, NVwZ 2009, 1484 (Abfallentsorgungsanlage); *BVerwG*, Urt. v. 25.2.1977 – IV C 22/75 –, BVerwGE 52, 122 (Schweinemastanlage); *dass.*, Urt.v. 25.5.1983 – 7 C 41/80 –, NVwZ 1984, 724 (Betrieb zur Herstellung von Isolierglasscheiben); *dass.*, Urt. v. 15.12.1989 – 7 C 6/88 –, BVerwGE 84, 236 (Betriebserweiterung); *dass.*, Urt. v. 24.9.1992 – 7 C 6/92 –, BVerwGE 91, 92 (Tankstelle); *dass.*, Urt. v. 24.11.1994 – 7 C 25/93 –, BVerwGE 97, 143 (Abfallanlage); *dass.*, Beschl. v. 30.8.1996 – 7 VR 2/96 –, NVwZ 1997, 497 (Sinteranlage); *dass.*, Urt. v. 30.6.2004 – 4 C 9/03 –, BVerwGE 121, 182 (Windfarm); *dass.*, Urt. v. 25.8.2005 – 7 C 25/04 –, BVerwGE 124, 156 (Schweinemastanlage); *dass.*, EuGH-Vorlage v. 3.12.2009 – 4 C 5/09 –, DVBl 2010, 380 (Schrott- und Metallrecyclinganlage); Gerichtsbescheid v. 21.9.2010 – 7 A 7/10 – (Hochspannungsanlage); *dass.*, Urt. v. 29.9.2011 – 7 C 21/09 –, NuR 2012, 119 (Abfallverbrennungsanlage); *dass.*, Urt. v. 4.4.2012 – 4 C 8/09 –, NVwZ 2012, 1314 (Flughafen); *dass.*, Urt. v. 7.8.2012 – 7 C 7/11 –, ZNER 2012, 647 (Rinderhaltungsanlage); *OVG Bautzen*, Beschl. v. 19.4.2010 – 4 A 511/08 –; *OVG Magdeburg*, Urt. v. 25.4.1012 – 2 L 192/09 – (Schweinemastanlage), UPR 2012, 399 (Leitsatz); *OVG Saarlouis*, Beschl. v. 23.1.2013 – 3 A 287/11 – (Windenergieanlage); *VGH Kassel*, Beschl. v. 19.3.2012 – 9 B 1916/11 –, DVBl 2012, 714; *VGH München*, Beschl. v. 17.4.2012 – 14 ZB 11/1730 – (Schweinestall); *VG Halle*, Urt. v. 22.11.2012 – 4 A 80/11 – (Abfallbehandlungsanlage); *VG München*, Beschl. v. 7.11.2012 – M 1 S 12/4465 – (nicht genehmigungsbedürftige Anlage). Siehe auch *AG Hildesheim*, Urt. v. 21.3.2000 – 17 Ds 14 Js 8105/96 –, WM 2001, 692.

924 *Fluck*, in: Ule/Laubinger, BImSchG, § 51b Rn.C2; *Jarass*, BImSchG, § 3 Rn.81. Siehe unten Teil 4 § 2.

925 *Vierhaus*, in: Körner/Vierhaus, TEHG, § 3 Rn.30.

§ 1. In eigenem Namen, auf eigene Rechnung und in eigener Verantwortung

Ein Teil der Rechtsprechung, einschließlich höchstrichterlicher Rechtsprechung,[926] und ein Teil der Literatur[927] vertreten die Auffassung, dass Betreiber ist, wer die Anlage in eigenem Namen, auf eigene Rechnung und in eigener Verantwortung führt. Ein weiterer Teil der Rechtsprechung[928] und Literatur[929] setzt die aufgeführten Merkmale neben weiteren Kriterien voraus. Teilweise fasst die Literatur dabei die Merkmale unter den übergeordneten Begriff „Selbständigkeit".[930]

Eine besondere Begründung, warum es auf diese Kriterien ankommen soll, wird regelmäßig nicht angegeben. Insbesondere das *Bundesverwaltungsgericht* hat bislang keinen besonderen Begründungsaufwand für die Betreiberbegriffsbestimmung nach dem BImSchG betrieben, sondern mit Urteil vom 22. Oktober 1998 lediglich anhand eines Halbsatzes ausgeführt, wodurch im anhängigen Verfahren die Betreiberstellung – der Gemeinschuldnerin bezogen auf ein Aluminiumschmelzwerk in einem Verfahren vor Konkurseröffnung – zunächst begründet war:

---

926 *BVerwG*, Urt. v. 22.10.1998 – 7 C 38/97 –, BVerwGE 107, 299 (301) = NJW 1999, 1416 (1417); *VGH Mannheim*, Beschl. v. 17.4.2012 – 10 S 3127/11 –, NVwZ-RR 2012, 460.

927 *Sellner/Reidt/Ohms*, Immissionsschutzrecht, 1. Teil, B.IV., Rn.34.

928 *OVG Münster*, Beschl. v. 27.11.2008 – 8 B 1476/08 –, NVwZ-RR 2009, 462 (462 f.), das zugleich auch auf den bestimmenden Einfluss abstellt; ebenso *VGH Mannheim*, Urt. v. 15.12.1987 – 10 S 240/86 –, DVBl 1988, 542 (543); *VGH München*, Urt. v. 4.5.2005 – 22 B 99.2208, 22 B 99.2209 –, NVwZ-RR 2006, 537; *VG Ansbach*, Urt. v. 16.3.2005 – AN 11 K 04.00173 –; *VG Halle*, Urt. v. 24.08.2010 – 2 A 278/08 –. Zu den weiteren maßgeblichen Kriterien s. unten Teil 4 § 2.

929 *Fluck*, in: Ule/Laubinger, BImSchG, § 51b Rn.C2, C4; *Jarass*, BImSchG, § 3 Rn.81; *Kotulla*, in: Kotulla, BImSchG, § 4 Rn.77; *Roßnagel*, in: GK-BImSchG, § 5 Rn.11; *Schmidt-Kötters*, in: BeckOK, BImSchG, § 4 Rn.115, der anführt, dass diese Merkmale indizieren, wer „weisungsfrei und selbstständig Entscheidungen treffen kann"; *Storost*, in: Ule/Laubinger, BImSchG, § 17 Rn.F11; *Vierhaus*, in: Körner/Vierhaus, TEHG, § 3 Rn.30; *Müggenborg*, Industrieparks, S.72 Rn.145; *Fischer/Günther*, NVwZ 2005, 1116 (1118); *Friedrich*, NVwZ 2002, 1174 (1175). Siehe unten Teil 4 § 2 II.

930 *Roßnagel*, in: GK-BImSchG, § 5 Rn.11; *Schmidt-Kötters*, in: BeckOK, BImSchG, § 4 Rn.115; *Fischer/Günther*, NVwZ 2005, 1116 (1118). Zum Kriterium der Selbständigkeit bei der Abgrenzung von Konzernunternehmen s. *Witteck*, Der Betreiber im Umweltstrafrecht, S.74. Hierzu s. unten Teil 4 § 2 III.

„denn sie führte diese in ihrem Namen, auf ihre Rechnung und in eigener Verantwortung."[931]

Im Folgenden erläutert das *Bundesverwaltungsgericht* diese drei aufgezählten Kriterien zur Bestimmung des Betreibers nicht. Auch Verweise auf Rechtsprechung oder Literatur fehlen.[932]

Nach Literaturansicht soll regelmäßig schon das Vorliegen von zwei der aufgezählten Merkmale für die Begründung der Betreiberstellung ausreichen, wobei die eigene Verantwortung hevorgehoben wird.[933] Denn dies belege, dass er innerhalb eines Unternehmens derjenige sei, der den Betrieb „selbständig" führe.[934]

Die Ansicht, die Merkmale „in eigenem Namen", „auf eigene Rechnung" und „in eigener Verantwortung" seien allesamt bzw. zwei hiervon maßgeblich für die Betreiberstellung, ist abzulehnen.[935] Zwar lässt sich anhand dieser Merkmale der Betreiber vom bloßen Immissionsschutz- und Störfallbeauftragten sowie von einfachen Mitarbeitern abgrenzen.[936] Die Ansicht stellt aber auf eine Formel ab, die üblicherweise im Rahmen der umfassenden zivilen Gefährdungshaftung des Halters nach dem StVG verwendet wird[937] und entsprechend Eingang in die zivile Gefährdungshaftung des Betreibers bzw. Inhabers nach den Umweltgesetzen WHG[938] und UmweltHG[939] gefunden hat.[940] Wie bereits erwähnt, ist im BImSchG ein entsprechender Gefährdungshaftungsanspruch

---

931 *BVerwG*, Urt. v. 22.10.1998 – 7 C 38/97 –, BVerwGE 107, 299 (301) = NJW 1999, 1416 (1417).

932 Vgl. *BVerwG*, Urt. v. 22.10.1998 – 7 C 38/97 –, BVerwGE 107, 299 (301) = NJW 1999, 1416 (1417).

933 *Roßnagel*, in: GK-BImSchG, § 5 Rn.11; *Vierhaus*, in: Körner/Vierhaus, TEHG, § 3 Rn.30; *Fischer/Günther*, NVwZ 2005, 1116 (1118); *Müggenborg*, Industrieparks, S.72 Rn.145.

934 Vgl. *Roßnagel*, in: GK-BImSchG, § 5 Rn.11; *Schmidt-Kötters*, in: BeckOK, BImSchG, § 4 Rn.115; *Fischer/Günther*, NVwZ 2005, 1116 (1118).

935 A.A. *BVerwG*, Urt. v. 22.10.1998 – 7 C 38/97 –, BVerwGE 107, 299 (301) = NJW 1999, 1416 (1417); *Roßnagel*, in: GK-BImSchG, § 5 Rn.11; *Schmidt-Kötters*, in: BeckOK, BImSchG, § 4 Rn.115; *Fischer/Günther*, NVwZ 2005, 1116 (1118).

936 Vgl. *Fluck*, in: Ule/Laubinger, BImSchG, § 51b Rn.C2; *Roßnagel*, in: GK-BImSchG, § 5 Rn.11.

937 Siehe oben Teil 3 § 5 II 2.

938 Siehe oben Teil 3 § 4 IV 1 a) und V.

939 Siehe oben Teil 3 § 5 II 2.

940 Die Formel wird auch im Zusammenhang mit dem energiewirtschaftlichen Betreiberbegriff verwendet, s. oben Teil 3 § 2 I 1.

jedoch nicht normiert[941] und schon deshalb eine Übertragung der Merkmale in den Kontext des Immissionsschutzrechtes nicht ohne Weiteres angezeigt. Zudem fehlt den Merkmalen (Betrieb in eigenem Namen, auf eigene Rechnung und in eigener Verantwortung) ein Bezug zur Gefahrennähe. Denn der Grundsatz der effektiven Gefahrenabwehr ist dem Immissionsschutzrecht immanent[942] und müsste bei einer Definition des Adressaten der normierten Gefahrenabwehrpflichten hinreichend zum Ausdruck kommen. Demnach kann es nicht darauf ankommen, wer innerhalb des Unternehmens derjenige ist, der den Anlagenbetrieb selbständig führt. Vielmehr muss i.S. einer effektiven Gefahrenabwehr derjenige verpflichtet werden, der nach außen erkennbar für den Anlagenbetrieb verantwortlich ist.[943]

Das einseitige Abstellen auf die Kriterien des Betreibens im eigenen Namen, auf eigene Rechnung und in eigener Verantwortung dürfte zudem zu widersprüchlichen Ergebnissen führen: Jemand, der dauerhaft besondere Nähe zu Gefahren in Bezug auf den Anlagenbetrieb durch unmittelbare Einwirkungsmöglichkeiten hat – etwa aufgrund vertraglicher Verpflichtung zur Erfüllung der Betreiberpflichten –, könnte unter keinen Umständen als Betreiber nach dem BImSchG in Anspruch genommen werden, wenn er die Anlage nicht im eigenen Namen und auf eigene Rechnung betreibt.

Der teilweise vertretenen Auffassung, dass die Betreiberstellung den Anlagenbetrieb im eigenen Namen, auf eigene Rechnung und in eigener Verantwortung voraussetzt, sollte somit nicht gefolgt werden. Eine Ausnahme dürfte allerdings Konstellationen im Stadium der Errichtung und vor Inbetriebnahme der Anlage betreffen. Hierfür spricht, dass in diesem Stadium die Anlage im eigentlichen Sinne nicht betrieben wird und sich daher die typischen Gefahren in immissionsschutzrechtlicher Hinsicht nicht verwirklichen können. Insoweit dürfte ausnahmsweise bei der Bestimmung des Betreibers darauf abzustellen sein, wer die Errichtung der Anlage selbständig durchführt, d.h. in eigenem Namen, auf eigene Rechnung und in eigener Verantwortung, selbst wenn nicht die Absicht besteht, die Anlage nach der Errichtung in Betrieb zu nehmen, sondern sie veräußert oder verpachtet werden soll.[944] Dass der Betreiberbegriff im Stadium der Errichtung weiter zu verstehen ist, belegt auch die Vorschrift des § 2 Abs.1 S.1

941 Siehe oben Teil 3 § 5 II 2.

942 Vgl. *Spindler*, in: FS Feldhaus, S.25 (34 f.).

943 Vgl. *VG Gießen*, Urt. v. 13.11.1990 – I/V E 182/90 –, GewArch 1993, 114.

944 Vgl. *Jarass*, BImSchG, § 3 Rn.82, § 10 Rn.19; *Roßnagel*, in: GK-BImSchG, § 5 Rn.12, § 22 Rn.18 f.

der 9. BImSchV („Träger des Vorhabens").[945] Im späteren Stadium des Anlagenbetriebs dürfte den Merkmalen Betrieb in eigenem Namen, auf eigene Rechnung und in eigener Verantwortung demgegenüber lediglich indizielle Bedeutung im Rahmen einer umfassenden Einzelprüfung zukommen.[946] Das Vorliegen bzw. Nichtvorliegen der Merkmale spricht dann aber nicht zwingend für bzw. gegen eine Betreiberstellung.

§ 2. Bestimmender Einfluss

Ein anderer Teil der Rechtsprechung[947] und Literatur[948], stellt für die Betreiberstellung i.S.d. BImSchG darauf ab, wer „bestimmenden Einfluss" auf die Errichtung und den Betrieb der Anlage hat. Dabei werden wiederum verschiedene Ansichten vertreten, welche Merkmale einen bestimmenden Einfluss im Einzelnen begründen.

---

945 I.E. *Dietlein*, in: Landmann/Rohmer, BImSchG, § 5 Rn.29; *Jarass*, BImSchG, § 3 Rn.82; *Rebentisch*, in: Feldhaus, BImSchG, § 15 Rn.25. Siehe oben Teil 2 § 2 I u. IV.

946 *OVG Berlin-Brandenburg*, Beschl. v. 3.4.2008 - OVG 11 S 6/07, OVG 11 L 2/07 -, AbfallR 2008, 151.

947 *OVG Berlin-Brandenburg*, Beschl. v. 3.4.2008 - OVG 11 S 6/07, OVG 11 L 2/07 -, AbfallR 2008, 151; *OVG Münster*, Urt. v. 26.11.1999 - 21 A 891/98 -, NJW 2000, 2124; *dass.*, Beschl. v. 27.11.2008 - 8 B 1476/08 -, NVwZ-RR 2009, 462 (462 f.); *dass.*, Urt. v. 11.12.2012 - 8 A 722/11 -; *VG Arnsberg*, Urt. v. 16.3.2005 - AN 11 K 04/00173 -; *VGH Mannheim*, Beschl. v. 17.4.2012 - 10 S 3127/11 -, NVwZ-RR 2012, 460; *VGH München*, Urt. v. 4.5.2005 - 22 B 99/2208, 22 B 99/2209 -, NVwZ-RR 2006, 537; *VG Ansbach*, Urt. v. 16.3.2005 - AN 11 K 04/00173 -; *VG Gießen*, Urt. v. 13.11.1990 - I/V E 182/90 -, GewArch 1993, 113 (114); *VG Halle*, Urt. v. 24.08.2010 - 2 A 278/08 -; *VG München*, Urt. v. 20.8.2002 - M 16 K 99/4960 -.

948 *Dietlein*, in: Landmann/Rohmer, BImSchG, § 5 Rn.28; *Führ*, in: GK-BImSchG, § 15 Rn.62; *Hansmann/Röckinghausen*, in: Landmann/Rohmer, BImSchG, § 52 Rn.38; *Jarass*, BImSchG, § 3 Rn.81; *Rebentisch*, in: Feldhaus, BImSchG, § 15 Rn.25; *Roßnagel*, in: GK-BImSchG, § 5 Rn.11; *Schlicht*, BImSchG, § 5 Rn.3; *Schmidt-Kötters*, in: BeckOK, BImSchG, § 4 Rn.115; *Schwertner*, in: BeckOK, BImSchG, § 52 Rn.4; *Storost*, in: Ule/Laubinger, BImSchG, § 17 Rn.F11; *Müggenborg*, Industrieparks, S.72 Rn.145; *Altenschmidt*, CuR 2006, 43 (44); *Fischer/Günther*, NVwZ 2005, 1116 (1118); *Wasilewski*, GewArch 1992, 103 (104); *Westermann*, ZHR 1991, 223 (234).

I. Entscheidungsgewalt über das „Ob" und „Wie" des Anlagenbetriebs

Zum Teil wird angenommen, dass bestimmenden Einfluss hat, wer die wesentlichen Entscheidungen über den Anlagenbetrieb trifft.[949] Dabei soll es um Entscheidungen über das „Ob" und die „Art und Weise" des Anlagenbetriebs gehen.[950] Für diese Auffassung spricht, dass derjenige, der die wesentlichen Entscheidungen über den Anlagenbetrieb trifft, zugleich der für den Anlagenbetrieb Verantwortliche ist, der damit auch eine besondere Gefahrennähe im immissionsschutzrechtlichen Sinne aufweist. Allerdings ist der Ansicht entgegenzuhalten, dass sie es bei einer recht weiten Definition belässt, die in Mehrpersonenkonstellationen keine präzise Bestimmung ermöglicht. Sie wirft zudem die Frage auf, welche Entscheidungen zu den wesentlichen Entscheidungen über den Anlagenbetrieb gehören. Auch die Bezugnahme zu Entscheidungen über die „Art und Weise" des Anlagenbetriebs dürfte nicht praxisgerecht sein, da bei der Subsumtion offen ist, welche konkreten Entscheidungen hierzu noch gehören. Schließlich wird innerhalb eines Anlagenbetriebs eine Vielzahl von Entscheidungen zur „Art und Weise" des Anlagenbetriebs delegiert.

II. Entscheidungsgewalt über umweltrechtliche Pflichtenerfüllung

Ein Teil von Rechtsprechung und Literatur vertritt die Auffassung, dass Betreiber i.S.d. BImSchG ist, wem die Entscheidung über die für die Erfüllung umweltrechtlicher Pflichten relevanten Umstände obliegt.[951] Diese Ansicht formuliert im Gegensatz zur zuvor untersuchten Ansicht präziser, um welche

---

949 *OVG Münster*, Urt. v. 26.11.1999 – 21 A 891/98 –, NJW 2000, 2124; *VGH Mannheim*, Beschl. v. 17.4.2012 – 10 S 3127/11 –, NVwZ-RR 2012, 460; *Hansmann/Röckinghausen*, in: Landmann/Rohmer, BImSchG, § 52 Rn.38; *Schlicht*, BImSchG, § 5 Rn.3; *Westermann*, ZHR 1991, 223 (234).

950 *OVG Münster*, Urt. v. 26.11.1999 – 21 A 891/98 –, NJW 2000, 2124; *Kotulla*, in: Kotulla, BImSchG, § 4 Rn.77.

951 *OVG Berlin-Brandenburg*, Beschl. v. 3.4.2008 – OVG 11 S 6/07, OVG 11 L 2/07 –, AbfallR 2008, 151, das aber zugleich auch die tatsächlichen und wirtschaftlichen Gegebenheiten berücksichtigt; ebenso *OVG Münster*, Beschl. v. 27.11.2008 – 8 B 1476/08 –, NVwZ-RR 2009, 462 (463); *Schmidt-Kötters*, in: BeckOK, BImSchG, § 4 Rn.115; *Müggenborg*, Industrieparks, S.72 Rn.145; *Friedrich*, NVwZ 2002, 1174 (1175). I.E. *BVerfG*, Urt. v. 7.5.1998 – 2 BvR 1876/91, 2 BvR 1083/92, 2 BvR 2188/92, 2 BvR 2200/92, 2 BvR 2624/94 –, BVerfGE 98, 83, das in Bezug auf eine Abfallanlage als „Maßstab der umweltrechtlichen Verantwortlichkeit des Anlagenbetreibers" die diesem „auferlegten Vermeidungs- und Verwertungspflichten" nach § 5 Abs.1 Nr.3 BImSchG nennt.

Entscheidungen es bei der Entscheidungsgewalt geht. Durch das Abstellen auf die umweltrechtlichen Pflichten wird auf die Betreiberpflichten Bezug genommen, die im Zentrum des BImSchG stehen. Damit trägt die Begriffsbestimmung der öffentlich-rechtlichen Verpflichtung des Betreibers hinreichend Rechnung. Allerdings berücksichtigen die Vertreter der Ansicht bei ihrer Formulierung der Betreiberdefinition nicht, dass derjenige, der die Entscheidung über die Erfüllung der umweltrechtlichen Pflichten trifft, nicht zwingend identisch mit dem Betreiber ist. Dies gilt jedenfalls nach § 52b BImSchG für Konstellationen mit Personengesellschaften oder Kapitalgesellschaften mit mehreren Vertretungsberechtigten.[952] Insoweit kann die Anwendung dieser Ansicht bei der Bestimmung des Betreibers zu falschen Ergebnissen führen.

III. Entscheidungsgewalt in rechtlicher Hinsicht

Zum Großteil wird angenommen, dass Betreiber i.S.d. BImSchG ist, wer bestimmenden Einfluss (insbesondere) in rechtlicher Hinsicht hat.[953] Danach sind die privatrechtlichen Verhältnisse in Bezug auf die Anlage daraufhin zu untersuchen, wer weisungsfrei und unabhängig über den Anlagenbetrieb entscheiden kann.[954] Dabei wird teilweise darauf abgestellt, wem die Entscheidung über die wesentlichen Umstände zur Erfüllung der umweltrechtlichen Pflichten obliegt,[955] und teilweise wiederum darauf, wer im eigenen Namen, auf eigene Rechnung

952 Siehe oben Teil 2 § 3 II 4.

953 *OVG Berlin-Brandenburg*, Beschl. v. 3.4.2008 – OVG 11 S 6/07, OVG 11 L 2/07 –, AbfallR 2008, 151 (Betreiberwechsel bei Abfallrecyclinganlage), das daneben auch auf die wirtschaftlichen und tatsächlichen Gegebenheiten abstellt; *OVG Münster*, Beschl. v. 27.11.2008 – 8 B 1476/08 –, NVwZ-RR 2009, 462 (462 f.), das ebenso zugleich die wirtschaftlichen und tatsächlichen Umstände berücksichtigt; *VGH Mannheim*, Urt. v. 15.12.1987 – 10 S 240/86 –, DVBl 1988, 542 (543); *VG München*, Urt. v. 20.8.2002 – M 16 K 99/4960 –, das alternativ auch tatsächliche Verfügungsgewalt ausreichen lässt; so auch *Fluck*, in: Ule/Laubinger, BImSchG, § 51b Rn.C2; *Roßnagel*, in: GK-BImSchG, § 5 Rn.11; *Müggenborg*, Industrieparks, S.72 Rn.145; *Friedrich*, NVwZ 2002, 1174 (1175); i.E. ebenso *Jarass*, BImSchG, § 3 Rn.82.

954 *OVG Berlin-Brandenburg*, Beschl. v. 3.4.2008 – OVG 11 S 6/07, OVG 11 L 2/07 –, AbfallR 2008, 151; *OVG Münster*, Beschl. v. 27.11.2008 – 8 B 1476/08 –, NVwZ-RR 2009, 462 (462 f.); *VGH Mannheim*, Urt. v. 15.12.1987 – 10 S 240/86 –, DVBl 1988, 542 (543); *VG Halle*, Urt. v. 24.08.2010 – 2 A 278/08 –; *Spindler*, in: FS Feldhaus, S.25 (35); *Friedrich*, NVwZ 2002, 1174 (1175). Zum Kriterium der Weisungsfreiheit bei verbundenen Unternehmen s. unten Teil 5 § 2 IV.

955 *OVG Berlin-Brandenburg*, Beschl. v. 3.4.2008 – OVG 11 S 6/07, OVG 11 L 2/07 –, AbfallR 2008, 151. Hierzu s. oben Teil 4 § 2 II.

und in eigener Verantwortung handelt.[956] Nicht entscheidend soll hingegen sein, wer „Inhaber der Genehmigung“ ist.[957]

Für die Ansicht spricht, dass derjenige, der weisungsunabhängig und selbständig die Entscheidungen über den Anlagenbetrieb trifft, der Letzt-Verantwortliche für den Anlagenbetrieb sein dürfte und daher auch verantwortlich für entsprechende Fehlentscheidungen ist. Demgegenüber wäre es nicht sachgerecht, weisungsgebundene Mitarbeiter oder im Auftrag handelnde Dritte, als Betreiber nach dem BImSchG zu verpflichten, auch wenn sie diejenigen sind, die unmittelbar einzelne Entscheidungen zum Anlagenbetrieb treffen bzw. ausführen, die der Erfüllung umweltrechtlicher Pflichten dienen. Dies ist jedenfalls anzunehmen, soweit sie nicht eigenverantwortlich handeln.[958] Schließlich liegt hierin auch der Unterschied zwischen dem Betreiberbegriff des BImSchG und dem weiten Begriff des Verantwortlichen des USchadG.[959]

Zudem ist der Ansicht zuzustimmen, dass derjenige, der „Inhaber der Genehmigung“ ist, d.h. in der immissionsschutzrechtlichen Genehmigung als Antragsteller genannt wird, nicht zwingend der Betreiber ist. Denn bei der immissionsschutzrechtlichen Genehmigung handelt es sich um eine Sachkonzession, die an anlagenbezogene Voraussetzungen anknüpft, nicht hingegen an persönliche Voraussetzungen. Bei einem Betriebsübergang geht die Genehmigung automatisch auf den neuen Betreiber über, ohne dass der neue Betreiber in der Genehmigung genannt sein muss. Es geht folglich nicht darum, wer im Besitz des Genehmigungspapiers ist, sondern danach, wer die Anlage „betreibt“.[960]

IV. Tatsächliche Verfügungsgewalt in eigener Verantwortung

Ein wesentlicher Teil der Literatur und Rechtsprechung geht davon aus, dass (insbesondere) die tatsächliche Herrschaftsgewalt ein wesentliches Merkmal für

956 *Kotulla*, in: Kotulla, BImSchG, § 4 Rn.77; *Roßnagel*, in: GK-BImSchG, § 5 Rn.11; *Altenschmidt*, CuR 2006, 43 (44), der davon ausgeht, dass die Genehmigung aber ein Indiz sein könne; *Friedrich*, NVwZ 2002, 1174 (1175). Hierzu s. oben Teil 4 § 1.

957 *OVG Münster*, Urt. v. 11.12.2012 – 8 A 722/11 –; *Müggenborg*, Industrieparks, S.72 Rn.145.

958 Vgl. *Fluck*, in: Ule/Laubinger, BImSchG, § 16 Rn.C3; *Laubinger*, in: Ule/Laubinger, BImSchG, § 51b Rn.C2; *Roßnagel*, in: GK-BImSchG, § 5 Rn.11; *Spindler*, in: FS Feldhaus, S.25 (33).

959 Siehe oben Teil 3 § 6 II.

960 Siehe oben Teil 2 § 1 II 6.

den bestimmenden Einfluss des Betreibers i.S.d. BImSchG ist.[961] Das Vorliegen des Merkmals wird wiederum vermutet, wenn die tatsächliche Sachherrschaft über die Anlage (in Form von unmittelbarem Besitz) besteht.[962]

Für diese Ansicht spricht, dass das Merkmal der tatsächlichen Herrschaftsgewalt der Gefahrennähe[963] zur vorhandenen emittierenden Anlage angemessenes Gewicht verleiht und damit dem Charakter des BImSchG als Gefahrenabwehrrecht besser als die zuvor dargestellten Auffassungen gerecht wird. Dies gilt erst recht für den Anwendungsbereich der StörfallVO, bei dem das Kriterium der faktischen Herrschaftsgewalt von überragender Bedeutung sein dürfte.[964] Wer tatsächlich den Anlagenbetrieb beherrscht, kann schnell und effektiv etwaige Gefahren abwehren. Die tatsächliche Sachherrschaft i.S. unmittelbarer Verfügungsgewalt ermöglicht jedenfalls die unmittelbare Einwirkung auf den technischen Betrieb der Anlage.

Allerdings kann diese Ansicht nicht uneingeschränkt gelten. Es gibt Betreiberkonstellationen, in denen das alleinige Abstellen auf tatsächliche Verhältnisse

---

961 *OVG Lüneburg*, Urt. v. 25.9.2003 – 1 LC 276/02 –, NuR 2004, 125 (126); *OVG Münster*, Beschl. v. 9.7.1998 – 21 B 577/98 –; *dass.*, Beschl. v. 10.6.1999 – 21 B 2302/98 –; *dass.*, Urt. v. 26.11.1999 – 21 A 891/98 –, NJW 2000, 2124; *dass.*, Beschl. v. 27.11.2008 – 8 B 1476/08 –, NVwZ-RR 2009, 462 (462 f.), das zugleich auf die rechtlichen und wirtschaftlichen Gegebenheiten abstellt; *dass.*, Urt. v. 11.12.2012 – 8 A 722/11 –, wonach die tatsächlichen Verhältnisse „ausschlaggebend" sind; *VGH Mannheim*, Urt. v. 15.12.1987 – 10 S 240/86 –, DVBl 1988, 542 (543); *ders.*, Beschl. v. 17.4.2012 – 10 S 3127/11 –, NVwZ-RR 2012, 460; *VG Ansbach*, Urt. v. 16.3.2005 – AN 11 K 04.00173 –; *VG München*, Urt. v. 20.8.2002 – M 16 K 99/4960 –; *Alt*, in: Joecks/Miebach, MüKO, StGB, § 325 Rn.76; *Dietlein*, in: Landmann/Rohmer, BImSchG, § 5 Rn.28; *Jarass*, BImSchG, § 3 Rn.81, § 15 Rn.4; *Laubinger*, in: Ule/Laubinger, BImSchG, § 51b Rn.C2; *Roßnagel*, in: GK-BImSchG, § 5 Rn.11; *Schlicht*, BImSchG, § 5 Rn.3; *Schmidt-Kötters*, in: BeckOK, BImSchG, § 4 Rn.115; *Storost*, in: Ule/Laubinger, BImSchG, § 17 Rn.F11; *Vierhaus*, in: Körner/Vierhaus, TEHG, § 3 Rn.30; *Müggenborg*, Industrieparks, S.72 Rn.145; *Spindler*, in: FS Feldhaus, S.25 (35); *Spindler/Peter*, in: Jochum u.a., Industriepark und Störfallrecht, Rn.377; *Fischer/Günther*, NVwZ 2005, 1116 (1118); *Friedrich*, NVwZ 2002, 1174 (1175); a.A. *BVerwG*, Urt. v. 22.10.1998 – 7 C 38/97 –, BVerwGE 107, 299 (301) = NJW 1999, 1416 (1417); *VGH München*, Urt. v. 4.5.2005 – 22 B 99/2208, 22 B 99/2209 –, NVwZ-RR 2006, 537.

962 *VG Ansbach*, Urt. v. 16.3.2005 – AN 11 K 04/00173 –; *Fluck*, in: Ule/Laubinger, BImSchG, § 16 Rn.C3; *Jarass*, BImSchG, § 3 Rn.81; *Müggenborg*, Industrieparks, S.72 Rn.145.

963 Vgl. *Storost*, in: Ule/Laubinger, BImSchG, § 17 Rn.F11.

964 Vgl. *OVG Münster*, Urt. v. 11.12.2012 – 8 A 722/11 –.

zu keinem angemessenen Ergebnis bei der Betreiberbestimmung führen würde. So wäre bereits derjenige, der lediglich die im Betrieb anfallenden Aufgaben wahrnimmt, Betreiber, da er Verfügungsgewalt über die Anlage hat. Jedoch ist nicht anzunehmen, dass Immissionsschutz-, Störfallbeauftragte, weisungsabhängige Betriebsleiter, sonstige Angestellte und Arbeiter sowie Firmen, die Wartungsarbeiten übernehmen, Anlagenbetreiber i.S.d. BImSchG sind.[965] Hierfür spricht, dass sie ihre Herrschaftsgewalt vergleichbar mit einem Besitzdiener gem. § 855 BGB ableiten (nämlich vom Anlagenbetreiber). Sie üben ihre Verfügungsgewalt regelmäßig nicht in eigener Verantwortung und weisungsfrei aus.[966] Zudem beherrschen Mitarbeiter des Anlagenbetriebs bzw. mit Wartungs- und Reparaturarbeiten beauftragte Dritte die Gefahrenquelle regelmäßig nicht auf Dauer. Vielmehr wird ihnen in der Regel nur für kurze Zeit die tatsächliche Sachherrschaft über die Anlage eingeräumt.[967] Insgesamt ist folglich nicht allein auf das Merkmal der tatsächlichen Herrschaftsgewalt über die Anlage – ohne jegliche Berücksichtigung der Dauer der Verfügungsgewalt und der rechtlichen Verfügungsgewalt (Weisungsfreiheit) – abzustellen.[968]

V. Bestimmender Einfluss in wirtschaftlicher Hinsicht

1. Wirtschaftliche Verfügungsgewalt als ausschlaggebendes Kriterium

Mitunter wird angenommen, dass die „ausschlaggebende wirtschaftliche Verfügungsgewalt über den Betrieb der Anlage“ maßgebliches Kriterium für den bestimmenden Einfluss des Betreibers ist.[969] Die Ansicht ist abzulehnen,[970] denn sie wird dem Charakter des BImSchG als Gefahrenabwehrrecht nicht gerecht. Soweit als Begründung für die Ansicht auf die Emissionshandelsrichtlinie 2003/87/

965 Vgl. *Dietlein*, in: Landmann/Rohmer, BImSchG, § 5 Rn.28 f.; *Fluck*, in: Ule/Laubinger, BImSchG, § 16 Rn.C3; *Jarass*, BImSchG, § 3 Rn.83; *Laubinger*, in: Ule/Laubinger, BImSchG, § 51b Rn.C2; *Spindler*, in: FS Feldhaus, S.25 (33, 35).

966 Vgl. *Dietlein*, in: Landmann/Rohmer, BImSchG, § 5 Rn.28; *Fluck*, in: Ule/Laubinger, BImSchG, § 16 Rn.C3; *Jarass*, BImSchG, § 3 Rn.83.

967 Vgl. *Spindler/Peter*, in: Jochum u.a., Industriepark und Störfallrecht, Rn.380.

968 Vgl. *Kotulla*, in: Kotulla, BImSchG, § 4 Rn.77; *Schmidt-Kötters*, in: BeckOK, BImSchG, § 4 Rn.115; *Laubinger*, in: Ule/Laubinger, BImSchG, § 51b Rn.C2; a.A. *VG München*, Urt. v. 20.8.2002 – M 16 K 99.4960 –, wonach für die Bestimmung des Betreibers rechtliche „oder“ tatsächliche Verfügungsgewalt ausreichend ist.

969 *Vierhaus*, in: Körner/Vierhaus, TEHG, § 3 Rn.30, mit Verweis auf die Emissionshandelsrichtlinie; a.A. *VG Gießen*, Urt. v. 13.11.1990 – I/V E 182/90 –, GewArch 1993, 114; *Spindler*, in: FS Feldhaus, S.25 (36).

970 A.A. *Vierhaus*, in: Körner/Vierhaus, TEHG, § 3 Rn.30.

EG[971] verwiesen wird,[972] ist dem entgegen zu halten, dass die Richtlinie dieses Kriterium ausdrücklich alternativ zu weiteren Kriterien (vgl. Art.3f) aufführt. Der Verweis trägt also nicht, zumal Sinn und Zweck des BImSchG und des die Emissionshandelsrichtlinie umsetzenden TEHG nicht identisch sind und daher die Merkmale zur Betreiberbegriffsbestimmung nicht austauschbar sind.[973] Nach der Zusammenschau der Vorschriften des BImSchG kommt wirtschaftlichen Gesichtspunkten jedenfalls keine ausschlaggebende, sondern höchstens indizielle Bedeutung zu.[974]

2. *Nutznießung und Tragen des wirtschaftlichen Risikos*

Teilweise wird die Auffassung vertreten, dass bestimmenden Einfluss auf den Anlagenbetrieb hat, wer den wirtschaftlichen Nutzen aus der Anlage zieht[975] bzw. wer die wirtschaftlichen Risiken trägt[976]. Diese Ansicht ist insoweit zu kritiseren, als pauschal auf wirtschaftliche Merkmale abgestellt wird, die dem wesentlichen Gehalt des BImSchG als Gefahrenabwehrrecht nicht gerecht werden.[977] Die Merkmale lassen sich darüber hinaus nicht auf Konstellationen, bei denen mehrere Personen und Gesellschaften in wirtschaftlicher Hinsicht beteiligt sind, praxisgerecht anwenden. Vielmehr sollte präzisiert werden, dass es auf den „unmittelbaren" wirtschaftlichen Einfluss ankommt.[978]

---

971 Geändert durch RL 2009/29/EG.

972 Siehe *Vierhaus*, in: Körner/Vierhaus, TEHG, § 3 Rn.30.

973 Siehe oben Teil 3 § 1.

974 Vgl. Teil 2. Siehe oben Teil 3 § 4 V u. § 5 II.

975 *OVG Berlin-Brandenburg*, Beschl. v. 3.4.2008 – OVG 11 S 6/07, OVG 11 L 2/07 –, AbfallR 2008, 151; *OVG Münster*, Beschl. v. 27.11.2008 – 8 B 1476/08 –, NVwZ-RR 2009, 462 (463); *VGH Mannheim*, Urt. v. 15.12.1987 – 10 S 240/86 –, DVBl 1988, 542 (542 f.); *Schmidt-Kötters*, in: BeckOK, BImSchG, § 4 Rn.115; *Friedrich*, NVwZ 2002, 1174 (1175). Siehe auch *BVerfG*, Nichtannahmebeschl. v. 14.1.2010 – 1 BvR 1627/09 –, NVwZ 2010, 771, wonach der Anlagenbetreiber derjenige ist, der erhebliche Investitionen in die Anlage zum Zwecke ihrer Nutzung tätigt; ebenso *Storost*, in: Ule/Laubinger, BImSchG, § 17 Rn.F11; a.A. *VG Gießen*, Urt. v. 13.11.1990 – I/V E 182/90 –, GewArch 1993, 114.

976 *OVG Berlin-Brandenburg*, Beschl. v. 3.4.2008 – OVG 11 S 6/07, OVG 11 L 2/07 –, AbfallR 2008, 151; *OVG Münster*, Beschl. v. 27.11.2008 – 8 B 1476/08 –, NVwZ-RR 2009, 462 (463); *Schmidt-Kötters*, in: BeckOK, BImSchG, § 4 Rn.115; *Friedrich*, NVwZ 2002, 1174 (1175).

977 Vgl. *Spindler*, in: FS Feldhaus, S.25 (36), der sich sogar für einen Verzicht auf diese Kriterien ausspricht. Siehe oben Teil 3 § 4 V u. § 5 II.

978 Hierzu s. auch oben Teil 3 § 1 II, Teil 3 § 2 I 3 u. II 1.

Sind z.B. Finanzierungsgesellschaften an einem Anlagenbetrieb beteiligt, haben zwar diese einen besonderen wirtschaftlichen Einfluss, da sie den Betrieb (mit-)finanzieren. Allerdings haben sie regelmäßig keinen Einfluss auf die unmittelbar den Anlagenbetrieb betreffenden wirtschaftlichen Entscheidungen (z.B. Wartungsaufträge einschließlich Rechnungsbegleichung). Denn der Betriebszweck von Finanzierungsgesellschaften ist es, Finanzierungsmittel, vor allem Kapital auf in- und ausländischen Geld- und Kapitalmärkten zu beschaffen, um es an nahestehende Unternehmungen (z.B. Teileinheiten des Gesamtkonzerns) weiterzuleiten.[979] In der Regel sind sie durch langfristige Verträge mit feststehenden Konditionen abgesichert[980]. Nach der Zusammenschau der Vorschriften des BImSchG und dem vorrangigen Sinn und Zweck, Gefahren abzuwehren, dürfte jedenfalls vorab schon derjenige als Betreiber ausscheiden, der nur mittelbar den Nutzen aus der Anlage zieht oder nur mittelbar deren Risiken (Insolvenzrisiko) trägt. Im Übrigen ist das Kriterium des wirtschaftlichen Risikos der Definition des Verantwortlichen (§ 3 Abs.7 S.1 TEHG a.F.) bzw. des Betreibers (§ 3 Nr.2 TEHG n.F.) wohl dem TEHG entnommen.[981] Die Begriffsbestimmung des TEHG ist jedoch, wie bereits aufgezeigt, nicht 1:1 auf das BImSchG anwendbar (vgl. § 3 Nr.2 Hs.2 TEHG).[982]

3. *Eigentümerstellung*

Nach den oben aufgeführten Ansichten gehört die Eigentümerstellung nicht zu den Merkmalen, die die Betreiberstellung zwingend begründen,[983] sondern hat lediglich indizielle Bedeutung.[984] Neben dem Eigentümer kommen daher auch

---

979 Vgl. *Gabler*, Wirtschaftslexikon, S.1053.

980 *Jacobshagen/Kachel*, in: Danner/Theobald, Energierecht, TEHG a.F., § 3 Rn.33.

981 Siehe oben Teil 3 § 1.

982 A.A. *Schmidt-Kötters*, in: BeckOK, BImSchG, § 4 Rn.114; *Sellner/Reidt/Ohms*, Immissionsschutzrecht, 1. Teil, B.IV., Rn.32. Siehe oben Teil 3 § 1 V.

983 Vgl. *OVG Münster*, Urt. v. 26.11.1999 – 21 A 891/98 –, NJW 2000, 2124; *dass.*, Urt. v. 11.12.2012 – 8 A 722/11 –; *VGH Mannheim*, Beschl. v. 17.4.2012 – 10 S 3127/11 –, NVwZ-RR 2012, 460; *ders.*, Urt. v. 15.12.1987 – 10 S 240/86 –, DVBl 1988, 542 (543); *VG Ansbach*, Urt. v. 16.3.2005 – AN 11 K 04.00173 –; *Dietlein*, in: Landmann/Rohmer, BImSchG, § 5 Rn.28; *Hansmann/Röckinghausen*, in: Landmann/Rohmer, BImSchG, § 52 Rn.38; *Jarass*, BImSchG, § 3 Rn.83; *Roßnagel*, in: GK-BImSchG, § 5 Rn.13; *Schlicht*, BImSchG, § 5 Rn.3; *Schmidt-Kötters*, in: BeckOK, BImSchG, § 4 Rn.115; *Vierhaus*, in:Körner/Vierhaus, TEHG, § 3 Rn.31; *Müggenborg*, Industrieparks, S.72 Rn.145; *Wasilewski*, GewArch 1992, 103 (104).

984 *VG Gießen*, Urt. v. 13.11.1990 – I/V E 182/90 –, GewArch 1993, 114. Siehe auch *OVG Münster*, Beschl. v. 27.11.2008 – 8 B 1476/08 –, NVwZ-RR 2009, 462 (462 f.); *Roßnagel*, in: GK-BImSchG, § 5 Rn.13; *Wasilewski*, GewArch 1992, 103 (104).

Mieter, Pächter und Leasingnehmer einer Anlage als Anlagenbetreiber in Betracht.[985] Diese Auffassung wird durch die Vorschrift des § 52 Abs.2 BImSchG bestätigt, die den Eigentümer neben dem Betreiber aufzählt.[986] Sie ist zudem insbesondere nachvollziehbar und sachgerecht, wenn der unmittelbare Besitzer nicht der weisungsabhängige Erfüllungsgehilfe des Eigentümers und als unmittelbarer Besitzer in der Lage ist, den immissionsschutzrechtlichen Pflichten des Anlagenbetreibers nachzukommen. Denn der Eigentümer bestimmt in diesem Fall nicht über den Betrieb der Anlage.[987] Vielmehr verlagert sich die öffentlich-rechtliche Verantwortlichkeit i.S.d. BImSchG auf den unmittelbaren Besitzer und Nutzer, d.h. denjenigen, der die rechtliche und tatsächliche Verfügungsgewalt über die Anlage hat, weil er hierdurch „den Zielen der Gefahrenabwehr und Vorsorge wesentlich näher" als der bloße Eigentümer ist.[988] Danach kann z.B. bei einer Aufspaltung eines Unternehmens in eine Besitzgesellschaft und Betreibergesellschaft, bei der die Betreibergesellschaft die immissionsschutzrechtliche Anlage von der Besitzgesellschaft pachtet, insbesondere die pachtende Gesellschaft Betreiberin sein.[989]

Dieser Ansicht ist allerdings nicht uneingeschränkt zu folgen. Jedenfalls in einer automatischen Verlagerung der öffentlich-rechtlichen Pflichten vom Eigentümer auf den Nutzer würde sich der bei entsprechender Ausgestaltung des Nutzungsverhältnisses weiterhin ausgeübte Einfluss des Eigentümers auf die Anlage nicht angemessen niederschlagen. Dies gilt insbesondere für Fälle, bei denen der Eigentümer z.B. dem unmittelbaren Besitzer vertraglich Pflichten auferlegt oder das Vertragsverhältnis beendet und damit die Nutzung der Anlage durch den unmittelbaren Besitzer beschränkt bzw. beendet.[990] So kann z.B. der Eigentümer aufgrund des Vertrags mit dem Nutzer befugt sein, ihm konkrete Vorgaben in Bezug auf die „Nutzung, Wartung und Aus- und Umgestaltung

985 *Dietlein*, in: Landmann/Rohmer, BImSchG, § 5 Rn.28; *Fluck*, in: Ule/Laubinger, BImSchG, § 16 Rn.C2; *Jarass*, BImSchG, § 3 Rn.83; *Laubinger*, in: Ule/Laubinger, BImSchG, § 51b Rn.C2; *Müggenborg*, Industrieparks, S.72 Rn.145; i.E. ebenso *Roßnagel*, in: GK-BImSchG, § 5 Rn.13; *Vierhaus*, in: Körner/Vierhaus, TEHG, § 3 Rn.31; *Spindler*, in: FS Feldhaus, S.25 (31).

986 *Fluck*, in: Ule/Laubinger, BImSchG, § 51b Rn.C2; *Jarass*, BImSchG, § 3 Rn.83.

987 Vgl. *Jarass*, BImSchG, § 3 Rn.86 m.w.N., weiter ausführend, dass gegen den Eigentümer Duldungsverfügungen in Ergänzung zu Anordnungen gegen den Anlagenbetreiber ergehen könnten; *Müggenborg*, Industrieparks, S.72 Rn.145.

988 *Spindler*, in: FS Feldhaus, S.25 (32 f.). Siehe oben Teil 4 § 2 I-IV.

989 *Westermann*, ZHR 1991, 223 (236) m.w.N. Siehe unten Teil 5 § 2 IV.

990 *Spindler*, in: FS Feldhaus, S.25 (32 f.); *Spindler/Peter*, in: Jochum u.a., Industriepark und Störfallrecht, Rn.372.

der Anlage“ (z.B. Öffnungszeiten) zu geben.[991] In diesem (Sonder-)Fall dürfte nach wertender Betrachtung eher der Eigentümer als der Nutzer Betreiber nach dem BImSchG sein, da er die rechtliche und tatsächliche Verfügungsgewalt des Nutzers über die Gefahrenquelle einschränkt und Vorgaben bzgl. der Erfüllung der Betreiberpflichten macht.[992] Darüber hinaus spricht für eine Verpflichtung des Eigentümers, dass bereits der bloße Zustand einer Sache im Umweltrecht, insbesondere nach den allgemeinen Grundsätzen des Polizeirechts, eine Gefahr begründen kann.[993] Des Weiteren ist der Eigentümer im Zweifel in finanzieller Hinsicht der leistungsstärkere Adressat im Vergleich zum unmittelbaren Besitzer, jedenfalls wenn dem Eigentümer (indirekt) z.B. Nutzungen in Form von Pachtzinsen oder Miete zufließen.[994] Eine Berücksichtigung der sachenrechtlichen Verhältnisse würde schließlich auch die Arbeit der Behörden erleichtern. Sie könnten zügig die Betreiberpflichten zuordnen, ohne etwaige vertragliche Regelungen zur Klärung der Verantwortlichkeiten (im Außenverhältnis) würdigen zu müssen.[995]

Insgesamt dürfte jedoch bei der Bestimmung des Betreibers nicht die Eigentümerstellung, sondern die rechtliche Entscheidungs- und tatsächliche Verfügungsgewalt zu den wesentlichen Betreibereigenschaften gehören. Hierfür spricht der dem BImSchG immanente Grundsatz der effektiven Gefahrenabwehr. Gefahrnäher ist der unmittelbare und selbständig handelnde Nutzer der Anlage,[996] denn er hat den Zugang zur Anlage und damit die Einwirkungsmöglichkeit auf sie, so dass er regelmäßig effektiver Vorsorgemaßnahmen als der bloße Eigentümer treffen und etwaige Gefahren beherrschen kann.[997] Insoweit sind Betreiberbegriff des BImSchG und der Begriff des Zustandsstörers i.S.d. allgemeinen Ordnungsrechts auch offensichtlich nicht austauschbar.[998]

---

991 *Spindler*, in: FS Feldhaus, S.25 (35); *Spindler/Peter*, in: Jochum u.a., Industriepark und Störfallrecht, Rn.377.

992 Vgl. *Spindler*, in: FS Feldhaus, S.25 (35).

993 *Westermann*, ZHR 1991, 223 (235).

994 *Spindler*, in: FS Feldhaus, S.25 (33); *Spindler/Peter*, in: Jochum u.a., Industriepark und Störfallrecht, Rn.373.

995 *Spindler/Peter*, in: Jochum u.a., Industriepark und Störfallrecht, Rn.373.

996 *Spindler*, in: FS Feldhaus, S.25 (33); *Spindler/Peter*, in: Jochum u.a., Industriepark und Störfallrecht, Rn.374. Siehe oben Teil 4 § 2 IV.

997 *Spindler*, in: FS Feldhaus, S.25 (33); *Spindler/Peter*, in: Jochum u.a., Industriepark und Störfallrecht, Rn.374. Zur Abgrenzung zum Besitzdiener s. oben Teil 4 § 2 IV.

998 Ebenso sind Betreiberbegriff und Störerbegriff des BGB (§ 1004) nicht austauschbar, s. VG Ansbach, Urt. v. 16.3.2005 – AN 11 K 04/00173 –.

Zudem haben die meisten öffentlich-rechtlichen Pflichten nach dem BImSchG ihren Grund im Betrieb der Anlage. Dementsprechend erlischt nach § 18 Abs.1 Nr.2 BImSchG die immissionsschutzrechtliche Genehmigung, wenn die Anlage über einen längeren Zeitraum nicht betrieben wird. Dies belegt, dass es auf das Verhalten des Nutzers ankommt, der die Anlage betreibt, und nicht auf das bloße Bestehen der Anlage (ohne Inbetriebnahme).[999] In der Praxis wird die Behörde daher Verfügungen gem. § 20 BImSchG regelmäßig gegenüber dem Nutzer erlassen, während der Eigentümer der Anlage ggf. (höchstens) eine Duldungsverfügung erhält.[1000] Nach alledem ist die Eigentümerstellung keine erforderliche Betreibereigenschaft.

VI. Umfassende Einzelprüfung

Überwiegend wird die Auffassung vertreten, dass eine umfassende Einzelprüfung bei der Betreiberbestimmung vorzunehmen ist, bei der alle rechtlichen, wirtschaftlichen und tatsächlichen Umstände zu berücksichtigen sind.[1001] Zugleich wird teilweise darauf hingewiesen, dass dieselben Kriterien sowohl für den Inhaber als auch den Betreiber im Sinne des Gewerberechts, Immissionsschutzrechts und Wasserrechts gelten.[1002] So hat das *VGH Mannheim* zu einem anhängigen abfallrechtlichen Verfahren festgestellt:

> „Wer im Einzelfall Betreiber ist, kann ebenso wie im Gewerberecht, in dem der Begriff seinen Ursprung hat (…), im Immissionsschutzrecht (…) oder im Wasserrecht (…) nicht allein nach formalen rechtlichen Gesichtspunkten, sondern nur unter Berücksichtigung sämtlicher konkreten rechtlichen, wirtschaftlichen und sonstigen tatsächlichen Gegebenheiten entschieden werden. Maßgeblich ist sowohl die tatsächliche und

999 *Spindler*, in: FS Feldhaus, S.25 (34) m.w.N.; *Spindler/Peter*, in: Jochum u.a., Industriepark und Störfallrecht, Rn.375.

1000 Vgl. *Jarass*, BImSchG, § 20 Rn.8; ausf. *Spindler*, in: FS Feldhaus, S.25 (37); *Friedrich*, NVwZ 2002, 1174 (1176).

1001 *OVG Berlin-Brandenburg*, Beschl. v. 3.4.2008 – OVG 11 S 6/07, OVG 11 L 2/07 –, AbfallR 2008, 151; *OVG Münster*, Beschl. v. 27.11.2008 – 8 B 1476/08 –, NVwZ-RR 2009, 462 (463); *VGH Mannheim*, Urt. v. 15.12.1987 – 10 S 240/86 –, DVBl 1988, 542 (543); *VG Gießen*, Urt. v. 13.11.1990 – I/V E 182/90 –, GewArch 1993, 113 (114); *VG Meiningen*, Urt. v. 1.12.1999 – 2 K 1332/97.Me –, LKV 2000, 410; *VG Halle*, Urt. v. 24.8.2010 – 2 A 278/08 –; *Schmidt-Kötters*, in: BeckOK, BImSchG, § 4 Rn.115; *Spindler*, in: FS Feldhaus, S.25 (29, 35); *Friedrich*, NVwZ 2002, 1174 (1175); a.A. *BVerwG*, Urt. v. 22.10.1998 – 7 C 38/97 –, BVerwGE 107, 299 (301) = NJW 1999, 1416 (1417).

1002 Vgl. *VGH Mannheim*, Urt. v. 15.12.1987 – 10 S 240/86 –, DVBl 1988, 542 (542 f.), s. insb. 2. Leitsatz.

rechtliche Verfügungsmacht, die es einem Betreiber ermöglicht, im Hinblick auf die Anlage die notwendigen Entscheidungen selbst zu treffen, als auch die wirtschaftliche Stellung, die dem Betreiber zumindest zu einem nicht unwesentlichen Teil die Nutzungen überläßt und ihm gleichzeitig mindestens anteilig die Kosten auferlegt (...). Betreiber ist regelmäßig auch derjenige, in dessen Namen und auf dessen Rechnung die Anlage geführt wird. Dabei kommt es nicht maßgebend auf die Eigentumsverhältnisse an. Insb. spricht für die Eigenschaft eines Betreibers, daß die Anlage nach seinen Weisungen und in seiner Verantwortung geführt wird."[1003]

Diese Formel haben insbesondere das *OVG Berlin-Brandenburg* und das *OVG Münster* übernommen.[1004] Danach ist eine Vielzahl von Kriterien – in tatsächlicher, rechtlicher und wirtschaftlicher Hinsicht bis auf das Eigentum – in eine wertende Betrachtung miteinzubeziehen. Allerdings belässt es die Rechtsprechung insoweit bei einer Auflistung der Kriterien. Sie gibt keine Gewichtung der Kriterien vor[1005] und verweist insoweit entschuldigend darauf, dass sich der Betreiberbegriff einer „formalistischen Betrachtungsweise" entziehe.

Mangels Gewichtung bietet die Formel jedoch für komplexe Mehrpersonenkonstellationen keine Lösung. Eine Einzelfallbetrachtung unter Berücksichtigung von „schwammigen" Betreiberkriterien birgt wegen der Unbestimmtheit die Gefahr einer uneinheitlichen Anwendung dieser Kriterien – insbesondere bei unterschiedlicher Gewichtung der Bedeutung der einzelnen Kriterien durch den Rechtsanwender. Der Rechtsprechung ist insoweit nicht ohne Zweifel und Kritik zuzustimmen, zumal der Richtliniengeber (vgl. IE-Richtlinie, Seveso II- bzw. III-Richtlinie) Spielraum für eine Gewichtung der Kriterien gelassen hat.

VII. Zusammenfassung

Der bereits aufgezeigten Ansicht der Literatur, wonach der Betreiberbegriff im Immissionsschutzrecht „einheitlich verwendet" wird, ist bei grober Betrachtung zuzustimmen: Verbreitet ist die Ansicht, dass der Betreiber vornehmlich nach rechtlichen und tatsächlichen Verhältnissen (unabhängige Entscheidungsgewalt, Sachherrschaft, Gefahrennähe) in Bezug auf die Anlage zu bestimmen ist, wobei auch wirtschaftliche Kriterien Berücksichtigung finden können.[1006]

1003 *VGH Mannheim*, Urt. v. 15.12.1987 – 10 S 240/86 –, DVBl 1988, 542 (542 f.).

1004 Vgl. *OVG Berlin-Brandenburg*, Beschl. v. 3.4.2008 – OVG 11 S 6/07, OVG 11 L 2/07 –, AbfallR 2008, 151; *OVG Münster*, Beschl. v. 27.11.2008 – 8 B 1476/08 –, NVwZ-RR 2009, 462 (463).

1005 Vgl. *Spindler*, in: FS Feldhaus, S.26 ff.

1006 Vgl. *Schmidt-Kötters*, in: BeckOK, BImSchG, § 4 Rn.115.

Allerdings handelt es sich um einen „einheitlich schwammig definierten“ Betreiberbegriff von Rechtsprechung und Literatur. Zum überwiegenden Teil werden verschiedene (rechtliche, tatsächliche und wirtschaftliche) Merkmale zur Betreiberbestimmung aneinandergereiht und in ein Alternativverhältnis gesetzt. Sie bieten damit keine konkrete Anleitung, mit der sich der Betreiber in jeder Konstellation ohne weiteren Untersuchungsaufwand bestimmen lässt. Der Betreiberbegriff ist insoweit auch nicht von etwaiger „drei Jahrzehnte währender Rechtspraxis und Rechtsprechung hinreichend ausgeformt“.[1007] Vielmehr bedeutet die bisherige Rechtspraxis Rechtsunsicherheit für den Rechtsanwender.

Vorzuziehen ist daher eine Betreiberdefinition, die deutlich die Bedeutung der dauerhaften rechtlichen und tatsächlichen Verfügungsgewalt für den Betreiber hervorhebt.[1008] Denn der Betreiber ist nach den Vorschriften des BImSchG der Verantwortliche für die Gefahrenabwehr und Gefahrenvorsorge. Er hat den unmittelbaren Zugriff auf die Gefahrenquelle, so dass ihn die entsprechenden – öffentlich-rechtlichen – Pflichten treffen. Der zivilrechtlichen Gefährdungshaftung entstammende Kriterien wie etwa „Handeln im eigenen Namen und auf eigene Rechnung“ passen demgegenüber nicht in dieses Regelungssystem, das auf effektive Gefahrenabwehr ausgerichtet ist. Ihnen kann daher im Stadium des Betriebs der Anlage höchstens Indizwirkung zukommen. Etwas anderes gilt nur für das Stadium der Errichtung, da die typischen Gefahren einer emittierenden Anlage (mangels Betriebs) gar nicht erst auftreten können.

Die Eigentümerstellung ist nach richtiger überwiegender Ansicht kein Merkmal, das die Betreiberstellung begründet. Im Rahmen eines Nutzungsverhältnisses ist der Eigentümer der Anlage nach den aufgezeigten Grundsätzen nur ausnahmsweise der Betreiber, nämlich, wenn er der Gefahrnähere ist (z.B. wenn er dem Nutzer konkrete Vorgaben zum Anlagenbetrieb macht).

§ 3. Die Bestimmung des Betreibers durch Vertrag

Fraglich ist, inwieweit durch vertragliche Regelungen festgelegt werden kann, wer Betreiber nach dem BImSchG ist. Hierzu gibt es kaum Rechtsprechung.[1009] Die bloße Bezeichnung einer Person als Betreiber in einem Vertrag dürfte nicht ausreichen, um die Betreiberstellung i.S.d. BImSchG zu begründen. Schließlich handelt es sich um

1007 A.A. *Vierhaus*, in: Körner/Vierhaus, TEHG, § 3 Rn.30.

1008 Zum Vorschlag einer Betreiberdefinition s. unten Teil 6.

1009 Vgl. *VG Gießen*, Urt. v. 13.11.1990 – I/V E 182/90 –, GewArch 1993, 114.

eine öffentlich-rechtliche Verantwortlichkeit, die als solche nicht mit Außenwirkung delegiert werden kann.[1010] Allerdings sehen weder das Unionsrecht noch das deutsche Immissionsschutzrecht ein Verbot vor, vom Immissionsschutzrecht auferlegte Betreiberpflichten auf Dritte zu übertragen. Die Vereinbarung über eine teilweise Übertragung von Betreiberpflichten, insbesondere von Störfallpflichten wie z.B. der Pflicht zu Wartungs- und Reparaturarbeiten nach § 6 Abs.1 Nr.2 StörfallVO, bedeutet wiederum nicht den automatischen Übergang der Betreiberstellung.[1011]

Ungeachtet dessen können vertragliche Regelungen indizieren, wer Betreiber ist.[1012] Dies bestätigt insbesondere ein Urteil des *VG Gießen*, das in seinen Entscheidungsgründen zur Bestimmung des Betreibers von Flüssiggas-Lagerbehältern (nach der GewO a.F.) den Schwerpunkt seiner Prüfung auf die „konkrete Ausgestaltung" des zu Grunde liegenden Vertrags legte und auf dieser Grundlage feststellte, wer Betreiber war.[1013] In dem Ausgangsfall sah der zwischen einem Mieter eines Wohnhauses und einem Versorgungsunternehmen geschlossene Miet- und Liefervertrag die Überlassung eines Flüssiggas-Lagerbehälters des Versorgungsunternehmens an den Mieter vor. Der Behälter sollte zur Beheizung des Wohnhauses aufgestellt werden und im Eigentum des Versorgungsunternehmens bleiben. Zugleich verpflichtete sich der Mieter zur Abnahme von Flüssiggas vom Versorgungsunternehmen. In seinem Urteil hob das *VG Gießen* hervor, dass entscheidend für die Betreibereigenschaft sei, wer die Verantwortung für den Betrieb nach außen hin und die tatsächlichen Gegebenheiten habe. Dabei stellte es darauf ab, wer nach den vertraglichen Regelungen verpflichtet war.

> „die Behälteranlagen vor Einwirkungen Dritter zu schützen und Störungen bzw. eine Beschädigung der Behälteranlage unverzüglich zu melden. Der Mieter hat auch – was als wesentlich anzusehen ist (vgl. Landmann-Rohmer, GewO, 1986, Rdnr. 28 zu § 24a) – auf seine Kosten alle behördlichen Genehmigungen zu beschaffen, die für die Aufstellung und den Betrieb des Lagerbehälters notwendig sind. Daß Wartung und Reparatur auf Kosten des Mieters/„Käufers" erfolgen, spricht ebenfalls für dessen Betreibereigenschaft. Andererseits ist eine starke rechtliche und wirtschaftliche Bindung des „Käufers" an den Lieferanten unverkennbar. Diese berührt jedoch nur das Innenverhältnis und läßt die Frage der Verantwortlichkeit nach außen, auf die es für die Betreibereigenschaft wesentlich ankommt, unberührt."[1014]

1010 *Müggenborg*, Industrieparks, S.120 Rn.245; *ders.*, NVwZ 2000, 1096 (1097 f.).
1011 *Müggenborg*, Industrieparks, S.120 Rn.245; *ders.*, NVwZ 2000, 1096 (1097 f.).
1012 *Friedrich*, NVwZ 2002, 1174 (1175).
1013 Vgl. *VG Gießen*, Urt. v. 13.11.1990 – I/V E 182/90 –, GewArch 1993, 114.
1014 *VG Gießen*, Urt. v. 13.11.1990 – I/V E 182/90 –, GewArch 1993, 114.

Damit stellt das Verwaltungsgericht vornehmlich darauf ab, wer nach außen hin den Pflichten[1015] im Zusammenhang mit dem Anlagenbetrieb nachkommt und die Kosten dem Vertrag zufolge trägt.[1016] Wie bereits aufgezeigt, dürfte Regelungen zur Kostentragung, insbesondere zu Kosten der Genehmigung, nur geringe Bedeutung zukommen.[1017] Die Gegenansicht verkennt, dass der Betreiber des BImSchG vor allem der Adressat von Pflichten im Zusammenhang mit Gefahrenabwehr und Gefahrenvorsorge ist.[1018]

Im Übrigen ist der Ansicht zuzustimmen, dass Betreiberregelungen Anhaltspunkte für die tatsächlich gelebte Betreibersituation geben können. Dabei sollte jedoch, um Missverständnissen vorzubeugen, deutlich hervorgehoben werden, dass mit einem Vertrag selbst nicht konstitutiv die öffentlich-rechtliche Betreiberstellung begründet werden kann. Durch entsprechende Regelungen, wer für die Betreiberpflichten verantwortlich ist, kann nur indiziert werden, wer Betreiber ist. Vertragsklauseln zu einem bloßen Wartungs- und Reparaturauftrag, die die Übertragung einzelner Pflichten auf einen Dritten vorsehen, indizieren dementsprechend, dass der Auftragnehmer kein Betreiber ist. Sieht ein Vertrag hingegen vor, wem sämtliche wesentliche Betreiberpflichten obliegen, spricht dies dafür, dass der Verpflichtete Betreiber ist. Hierdurch kann also – bei eindeutiger Vertragsgestaltung – mittelbar Einfluss auf die Betreiberbestimmung genommen werden.[1019] Es dürfte allerdings fraglich sein, ob nicht nur ein Gericht, sondern auch eine Behörde, insbesondere in einer Gefahrenabwehrsituation, tatsächlich sämtliche zivilrechtliche Verträge berücksichtigt, um die Entscheidung zu treffen, wer in Anspruch zu nehmen ist.

1015 Nach aktueller Rechtslage handelt es sich bei Tanks zur Lagerung von Flüssiggas insb. um überwachungsbedürftige Anlagen gemäß § 2 Abs. 7 des Geräte- und Produktsicherheitsgesetzes, für die den jeweiligen Betreiber – als Arbeitgeber – Überwachungs-, Instandhaltungs- und Wartungspflichten nach § 12 Abs. 3 BetrSichV treffen können. Bis zum 1. Januar 2003 galt mit entsprechendem Inhalt die Vorschrift des § 13 Druckbehälterverordnung.

1016 Krit. *Wasilewski*, GewArch 1992, 103 (104).

1017 Siehe oben Teil 4 § 2 V; a.A. *VG Gießen*, Urt. v. 13.11.1990 – I/V E 182/90 –, GewArch 1993, 114; *Friedrich*, NVwZ 2002, 1174 (1175); *Wasilewski*, GewArch 1992, 103 (104).

1018 Vgl. *Spindler*, in: FS Feldhaus, S.25 (31); *Spindler/Peter*, in: Jochum u.a., Industriepark und Störfallrecht, Rn.370, 374, 376.

1019 Vgl. *Wasilewski*, GewArch 1992, 103 (104).

Teil 5. Die besondere Bedeutung des Betreiberbegriffs für den Rechtsverkehr

Die umweltrechtliche Praxis hat sich häufig mit komplexen gesellschaftsrechtlichen Strukturen auseinanderzusetzen. Das Gesellschaftsrecht bietet zahlreiche Möglichkeiten, Unternehmen zu organisieren. Dies ist nicht allein für die Großindustrie von Interesse, sondern wird (vor allem) aus steuerrechtlichen Gründen auch von kleinen und mittleren Unternehmen wahrgenommen.[1020] Die Arbeit stellt daher im Folgenden zunächst im Überblick dar, in welchen Organisationsformen der Betreiber vorkommen kann. Anschließend thematisiert sie den Betreiberbegriff in Bezug auf verschiedene Konzern-Konstellationen. Dabei stellt sich die Frage, welche Eigenheiten des Umweltrechts Einfluss auf das Gesellschaftsrecht und die Organisation der Unternehmen nehmen können, insbesondere wenn es um die Beachtung öffentlich-rechtlicher Pflichten geht.[1021] Anschließend werden der Betreiberbegriff und das Zusammenspiel von Umweltrecht und Gesellschaftsrecht im Rahmen der Rechtsnachfolge untersucht. Gerade bei der in der Praxis häufigen Ausgliederung von Gesellschaften und Verlagerung von Aufgaben ist zu ermitteln, wer Betreiber ist. Schließlich wird der Betreiberbegriff im Zusammenhang mit Industrieparks untersucht, bei denen komplexe Konstellationen in gesammelter Form vorzufinden sind.[1022]

§ 1. Organisationsformen des Betreibers

Anlagenbetreiber kann, wie bereits aufgezeigt,[1023] neben einer natürlichen Person auch eine juristische Person des öffentlichen Rechts (z.B. Kommunen, Landkreise, Zweckverbände) oder des Zivilrechts sein.[1024] Betreiber in Bezug auf ein Unternehmen ist dabei der Unternehmensträger, d.h. die Gesellschaft (z.B. AG,

1020 *Spindler*, in: FS Feldhaus, S.25 (25 f.).

1021 *Schneider*, ZGR 1996, 225 (225 ff., 237, 245).

1022 Zu Industrieparks s. unten Teil 5 § 4.

1023 Siehe oben Teil 2 § 3 II 4.

1024 *Dietlein*, in: Landmann/Rohmer, BImSchG, § 5 Rn.30 m.w.N.; *Kotulla*, in: Kotulla, BImSchG, § 4 Rn.78; *Roßnagel*, in: GK-BImSchG, § 5 Rn.14 f. Bzgl. rechtsfähigem Verein, der einejuristische Person ist, als Betreiber vgl. *VGH Mannheim*, Urt. v. 3.7.2012 – 3 S 321/11 –, VBlBW 2013, 61.

KGaA oder GmbH), die die Organisation verkörpert und den Anlagenbetrieb des Unternehmens trägt.[1025] Demgegenüber werden Geschäftsführer, geschäftsführende Gesellschaften, Vorstandsmitglieder oder sonstigen Organe, die Betreiberpflichten erfüllen, selbst wenn sie faktisch den maßgeblichen Einfluss auf das Schicksal des Anlagenbetriebs haben, nicht schon deshalb zum Betreiber (vgl. § 52b Abs.1 BImSchG).[1026]

Darüber hinaus kann eine Personengesellschaft, wie z.B. die Offene Handelsgesellschaft (OHG), die Kommanditgesellschaft (KG), die GmbH & Co. KG, die Gesellschaft bürgerlichen Rechts (GbR), der nicht rechtsfähige Verein (§ 54 BGB)[1027] und die Erbengemeinschaft (§§ 2032, 2039–2041 BGB)[1028], Betreiber sein. Dies folgt aus § 52b Abs.1 S.1 BImSchG sowie daraus, dass sie Träger von Rechten und Pflichten sein können.[1029] Reine Innengesellschaften (z.B. stille Gesellschaften)[1030] und Bruchteilsgemeinschaften scheiden demgegenüber als Betreiber aus.[1031]

Nach diesen Grundsätzen kann Betreiber und Rechtsträger der Gefahrenquelle auch ein Zusammenschluss mehrerer Unternehmen zur gemeinschaftlichen

---

1025 *Schmidt*, UTR 1993, 69 (72, 74).

1026 Vgl. *OVG Lüneburg*, Urt. v. 25.9.2003 – 1 LC 276/02 –, NuR 2004, 125 (126); *Jarass*, BImSchG, § 3 Rn.84; *Roßnagel*, in: GK-BImSchG, § 5 Rn.14 f. Siehe oben Teil 2 § 3 II 4 a) bb).

1027 Zur Rechtssubjektivität des nicht rechtsfähigen Vereins *Reuter*, in: Säcker/Rixecker, MüKo, BGB, § 54 Rn.17 f.

1028 *Jarass*, BImSchG, § 3 Rn.84. Vgl. *OVG Münster*, Urt. v. 26.11.1999 – 21 A 891/98 –, NJW 2000, 2124.

1029 Siehe oben Teil 2 § 3 II 4 a) bb).

1030 Bei einer Innengesellschaft haben sich zwar die Gesellschafter zur Erreichung eines gemeinsamen Zwecks verpflichtet. Die Innengesellschaft tritt aber nicht – im Gegensatz zu einer Außengesellschaft – nach außen als Gesellschaft auf, auch nicht durch einen Vertreter. Vielmehr tritt ein Gesellschafter im eigenen Namen auf, der entsprechend der Träger von Rechten und Pflichten ist. Die Innengesellschaft nimmt daher nicht am Rechtsverkehr teil, s. *BGH*, Urt. v. 23.6.1960 – II ZR 172/59 –, NJW 1960, 1851; *BFH*, Urt. v. 5.2.2002 – VIII R 31/01 –, DB 2002, 1351; *OLG Köln*, Urt. v. 29.5.1995 – 19 U 83/94 –, NJW-RR 1996, 27 (zur stillen Gesellschaft); *Schöne*, in: BeckOK, BGB, § 705 Rn.133 m.w.N., 138; *Stürner*, in: Jauernig, BGB, § 705 Rn.24–26; *Ulmer*, in: Säcker/Rixecker, MüKo, BGB, § 705 Rn.275. Zum Streit, ob eine Innengesellschaft kein Gesamthandsvermögen bilden kann (so Rspr. u h.M.), s. *Schöne*, in: BeckOK, BGB, § 705 Rn.13; *Ulmer*, in: Säcker/Rixecker, MüKo, BGB, § 705 Rn.277 ff., m.w.N.

1031 Vgl. *Schmidt-Kötters*, in: BeckOK, BImSchG, § 4 Rn.121.1., 121.2. Siehe oben Teil 2 § 3 II 4 a) bb).

Nutzung der Anlage sein.[1032] Denn diese bilden, selbst wenn die Rechtsform nicht ausdrücklich geregelt ist, regelmäßig zumindest eine GbR (§ 705 BGB), die – wie bereits untersucht – Träger von Rechten und Pflichten sein kann.[1033]

Für die Anerkennung der Betreiberstellung muss ein Unternehmenszusammenschluss nach den bisherigen Untersuchungsergebnissen zum Zwecke der Errichtung und des Betriebs der Anlagen erfolgt sein. Die unmittelbare Gefahrennähe und der notwendige unmittelbare Einfluss auf den Anlagenbetrieb dürften hingegen bei einem Zusammenschluss allein zu Finanzierungszwecken nicht gegeben sein.[1034] Zudem setzt die Betreiberstellung voraus, dass die Anlage von der GbR selbst betrieben wird bzw. durch einen mit der reinen Betriebsführung betrauten Dritten[1035]. Es wäre andernfalls nicht nachvollziehbar, ihr den Anlagenbetrieb zuzurechnen und sie entsprechend zu verpflichten. Daher dürfte eine Verantwortlichkeit nicht anzunehmen sein, wenn einzelne räumliche oder technische Anlagenbereiche einzelnen Unternehmen zugewiesen sind.[1036] Ebenso wird es sich verhalten, wenn ein Unternehmen das Vorprodukt liefert, aus dem das andere Unternehmen das Endprodukt herstellt. Hierfür spricht, dass die Unternehmen dann nicht einen gemeinsamen, sondern jeweils einen unterschiedlichen Betriebszweck verfolgen.[1037] Eine Unternehmenskooperation, die allein auf Informationsaustausch im Rahmen der Erfüllung der Pflichten des § 6 Abs.3 der StörfallVO ausgerichtet ist, begründet danach ebenfalls keine Betreiberstellung.[1038] Abgesehen davon entsteht eine GbR nicht bereits durch einen bloßen Austausch von Informationen, sondern es bedarf einer vertraglichen Verpflichtung, einen gemeinsamen Zweck (über den

---

1032 Vgl. *OVG Lüneburg*, Beschl. v. 2.4.2009 – 12 ME 53/09 –, NVwZ 2009, 991 (992); zu den Betreibermerkmalen s. oben Teil 4.

1033 *OVG Lüneburg*, Beschl. v. 2.4.2009 – 12 ME 53/09 –, NVwZ 2009, 991 (992); vgl. *VGH München*, Beschl. v. 15.2.2006 – Au 4 S 05/2012 –, UPR 2006, 361; *Schmidt-Kötters*, in: BeckOK, BImSchG, § 4 Rn.121; *Spindler*, in: FS Feldhaus, S.43 f.; *Müggenborg*, Industrieparks, S.74 Rn.148; *Friedrich*, NVwZ 2002, 1174 (1177). Siehe oben Teil 2 § 3 II 4 a) bb).

1034 Finanzierungsgesellschaften sind mangels unmittelbarer Einflussmöglichkeit auf die wesentlichen Entscheidungen über den Anlagenbetrieb im Regelfall keine Betreiber i.S.d. BImSchG, s. oben Teil 3 § 1 II, § 2 I 3 u. § 2 II 1, Teil 4 § 2 V 2.

1035 Vgl. *Oschmann*, in: Danner/Theobald, Energierecht, TEHG a.F., § 3 Rn.56.

1036 *Friedrich*, NVwZ 2002, 1174 (1176 f.). Zum Gemeinschaftskraftwerk und Betreiberbegriff nach § 3 Abs.10 KWKG s. oben Teil 3 § 2 II 2.

1037 *Spindler/Peter*, in: Jochum u.a., Industriepark und Störfallrecht, Rn.359 m.w.N.

1038 Vgl. *Spindler/Peter*, in: Jochum u.a., Industriepark und Störfallrecht, Rn.368. Siehe unten Teil 5 § 4 III 3 c.

Informationsaustausch hinaus, z.B. durch gemeinsame Nutzung einer Anlage) zu fördern.[1039]

§ 2. Der Betreiber im Konzern

Im Rahmen der zivilrechtlichen Gestaltungsfreiheit steht es Unternehmen frei, sich zu einem Konzern zu verbinden. Das Immissionsschutzrecht sieht dabei in § 4 der 5. BImSchV eine gegenüber dem Aktienrecht eigene Definition des Konzerns vor.[1040] Dies belegt der fehlende Verweis in der 5. BImSchV auf § 18 AktG. Nach § 4 liegt ein Konzern vor, wenn ein Betreiber oder mehrere Betreiber von Anlagen „unter der einheitlichen Leitung eines herrschenden Unternehmens" zusammengefasst sind.[1041] Damit weicht das Immissionsschutzrecht insoweit vom Aktienrecht ab, als es eine auf den Anlagenbetrieb ausgerichtete Definition vorsieht (vgl. § 18 AktG).[1042] Zudem umschreibt der Gesetzgeber in § 4 der 5. BImSchV lediglich den sog. Unterordnungskonzern[1043] i.S.d. § 18 Abs.1 AktG. Der sog. Gleichordnungskonzern[1044] gem. § 18 Abs.2 AktG wird hingegen nicht erwähnt. Der Konzern selbst kann § 4 der 5. BImSchV zufolge kein Betreiber und auch kein Haftungssubjekt sein, sondern nur die selbständigen zum Konzern verbundenen Unternehmen kommen insoweit einzeln als Betreiber in Betracht.[1045] Für die umweltrechtliche Praxis stellt sich an dieser Stelle die Frage, in welchem Umfang die aufgezeigten Betreibermerkmale bei der Bestimmung des Betreibers im Konzern Anwendung finden. Im Folgenden werden daher verschiedene Konstellationen im Konzern vorgestellt und im Zusammenhang mit dem Betreiberbegriff erläutert. Dabei wird auch untersucht, inwieweit mit der Ausgestaltung der gesellschaftsrechtlichen Verträge auf die Betreiberstellung Einfluss genommen werden kann.

1039 Vgl. *Jauernig*, in: Stürner, BGB, § 705 Rn.1–4; *Ulmer*, in: Säcker/Rixecker, MüKo, BGB, § 705 Rn.1.

1040 Vgl. *Hansmann*, in: Landmann/Rohmer, 5. BImSchV, § 4 Rn.5. Zum geschichtlichen Hintergrund der Regelung *Laubinger*, in: Ule/Laubinger, 5. BImSchV, Rn.B24 ff.

1041 *Hansmann*, in: Landmann/Rohmer, 5. BImSchV, § 4 Rn.5.

1042 Siehe nur zum aktienrechtlichen Konzernbegriff *BAG*, Urt. v. 18.10.2012 – 6 AZR 41/11 –, BB 2013, 180. Siehe unten 5. Teil § 2 I.

1043 Hierzu s. unten 5. Teil § 2 I.

1044 Hierzu s. unten 5. Teil § 2 I.

1045 *Schmidt*, UTR 1993, 69 (80). Siehe auch *Hansmann*, in: Landmann/Rohmer, 5. BImSchV, § 4 Rn.5.

I. Unterordnungs-, Gleichordnungskonzern und Gewinngemeinschaft im Überblick

Ein Konzern ist nach § 18 AktG die Zusammenfassung mehrerer rechtlich selbständiger Unternehmen „unter einheitlicher Leitung".[1046] Bei einem Unterordnungskonzern sind dabei mindestens ein herrschendes und ein abhängiges Unternehmen gem. § 17 AktG unter einheitlicher Leitung des herrschenden Unternehmens zusammengefasst (§ 18 Abs.1 AktG).[1047] Die Konzernleitung kann auch durch mehrere herrschende Unternehmen ausgeübt werden (sog. Mehrmütterherrschaft).[1048]

Nach § 17 Abs.1 AktG sind abhängige Unternehmen „rechtlich selbständige Unternehmen, auf die ein anderes Unternehmen (herrschendes Unternehmen) unmittelbar oder mittelbar einen beherrschenden Einfluß ausüben kann", wobei die Abhängigkeit eines in Mehrheitsbesitz[1049] stehenden Unternehmens von einem an ihm mit Mehrheit beteiligten Unternehmen nach § 17 Abs.2 AktG vermutet wird (sog. Konzernvermutung).[1050] Grundsätzlich setzt die Annahme von Abhängigkeit voraus, dass die umfassende Einflussnahme eines Unternehmens auf eine andere Gesellschaft möglich ist,[1051] d.h. den gesamten Tätigkeitsbereich der anderen Gesellschaft oder zumindest einen zentralen Unternehmensbereich (Finanzierung, Einkauf, Verkauf oder Organisation) erfassen kann.[1052] Ist ein

---

1046 *BAG*, Urt. v. 18.10.2012 - 6 AZR 41/11 -, BB 2013, 180; *BGH*, Urt. v. 9.1.1992 - IX ZR 165/91 -, BB 1992, 1028; *Hüffer*, AktG, § 18 Rn.1 f.

1047 Siehe nur *BAG*, Beschl. v. 9.2.2011 - 7 ABR 11/10 -, DB 2011, 1980; *LAG Hamburg*, Beschl. v. 21.1.2009 - 4 TaBV 8/08 ; *LG Düsseldorf*, Beschl. v. 19.8.2011 - 33 O 46/11 (AktE) - ZIP 2011, 1712; *Hüffer*, AktG, § 18 Rn.2.

1048 *Bayer*, in: Goette/Habersack, MüKo, AktG, § 18 Rn.2.

1049 Ein in Mehrheitsbesitz stehendes Unternehmen ist nach § 16 AktG ein rechtlich selbständiges Unternehmen, wobei die Mehrheit der Anteile an ihm einem anderen Unternehmen gehört bzw. die Mehrheit der Stimmrechte einem anderen Unternehmen zusteht.

1050 Vgl. *BAG*, Beschl. v. 9.2.2011 - 7 ABR 11/10 -, DB 2011, 1980; *BGH*, Urt. v. 13.10.1977 - II ZR 123/76 -, NJW 1978, 104; *ders.*, Urt. v. 9.1.1992 - IX ZR 165/91 -, BB 1992, 1028; LAG Berlin, Beschl. v. 11.2.2005 - 2 TaBV 945/05 -; *LAG Hamburg*, Beschl. v. 21.1.2009 - 4 TaBV 8/08 -.

1051 *BAG*, Beschl. v. 30.10.1986 - 6 ABR 19/85 -, DB 1987, 1691; *dass.*, Beschl. v. 9.2.2011 - 7 ABR 11/10 -, DB 2011, 1980; *BGH*, Urt. v. 26.3.1984 - II ZR 171/83 -, DB 1984, 1188; *ders.*, Urt. v. 9.1.1992 - IX ZR 165/91 -, BB 1992, 1028.

1052 *Emmerich*, in: Emmerich/Habersack, AktG, § 17 Rn.9. Siehe auch *BAG*, Beschl. v. 9.2.2011 - 7 ABR 11/10 -, DB 2011, 1980; *BGH*, Urt. v. 26.3.1984 - II ZR 171/83

Unternehmen von dem anderen abhängig gem. § 17 AktG, knüpft das Aktiengesetz (§ 18 Abs.1 S.3) hieran die Vermutung, dass ein Unterordnungskonzern vorliegt.[1053]

Im Unterordnungskonzern übt demnach das herrschende Unternehmen (Obergesellschaft/ Mutterunternehmen) auf das abhängige Unternehmen (Untergesellschaft/ Tochterunternehmen) beherrschenden Einfluss – unmittelbar oder mittelbar über ein drittes Unternehmen – aus. Beherrschender Einfluss wird in der Praxis in der Regel durch eine Mehrheitsbeteiligung am Eigenkapital oder an den Stimmrechten vermittelt.[1054] Ob ein Zusammenhang zwischen diesem beherrschenden Einfluss i.S.d. Aktienrechts und dem bestimmenden Einfluss i.S.d. BImSchG besteht, erschließt sich dem Rechtsanwender nicht ohne Weiteres. Daher bedarf es einer Untersuchung des konkreten Abhängigkeitsverhältnisses zwischen Mutter- und Tochterunternehmen sowie der miteinander geschlossenen Unternehmensverträge.[1055]

Werden demgegenüber rechtlich selbständige Unternehmen unter einer einheitlichen Leitung zusammengefasst, ohne dass ein Unternehmen von dem anderen Unternehmen abhängig ist (§ 18 Abs.2 AktG), liegt ein Gleichordnungskonzern vor.[1056] Mangels Abhängigkeitsverhältnis fehlt eine rechtliche Grundlage dafür, dass das eine Unternehmen für das andere verbundene Unternehmen die für dessen Anlagenbetrieb rechtlich relevanten Entscheidungen für die Erfüllung der umweltrechtlichen Pflichten trifft. Jedes verbundene Unternehmen im Gleichordnungskonzern entscheidet weiterhin selbständig über seinen

---

–, DB 1984, 1188. Ob der Einfluss tatsächlich ausgeübt wird, ist nicht entscheidend s. *Schmidt*, UTR 1993, 69 (82).

1053 *BAG*, Beschl. v. 9.2.2011 – 7 ABR 11/10 –, DB 2011, 1980; *BGH*, Urt. v. 9.1.1992 – IX ZR 165/91 –, BB 1992, 1028; *LAG Hamburg*, Beschl. v. 21.1.2009 – 4 TaBV 8/08 –; *LAG Nürnberg*, Beschl. v. 28.10.1994 – 7 TaBV 31/91 –; *LG Düsseldorf*, Beschl. v. 19.8.2011 – 33 O 46/11 (AktE) – ZIP 2011, 1712; *Hüffer*, AktG, § 18 Rn.18.

1054 Vgl. *OVG Berlin-Brandenburg*, Beschl. v. 21.12.2011 – OVG 11 S 62/11 –, AbfallR 2012, 245; *Busse von Colbe,* in: Schmidt, MüKo, HGB, § 290 Rn.7, 9. Für Personenhandelsgesellschaften wird zusätzlich die Zustimmung aller Gesellschafter zum Unterordnungskonzern vorausgesetzt (sog. Konzernierungsbeschluss), s. *Lange*, in: Ebenroth u.a., HGB, Anhang Rn.11.

1055 Siehe unten Teil 5 § 1 II.

1056 Siehe nur *OLG Brandenburg*, Urt. v. 2.8.2007 – 6 U 127/05 –; *Bayer*, in: Goette/ Habersack, MüKo, AktG, § 18 Rn.3, 6; *Hüffer*, AktG, § 18 Rn.2. Zum faktischen Gleichordnungskonzern s. *BGH*, Beschl. v. 19.1.1993 – KVR 32/91 –, GRUR 1993, 587; *BGH Kartellsenat*, Beschl. v. 8.12.1998 – KVR 31/97 –, WM 1999, 293.

Betrieb und ist nach den aufgezeigten Merkmalen zur Betreiberbestimmung[1057] somit Betreiber.

Letzteres gilt entsprechend für eine reine Gewinngemeinschaft, die nach § 292 Abs.1 Nr.1 AktG vorliegt, wenn eine AG, KGaA oder GmbH, „ihren Gewinn oder den Gewinn einzelner ihrer Betriebe ganz oder zum Teil mit dem Gewinn anderer Unternehmen oder einzelner Betriebe anderer Unternehmen zur Aufteilung eines gemeinschaftlichen Gewinns" zusammenlegt.[1058] Die insoweit beteiligten Unternehmen bedürfen keiner gemeinsamen Leitung.[1059] Besteht kein gegenseitiges Abhängigkeitsverhältnis, wird, wie bereits ausgeführt, ein Gleichordnungskonzern gebildet.[1060] Jedes beteiligte Unternehmen dürfte in diesem Fall Betreiber i.S.d. BImSchG bleiben. Zwar liegt aufgrund des gemeinsamen Zwecks der Vergemeinschaftung und Aufteilung des Gewinns mit der Gewinngemeinschaft immer eine GbR gem. § 705 BGB vor.[1061] Die beteiligten Unternehmen haben jedoch bei alleinigem Vorliegen des Vertrags zur Gewinngemeinschaft lediglich mittelbar den wirtschaftlichen Nutzen aus den anderen Anlagenbetrieben, die weiterhin jeweils im eigenen Namen und auf eigene Rechnung von demselben Unternehmen betrieben werden. Sie können also nicht gegenseitig Einfluss auf den Anlagenbetrieb nehmen. Vielmehr hat weiterhin jedes beteiligte Unternehmen die tatsächliche Verfügungsgewalt über die Anlage und trifft selbständig seine Entscheidungen, insbesondere im Hinblick auf die Erfüllung der Pflichten nach dem BImSchG. Bei einem Unternehmenszusammenschluss im Gleichordnungskonzern bleiben demnach die einzelnen Unternehmen regelmäßig Betreiber. Die Konstellation des Gleichordnungskonzerns wird daher im Folgenden nicht thematisiert.

II. Der Betreiberbegriff im Unterordnungskonzern

Bei einem Unterordnungskonzern stellt sich die Frage, welche Rolle die Abhängigkeit des beherrschten Unternehmens im aktienrechtlichen Sinne im Vergleich zu anderen Betreibermerkmalen[1062] auf die Bestimmung des Betreibers i.S.d.

1057 Zu den Betreibermerkmalen s. oben Teil 4.

1058 Ausf. zur Gewinngemeinschaft s. *Walter*, BB 1995, 1876.

1059 *Altmeppen*, in: Goette/Habersack, MüKo, AktG, § 292 Rn.9; *Deilmann*, in: Hölters, AktG, § 292 Rn.5; *Hüffer*, AktG, § 292 Rn.4.

1060 Vgl. *VGH München*, Urt. v. 30.9.1998 – 7 B 98.1086 –, ZUM-RD 1999, 26; *Emmerich*, in: Emmerich/Habersack, AktG, § 292 Rn.10 ff.; *Hüffer*, AktG, § 292 Rn.4.

1061 *Emmerich*, in: Emmerich/Habersack, AktG, § 292 Rn.14; *Servatius*, in: BeckOK, GmbHG, Konzernrecht, Rn.411.

1062 Siehe oben Teil 4.

BImSchG hat und welchen Einfluss damit Unternehmensverträge verschiedenster Art auf das Immissionsschutzrecht haben können.

1. *Beherrschungsvertrag und Gewinnabführungsvertrag*

Zunächst stellt sich die Betreiberfrage im Hinblick auf Beherrschungs- sowie Gewinnabführungsverträge gem. § 291 Abs.1 AktG, bei denen es sich um in der Praxis besonders häufig geschlossene Unternehmensverträge handelt. Der Abschluss eines Beherrschungsvertrags führt nach § 18 Abs.1 S.2 AktG regelmäßig zur Annahme, dass ein Unterordnungskonzern vorliegt.[1063] Beherrschungsverträge werden dabei regelmäßig mit Gewinnabführungsverträgen kombiniert.[1064] Nach § 291 Abs.1 S.1 AktG verpflichtet sich die untergeordnete Gesellschaft mit Abschluss eines Gewinnabführungsvertrags, ihren ganzen Gewinn an die Obergesellschaft abzuführen.[1065]

Rechtsfolgen des Beherrschungsvertrags sind insbesondere die Pflicht des herrschenden Unternehmens zum Verlustausgleich (§ 302 AktG), zur Sicherheitsleistung bei Vertragsbeendigung (§ 303 AktG) und zur Entschädigung außenstehender Aktionäre (§§ 304 f. AktG). Dafür erhält es das Weisungsrecht gegenüber der Untergesellschaft nach § 308 Abs.1 S.1 AktG (Leitungsmacht).[1066]

1063 *BAG,* Beschl. v. 14.2.2007 – 7 ABR 26/06 –, DB 2007, 1589; *Emmerich*, in: Emmerich/Habersack, AktG, § 291 Rn.7, 9. In der Praxis kommen vor allem Beherrschungsverträge mit einer GmbH als Obergesellschaft vor, s. *Emmerich*, in: Emmerich/Habersack, AktG, § 291 Rn.5.

1064 Vgl. nur *BVerfG*, Nichtannahmebeschl. v. 5.12.2012 – 1 BvR 1577/11 –, WM 2013, 129; *BGH*, Urt. v. 10.12.2007 – II ZR 199/06 –, BGHZ 174, 378; *OLG Stuttgart*, Beschl. v. 29.2.2012 – 20 W 5/11 –, ZIP 2012, 970; *LG München*, Urt. v. 5.4.2012 – 5 HK O 20488/11, 5 HKO 20488/11 –, NZG 2012, 1152.

1065 *Deilmann*, in: Hölters, AktG, § 291 Rn.42 ff.; *Emmerich*, in: Emmerich/Habersack, AktG, § 291 Rn.47 ff., 59 ff. Vgl. *BGH*, Beschl. v. 24.10.1988 – II ZB 7/88 –, ZIP 1989, 29. Bei einem Gewinnabführungsvertrag scheidet eine Rücklagenbildung der Untergesellschaft regelmäßig aus, siehe nur *Scheffler*, in: FS Goerdeler, S.472.

1066 *Emmerich*, in: Emmerich/Habersack, AktG, § 291 Rn.2 f.; *Hüffer*, AktG, § 291 Rn.10 ff. Vgl. *BGH*, Beschl. v. 20.5.1997 – II ZB 9/96 –, DB 1997, 1397; *ders.*, Beschl. v. 4.3.1998 – II ZB 5/97 –, DB 1998, 872; *OLG Schleswig*, Urt. v. 28.10.2010 – 5 U 55/09 –; *LG Köln*, Urt. v. 23.11.2007 – 82 O 214/06 –. Auch beim sog. Eingliederungskonzern steht der Obergesellschaft gem. § 323 Abs.1 i.V.m. § 308 AktG ein Weisungsrecht zu, das die Konzernleitungsmacht begründet. Der Eingliederungskonzern ist ein Unterordnungskonzern, bei dem die Eingliederung der Untergesellschaft durch Beschluss der Obergesellschaft erfolgt, in deren Hand sich mindestens 95 % der Aktien befinden (§ 320 Abs.1 AktG), siehe nur *Bayer*, in: Goette/Habersack, MüKo, AktG, § 18 Rn.7.

Die Konzernleitung kann insoweit zentral oder dezentral organisiert sein[1067]: Erteilt die Obergesellschaft neben generellen Weisungen auch spezielle Weisungen, die sich auf einzelne Maßnahmen oder einzelne Geschäfte erstrecken, greift sie auf diese Weise direkt in die Führung der abhängigen Gesellschaft ein.[1068] Damit ist eine sog. Zentralisierung der Unternehmensleitung gegeben. Umgekehrt liegt eine sog. dezentrale Unternehmensorganisation vor, wenn sich die Weisungen allein auf die Geschäftspolitik und einzelne Geschäftsbereiche der Untergesellschaft beziehen.[1069]

Fraglich ist, welche Bedeutung dem Kriterium der Weisungsfreiheit im aktienrechtlichen Sinne bei der Bestimmung des Betreibers i.S.d. BImSchG im Unterordnungskonzern zuzumessen ist.[1070] Hielte man dieses Merkmal für maßgeblich, hätte dies zur Folge, dass bei Vorliegen eines Beherrschungsvertrags allein die Obergesellschaft als Betreiberin in Betracht käme. Denn ihr stünde, wie bereits aufgezeigt, gegenüber der Untergesellschaft das Weisungsrecht nach § 308 Abs.1 AktG zu.

Für eine solche Betrachtungsweise spricht, dass das herrschende Unternehmen durch das Weisungsrecht starken Einfluss auf den Anlagenbetrieb nehmen kann.[1071] Bei einer weitgehenden Zentralisierung der Unternehmensleitung kann die Obergesellschaft sich praktisch im Minutentakt beim beherrschten Unternehmen melden und von ihm verlangen, ihre konkreten Entscheidungen in Bezug auf jeden Vorgang des Betriebs der Anlage umgehend umzusetzen. Zudem kann die Obergesellschaft durch Investitionsentscheidungen auf die Aufnahme und Fortführung der Produktion, das „Ob“ und „Wie“ des Anlagenbetriebs einwirken.[1072] Dies gilt erst recht, wenn sie zusätzlich einen Gewinnabführungsvertrag mit der Untergesellschaft abschließt, so dass sie auch in wirtschaftlicher Hinsicht der Nutznießer der Anlage ist.[1073]

1067 *Weber*, in: Hölters, AktG, § 76 Rn.59 f. Vgl. zum dezentral geführten faktischen Konzern *OLG Köln*, Urt. v. 15.1.2009 –, 18 U 205/07 –, ZIP 2009, 1469. Ausf. zur zentralen und dezentralen Organisation *Schneider*, ZGR 1996, 225 (23)

1068 Vgl. *Altmeppen*, in: Goette/Habersack, MüKo, AktG, § 308 Rn.14.

1069 Vgl. *LG Nürnberg-Fürth*, Beschl. v. 10.11.1983 - 4 O 3900/83 –, DB 1983, 2675; *Altmeppen*, in: Goette/Habersack, MüKo, AktG, § 308 Rn.14. Das Weisungsrecht kann auch gar nicht ausgeübt werden, s. *BGH*, Beschl. v. 4.3.1998 – II ZB 5/97 –, DB 1998, 872.

1070 Zum Betreibermerkmal der Weisungsfreiheit (Entscheidungsgewalt in rechtlicher Hinsicht) s. oben Teil 4 § 2 III.

1071 Vgl. *Westermann*, ZHR 1991, 223 (239). Zum Betreibermerkmal der Entscheidungsgewalt über das „Ob“ und „Wie“ des Anlagenbetriebs s. oben Teil 4 § 2 I.

1072 Vgl. *Westermann*, ZHR 1991, 223 (238).

1073 Zum Betreibermerkmal der wirtschaftlichen Nutznießung s. oben Teil 4 § 2 V 2.

Dem ist jedoch der Wortlaut des § 4 Nr.1 der 5. BImSchV entgegenzuhalten, der belegt, dass nach dem Willen des Gesetzgebers die Untergesellschaft weiterhin als Betreiberin i.S.d. BImSchG anzusehen ist, obwohl sie unter der Leitungsmacht des herrschenden Unternehmens steht und die Anlage nicht weisungsfrei betreiben kann. So darf nach § 4 Nr.1 der 5. BImSchV ein „Betreiber" einen Konzernbeauftragten, d.h. einen für den Konzernbereich bestellten Immissionsschutzbeauftragten, für seine Anlage bestellen, wenn das „herrschende Unternehmen den Betreibern gegenüber zu Weisungen (…) berechtigt ist".[1074]

Allerdings könnte man die Auffassung vertreten, dass jedenfalls bei einer Zentralisierung der Unternehmensleitung das herrschende Unternehmen Betreiber nach dem BImSchG ist. Hierfür spricht, dass die Obergesellschaft in diesem Fall mittels Einzelweisungen und Finanzierung intensiv Einfluss auf den Anlagenbetrieb des untergeordneten Unternehmens – auch in technischer Hinsicht – haben kann. Dagegen lässt sich jedoch einwenden, dass der Obergesellschaft mit Abschluss eines Beherrschungsvertrags nicht automatisch die unmittelbare Einwirkungsbefugnis auf die Anlage eingeräumt wird,[1075] insbesondere nicht die unmittelbare Verantwortung für den betrieblichen Ablauf.[1076] Selbst wenn die Obergesellschaft der Untergesellschaft einzelne Weisungen zur Finanzierung, Inbetriebnahme der Anlage oder Produktion erteilt – deren Befolgung Auswirkungen auf die Umwelt haben können –, dürfte Gefahrnächster und unmittelbarer Beherrscher der eigentlich gefährlichen (einzelnen technischen) Vorgänge in Bezug auf die Anlage regelmäßig die Untergesellschaft sein.[1077] Schließlich ist sie auch weiterhin an den Geschäftsführungsmaßnahmen beteiligt (vgl. § 77 AktG).[1078] Die Leitung der Untergesellschaft bleibt ebenfalls trotz Beherrschungsvertrags beim

1074 *Fluck*, in: Ule/Laubinger, BImSchG, § 16 Rn.C3; *Jarass*, BImSchG, § 3 Rn.84. Vgl. *Feldhaus*, in: Feldhaus, 5. BImSchV, § 4 Rn.1 ff. (mit Verweis auf die amtliche Begründung von 1975); *Schwertner*, in: BeckOK, BImSchG, § 53 Rn.14 f.; *Ehrlich*, DB 1993, 1172 (1776 f.).

1075 Vgl. *Jarass*, BImSchG, § 3 Rn.84; *Dietlein*, in: Landmann/Rohmer, BImSchG, § 5 Rn.32.

1076 Vgl. *Kotulla*, in: Kotulla, BImSchG, § 4 Rn.78; *Westermann*, ZHR 1991, 223 (239). Siehe auch *Schmidt-Kötters*, in: BeckOK, BImSchG, § 4 Rn.118; *Schmidt*, UTR 1993, 69 (81 ff.).

1077 Vgl. *Spindler/Peter*, in: Jochum u.a., Industriepark und Störfallrecht, Rn.333 f.; *Schmidt*, UTR 1993, 69 (84); a.A. bei auf die Produktion bezogenen Weisungen *Ossenbühl*, Umweltgefährdungshaftung im Konzern, S.100 f.

1078 Vgl. *Altmeppen*, in: Goette/Habersack, MüKo, § 308 Rn.15; *Spindler/Peter*, in: Jochum u.a., Industriepark und Störfallrecht, Rn.327, 329 f., 333.

Vorstand der Untergesellschaft (vgl. § 76 AktG).[1079] Lediglich seine Verantwortlichkeit für die Leitung ist aufgrund des Weisungsrechts beschränkt.[1080]

Darüber hinaus dürfte für die Bestimmung des Betreibers, wie bereits aufgezeigt,[1081] entscheidend sein, wer nach außen tatsächlich Einfluss auf den Anlagenbetrieb ausübt und die Risiken der Anlage als Gefahrenquelle beherrscht.[1082] Hierfür spricht die Zuordnung des Immissionsschutzrechts zum Ordnungsrecht. Es kann hingegen nicht darauf ankommen, wer aus zivilrechtlicher Sicht verantwortlich für den Anlagenbetrieb ist, zumal Beherrschungsverträge von Unternehmen sehr unterschiedlich „gelebt" werden. Denn die Konzernleitung kann zentral oder dezentral organisiert sein, ohne dass dies für die Behörden offensichtlich ist. In der Praxis dürfte es für Ordnungsbehörden schwierig sein, die gesellschaftsrechtlichen Verhältnisse zu durchdringen. Im Übrigen dürfte eine Einzelfallbetrachtung, die darauf abstellt, ob eine zentrale oder dezentrale Konzernleitung vorliegt, in der Regel mit dem Grundsatz der effektiven Gefahrenabwehr nicht zu vereinbaren sein. Den Ordnungsbehörden ist insbesondere nicht zuzumuten, in Gefahrenabwehrsituationen zunächst vor Ort diesbzgl. Nachforschungen anzustellen.[1083]

Des Weiteren spricht gegen die grundsätzliche Einstufung der Obergesellschaft (Konzernspitze) als Betreiberin, dass andernfalls die Behörde ungeachtet der bestehenden gesellschaftsrechtlichen Regelungen gegenüber der Obergesellschaft Maßnahmen erlassen könnte, welche die Obergesellschaft mit ihren Finanzmitteln begleichen müsste.[1084] Dies wäre nicht sach- und systemgerecht, da damit die nach § 302 AktG kraft Gesetzes bestehenden Ausgleichsansprüche[1085] der Untergesellschaft gegenüber der Obergesellschaft hinfällig würden.

1079 Die Leitung wird nach überwiegender Ansicht als Teilbereich der Geschäftsführung angesehen, siehe nur *Spindler*, in: Goette/Habersack, MüKo, AktG, § 76 Rn.18 m.w.N., § 77 Rn.5.

1080 *Altmeppen*, in: Goette/Habersack, MüKo, § 308 Rn.15; abweichend *Schmidt*, in: UTR 1993, 69 (84), wonach Anlagenbetreiberin die Obergesellschaft sein könne, wenn sie sich in „in Ausübung ihrer Leitungsmacht zur organisationsrechtlichen Herrin des Anlagenbetriebes macht". Hierzu s. *Schneider*, ZGR 1996, 225 (239).

1081 Siehe oben Teil 4 § 2 VII.

1082 Vgl. *Spindler/Peter*, in: Jochum u.a., Industriepark und Störfallrecht, Rn.321.

1083 Vgl. *Friedrich*, NVwZ 2002, 1174 (1176).

1084 *Spindler*, in: FS Feldhaus, S.25 (40); *Spindler/Peter*, in: Jochum u.a., Industriepark und Störfallrecht, Rn.322.

1085 Hierzu s. *BGH*, Urt. v. 10.7.2006 – II ZR 238/04 –, BGHZ 168, 285; *LG Frankfurt*, Urt. v. 15.2.2011 – 3-5 O 100/10, 3/5 O 100/10 –, ZIP 2011, 1670; *Altmeppen*, in: Goette/Habersack, MüKo, AktG, § 302 Rn.67 ff.

Anders könnte es sich verhalten, wenn das beherrschte Unternehmen den Konzernbeauftragten als Immissionsschutz- oder Störfallbeauftragten (auch) für seine Anlage bestellt. Denn der Konzernbeauftragte ist in organisatorischer Hinsicht der Konzernobergesellschaft zuzuordnen[1086] und als Immissionsschutzbeauftragter für die Überwachung der Anlage im Hinblick auf die Einhaltung der immissionsschutzrechtlichen Vorschriften zuständig. Gleichwohl dürfte – neben der Regelung des § 4 der 5. BImSchV – gegen die Annahme, dass das herrschende Unternehmen unmittelbaren Einfluss auf den Anlagenbetrieb des beherrschten Unternehmens hat, sprechen, dass der Konzernbeauftragte nicht zugleich befugt ist, eigenverantwortlich in den Betriebsablauf der Anlage der Untergesellschaft einzugreifen.[1087]

Demnach überwiegen die Argumente für die Annahme, dass ein Beherrschungsvertrag und das einhergehende Weisungsrecht über die Untergesellschaft gem. § 308 Abs.1 AktG für die Begründung der Betreiberstellung einer Obergesellschaft nicht ausreichen. Letztere hat hierdurch nicht automatisch den unmittelbaren bestimmenden Einfluss auf die Anlage der Untergesellschaft.[1088] Vielmehr dürfte die Obergesellschaft nur ausnahmsweise dann Betreiberin sein, wenn sie die Untergesellschaft offensichtlich wie ihren Betrieb führt (sog. Strohmann).[1089]

Insgesamt ist das Kriterium der Weisungsfreiheit im aktienrechtlichen Sinne folglich kein entscheidendes Merkmal zur Bestimmung des Betreibers im Konzernrecht.[1090] Vielmehr ist auch bei Vorliegen eines Beherrschungsvertrags zu untersuchen, wer im Konzern die betriebene Anlage selbständig betreibt und sie in tatsächlicher Hinsicht beherrscht.[1091] Dies dürfte im Regelfall das beherrschte Unternehmen sein, sofern es den von der Anlage ausgehenden Gefahren am nächsten ist.

1086 Vgl. *Fluck*, in: Ule/Laubinger, BImSchG, § 16 Rn.C3.

1087 Vgl. *Schwertner*, in: BeckOK, BImSchG, § 53 Rn.1 f.; *Spindler*, in: FS Feldhaus, S.25 (41).

1088 Vgl. Schneider, ZGR 1996, 225 (239).

1089 Vgl. *Müggenborg*, Chemie Technik 2003, 108; *Schneider*, ZGR 1996, 225 (239). Siehe unten Teil 5 § 1 II 3.

1090 Vgl. *Spindler*, in: FS Feldhaus, S.25 (39); *Spindler/Peter*, in: Jochum u.a., Industriepark und Störfallrecht, Rn.340.

1091 Vgl. *Roßnagel*, in: GK-BImSchG, § 5 Rn.11 f.; *Witteck*, Der Betreiber im Umweltstrafrecht, S.74.

2. *Faktischer Unterordnungskonzern*

Die Betreiberfrage stellt sich auch beim sog. faktischen Unterordnungskonzern[1092]. Er entsteht allein durch die tatsächliche Herrschaftsmacht des herrschenden Unternehmens, die aufgrund einer Mehrheitsbeteiligung ausgeübt wird.[1093] Dabei handelt es sich um eine in Deutschland besonders verbreitete Form der Abhängigkeit in einem Konzern.[1094] Die Obergesellschaft eines faktischen Konzerns dürfte, wenn, wie bereits aufgezeigt, die Obergesellschaft trotz Abschluss eines Beherrschungsvertrags keine Betreiberin ist, erst recht jedenfalls aufgrund des in rechtlicher Hinsicht vergleichsweise erheblich geringeren Einflusses auf die Untergesellschaft keine Betreiberin sein.[1095] Hierfür spricht, dass sich bei einem faktischen Unterordnungskonzern Vorstand und Aufsichtsrat der Untergesellschaft einer faktischen Konzernleitung durch die Obergesellschaft unterordnen.[1096] Dies geschieht aufgrund der Mehrheitsbeteiligung der Obergesellschaft, d.h. ohne einen Beherrschungsvertrag oder Eingliederungsbeschluss,[1097] durch den sie die Konzernmacht rechtlich anerkennen würden.[1098] Daher muss die Untergesellschaft auch keine Weisungen der Obergesellschaft nach § 308 AktG befolgen.[1099] Der Vorstand der Untergesellschaft leitet diese in eigener Führungsverantwortung nach § 76 Abs.1 AktG

1092 Zum faktischen Konzern siehe nur *BGH*, Urt. v. 16.9.1985 – II ZR 275/84 –, BGHZ 95, 330; *ders.*, Urt. v. 29.3.1993 – II ZR 265/91 –, NJW 1993, 1200; *OLG Köln*, Urt. v. 15.1.2009 – 18 U 205/07 –, ZIP 2009, 1469.

1093 *Bayer*, in: Goette/Habersack, MüKo, AktG, § 18 Rn.9 f.; *Wicke*, GmbHG, Anhang § 13 Rn.9.

1094 Vgl. *Emmerich*, in: Emmerich/Habersack, AktG, § 291 Rn.5; *Vetter*, in: Schmidt/ Lutter, AktG, § 311 Rn.128.

1095 Vgl. i.E. *Theuer*, in: Frenz, TEHG a.F., § 3 Rn.33; *Spindler/Peter*, in: Jochum u.a., Industriepark und Störfallrecht, Rn.346.

1096 Vgl. *Bayer*, in: Goette/Habersack, MüKo, AktG, § 18 Rn.9 f.; *Bayer*, in: Goette/ Habersack, MüKo, AktG, § 18 Rn.9. Zur Leitungsmacht im faktischen Konzern und notwendigen Inhalt von Hauptversammlungsbeschlüssen s. *BGH*, Urt. v. 26.6.2012 – II ZR 30/11 –, ZIP 2012, 1753.

1097 Siehe oben Teil 5 § 1 II 1 Fn.1044.

1098 *Bayer*, in: Goette/Habersack, MüKo, AktG, § 18 Rn.9. Insb. bei einem isoliert abgeschlossenen Gewinnabführungsvertrag liegt ein faktisches Konzernverhältnis vor, s. *Scheffler*, in: FS Goerdeler, S.472.

1099 Vgl. *BGH*, Urt. v. 16.9.1985 – II ZR 275/84 –, BGHZ 95, 330; *ders.*, Beschl. v. 25.6.2008 – II ZR 133/07 –, ZIP 2008, 1872; *OLG Frankfurt*, Urt. v. 7.2.2012 – 5 U 92/11 –, ZIP 2012, 524; *Spindler*, in: Goette/Habersack, MüKo, AktG, § 76 Rn.47; *Vetter*, in: Schmidt/Lutter, AktG, § 311 Rn.7, 129.

und muss seine Geschäftspolitik nicht mit der Obergesellschaft abstimmen.[1100] Folglich ist bei einem Konzern mit Beherrschungsvertrag eine intensivere Konzernführung möglich als beim faktischen Konzern.[1101]

3. *Qualifiziert faktischer Unterordnungskonzern und Strohmann*

Bei einem sog. qualifiziert faktischen Konzern[1102] dürfte nicht ohne genaue Untersuchung der konkreten Umstände festzustellen sein, wer Betreiber i.S.d. BImSchG ist. Unter einem qualifiziert faktischen Konzern wird kein bestimmter Konzerntypus, sondern ein Unternehmenszusammenschluss, bei dem ein qualifiziertes Abhängigkeitsverhältnis in der Weise vorliegt, dass die abhängige Gesellschaft „wie eine unselbständige Betriebsabteilung des herrschenden Unternehmens geführt" wird.[1103]

Fraglich ist, welchen Einfluss die fehlende Selbständigkeit der Untergesellschaft auf die Betreiberstellung hat. Ausnahmsweise könnte die Obergesellschaft als Betreiberin über den Anlagenbetrieb der Untergesellschaft anzusehen sein. Zum Teil wird die Auffassung vertreten, dass die Obergesellschaft jedenfalls dann Betreiberin der Anlage der Untergesellschaft ist, wenn es sich beim untergeordneten Unternehmen lediglich um einen vorgeschobenen Strohmann[1104]

1100 *Fleischer*, in: Fleischer, Handbuch des Vorstandsrechts, § 18 Rn.72; *Spindler*, in: Goette/Habersack, MüKo, AktG, § 76 Rn.45. Im Übrigen sehen die Vorschriften des §§ 311–318 AktG, die für einen faktischen Konzern mit einer AG oder KgaA als abhängige Gesellschaft gelten, keinen pauschalen Verlustausgleich im Gegensatz zu dem bei Abschluss eines Beherrschungs- und Gewinnabführungsvertrags geltenden § 302 AktG vor. Die Obergesellschaft macht sich gegenüber der Untergesellschaft lediglich schadensersatzpflichtig, wenn es die abhängige Gesellschaft zu einer nachteiligen Maßnahme gemäß § 311 Abs.1 AktG veranlasst hat, ohne den Nachteil nach § 311 Abs.2 AktG auszugleichen, s. *Vetter*, in: Schmidt/Lutter, AktG, § 311 Rn.1, 10.

1101 *Krieger*, in: Münchener Handbuch des Gesellschaftsrecht, AktG, § 69 Rn.133; *Vetter*, in: Schmidt/Lutter, AktG, § 311 Rn.7.

1102 Siehe nur *BGH*, Urt. v. 25.11.1996 – II ZR 352/95 –, ZIP 1997, 416; *ders.*, Urt. v. 13.12.2004 – II ZR 256/02 –, ZIP 2005, 250; *ders.*, Beschl. v. 25.6.2008 –, II ZR 133/07 –, ZIP 2008, 1872; *OLG Köln*, Urt. v. 15.1.2009 – 18 U 205/07 –, ZIP 2009, 1469.

1103 *OLG Köln*, Urt. v. 15.1.2009 – 18 U 205/07 –, ZIP 2009, 1469 m.w.N.; *Bayer*, in: Goette/Habersack, MüKo, AktG, § 18 Rn.11; *Lutter/Timm*, NJW 1982, 409.

1104 Zu diesem Begriff im Gewerberecht s. *BVerwG*, Urt. v. 30.9.1976 – I C 32/74 –, GewArch 1977, 14, wonach ein Strohmann jemand ist, der „zur Verschleierung der tatsächlichen Verhältnisse als Gewerbetreibender vorgeschoben wird, das in Frage

handelt, der keine relevanten rechtlichen Einflussmöglichkeiten auf die Erfüllung umweltrechtlicher Pflichten hat[1105] und über den Anlagenbetrieb in sämtlichen technischen Einzelheiten bestimmt.[1106] Dies erscheint im Hinblick auf das vom Gefahrenabwehrrecht geprägte Immissionsschutzrecht sachgerecht: Wenn die Obergesellschaft „über die Art des Einsatzes der Anlage und der Geräte"[1107] bestimmt, z.B. über die Einsatzstoffe und wann der Anlagenbetrieb z.B. zu Wartungszwecken unterbrochen wird, dann hat sie auch den bestimmenden Einfluss auf den Anlagenbetrieb der Untergesellschaft. Dies dürfte erst recht gelten, wenn das Management in der Ober- und Untergesellschaft identisch ist,[1108] da hierdurch sogar die Entscheidungsträger identisch sind. Dagegen dürfte es zur Herstellung unmittelbarer Gefahrennähe nicht ausreichen, dass die Obergesellschaft lediglich die umweltrechtlichen Leitlinien für ihren Konzernverbund vorgibt.[1109]

Zum Teil wird als Maßstab für den Einfluss der Obergesellschaft berücksichtigt, ob die rechtliche Unabhängigkeit der Untergesellschaft „gegenüber der wirtschaftlichen Abhängigkeit derart in den Hintergrund tritt, dass bei verständiger Würdigung der Gesamtumstände von einem einheitlichen Unternehmen gesprochen werden muss".[1110] Für diesen Ansatz spricht, dass diese Konstellation vergleichbar mit einer unzulässigen Rechtsausübung gem. § 826 BGB ist, jedenfalls, wenn die Untergesellschaft erkennbar aus keinem anderen Grund als zur Haftungsübernahme gegründet worden ist.[1111] Die Verpflichtung und Haftung der Obergesellschaft als Betreiberin dürfte danach ein sachgerechtes Ergebnis sein.

---

stehende Gewerbe in Wirklichkeit aber von einem anderen betrieben wird: Die eine Person gibt nur ihren Namen für den Gewerbebetrieb her und dient dem wahren Gewerbetreibenden als ‚Aushängeschild'." Siehe auch zum Strohmann als „Marionette" des Gewerbetreibenden *BVerwG*, Urt. v. 2.2.1982 – 1 C 20/78 – GewArch 1982, 200; *dass.*, Urt. v. 2.2.1982 – 1 C 14/78 –, GewArch 1982, 299; *dass.*, Urt. v. 14.7.2003 – 6 C 10/03 –, NVwZ 2004, 103; *Marcks*, in: Landmann/Rohmer, GewO, § 35 Rn.71 ff., m.w.N.; *Spindler*, in: FS Feldhaus, S.25 (42).

1105 *Schmidt-Kötters*, in: BeckOK, BImSchG, § 4 Rn.118; *Spindler/Peter*, in: Jochum u.a., Industriepark und Störfallrecht, Rn.352.

1106 Vgl. *Rehbinder*, in: Landmann/Rohmer, UmweltHG, § 1 Rn.52; *Westermann*, ZHR 1991, 223 (240); abweichend *Müggenborg*, Industrieparks, S.75 Rn.150, der ein Strohmannverhältnis allein bei Vorliegen eines Beherrschungsvertrags annimmt.

1107 *Westermann*, ZHR 1991, 223 (240).

1108 Vgl. *Schmidt*, UTR 1993, 69 (84 f.).

1109 Vgl. *Müggenborg*, Chemie Technik 2003, 108.

1110 *Hucke*, DB 1998, 2205 (2206).

1111 Vgl. *Hucke*, DB 1998, 2205 (2206).

Nähme man in diesen Strohmann-Konstellationen nicht an, dass ausnahmsweise die beherrschende Obergesellschaft als Betreiberin der Anlage der Untergesellschaft anzusehen ist, würde dies zu unbilligen Ergebnissen führen. Das Ziel drohender Umwelthaftung, das insbesondere der Umweltvorsorge dient, würde verfehlt werden.[1112] Die Untergesellschaft würde im Bereich der sog. direkten Umwelthaftung[1113] für den Anlagenbetrieb haften (vgl. § 14 S.2 BImSchG, § 1 UmweltHG und § 89 WHG),[1114] obwohl eigentlich die Obergesellschaft den Anlagenbetrieb steuert. Eine Haftung der Obergesellschaft wäre allein – und zudem nur unter besonderen Voraussetzungen – im Rahmen der sog. indirekten Haftung nach gesellschaftsrechtlichen (§§ 302 f., 311, 317 AktG) und deliktischen Normen (§§ 823, 826 BGB) möglich.[1115] Die Obergesellschaft könnte somit willkürlich Haftungsrisiken auf die Untergesellschaft verlagern (sog. Haftungssegmentierung)[1116] und sich der Haftung entziehen. Eine auf den Konzern bezogene „Sippenhaft", d.h. dass die verbundenen Unternehmen automatisch wie ein Betreiber „mitverpflichtet" werden und mithaften, ist gesetzlich nicht vorgesehen.[1117]

Dieser Betrachtungsweise ist jedoch entgegenzuhalten, dass ein Außenstehender regelmäßig nicht in der Lage sein wird, die Abhängigkeitsverhältnisse und Steuerungsprozesse im Konzern zu durchschauen.[1118] Es wäre daher

1112 Vgl. *Hucke*, DB 1998, 2205.

1113 Bei der direkten Umwelthaftung ergibt sich die Haftung direkt aus einer Umwelthaftungsnorm, s. *Hucke*, DB 1998, 2205.

1114 Siehe oben Teil 3 § 4 u. § 5.

1115 Die Voraussetzungen für einen Ersatzanspruch sind im Einzelnen umstritten, s. *Hueck/Fastrich*, in: Baumbach/Hueck, GmbHG, § 13 Rn.48 m.w.N., 50; *Hüffer*, AktG, § 1 Rn.16, 22 ff.; *Liebscher*, in: Fleischer/Goette, MüKo, GmbHG, Anhang zu § 13, Die GmbH als Konzernbaustein, Rn.577. Zu den Haftungsnormen s. *Hucke*, DB 1998, 2205 (2207 ff.).

1116 Die Obergesellschaft könnte im Rahmen ihrer unternehmerischen Gestaltungsfreiheit alle eine Umwelthaftung potenziell herbeiführenden Objekte in die Untergesellschaft, die nur mit den vorgeschriebenen Mindest-Kapitalmitteln ausgestattet ist, einbringen, und sich auf diese Weise der Haftung entziehen, s. *Hucke*, DB 1998, 2205. Zu weiteren Missbrauchsgefahren im Konzernverbund s. *Cosack*, Umwelthaftung im faktischen GmbH-Konzern, S.18.

1117 Vgl. *Oehler*, ZIP 1990, 1445 (1150); *Schmidt*, UTR 1993, 69 (80 f.).

1118 Vgl. *Teubner*, in: FS Steindorff, S.261 (266). Gegen einen Rückgriff auf konzernzugehörige Unternehmen bei Unterkapitalisierung des schadensverursachenden Unternehmens in Bezug auf das USchadG s. *Beckmann/Wittmann*, in: Landmann/Rohmer, USchadG, § 2 Rn.36.

insbesondere im Hinblick auf die Geltendmachung von Haftungsansprüchen ungewiss, ob diese gegenüber der Obergesellschaft mit Erfolg gerichtlich durchgesetzt werden können. Des Weiteren wird es in der Praxis selten nachweisbar sein, dass die Gründung eines Unternehmens allein aus Gründen der Haftungsverlagerung geschah, weil regelmäßig auch steuerrechtliche oder betriebswirtschaftliche Gründe für eine Unternehmensgründung im Rahmen eines Konzerns sprechen.[1119] Abgesehen davon besteht keine Rechtspflicht der Obergesellschaft, die Untergesellschaft mit so viel Eigenkapital auszustatten, dass sie jegliche Risiken trägt.

Darüber hinaus dürfte gegen eine Billigkeitslösung sprechen, dass der Gesetzgeber bei den in der Praxis relevanten Altlastenfällen, mit denen besonders hohe Kostenpflichten verbunden sind, in § 4 Abs.3 S.4, 1. Var. BBodSchG eine Durchgriffshaftung[1120] vorsieht. Danach ist auch derjenige zur Sanierung von Altlastengrundstücken verpflichtet, der aus handels- oder gesellschaftsrechtlichem Rechtsgrund für eine juristische Person (im Fall der Unterkapitalisierung) einzustehen hat.[1121] Demnach hat der Gesetzgeber für das Umweltmedium Boden eine Lösung vorgesehen. Sein fehlendes Tätigwerden im Hinblick auf das Umweltmedium Luft dürfte belegen, dass er keinen Handlungsbedarf sieht.[1122] Danach wäre die Obergesellschaft auch nicht ausnahmsweise als Betreiberin zu verpflichten und würde nicht ausnahmsweise direkt haften.

Im Übrigen wird es im Interesse der Obergesellschaft sein, dass die Betreiberpflichten befolgt werden und insbesondere ausreichende Vorsorgemaßnahmen im Hinblick auf mögliche Umweltgefahren getroffen werden. Haftungsfälle könnten den Ruf des gesamten Konzerns schädigen. Zudem sind sie auch in

---

1119 *Hucke*, DB 1998, 2205 (2206).

1120 Siehe nur *VGH Mannheim*, Urt. v. 18.12.2007 – 10 S 2351/06 –, NuR 2008, 424.

1121 *Dombert*, in Landmann/Rohmer, BBodSchG, § 4 Rn.41 ff. Zur Durchgriffshaftung bei Altlastenfällen s. *Fleischer/Empt*, ZIP 2000, 905. Siehe auch *Michalski*, Jura 1995, 617 (623).

1122 Die Haftung im deutschen Konzernrecht ist im Gegensatz zum US-amerikanischen Recht insgesamt eher durchgriffsfeindlich ausgestaltet, s. *Schmidt*, UTR 1993, 69 (81). Nach *Schiessl*, DB 1989, 513 (514 f., m.w.N.), indizieren folgenden Kriterien die Durchgriffshaftung einer deutschen Muttergesellschaft für eine amerikanische Tochtergesellschaft: Die Höhe der Beteiligung (100 %), Identität von wichtigen Entscheidungsträgern in beiden Gesellschaften, tatsächlicher Grad der Konzernleitung, Missachtung gesellschaftsrechtlicher Formalien, Vermischung von Büchern und Konten, Finanzierung und Kapitalausstattung der Untergesellschaft, konzerninterne Geschäftsbeziehungen sowie das Auftreten in der Öffentlichkeit (Dokumente, gemeinsame Werbung). Siehe auch *Hucke*, DB 1998, 2205 (2206).

wirtschaftlicher Hinsicht für die Obergesellschaft von Bedeutung: Ist die Untergesellschaft ersatzpflichtig, schlägt sich dies nicht nur auf die Konzernbilanz (§§ 297 ff. HGB) nieder, sondern kann bei Abschluss eines Beherrschungs- oder Gewinnabführungsvertrags auch zu einer Ausgleichspflicht der Obergesellschaft gegenüber der Untergesellschaft nach § 302 AktG im Innenverhältnis führen (bzw. bei einem faktischen Konzern nach §§ 311, 317 AktG[1123]).[1124]

Dem ist wiederum entgegenzuhalten, dass die Obergesellschaft nur im Innenverhältnis zur Untergesellschaft zum Ausgleich bei einem Beherrschungs- oder Gewinnabführungsvertrag verpflichtet ist. Der Geschädigte hat hingegen regelmäßig keinen direkten Haftungsanspruch gegenüber der Obergesellschaft.[1125] Besteht keine Deckungsvorsorge (vgl. § 19 UmweltHG)[1126] oder kann die Untergesellschaft den Schaden nicht ausgleichen, bleibt dem Geschädigten lediglich die Möglichkeit, einen etwaigen Ausgleichsanspruch der Untergesellschaft gegenüber der Obergesellschaft zu pfänden (§§ 829, 835 ZPO).[1127] Letzteres kann allerdings erst nach Aufstellen des Jahresabschlusses erfolgen[1128] und ist von daher mit gewissen Risiken (z.B. im Falle einer Insolvenz) verbunden. Insoweit dürfte es im Einzelfall unter Würdigung aller Umstände gerechtfertigt sein, die Obergesellschaft als Betreiberin anzusehen und im Rahmen der direkten Umwelthaftung haften zu lassen.

1123 In Bezug auf eine GmbH als Tochtergesellschaft im faktischen Konzern löst ein derartiges Verhalten der Muttergesellschaft eine Schadensersatzpflicht aus. Die Vorschrift über den Nachteilsausgleich nach AktG findet keine Anwendung, siehe nur *Hucke*, DB 1998, 2205 (2208). Beim qualifiziert faktischen Konzern, wendet der BGH bei objektivem Missbrauch der Beherrschungssituation die §§ 302 ff. AktG nicht (mehr) analog an, sondern nimmt eine Haftung der Obergesellschaft wegen existenzvernichtenden Eingriffs nach § 826 BGB an, siehe nur *Altmeppen*, in: Goette/Habersack, MüKo, AktG, § 302 Rn.106 m.w.N. In Bezug auf die AG als abhängige Gesellschaft werden allerdings nach verbreiteter, umstrittener Meinung die §§ 302 ff. AktG noch angewendet, insb. weil ein existenzvernichtender Eingriff schwierig festzumachen sei, siehe nur *Bayer*, in: Goette/Habersack, MüKo, AktG, § 18 Rn.14 m.w.N. In der Praxis kommt ein qualifiziert faktischer Konzern, bei dem die abhängige Gesellschaft eine AG ist, sehr selten vor.

1124 Vgl. *Schmidt*, UTR 1993, 69 (86, 88 f.).

1125 Bei Beendigung des Beherrschungs- bzw. Gewinnabführungsvertrages kann sich zwar ein direkter Anspruch ggü. der Muttergesellschaft nach § 303 AktG ergeben, dieser ist jedoch zunächst nur auf Leistung einer Sicherheit gerichtet.

1126 Vgl. *Rehbinder*, in: Landmann/Rohmer, UmweltHG, § 1 Rn.52.

1127 *Hüffer*, AktG, § 1 Rn.25.

1128 *Hucke*, DB 1998, 2205 (2207).

Insgesamt erscheint es daher bei einem Strohmannverhältnis gerechtfertigt zu sein, die Obergesellschaft als Betreiberin einer Anlage der Untergesellschaft zu behandeln und entsprechend immissionsschutzrechtlich zu verpflichten. Dies gilt insbesondere, wenn die Entscheidungsträger identisch sind. Denn dies indiziert, dass die Untergesellschaft derart in die Obergesellschaft eingegliedert ist, dass sie selbst keine rechtlich relevanten Einflussmöglichkeiten auf die Erfüllung der auf die Anlage bezogenen Pflichten – d.h. auch nicht in Bezug auf die technischen Prozesse der Anlage – hat und die Obergesellschaft die unmittelbar steuernde Gesellschaft ist.[1129] Nur diese Betrachtungsweise dürfte den Zielen des Immissionsschutzrechts einschließlich effektiver Gefahrenabwehr und Umweltvorsorge gerecht werden. Dies dürfte nicht nur bei einem qualifiziert faktischen Konzern angemessen sein, sondern erst recht – unter entsprechenden Voraussetzungen – bei einem gem. § 302 Abs.1 AktG beherrschten oder eingegliederten Unternehmen.[1130]

In der Praxis wird es für die Ordnungsbehörde schwierig zu erkennen sein, ob eine Gesellschaft eine Strohfrau ist. Insoweit ist davon auszugehen, dass sie im Zweifel gegen diese als „Anscheins-Betreiberin"[1131] neben dem Hintermann als Ordnungspflichtigen vorgehen wird, insb. wenn die immissionsschutzrechtliche Genehmigung auf die Strohfrau ausgestellt ist.[1132] Im Übrigen wird die Untergesellschaft nach § 52 Abs.2 BImSchG zumindest Adressatin von Duldungsverfügungen sein, wenn sie Eigentümerin oder Besitzerin des Anlagengrundstücks ist.[1133]

4. *Geschäftsführungsvertrag*

Schließen verbundene Unternehmen einen Geschäftsführungsvertrag gem. § 291 Abs.1 S.2 AktG miteinander ab, ist für den Rechtsanwender bei dieser Konstellation nicht ohne weiteres eindeutig erkennbar, wer Betreiber der

---

1129 I.E. *Schneider*, ZGR 1996, 225 (239, 245); *Spindler/Peter*, in: Jochum u.a., Industriepark und Störfallrecht, Rn.335, 350 f., 363. Vgl. *Jarass*, BImSchG, § 3 Rn.81, 84. Siehe oben Teil 4 § 2 VII.

1130 Vgl. *Dietlein*, in: Landmann/Rohmer, BImSchG, § 5 Rn.28; *Friedrich*, NVwZ 2002, 1174 (1176); *Jarass*, BImSchG, § 3 Rn.84, 86; *Schmidt-Kötters*, in: BeckOK, BImSchG, § 4 Rn.118; *Spindler*, in: FS Feldhaus, S.25 (42); abweichend *Müggenborg*, S.75 Rn.150.

1131 *Kotulla*, in: Kotulla, BImSchG, § 4 Rn.78.

1132 Vgl. *Dietlein*, in: Landmann/Rohmer, BImSchG, § 5 Rn.28; *Roßnagel*, in: GK-BImSchG, § 5 Rn.20.

1133 *Jarass*, BImSchG, § 3 Rn.86.

genehmigungsbedürftigen Anlage i.S.d. BImSchG ist. Denn Kennzeichen des Geschäftsführungsvertrags nach § 291 Abs.1 S.2 AktG ist, dass sich eine AG oder KGaA verpflichtet, die gesamte geschäftliche Tätigkeit – nicht nur einzelne Betriebe oder Geschäfte – fortan für Rechnung eines anderen Unternehmens zu führen.[1134] Bei dieser Konstellation gibt es demnach Merkmale, die sowohl für eine Betreiberstellung der geschäftsführenden Gesellschaft als auch für eine Betreiberstellung der auftraggebenden Gesellschaft sprechen.

Stellt man auf das Merkmal der unmittelbaren Gefahrennähe ab, dürfte das geschäftsführende Unternehmen Betreiber sein. Denn es ist für alle mit dem Anlagenbetrieb unmittelbar zusammenhängenden Handlungen (insb. in technischer Hinsicht) zuständig und hat die tatsächliche Verfügungsgewalt über den Anlagenbetrieb. Zudem hat die auftraggebende Gesellschaft bei einem Geschäftsführungsvertrag keine rechtliche mit einer Obergesellschaft mit Beherrschungsvertrag vergleichbare Verfügungsgewalt.[1135] Denn ein Recht zur Weisung folgt weder aus § 665 BGB, weil dieser aufgrund der Sondervorschrift des § 308 AktG beim Geschäftsführungsvertrag keine Anwendung findet,[1136] noch (mangels Beherrschungsvertrags) aus § 308 AktG selbst.

Allerdings dürfte unter Berücksichtigung wirtschaftlicher Kriterien, rechtlicher Verfügungsgewalt und des Außenauftritts die Auftrag gebende Gesellschaft Betreiberin sein. Hierfür spricht, dass etwaige Gewinne oder Verluste – im Unterschied zum Gewinnabführungsvertrag – nicht beim abhängigen (geschäftsführenden) Unternehmen anfallen, sondern direkt bei der Obergesellschaft (vgl. §§ 667, 670 BGB) entstehen, während die Untergesellschaft unentgeltlich handelt.[1137] Den unmittelbaren wirtschaftlichen Nutzen und das Risiko trägt also die Obergesellschaft.[1138] Zudem wird ein Unternehmen,

---

1134 Vgl. *Altmeppen*, in: Goette/Habersack, MüKo, AktG, § 291 Rn.173; *Deilmann*, in: Hölters, AktG, § 291 Rn.58; *Langenbucher*, in: Schmidt/Lutter, AktG, § 291 Rn.62; *Paschos*, in: Henssler/Strohn, AktG, § 291 Rn.47, wonach der Geschäftsführungsvertrag in der Praxis eher selten vorkommt.

1135 Vgl. *Altmeppen*, in: Goette/Habersack, MüKo, AktG, § 291 Rn.181; *Hüffer*, AktG, § 291 Rn.32.

1136 H.M. ausf. *Langenbucher*, in: Schmidt/Lutter, AktG, § 291 Rn.65 m.w.N.; a.A. *Mülbert*, in: Großkomm, AktG, § 291 Rn.184.

1137 *Deilmann*, in: Hölters, AktG, § 291 Rn.58 ff; *Emmerich*, in: Emmerich/Habersack, AktG, § 291 Rn.67; *Mülbert*, in: Großkomm, AktG, § 291 Rn.186, 189, 199; *Langenbucher*, in: Schmidt/Lutter, AktG, § 291 Rn.64.

1138 Der Geschäftsführungsvertrag führt im Übrigen zum gleichen wirtschaftlichen Ergebnis (in bilanzieller Hinsicht) wie ein Gewinnabführungsvertrag und wird daher

das auf fremde Rechung arbeitet, zugleich die Weisungen des Auftraggebers regelmäßig befolgen. Verpflichtet sich bei Abschluss eines Geschäftsführungsvertrags das abhängige Unternehmen darüber hinaus dazu, das Unternehmen im Namen des anderen Vertragsteils zu betreiben,[1139] tritt die unmittelbar handelnde, geschäftsführende Gesellschaft nicht nach außen in Erscheinung.

An dieser Stelle zeigt sich wiederum, dass die von der Rechtsprechung und Literatur entwickelten Betreibermerkmale nicht weiterhelfen, da diese zum Teil von der abhängigen, geschäftsführenden Gesellschaft und zum Teil von der Obergesellschaft Betreibereigenschaften erfüllt werden. Sachgerecht dürfte hier sein, dem Kriterium der tatsächlichen Verfügungsgewalt über den Anlagenbetrieb und der Einflussmöglichkeit auf Entscheidungen hinsichtlich der für die Erfüllung umweltrechtlicher Pflichten relevanten Umstände höchstes Gewicht zuzusprechen. Dies entspricht den dem BImSchG zu Grunde liegenden ordnungsrechtlichen Gesichtspunkten und dem Grundsatz der effektiven Gefahrenabwehr. Danach ist regelmäßig das geschäftsführende Unternehmen, das den unmittelbaren beherrschenden Einfluss auf den Anlagenbetrieb in tatsächlicher (technischer) Hinsicht hat, auch Betreiberin. Gleichwohl ist davon auszugehen, dass eine Ordnungsbehörde im Zweifel die „Anscheins"-Betreiberin wie eine Anscheinsstörerin[1140] verpflichtet, d.h. die Gesellschaft, die nach außen als

nach § 291 Abs.1 S.2 AktG entsprechend behandelt, s. *Emmerich*, in: Emmerich/Habersack, AktG, § 291 Rn.67; *Hüffer*, AktG, § 291 Rn.30.

1139 Die Geschäfte können bei einem Geschäftsführungsvertrag im eigenen oder fremden Namen betrieben werden, s. *Deilmann*, in: Hölters, AktG, § 291 Rn.58; *Emmerich*, in: Emmerich/Habersack, AktG, § 291 Rn.67; *Langenbucher*, in: Schmidt/Lutter, AktG, § 291 Rn.65; *Paschos*, in: Henssler/Strohn, AktG, § 291 Rn.48; abweichend *Mülbert*, in: Großkomm, AktG, § 291 Rn.185.

1140 Nach den entwickelten Grundsätzen zur „Anscheinsstörerschaft" muss sich „insbesondere derjenige als Pflichtiger im ordnungsrechtlichen Verständnis behandeln lassen", der aus Sicht der Behörde (ex ante Betrachtung) durch sein Auftreten als Pflichtiger auftritt, s. *OVG Saarlouis*, Beschl. v. 2.7.2012 – 2 A 446/11 –, BauR 2012, 1690. Ein Anscheinsstörer ist aus ex post Sicht ungefährlich gewesen. Entsprechend dem Ziel einer effektiven Gefahrenabwehr können Behörden ihn jedoch rechtmäßigerweise zur Gefahrenabwehr heranzuziehen (Primärebene), das finanzielle Risiko einer behördlich angeordneten Maßnahme muss der Anscheinsstörer allerdings nur tragen, wenn er den Anschein in zurechenbarer Weise gesetzt hat, siehe nur *BVerwG*, Urt. v. 31.5.2012 – 3 A 1/11 –, NVwZ-RR 2012, 787; *Kugelmann*, Polizei- und Ordnungsrecht, 12. Kapitel, Rn.16 f.

Geschäftsführende und Verantwortliche auftritt. Dies ist die Obergesellschaft, wenn die geschäftsführende Gesellschaft in ihrem Namen handelt.

5. *Betriebsführungsvertrag*

Bei einem Betriebsführungsvertrag (sog. Managementvertrag)[1141] ist eine dem Geschäftsführungsvertrag vergleichbare Situation gegeben, da sich auch hier die von der Rechtsprechung und Literatur entwickelten Betreibermerkmale beiden verbundenen Unternehmen zuordnen lassen. Mit Abschluss eines Betriebsführungsvertrags beauftragt eine Gesellschaft (sog. Eigentümerunternehmen) ein anderes Unternehmen (sog. Betriebsführungsunternehmen) damit, ihren Betrieb in ihrem Namen und auf ihre Rechnung zu führen.[1142] Je nach Ausgestaltung des Vertrages (unentgeltliche/ entgeltliche Betriebsführung) handelt es sich um einen Auftrag[1143] oder einen Dienstvertrag mit Geschäftsbesorgungscharakter,[1144] der zudem häufig mit anderen Unternehmensverträgen (z.B. einem Beherrschungs- und Gewinnabführungsvertrag, Betriebspacht- und/oder Betriebsüberlassungsvertrag) kombiniert wird.[1145]

Für die Betreiberstellung der Eigentümergesellschaft dürfte sprechen, dass sie ein umfassendes Weisungsrecht gegenüber dem Betriebsführer haben kann (sog. weisungsgebundener bzw. weisungsfreier Betriebsführungsvertrag[1146]) und jedenfalls bei dessen Ausübung der Betriebsführer unselbständig in Bezug auf

---

1141 *BGH*, Urt. v. 5.10.1981 – II ZR 203/80 –, NJW 1982, 1817; *BFH*, Urt. v. 19.8.2009 – III R 68/06 –, GmbHR 2010, 213; *Altmeppen*, in: Goette/Habersack, MüKo, AktG, § 292 Rn.143.

1142 *BGH*, Urt. v. 5.10.1981 – II ZR 203/80 –, NJW 1982, 1817; *BFH*, Urt. v. 19.8.2009 – III R 68/06 –, GmbHR 2010, 213; *Deilmann*, in: Hölters, AktG, § 291 Rn.61; *Emmerich*, in: Emmerich/Habersack, AktG, § 291 Rn.69, § 292 Rn.55; *Lutter/Hommelhoff*, in: Lutter/Hommelhoff, GmbHG, Anh zu § 13 Rn.77; *Paschos*, in: Henssler/Strohn, AktG, § 292 Rn.11, 14; *Spindler/Peter*, in: Jochum u.a., Industriepark und Störfallrecht, Rn.384; *Huber*, ZHR 1988, 123 (124).

1143 Vgl. *Altmeppen*, in: Goette/Habersack, MüKo, AktG, § 292 Rn.146; *Paschos*, in: Henssler/Strohn, AktG, § 292 Rn.14.

1144 Vgl. *BFH*, Urt. v. 19.8.2009 – III R 68/06 –, GmbHR 2010, 213; *OLG Brandenburg*, Urt. v. 13.7.2011 – 7 U 158/10 – (Biogasanlage); *Paschos*, in: Henssler/Strohn, AktG, § 292 Rn.14.

1145 *Altmeppen*, in: Goette/Habersack, MüKo, AktG, § 292 Rn.158 ff.; *Emmerich*, in: Emmerich/Habersack, AktG, § 291 Rn.69, § 292 Rn.59. Zu verschiedenen Ausgestaltungen des Betriebsführungsvertrags s. *Huber*, ZHR 1988, 123 (126 ff.).

1146 *Altmeppen*, in: Goette/Habersack, MüKo, AktG, § 292 Rn.147 ff.; *Huber*, ZHR 1988, 123 (125).

den Anlagenbetrieb handeln dürfte.[1147] Dem ist jedoch entgegenzuhalten, dass das Eigentümerunternehmen in der Praxis regelmäßig im Mehrheits- oder Alleinbesitz des betriebsführenden Unternehmens steht und wiederum von diesem weisungsabhängig ist.[1148] Zudem übernimmt der Betriebsführer mit dem Betriebsführungsvertrag die Unternehmenstätigkeit, d.h. insbesondere den Anlagenbetrieb, der anderen Gesellschaft. Er dürfte also in tatsächlicher Hinsicht Betreiber sein. Allerdings handelt er weiterhin im Namen der Eigentümergesellschaft und auf deren Rechnung. Danach wechselt die Betreibereigenschaft – zumindest dem Anschein nach – nicht. Nach außen hin (aus Sicht der Ordnungsbehörde) ist weiterhin die Eigentümergesellschaft für den Anlagenbetrieb verantwortlich und nicht die Gesellschaft, die den Anlagenbetrieb managt. Darüber hinaus zieht allein die Eigentümergesellschaft den unmittelbaren wirtschaftlichen Nutzen aus dem Anlagenbetrieb und trägt die Risiken.

Insgesamt überwiegen danach die Betreibermerkmale bei der Eigentümergesellschaft, wenn sie ihr umfassendes Weisungsrecht ausübt. Die alleinige Verlagerung der Führung des Anlagenbetriebs lässt sie weiterhin jedenfalls als Anscheins-Betreiberin erscheinen. Handelt der Betriebsführer demgegenüber weitgehend weisungsfrei und hat die Eigentümergesellschaft keine Möglichkeiten, die für die Erfüllung umweltrechtlicher Pflichten relevanten Entscheidungen zu beeinflussen, ist es sachgerecht anzunehmen, dass der Betriebsführer Betreiber i.S.d. BImSchG ist.[1149] Dies dürfte besonders bei der Konstellation des sog unechten Betriebsführungsvertrags[1150] nahe liegen, d.h. wenn das Betriebsführungsunternehmen im eigenen Namen handelt.

6. *Betriebspacht- und Betriebsüberlassungsvertrag*

In Bezug auf Betriebspacht- bzw. Betriebsüberlassungsverträge, die früher in der Großindustrie häufig vorkamen,[1151] kann sich ebenfalls die Frage stellen,

1147 I.E. *Spindler/Peter*, in: Jochum u.a., Industriepark und Störfallrecht, Rn.384. Vgl. *Salje*, in: Salje/Peter, UmweltHG, §§ 1, 3 Rn.22, wonach regelmäßig die Betriebsführungsgesellschaft Inhaberin der Anlage ist.

1148 Vgl. *Huber*, ZHR 1988, 123 (125).

1149 I.E. *Spindler/Peter*, in: Jochum u.a., Industriepark und Störfallrecht, Rn.384.

1150 Hierzu s. *Altmeppen*, in: Goette/Habersack, MüKo, AktG, § 292 Rn.144; *Langenbucher*, in: Schmidt/Lutter, AktG, § 292 Rn.33; *Paschos*, in: Henssler/Strohn, AktG, § 292 Rn.11, 14; *Huber*, ZHR 1988, 123 (124).

1151 *Veil*, in: Spindler/Stilz, AktG, § 292 Rn.33. Der Abschluss eines Betriebspacht- bzw. Betriebsüberlassungsvertrags kommt heute in der Praxis z.B. bei einer Betriebsaufspaltung in eine Betriebs- und Besitzgesellschaft vor.

wer Betreiber ist. Nach § 292 Abs.1 Nr.3 AktG liegt ein Betriebspacht- bzw. Betriebsüberlassungsvertrag vor, wenn eine AG bzw KGaA „den Betrieb ihres Unternehmens einem anderen verpachtet oder sonst überlässt". Bei beiden Vertragskonstellationen besteht nach § 302 Abs.2 AktG zugunsten des abhängigen Unternehmens ein Ausgleichsanspruch gegenüber der Obergesellschaft (Verpächter bzw. überlassende Gesellschaft). Im Gegensatz zum Betriebsführungsvertrag handelt es sich bei Betriebspacht- bzw. Betriebsüberlassungsverträgen um Gebrauchsüberlassungsverträge.[1152] Aufgrund der inhaltlichen Gestaltungsfreiheit sind Betriebspachtverträge und Betriebsüberlassungsverträge in der Praxis vielfach in abgewandelter Form vorzufinden.[1153]

Bei Abschluss eines Betriebspachtvertrags dürfte regelmäßig aufgrund seiner rechtlichen Charakteristika davon auszugehen sein, dass die Pächterin (die Betriebsgesellschaft) die Anlagenbetreiberin ist.[1154] Hierfür spricht, dass sie regelmäßig die unmittelbare tatsächliche und rechtliche Verfügungsgewalt über den Anlagenbetrieb hat sowie diesen im eigenen Namen und für eigene Rechnung führt[1155]. Denn bei einem Betriebspachtvertrag gelten als besondere Form der Gebrauchsüberlassung die Vorschriften über den Pachtvertrag nach §§ 581 ff. BGB.[1156] Danach ist die (im Inland sitzende) AG oder KGaA als Verpächterin verpflichtet, dem Pächter gegen Entrichtung der vereinbarten Pacht die gesamten betrieblichen Anlagen ihres Unternehmens während der Pachtzeit zu überlassen, wobei der Pächter den Betrieb im eigenen Namen und für eigene Rechnung weiterführen darf.[1157] Damit zieht der Pächter zugleich den unmittelbaren wirtschaftlichen Nutzen aus der Anlage und trägt die Risiken.[1158] Darüber hinaus unterliegt die pachtende Gesellschaft regelmäßig keinem Weisungsrecht. Sie trifft folglich ihre sämtlichen betrieblichen Entscheidungen, insb. über den Anlagenbetrieb, selbständig. Die Verpächterin zieht demgegenüber lediglich die

---

1152 *Emmerich*, in: Emmerich/Habersack, AktG, § 292 Rn.40, 43a, 58.

1153 *Hüffer*, AktG, § 292 Rn.21.

1154 *Spindler/Peter*, in: Jochum u.a., Industriepark und Störfallrecht, Rn.382; *Schmidt*, UTR 1993, 69 (74). Vgl. *Dietlein*, in: Landmann/Rohmer, BImSchG, § 5 Rn.28; *Roßnagel*, in: GK-BImSchG, § 5 Rn.13.

1155 Vgl. *BVerwG*, Urt. v. 25.9.1969 – I C 50/65 –, BVerwGE 34, 56; *Paschos*, in: Henssler/Strohn, AktG, § 292 Rn.12; *Veil*, in: Spindler/Stilz, AktG, § 292 Rn.38.

1156 Vgl. *Langenbucher*, in: Schmidt/Lutter, AktG, § 292 Rn.39; *Paschos*, in: Henssler/Strohn, AktG, § 292 Rn.12.

1157 *Altmeppen*, in: Goette/Habersack, MüKo, AktG, § 292 Rn.97; *Veil*, in: Spindler/Stilz, AktG, § 292 Rn.40. Auf die Rechtsform des Pächters kommt es dabei nicht an, s. *Emmerich*, in: Emmerich/Habersack, AktG, § 292 Rn.40 f.

1158 *Langenbucher*, in: Schmidt/Lutter, AktG, § 292 Rn.30.

Pacht ein, verwaltet ihr nicht betriebsnotwendiges Vermögen und übt ihre im Pachtvertrag vereinbarten Rechte aus.[1159] Demnach weist eine Gesellschaft, die eine emittierende Anlage im Rahmen einer Betriebspacht pachtet, regelmäßig alle als relevant angenommenen Betreibermerkmale zugleich auf und ist somit Anlagenbetreiberin.[1160]

In Bezug auf einen Betriebsüberlassungsvertrag dürfte die Betreiberfrage nicht ganz so eindeutig ausfallen. Für die Betreiberstellung der übernehmenden Gesellschaft spricht zunächst, dass sie den Betrieb der überlassenden Gesellschaft wie beim Betriebspachtvertrag in unmittelbarer tatsächlicher Verfügungsgewalt sowie auf eigene Rechnung führt.[1161] Das übernehmende Unternehmen ist unmittelbar für den Anlagenbetrieb zuständig. Dafür steht ihm ein Anspruch auf Abführung des Geschäftsergebnisses gegen den Überlasser zu, während Letzterer wiederum zum Ausgleich von etwaigen für den überlassenden Betrieb eingegangenen Verbindlichkeiten freigestellt wird und einen Anspruch auf Aufwendungsersatz hat.[1162] Damit zieht das übernehmende Unternehmen auch den unmittelbaren wirtschaftlichen Nutzen aus dem Anlagenbetrieb.

Gegen die Betreiberstellung des Übernehmers lässt sich jedoch anführen, dass – im Gegensatz zum Betriebspachtvertrag – nach außen weiterhin der überlassende Betrieb als das für den Anlagenbetrieb verantwortliche Unternehmen auftritt. Denn der Betrieb wird weiterhin im Namen des Überlassers[1163] aufgrund einer Vollmacht (z.B. Generalvollmacht, Prokura) geführt. Dabei hat Letzterer zugleich ein Weisungsrecht gem. § 665 BGB[1164] und damit in rechtlicher Hinsicht die Möglichkeit, die Anlage zu beherrschen[1165]. Bei einem Betriebsüberlassungverhältnis kommen also sowohl das übernehmende Unternehmen als auch das überlassende Unternehmen als Anlagenbetreiber in Betracht.

(Anscheins-)Betreiberin ist danach im Zweifel das überlassende Unternehmen, da es nach außen als Betreiberin in Erscheinung tritt. Steht dem

1159 *Altmeppen*, in: Goette/Habersack, MüKo, AktG, § 292 Rn.99; *Emmerich*, in: Emmerich/Habersack, AktG, § 292 Rn.40 m.w.N.

1160 I.E. *Spindler/Peter*, in: Jochum u.a., Industriepark und Störfallrecht, Rn.382.

1161 Vgl. *Langenbucher*, in: Schmidt/Lutter, AktG, § 292 Rn.32; *Spindler/Peter*, in: Jochum u.a., Industriepark und Störfallrecht, Rn.383.

1162 *Emmerich*, in: Emmerich/Habersack, AktG, § 292 Rn.44 m.w.N.

1163 Vgl. *Langenbucher*, in: Schmidt/Lutter, AktG, § 292 Rn.32.

1164 Ist das Weisungsrecht weitgehend vertraglich ausgeschlossen und handelt es sich um eine unwiderrufliche Vollmacht, kann ein verdeckter Beherrschungsvertrag vorliegen, s. *Emmerich*, in: Emmerich/Habersack, AktG, § 292 Rn.43 m.w.N.

1165 Vgl. *Spindler/Peter*, in: Jochum u.a., Industriepark und Störfallrecht, Rn.383.

Rechtsanwender bei der Beurteilung der Betreiberfrage jedoch ein Betriebsüberlassungsvertrag zur Verfügung, dürfte neben Bestimmungen zur tatsächlichen Verfügungsgewalt maßgeblich sein, welche Regelungen zum Weisungsrecht getroffen worden sind. Es ist jedenfalls sachgerecht, das überlassende Unternehmen dann als Betreiberin zu verpflichten, wenn das übernehmende Unternehmen ausnahmsweise derart weisungsabhängig ist, dass es keine Einflussmöglichkeiten auf Entscheidungen hinsichtlich der für die Erfüllung umweltrechtlicher Pflichten relevanten Umstände hat.[1166] Denn dann überwiegen die Betreibermerkmale bei der überlassenden Gesellschaft.

Für den Rechtsanwender wird es noch unübersichtlicher, wenn Betriebspacht- und Betriebsüberlassungsvertrag miteinander kombiniert werden. Beauftragt nach Abschluss des Betriebspachtvertrags der Pächter wiederum den Verpächter, den Betrieb im Namen des Pächters und auf dessen Rechnung zu betreiben,[1167] dürften sowohl der Pächter als auch der Verpächter als Anlagenbetreiber in Betracht kommen. Gerade in dieser Konstellation dürften in der Rechtspraxis die Meinungen auseinander gehen, wer Betreiber ist, und keine Rechtssicherheit bestehen. Für die Betreiberstellung des Verpächters spricht, dass er den unmittelbaren Einfluss auf Entscheidungen hinsichtlich der Erfüllung umweltrechtlichen Pflichten über die Anlage hat, so dass dieser unter dem Gesichtspunkt der effektiven Gefahrenabwehr Anlagenbetreiber sein sollte. Dem kann jedoch entgegengesetzt werden, dass der Pächter nach außen als Verantwortlicher auftritt und zudem den unmittelbaren wirtschaftlichen Nutzen aus dem Anlagenbetrieb zieht. Für die Ordnungsbehörde dürfte daher der Pächter zumindest dem Anschein nach der Anlagenbetreiber sein. Anders könnte die Beurteilung bei genauer Berücksichtigung der Verträge ausfallen, da eigentlich der Verpächter der „Gefahrnähere“ ist und daher in Anspruch genommen werden sollte.

III. Abhängigkeitsverhältnis und gemeinsame Anlage

Für den Rechtsanwender stellt sich bei Anlagen verbundener Unternehmen, die nahe beisammen stehen, die Frage, ob sich das Abhängigkeitsverhältnis auf das immissionsschutzrechtliche Genehmigungserfordernis auswirkt. Dies wäre der Fall, wenn verbundene Unternehmen aufgrund des bestehenden Abhängigkeitsverhältnisses eine gemeinsame Anlage bilden. Denn das hätte zur Folge, dass keine separaten Genehmigungen nach dem BImSchG für Anlagen gleicher Art

1166 *Spindler/Peter*, in: Jochum u.a., Industriepark und Störfallrecht, Rn.383.

1167 Vgl. *Altmeppen*, in: Goette/Habersack, MüKo, AktG, § 292 Rn.100; *Emmerich*, in: Emmerich/Habersack, AktG, § 292 Rn.42 m.w.N.

eingeholt werden müssen. Gegen die Bildung einer gemeinsamen Anlage spricht, dass jedenfalls Anlagen, die unterschiedlichen selbständigen Gesellschaften zuzuordnen sind, nach § 1 Abs.3 S.1 der 4. BImSchV keine gemeinsame Anlage bilden. Die Regelung des § 1 Abs.3 S.2 Nr.1 der 4. BImSchV belegt vielmehr, dass es für die Annahme einer gemeinsamen Anlage eines und desselben Betreibers bedarf („dasselbe Betriebsgelände").[1168]

Vorzugswürdig dürfte jedoch eine differenzierte Betrachtungsweise sein, die zwischen konkurrierenden Unternehmen, bei der eine gemeinsame Anlage von vornherein ausscheidet, und Unternehmen unterscheidet, die in einem besonderen Abhängigkeitsverhältnis stehen, bei denen eine gemeinsame Anlage in Betracht kommen kann.[1169] Die Ansicht ist sachgerecht, da konkurrierende Betriebe offensichtlich nicht unter einheitlicher Leitung stehen, so dass die Annahme einer gemeinsamen Anlage abwegig erscheint.[1170] Haben hingegen verschiedene verbundene Unternehmen das Eigentum an (Teil-)Anlagen und betreiben sie, dürfte die Annahme einer gemeinsamen Anlage trotz verschiedener Rechtsträger jedenfalls dann gerechtfertigt sein, wenn sie in einem gegenseitigen Abhängigkeitsverhältnis derart stehen, dass sie einheitlich geführt werden.[1171] Schließlich bestimmen gemeinsame Entscheidungen den Anlagenbetrieb, und es ist ein Umweltgefährdungspotenzial gegeben, das aus der Gesamtheit der Anlagen (Synergieeffekte) resultiert. Für eine rechtlich einheitliche Betrachtung der Anlagen spricht zudem, dass bei einheitlicher Leitung die Erfüllung der auf die einzelnen Anlagen bezogenen Betreiberpflichten gewährleistet ist.

Fraglich ist, wie intensiv die Abhängigkeit der Untergesellschaft gegenüber der Obergesellschaft für die Annahme einer gemeinsamen Anlage sein muss. Zum Teil wird der Standpunkt vertreten, dass beherrschender Einfluss der Obergesellschaft auf den Anlagenbetrieb bereits bei Vorliegen eines Beherrschungsvertrags,

---

1168 *OVG Lüneburg*, Urt. v. 25.9.2003 – 1 LC 276/02 –, NuR 2004, 125 (126); *Ludwig*, in: Feldhaus, 4. BImSchV, § 1 Rn.21 f. Siehe oben Teil 2 § 1 II 5 c). Zum Grundsatz der Betreiberidentität s. oben Teil 2 § 4.

1169 Vgl. *OVG Lüneburg*, Urt. v. 25.9.2003 – 1 LC 276/02 –, NuR 2004, 125 (126); *VG Halle*, Urt. v. 24.8.2010 – 2 A 278/08 –; *Ludwig*, in: Feldhaus, 4. BImSchV, § 1 Rn.22; *Hansmann/Röckinghausen*, in: Landmann/Rohmer, 4. BImSchV, § 1 Rn.26.

1170 I.E. *OVG Lüneburg*, Urt. v. 25.9.2003 – 1 LC 276/02 –, NuR 2004, 125 (126); *Hansmann/Röckinghausen*, in: Landmann/Rohmer, 4. BImSchV, § 1 Rn.26.

1171 Vgl. *OVG Lüneburg*, Urt. v. 25.9.2003 – 1 LC 276/02 –, NuR 2004, 125 (126); *OVG Münster*, Beschl. v. 27.11.2008 – 8 B 1476/08 –, NVwZ-RR 2009, 462 (Leitsatz, 463); *VG Halle*, Urt. v. 24.8.2010 – 2 A 278/08 –; *Jarass*, BImSchG, § 3 Rn.85; *Hansmann/Röckinghausen*, in: Landmann/Rohmer, 4. BImSchV, § 1 Rn.26; *Ludwig*, in: Feldhaus, 4. BImSchV, § 1 Rn.22; *Müggenborg*, DVBl 2001, 417 (422).

bei (qualifiziert) faktischer Beherrschung oder auch bei einfacher Abhängigkeit gemäß § 17 AktG besteht.[1172] Die Ansicht verfolgt das Ziel zu verhindern, dass die Genehmigungsbedürftigkeit umgangen werden kann, indem eine Anlage aufgespalten und auf unterschiedliche Gesellschaften im Konzern verteilt wird.[1173] Wenngleich dieses Ziel zu begrüßen ist, dürfte der Auffassung entgegenzuhalten sein, dass ein reines Abhängigkeitsverhältnis zwischen zwei Unternehmen jedenfalls ausreicht. Selbst ein Beherrschungsvertrag lässt nicht schon auf eine einheitliche Leitung der Unternehmen und tatsächliche Herrschaft über die Anlagen schließen.[1174] Denn trotz Weisungsabhängigkeit gem. § 308 AktG ist die Untergesellschaft noch verantwortlich für ihren Anlagenbetrieb[1175] und daher eine Zurechnung zur Obergesellschaft nicht gerechtfertigt.[1176]

Vielmehr müsste die Obergesellschaft insgesamt den bestimmenden Einfluss auf den Betrieb der Anlagen haben,[1177] so dass die Untergesellschaft ihre Entscheidungen über den Anlagenbetrieb nicht mehr selbständig treffen kann. Bei Störfallanlagen muss die Abhängigkeit der Untergesellschaft derart sein, dass es sachgerecht erscheint, dass die Obergesellschaft auch einheitlich die Sicherheitsmaßnahmen (z.B. Sicherheitsinvestitionen, Alarm- und Gefahrenabwehrpläne) für die Anlagen der Untergesellschaft trifft.[1178] Indizien für die einheitliche Leitung dürften in wirtschaftlicher Hinsicht z.B. ein einheitliches, die Gesamtanlage betreffendes Finanzierungskonzept und in technischer bzw. tatsächlicher Hinsicht z.B. durch gemeinsame technische Einrichtungen (gemeinsame Heizkraftwerke etc.)[1179] sein. Danach ist eine gemeinsame Anlage bei einem Strohmannverhältnis anzunehmen, z.B. bei einer Unternehmensaufspaltung, bei der die Teilung der Anlagen offensichtlich vorgeschoben ist, d.h. der Betrieb und die

---

1172 *Marburger*, UTR 1993, 50 f.

1173 Vgl. *Marburger*, UTR 1993, 50 f.

1174 *Spindler/Peter*, in: Jochum u.a., Industriepark und Störfallrecht, Rn.328; a.A. *Marburger*, UTR 1993, 50 f.

1175 Siehe oben Teil 5 § 2 II 2.

1176 Vgl. *Spindler/Peter*, in: Jochum u.a., Industriepark und Störfallrecht, Rn.328; a.A. *Marburger*, UTR 1993, 50 f.

1177 Vgl. *OVG Lüneburg*, Urt. v. 25.9.2003 – 1 LC 276/02 –, NuR 2004, 125 (126); *dass.*, Beschl. v. 2.4.2009 – 12 ME 53/09 –, NVwZ 2009, 991 (992); *OVG Münster*, Beschl. v. 27.11.2008 – 8 B 1476/08 –, NVwZ-RR 2009, 462 (463); *Ludwig*, in: Feldhaus, 4. BImSchV, § 1 Rn.22; *Müggenborg*, DVBl 2001, 417 (422).

1178 I.E. *Spindler/Peter*, in: Jochum u.a., Industriepark und Störfallrecht, Rn.365 ff.

1179 Vgl. *OVG Münster*, Beschl. v. 27.11.2008 – 8 B 1476/08 –, NVwZ-RR 2009, 462 (463).

Umstände unverändert bleiben[1180] und die andere Gesellschaft wie eine abhängige Betriebsabteilung (Strohmann) geführt wird[1181].

Insgesamt ist folglich im Grundsatz davon auszugehen, dass sich das Abhängigkeitsverhältnis zwischen verbundenen Unternehmen nicht ohne Weiteres auf das immissionsschutzrechtliche Genehmigungserfordernis auswirkt. Jedes rechtlich selbständige Unternehmen kann für sich die Gefahren beherrschen[1182] und daher Betreiber sein, so dass bei abhängigen Unternehmen nicht automatisch „derselbe" Betreiber vorliegt. Hat allerdings die Obergesellschaft nach einer Gesamtbetrachtung den bestimmenden Einfluss über den Anlagenbetrieb der Untergesellschaft, so dass Letztere völlig unselbständig handelt, ist ausnahmsweise die Obergesellschaft als Gefahrenbe-herrscherin „dieselbe" Betreiberin, so dass eine gemeinsame Anlage vorliegen kann. Wiederum zeigt sich, dass die Anwendung und Bewertung der bislang entwickelten Betreibermerkmale im Einzelfall eine gewisse Rechtsunsicherheit mit sich bringen kann.

IV. Zusammenfassung

Die (im vorigen Teil aufgezeigten) von der Rechtsprechung und Literatur entwickelten Grundsätze zur Bestimmung des Betreiberbegriffs lassen sich nicht ohne Weiteres auf die Situation im Konzern aufgrund der Eigenheiten des Gesellschaftsrechts einschließlich Aktienrechts übertragen. Das Kriterium der Weisungsgebundenheit ist in der Situation des Konzerns jedenfalls nicht mit der Weisungsgebundenheit im aktienrechtlichen Sinne gleichzusetzen: Die Betreiberstellung i.S.d. BImSchG geht nicht automatisch aufgrund eines bestehenden Beherrschungsvertrags und interner Weisungsbefugnisse von der Untergesellschaft auf die Obergesellschaft über. Erst recht wird eine faktisch über eine Untergesellschaft herrschende Obergesellschaft nicht automatisch zum Anlagenbetreiber oder zusätzlichen Betreiber neben der beherrschten Person. Vielmehr dürfte ein unmittelbarer Einfluss – insbesondere auf den technischen – Anlagenbetrieb auch in tatsächlicher Hinsicht erforderlich sein, da andernfalls nicht die erforderliche Gefahrennähe i.S.d. Immissionsschutzrechts hergestellt ist und letztverantwortliches Handeln der Obergesellschaft besteht.[1183] Auf die

1180 *BVerwG*, Urt. v. 11.2.1977 - IV C 9/75 –, GewArch 1977, 168; *Spindler/Peter*, in: Jochum u.a., Industriepark und Störfallrecht, Rn.354.

1181 *Spindler/Peter*, in: Jochum u.a., Industriepark und Störfallrecht, Rn.355. Zum Strohmann s. oben Teil 5 § 2 II 3.

1182 *Spindler/Peter*, in: Jochum u.a., Industriepark und Störfallrecht, Rn.366.

1183 Vgl. *Störfall-Kommission*, in: SFK-GS-35, S.5.

Frage, wann eine Gesellschaft noch selbständig eine Anlage betreibt, gibt es allerdings bislang keine rechtssichere Antwort.

Vertragliche Regelungen hierzu, insb. die Ausgestaltung von Beherrschungs-, Betriebspacht- und Betriebsüberlassungsverträgen, können gleichwohl ein wichtiges Indiz für die Betreiberstellung sein, wenngleich sie diese nicht konstitutiv begründen.[1184] Liegt der Vertrag der zuständigen Behörde allerdings nicht vor, wird sie im Zweifel zunächst das Unternehmen heranziehen, das nach außen als „Anscheins"-Betreiber auftritt, z.B. dadurch, dass in dessen Namen gehandelt wird oder dass es im Rahmen der Anzeigepflicht nach § 52b BImSchG als Betreiber in Erscheinung getreten ist.

Wird eine ursprünglich einheitliche genehmigungsbedürftige Anlage zwischen zwei verbundenen, rechtlich selbständigen Gesellschaften aufgeteilt, ist im Regelfall davon auszugehen, dass jede Gesellschaft in Bezug auf ihren Anlagenteil Betreiber ist und daher keine gemeinsame Anlage gem. § 1 Abs.3 der 4. BImSchV vorliegt. Eine andere Bewertung dürfte sachgerecht sein, wenn der Anlagenbetrieb unverändert fortgeführt wird und eine der beiden verbundenen Gesellschaften nur wie eine abhängige Betriebsabteilung geführt wird, so dass faktisch „derselbe" Betreiber vorliegt. Auch in Bezug auf diese Frage haben bislang weder die Rechtsprechung noch die Literatur – auch nicht in der Konstellation des qualifiziert faktischen Konzerns – für die Praxis rechtssichere Kriterien entwickelt, wann im Einzelnen ein derartiges Strohmannverhältnis im umweltrechtlichen Kontext anzunehmen ist. Die Identität der wichtigsten Entscheidungsträger in den verbundenen Unternehmen dürfte aber ein besonderes Indiz dafür sein, dass die Obergesellschaft unmittelbar über den Anlagenbetrieb einschließlich der Umstände entscheidet, die für die Erfüllung der anlagenbezogenen Pflichten wesentlich sind.

§ 3. Rechtsnachfolge in Rechte und Pflichten des Betreibers des BImSchG

Im Folgenden wird untersucht, was im Rahmen einer zivilrechtlichen Rechtsnachfolge mit den öffentlich-rechtlichen Rechten und Pflichten im Hinblick auf eine Anlage i.S.d. BImSchG geschieht und inwieweit die Betreiberstellung übergehen

1184 Vgl. *Schmidt-Kötters*, in: BeckOK, BImSchG, § 4 Rn.118. Die Untersuchung, ob ein Stammhauskonzern (Operative Holding), ein Industrieholding-Konzern (Strategie-Holding) oder ein Finanzholding-Konzern vorliegt, so *Hucke*, DB 1998, 2205 (2206), gibt zwar Aufschluss über die Konzernstruktur im Allgemeinen, reicht aber für die Bestimmung des Betreibers bei weitem nicht aus. Hierfür sind vielmehr u.a. die den verbundenen Unternehmen zu Grunde liegenden Verträge zu untersuchen.

kann. Diese Frage ist für die Praxis, insbesondere im Rahmen der Umwandlung, Fusion, Ausgliederung oder Übernahme von Gesellschaften, von besonderer Bedeutung. Nach einer kurzen Einführung in die Problematik der Rechtsnachfolge im Öffentlichen Recht soll daher die Rechtsnachfolge im Hinblick auf die Betreiberstellung einschließlich praxisrelevanter Konstellationen thematisiert werden.

I. Rechtsnachfolge im Öffentlichen Recht im Überblick

Unter Rechtsnachfolge wird der Übergang von rechtlichen Positionen von einer Person auf eine andere verstanden.[1185] Die Rechtsnachfolge in zivilrechtliche Rechte und Pflichten ist umfassend geregelt: Erfolgt die Rechtsnachfolge im Hinblick auf eine einzelne Sache oder ein einzelnes Recht (durch Rechtsgeschäft wie z.B. Veräußerung nach § 929 S.1 BGB, §§ 925 Abs.1, 873 Abs.1 BGB oder Abtretung nach § 398 BGB), kommt es zur sog. Einzel- bzw. Sonderrechtsnachfolge (Singularsukzession).[1186] Tritt der Rechtsnachfolger in alle Rechten und Pflichten ein, z.B. im Rahmen der Erbschaft oder einer Umwandlung eines Unternehmens nach dem Umwandlungsgesetz (UmwG), wird dies als sog. Gesamtrechtsnachfolge (Universalsukzession) bezeichnet.[1187]

Bei der zivilrechtlichen Übereignung einer Sache endet die Zustandsverantwortlichkeit des Rechtsvorgängers für die übergehende Sache im Zeitpunkt der Übereignung,[1188] es sei denn der Fortbestand der Verantwortlichkeit wird ausdrücklich gesetzlich angeordnet (vgl. § 4 Abs.6 BBodSchG[1189]). Die Zustandsverantwortlichkeit des Rechtsvorgängers, z.B. für eine emittierende Anlage, endet folglich mit deren zivilrechtlicher Übereignung. Ab diesem Zeitpunkt ist im Regelfall der Rechtsnachfolger der Zustandsverantwortliche.[1190]

1185 Vgl. *BGH*, Urt. v. 12.10.2011 – VIII ZR 50/11 –, NZM 2012, 558; *ders.*, Urt. v. 26.10.2011 – IV ZR 150/10 –, BGHZ 191, 229; *VG Magdeburg*, Urt. v. 19.9.2012 – 9 A 155/11 –; *Remmert*, in: Erichsen/Ehlers, Allgemeines Verwaltungsrecht, § 17, Rn.16 ff.; *Creifelds*, Rechtswörterbuch, S.971.

1186 Vgl. *BGH*, Beschl. v. 1.4.2003 – XI ZR 298/02 –, BGHR BGB § 765 Abs 2 Gläubigerwechsel 1; *ders.*, Urt. v. 25.1.2008 – V ZR 79/07 – BGHZ 175, 123; *ders.*, Urt. v. 26.10.2011 – IV ZR 150/10 –, BGHZ 191, 229.

1187 Vgl. *BGH*, Beschl. v. 24.9.2007 – II ZR 237/05 – ZIP 2008, 120; *ders.*, Urt. v. 26.10.2011 – IV ZR 150/10 –, BGHZ 191, 229; *VGH Mannheim*, Urt. v. 18.12.2012 – 10 S 744/12 –.

1188 *BGH*, 12.10.2012 – V ZR 187/11 –, ZOV 2012, 336; *VG Würzburg*, Beschl. v. 8.5.2006 – W 5 S 06.250 –.

1189 *Giesbert/Hilf*, in: BeckOK, BBodSchG, § 4 Rn.33.

1190 Vgl. *VG Regensburg*, Urt. v. 5.10.2009 – RO 8 K 08/1452 –.

Im Öffentlichen Recht fehlen demgegenüber vielfach ausdrückliche Regelungen, was bei einer zivilrechtlichen Rechtsnachfolge im Hinblick auf öffentlich-rechtliche Rechte oder Pflichten geschieht.[1191] Auch das Polizei- und Ordnungsrecht ist insoweit lückenhaft, obwohl gerade hier der Übergang öffentlich-rechtlicher Pflichten von besonderer Praxisrelevanz ist. Dies hat zu kontroversen Diskussionen geführt.[1192] Auf die verschiedenen Auffassungen zur Frage, ob, unter welchen Voraussetzungen und in welchem Umfang öffentlich-rechtliche Pflichten auf den Rechtsnachfolger übergehen, wird jedoch in den folgenden Abschnitten wegen des Umfangs nicht im Einzelnen eingegangen.

1. *Die Übergangsfähigkeit von öffentlich-rechtlichen Pflichten nach der Rechtsprechung des BVerwG*

Die Rechtsprechung hat sich – wie die Literatur – zu dem Problemkreis der Rechtsnachfolge in der Vergangenheit uneinheitlich geäußert. Der *erste Senat des BVerwG* stand früher einer Rechtsnachfolge in öffentlich-rechtliche Pflichten ablehnend gegenüber mit der Begründung, dass öffentlich-rechtliche Pflichten höchstpersönlich und daher nicht nachfolgefähig seien.[1193] Seit der Entscheidung des *Vierten Senats* vom 21. Januar 1971[1194] bejaht die Rechtsprechung die Übergangs-fähigkeit.[1195] Er entschied, dass eine die Zustandshaftung konkretisierende, an den Grundstückseigentümer gerichtete baurechtliche

1191 Vgl. *OVG Schleswig*, Beschl. v. 16.10.2012 – 4 LA 45/12 –; *VGH Mannheim*, Urt. v. 18.12.2012 – 10 S 744/12 –; *Wolff u.a.*, Verwaltungsrecht, § 42 Rn.75.

1192 Vgl. *BVerwG*, Urt. v. 18.9.1981 – 8 C 72/80 –, BVerwGE 64, 105; *dass.*, Urt. v. 10.1.2012 – 7 C 6/11 –, NVwZ 2012, 888 m.w.N.; *OVG Münster*, Urt. v. 9.3.1979 – XI A 963/78 –, NJW 1980, 415; *Leipold*, in: Säcker/Rixecker, MüKo, BGB, Einl. § 1922-§ 1941, Rn.180 f.; *Schmidt-Kötters*, in: BeckOK, VwGO, § 42 Rn.118 ff.; *Kreppel*, Rechtsnachfolge, S.48 ff.; *Otto*, Die Nachfolge in öffentlich-rechtliche Positionen, S.64 ff.; *Riedl*, Die Rechts- und Pflichtennachfolge im Verwaltungsrecht, S.5 ff.; *Schorsch*, Einzel- und Gesamtrechtsnachfolge, S.3 ff.; *Stadie*, DVBl 1990, 501.

1193 Siehe *BVerwG*, Urt. v. 9.5.1960 – I C 55/59 –, BVerwGE 10, 282 (in Bezug auf einen Fall der Einzelrechtsnachfolge); ebenso *VGH München*, Entscheidung v. 13.3.1969 – 111 II 65 –, BayVBl 1970, 328.

1194 *BVerwG*, Urt. v. 22.1.1971 – IV C 62.66 –, NJW 1971, 1624.

1195 Vgl. *BVerwG*, Urt. v. 16.3.2006 – 7 C 3/05 –, BVerwGE 125, 325 = NVwZ 2006, 928; dass., Urt. v. 10.1.2012 – 7 C 6/11 –, NVwZ 2012, 888; *OVG Berlin-Brandenburg*, Beschl. v. 13.1.2006 – OVG 10 S 25/05 –; *OVG Lüneburg*, Urt. v. 8.5.2012 – 12 LB 265/10 –, NuR 2012, 500; *VGH Kassel*, Beschl. v. 17.6.1997 – 14 TG 2673/95 –, NVwZ 1998, 1315 (1316 f.) m.w.N. Siehe auch *Gößl*, in: Sieder u.a., WHG, § 100 Rn.126; *Schmidt-Kötters*, in: BeckOK, VwGO, § 42 Rn.118 ff.

Beseitigungsanordnung nicht höchstpersönlich ist und ebenso wie eine baurechtliche Genehmigung auf den zivilrechtlichen Rechtsnachfolger übergehen kann.[1196]

Für die Auffassung, dass nicht alle öffentlich-rechtlichen Pflichten höchstpersönlicher Natur sind, sprechen dem *Vierten Senat* zufolge mitunter praktische Erwägungen.[1197] Andernfalls wäre es z.B. möglich, durch einen vorgeschobenen Eigentumswechsel Verwaltungsbehörden an der Durchsetzung einer rechtmäßigen Beseitigungsanordnung zu hindern.[1198] Insgesamt ist danach beim Gegenstand der Rechtsnachfolge zu untersuchen, ob er sach- oder personenbezogen ist.[1199] Beispielsweise eine Baugenehmigung wird bezogen auf ein Vorhaben erteilt, während die Person des Eigentümers nicht im Vordergrund steht.[1200] Demnach kann eine baurechtliche Beseitigungsanordnung auf einen Rechtsnachfolger übergehen. Denn sie ist als „eine Polizeipflicht konkretisierende baupolizeiliche Verfügung grundstücksbezogen"; ihr haftet die „auf eine konkrete Sache bezogene Dinglichkeit" an.[1201] Eine gegenüber dem Grundstückseigentümer erlassene Beseitigungsverfügung erlischt folglich nicht mit dem Tode des Verpflichteten, sondern geht auf dessen Rechtsnachfolger im Wege der Gesamtrechtsnachfolge über und wirkt gegen ihn.[1202]

1196 Vgl. *BVerwG*, Urt. v. 22.1.1971 – IV C 62/66 –, NJW 1971, 1624, – in Bezug auf einen Fall der Gesamtrechtsnachfolge, mit Verweis auf einen Fall der Einzelrechtsnachfolge entschieden durch das *OVG Saarlouis*, Urt. v. 3.10.1969 – II R 16/69 –, BRS 22 Nr.215, S.303 (Veräußerung des Grundstücks mit darauf befindlicher Anlage).

1197 Vgl. *BVerwG*, Urt. v. 22.1.1971 – IV C 62/66 –, NJW 1971, 1624 (1625). Siehe auch *OVG Saarlouis*, Urt. v. 3.10.1969 – II R 16/69 –, BRS 22 Nr.215, S.303 (S. 304 ff.); *VGH Kassel*, Beschl. v. 17.6.1997 – 14 TG 2673/95 –, NVwZ 1998, 1315 (1316 f.); *VGH München*, Beschl. v. 15.2.2006 – Au 4 S 05/2012 –, UPR 2006, 361; krit. *Schoch*, JuS 1994, 1026 (1031).

1198 *BVerwG*, Urt. v. 22.1.1971 – IV C 62/66 –, NJW 1971, 1624 (1625).

1199 *BVerwG*, Beschl. v. 17.4.1990 – 7 B 111/89 –, NVwZ 1990, 858 (atomrechtliche Genehmigung); *dass.*, Urt. v. 10.1.2012 – 7 C 6/11–, NVwZ 2012, 888 (abfallrechtliche Rekultivierungsanordnung); *BFH*, Urt. v. 22.11.2011 – VII R 22/11 –, CuR 2012, 33; *OVG Berlin-Brandenburg*, Urt. v. 28.10.2010 – OVG 11 B 29/08 –, OVGE BE 31, 168; *VGH München*, Urt. v. 7.10.2010 – 20 B 10.396 –.

1200 Vgl. *BVerwG*, Urt. v. 22.1.1971 – IV C 62/66 –, NJW 1971, 1624 (1625); *VGH Kassel*, Beschl. v. 17.6.1997 – 14 TG 2673/95 –, NVwZ 1998, 1315 (1316 f.) m.w.N.; *Schmidt-Kötters*, in: BeckOK, VwGO, § 42 Rn.121.

1201 Vgl. *BVerwG*, Urt. v. 22.1.1971 – IV C 62/66 –, NJW 1971, 1624 (1625).

1202 *VGH München*, Entscheidung v. 13.3.1969 – 111 II 65 –, BayVBl 1970, 328. I.E. *BVerwG*, Urt. v. 16.3.2006 – 7 C 3/05 –, BVerwGE 125, 325 = NVwZ 2006, 928.

Diese Rechtsprechung ist inzwischen auf Fälle der Einzelrechtsnachfolge ausgeweitet worden.[1203]

2. *Allgemeine Verwaltungsgrundsätze und Voraussetzungen der Rechtsnachfolge im Öffentlichen Recht*

Anhand der Entscheidung des *BVerwG* vom 21. Januar 1971 haben sich allgemeine Grundsätze des Verwaltungsrechts zur Rechtsnachfolge herausgebildet.[1204] Danach gibt es öffentlich-rechtliche Rechte und Pflichten, die nicht höchstpersönlicher Natur sind und daher im Wege der zivilrechtlichen Rechtsnachfolge übergehen können. Hierzu gehören sachbezogene Verhaltenspflichten, die im Wege der Gesamtrechtsnachfolge übergangsfähig sind.[1205] Höchstpersönlich ist demgegenüber eine Rechtsbeziehung nur, wenn sie „sich nicht von der Person des Trägers lösen lässt und sich in diesem persönlichen Bezug erschöpft“[1206], wie z.B. die Zwangsgeldandrohung aufgrund ihres Beugecharakters.[1207]

1203 *BVerwG*, Urt. v. 10.1.2012 – 7 C 6/11 –, NVwZ 2012, 888 m.w.N; *OVG Berlin-Brandenburg*, Beschl. v. 13.1.2006 – OVG 10 S 25/05 –; *OVG Greifswald*, Beschl. v. 18.9.2006 – 3 M 92/06 –, NordÖR 2007, 171; *dass.*, Beschl. v. 8.7.2009 – 3 M 84/09 –, NVwZ-RR 2010, 266; *OVG Lüneburg*, Urt. v. 8.05.2012 – 12 LB 265/10 –, NuR 2012, 500; *OVG Münster*, Urt. v. 9.9.1986 – 11 A 1538/86 –, NVwZ 1987, 427; *VGH Kassel*, Beschl. v. 7.2.1992 – 14 TH 1149/91 –, NVwZ-RR 1993, 22; *ders.*, Beschl. v. 17.6.1997 – 14 TG 2673/95 –, NVwZ 1998, 1315 (1316 f.) m.w.N.; *VGH München*, Beschl. v. 23.3.1979 – 118 XIV 78 –, BayVBl 1979, 540. Zu den Einschränkungen s. unten Teil 5 § 3 I 2.

1204 *BVerwG*, Urt. v. 16.3.2006 – 7 C 3/05 –, BVerwGE 125, 325 = NVwZ 2006, 928; *OVG Koblenz*, Urt. v. 26.7.1983 – 8 A 62/83 –, UPR 1984, 169; *OVG Münster*, Urt. v. 9.9.1986 – 11 A 1538/86 –, DÖV 1987, 601; *VGH Mannheim*, Urt. v. 18.12.2012 – 10 S 744/12 –; *VGH München*, Beschl. v. 23.3.1979 – 118 XIV 78 –, BayVBl 1979, 540; *VG Ansbach*, Urt. v. 21.10.2009 – AN 11 K 08/01990 –; *Gößl*, in: Sieder u.a., WHG, § 100 Rn.126; *Schmidt-Kötters*, in: BeckOK, VwGO, § 42 Rn.118 ff.

1205 *BVerwG*, Urt. v. 16.3.2006 – 7 C 3/05 –, BVerwGE 125, 325 = NVwZ 2006, 928; *OVG Koblenz*, Urt. v. 26.7.1983 – 8 A 62/83 –, UPR 1984, 169; *OVG Münster*, Urt. v. 9.9.1986 – 11 A 1538/86 –, DÖV 1987, 601; *VGH München*, Beschl. v. 23.3.1979 – 118 XIV 78 –, BayVBl 1979, 540; *Remmert*, in: Erichsen/Ehlers, Allgemeines Verwaltungsrecht, § 17, Rn.18; *Gößl*, in: Sieder u.a., WHG, § 100 Rn.126; *Schmidt-Kötters*, in: BeckOK, VwGO, § 42 Rn.121; *Wolff u.a.*, Verwaltungsrecht, § 42 Rn.77.

1206 *BVerwG*, Urt. v. 16.3.2006 – 7 C 3/05 –, BVerwGE 125, 325 = NVwZ 2006, 928 (931). Siehe auch *Schmidt-Kötters*, in: BeckOK, VwGO, § 42 Rn.119, 120.1.

1207 *BVerwG*, Urt. v. 10.1.2012 – 7 C 6/11 –, AbfallR 2012, 132; *OVG Münster*, Urt. v. 9.3.1979 – XI A 963/78 –, NJW 1980, 415.

Des Weiteren ist je nach vorliegendem Sachverhalt allgemein anerkannt, bei der Einzelfallprüfung zunächst zwischen abstrakter Pflichtigkeit und durch Verwaltungsakt konkretisierter Pflichtigkeit zu unterscheiden, ohne dass sich diese Differenzierung im Ergebnis auswirken muss.[1208] In Bezug auf die Rechtsnachfolge in abstrakte Ordnungspflichten wird zudem unterschieden, ob Pflichten an eine Zustandsstörer- oder Verhaltensstörereigenschaft anknüpfen.

Bei der abstrakten Verhaltenspflicht handelt es sich um eine sachlich bestimmte Rechtspflicht, die erst noch durch einen Verwaltungsakt zu einer konkreten Verpflichtung erstarkt. Auch diese „unfertige" Verpflichtung ist der Rechtsnachfolge zugänglich.[1209] Sie kann daher jedenfalls im Falle der Gesamtrechtsnachfolge (z.B. entsprechend §§ 1922, 1967 BGB, § 2 UmwG, § 123 Abs.1 UmwG oder § 174 Abs.1, Abs.2 Nr.1 UmwG) auf den Rechtsnachfolger übergehen.[1210] Demgegenüber ist die Einzelrechtsnachfolge in abstrakte Verhaltenspflichten (insb. im Wege der Veräußerung) nicht möglich. Andernfalls stünden polizei- bzw. ordnungsrechtliche Verantwortlichkeiten zur Disposition der Gewaltunterworfenen, was mit dem zu schützenden öffentlichen Interesse nicht vereinbar wäre.[1211]

Bei der noch nicht durch Anordnung konkretisierten Zustandshaftung scheidet die Rechtsnachfolge in abstrakte Pflichten aus. Hierfür spricht, dass der Rechtsvorgänger mit Eigentumsübergang und Verlust der tatsächlichen Gewalt die

---

1208 Vgl. *BVerwG*, Urt. v. 16.3.2006 – 7 C 3/05 –, BVerwGE 125, 325 = NVwZ 2006, 928; *Vogel u.a.*, Gefahrenabwehr, § 19, S.298; *Schoch*, JuS 1994, 1026 (1029).

1209 *BVerwG*, Urt. v. 16.3.2006 – 7 C 3/05 –, BVerwGE 125, 325 = NVwZ 2006, 928 m.w.N.; *dass.*, Urt. v. 10.1.2012 – 7 C 6/11 –, AbfallR 2012, 132; *VGH München*, Beschl. v. 28.11.1988 – Nr.8 CS 87.02857 –, ZfW 1989, 147 (150); *Schoch*, JuS 1994, 1026 (1030) m.w.N.; *Schlabach/Simon*, NVwZ 1992, 143 (145); a.A. *Papier*, NVwZ 1986, 256 (262).

1210 *BVerwG*, Urt. v. 16.3.2006 – 7 C 3/05 –, BVerwGE 125, 325 = NVwZ 2006, 928 m.w.N.; *OVG Münster*, Urt. v. 29.3.1984 – 12 A 2194/82 –, UPR 1984, 279 (280); *OVG Schleswig*, Urt. v. 23.8.2000 – 2 L 29/99 –, DVBl 2000, 1877; *VGH München*, Beschl. v. 28.11.1988 – Nr.8 CS 87.02857 –, ZfW 1989, 147 (150); *VG Gera*, Urt. v. 12.2.2009 – 5 K 1708/07 Ge –; *Nolte/Niestedt*, JuS 2000, 1172 (1177).

1211 *VG Gera*, Urt. v. 12.2.2009 – 5 K 1708/07 Ge – m.w.N.; *Papier*, NVwZ 1986, 256 (262). Siehe auch *BVerwG*, Urt. v. 10.1.2012 – 7 C 6/11 –, NVwZ 2012, 888; *OVG Schleswig*, Urt. v. 23.8.2000 – 2 L 29/99 –, DVBl 2000, 1877; *Remmert*, in: Erichsen/Ehlers, Allgemeines Verwaltungsrecht, § 17, Rn.18. Es ist zwar möglich, sich vertraglich zur Erfüllung einer Pflicht, die einem anderen obliegt, zu verpflichten. Dieser Vertrag entfaltet jedoch keine Wirkung ggü. der zuständigen Behörde, s. *Vogel u.a.*, Gefahrenabwehr, § 19, S.298.

Verantwortung für den Zustand verliert.[1212] Der Rechtsnachfolger kann jedoch insoweit zum Zustandsstörer werden, als beim Rechtsnachfolger in dem Zeitpunkt des Eigentumübergangs auf ihn und Erwerb der tatsächlichen Gewalt kraft Gesetzes originär die Zustandsstörereigenschaft entsteht – unabhängig von Rechtswidrigkeit und Verschulden bezogen auf den Gefahrenzustand der Sache.[1213]

Der Übergang einer durch Verwaltungsakt konkretisierten vertretbaren Pflicht (z.B. Bauordnungsverfügung) ist ebenfalls möglich, sofern ein sog. Überleitungstatbestand vorliegt.[1214] Es muss ein gesetzlich angeordneter Pflichtenübergang gegeben sein oder der Übergang der Pflicht mit dem übereigneten Eigentum als dingliche Last aufgrund der Sachbezogenheit des Verwaltungsakts folgen.[1215] Bezogen auf Fälle der Gesamtrechtsnachfolge ist eine gesetzliche Anordnung insbesondere für den Erbfall (§§ 1922, 1967 BGB) und die Umwandlungen im Wege der Verschmelzung (§ 2 UmwG), Aufspaltung (§ 123 Abs.1 UmwG) oder auflösenden Vermögensübertragung (§ 174 Abs.1, Abs.2 Nr.1 UmwG) vorgesehen.[1216] Die Zulässigkeit der Einzelrechtsnachfolge kann ebenfalls angeordnet sein, z.B. im Hinblick auf eine Baugenehmigung gem. § 75 Abs.2 BauO NRW und auf Baulasten gem. § 83 Abs.1 S.3 BauO NRW. Zudem setzt die Rechtsnachfolge in eine konkretisierte Pflicht die oben aufgezeigte Übergangsfähigkeit der Pflicht voraus, d.h. dass es sich um eine vertretbare (übergangsfähige) Handlungpflicht und nicht um eine höchstpersönliche (nicht übergangsfähige) Pflicht (z.B. Schulpflicht) handelt.[1217]

1212 *VGH München*, Beschl. v. 13.5.1986 – 20 CS 86.00 338 –, NVwZ 1986, 942 (946); *ders.*, Beschl. v. 28.11.1988 – Nr.8 CS 87.02857 –, ZfW 1989, 147 (150 m.w.N.).

1213 Vgl. *Papier*, NVwZ 1986, 256 (262); *Schoch*, JuS 1994, 1026 (1026 f., 1030) m.w.N., der auf den Sonderfall der Legalisierungswirkung der Genehmigung hinweist, die die Zustandsverantwortlichkeit ausschließen könne.

1214 *BVerwG*, Urt. v. 10.1.2012 – 7 C 6/11 –, AbfallR 2012, 132; *Nolte/Niestedt*, JuS 2000, 1172 m.w.N.

1215 Vgl. *BVerwG*, Urt. v. 22.1.1971 – IV C 62/66 –, NJW 1971, 1624; *VGH Kassel*, Beschl. v. 7.2.1992 – 14 TH 1149/91 –, NVwZ-RR 1993, 22; *ders.*, Beschl. v. 17.6.1997 – 14 TG 2673/95 –, NVwZ 1998, 1315 (1316 f.). Krit. zum Pflichtenübergang kraft Dinglichkeit ohne darüber hinaus vorausgesetzten Rechtsgrund für den Übergang s. *Kugelmann*, Polzei- und Ordnungsrecht, 8. Kapitel Rn.66; *Wolff u.a.*, Verwaltungsrecht, § 42 Rn.79; *Nolte/Niestedt*, JuS 2000, 1172 (1173 f.).

1216 Vgl. *BVerwG*, Urt. v. 16.3.2006 – 7 C 3/05 –, BVerwGE 125, 325 = NVwZ 2006, 928 (bzgl. Erbfall); *dass.*, Urt. v. 10.1.2012 – 7 C 6/11 –, AbfallR 2012, 132 (bzgl. Erbfall); *Schlabach/Simon*, NVwZ 1992, 143 (145).

1217 Vgl. *BVerwG*, Urt. v. 10.1.2012 – 7 C 6/11 –, AbfallR 2012, 132; *OVG Münster*, Urt. v. 29.3.1984 – 12 A 2194/82 –, UPR 1984, 279 (280); *Schoch*, JuS 1994, 1026 (1030). Zur Schulpflicht siehe nur *OLG Frankfurt*, Beschl. v. 4.12.2008 – 2 Ss 335/08 –.

II. Übergang immissionsschutzrechtlicher Rechte und Pflichten

Im Folgenden soll unter Anwendung der in den letzten beiden Abschnitten aufgezeigten Grundsätze und Überlegungen zur Rechtsnachfolge untersucht werden, wie sich die Rechtsnachfolge im Fall der Übereignung von Anlagen i.S.d. BImSchG gestaltet. Im Zusammenhang mit dem Betrieb einer emittierenden Anlage kann eine Reihe von konkretisierten öffentlich-rechtlichen Pflichten bestehen, z.B. durch immissionsschutzrechtliche Genehmigungen gem. § 4 BImSchG, nachträgliche Anordnungen gem. § 17 BImSchG und Stilllegungs-, Untersagungs- bzw. Beseitigungsanordnungen gem. § 20 BImSchG. Für den Käufer einer Anlage dürfte der Übergang derartiger Rechte und Pflichten von besonderem Interesse sein, da fehlende Genehmigungen bzw. erlassene immissionsschutzrechtliche Anordnungen erhebliche Kosten nach sich ziehen können.

1. Immissionschutzrechtliche Genehmigung und Pflichten

Das Schicksal der immissionsschutzrechtlichen Genehmigung ist von besonderer wirtschaftlicher Bedeutung[1218] für den Käufer einer Anlage, da ohne Genehmigung eine genehmigungsbedürftige Anlage nicht betrieben werden darf. Nach den in den vorigen Abschnitten aufgezeigten Grundsätzen hängt die Übertragbarkeit der öffentlich-rechtlichen Genehmigung und der mit ihr verbundenen Rechtsstellung auf einen Rechtsnachfolger im Rahmen einer zivilrechtlichen Übereignung vornehmlich von dem Bezugspunkt der erteilten Genehmigung ab. Eine Erlaubnis ist danach von vornherein nicht durch Rechtsgeschäft übertragbar, wenn sie an persönliche Eigenschaften des Antragstellers, wie etwa Zuverlässigkeit, Leistungsfähigkeit und Sachkunde, anknüpft, wie z.B. die Transportgenehmigung für gefährliche Abfälle nach § 54 Abs.1 KrWG (§ 8 Abs.1 Transportgenehmigungsverordnung).[1219] Sie muss vom Rechtsnachfolger neu beantragt werden. Eine „gemischte" Genehmigung, die die Erfüllung objektiver und subjektiver Merkmale voraussetzt, wie z.B. die Deponiegenehmigung gem. §§ 35 f. KrWG, kann ebenfalls aufgrund der personenbezogenen Elemente ohne behördliche Beteiligung nicht auf einen Dritten wirksam übertragen werden.[1220]

1218 Vgl. *Spindler/Peter*, in: Jochum u.a., Industriepark und Störfallrecht, Rn.387 f.

1219 Vgl. *Kersting*, in: Landmann/Rohmer, KrW /AbfG, § 49 Rn.20; *Kohls*, in: Danner/Theobald, Energierecht, TEHG a.F., XIII., B1., Rn.9.

1220 Vgl. *BVerwG*, Urt. v. 10.1.2012 – 7 C 6/11 –, AbfallR 2012, 132.

Bei der immissionsschutzrechtlichen Genehmigung handelt es sich jedoch um eine sachbezogene Genehmigung.[1221] Denn sie ist nicht auf die Person des Antragstellers ausgerichtet, sondern knüpft vornehmlich an anlagen- und betriebsbezogene Voraussetzungen an. Insbesondere im Stadium der Errichtung ist eine immissionsschutzrechtliche Genehmigung mit einer Baugenehmigung vergleichbar,[1222] bei der, wie in den vorigen Abschnitten aufgezeigt, die Rechtsstellung auf einen Rechtsnachfolger übergehen kann. Die immissionsschutzrechtliche Genehmigung und die mit ihr verbundene Rechtsstellung ist folglich nachfolgefähig.[1223] Bei einem Wechsel der Person des Betreibers bedarf es daher keiner erneuten Einholung der Erlaubnis.[1224] Der Wegfall des Anlagenbetreibers durch Tod oder Auflösung der juristischen Person wirkt sich dementsprechend auf den Bestand der Genehmigung nicht aus.[1225]

Die immissionsschutzrechtliche Genehmigung geht bei einem Betreiberwechsel auf den Rechtsnachfolger über, ohne dass es einer Übergabe der Genehmigungsurkunde in Papierform bedarf.[1226] In formeller Hinsicht ist es nicht erforderlich (wenngleich möglich), den als Antragsteller in der Genehmigungsurkunde aufgeführten Adressaten der Genehmigung, der vom Rechtsnachfolger abweicht, von der Behörde umschreiben zu lassen.[1227] Daher lässt die

---

1221 Siehe nur *VGH München*, Beschl. v. 15.2.2006 – Au 4 S 05.2021 –, UPR 2006, 361; *VG Augsburg*, Urt. v. 21.6.2006 – Au 4 K 05.2020, Au 4 K 06.665 –; *VG Halle*, Urt. v. 23.9.2011 – 4 A 47/11 –; *Schmidt-Kötters*, in: BeckOK, BImSchG, § 4 Rn.123. Siehe oben Teil 2 § 1 II 6.

1222 *VGH München*, Beschl. v. 15.2.2006 – Au 4 S 05/2012 –, UPR 2006, 361.

1223 BT-Drs. 7/179, S.31. Siehe auch *BVerwG*, Urt. v. 15.12.1989 – 4 C 36/86 –, BVerwGE 84, 209 = NVwZ 1990, 464; *VGH München*, Beschl. v. 15.2.2006 – Au 4 S 05/2012 –, UPR 2006, 361; *VG Augsburg*, Urt. v. 21.6.2006 – Au 4 K 05/2020, Au 4 K 06/665 –; *Roßnagel*, in: GK-BImSchG, § 5 Rn.21; *Schmidt-Kötters*, in: BeckOK, BImSchG, § 4 Rn.123; *Müggenborg*, Industrieparks, S.76 Rn.154.

1224 *Jarass*, BImSchG, § 15 Rn.5b; *Schmidt-Kötters*, in: BeckOK, BImSchG, § 4 Rn.123; *Dietlein*, Nachfolge im öffentlichen Recht, S.414 f. Vgl. *VG Saarlouis*, Urt. v. 16.2.2011 – 5 K 3/08 –.

1225 *Jarass*, BImSchG, § 18 Rn.10; *Müggenborg*, Industrieparks, S.77 Rn.154. Vgl. *BVerwG*, Urt. v. 22.10.1998 – 7 C 38/97 –, BVerwGE 107, 299 (301) = NJW 1999, 1416 (1417), wonach die immissionsschutzrechtliche Genehmigung als Realkonzession unabhängig vom Rechtsgrund einer Betriebsübernahme übergeht; *VG Augsburg*, Urt. v. 21.6.2006 – Au 4 K 05/2020, Au 4 K 06/665 –.

1226 *Schmidt-Kötters*, in: BeckOK, BImSchG, § 4 Rn.123. Vgl. *VG Augsburg*, Urt. v. 21.6.2006 – Au 4 K 05/2020, Au 4 K 06/665 –.

1227 *Müggenborg*, Industrieparks, S.89 Rn.177.

Genehmigungsurkunde nicht zwingend den Rückschluss auf den aktuellen Anlagenbetreiber zu.

Dem Rechtsnachfolger ist erlaubt, die Anlage mit dem bislang genehmigten Umfang von Emissionen und Immissionen weiterzubetreiben.[1228] Denn die Genehmigung geht auf den Rechtsnachfolger mit dem Inhalt über, der in der Genehmigungsurkunde wiedergegeben ist.[1229] Fallen über diesen maximalen Umfang hinaus Emissionen oder Immissionen zukünftig an oder beabsichtigt der Rechtsnachfolger, den Anlagenbetrieb in sonstiger Weise wesentlich zu ändern, hat er eine Änderungsgenehmigung nach § 16 BImSchG zu beantragen.[1230] Zudem ist der Rechtsnachfolger verpflichtet, die Nebenbestimmungen zu befolgen.[1231] Enthält die Genehmigung als Auflage z.B. Rückbauverpflichtungen, treffen diese und die damit einhergehende Kostenlast den Rechtsnachfolger, falls er den Betrieb aufgeben sollte.

Darüber hinaus gehen mit der immissionsschutzrechtlichen Genehmigung alle von der Konzentrationswirkung des § 13 BImSchG erfassten Entscheidungen auf den Rechtsnachfolger über.[1232] Entsprechend den erläuterten Grundsätzen zur Rechtsnachfolge gehen persönliche und gemischte Zulassungen nicht auf diesem Wege automatisch auf den Rechtsnachfolger über.[1233]

2. *Übergang von immissionsschutzrechtlichen Anordnungen*

a) Nachträgliche Anordnungen nach § 17 BImSchG

Meist ergibt sich erst nach Genehmigungserteilung und im Stadium des Anlagenbetriebs der konkrete Umfang zu ergreifender immissionsschutzrechtlicher Maßnahmen, z.B. nach § 5 Abs.3 BImSchG. Die Behörden greifen daher häufig nach Erteilung der immissionsschutzrechtlichen Genehmigung auf das Instrument der nachträglichen Anordnung (§ 17 Abs.1 S.1 BImSchG), adressiert an

---

1228 *Müggenborg*, Industrieparks, S.90 Rn.178. Vgl. *VG Augsburg*, Urt. v. 21.6.2006 – Au 4 K 05/2020, Au 4 K 06/665 –; *VG Saarlouis*, Urt. v. 16.2.2011 – 5 K 3/08 –.

1229 Vgl. *VG Saarlouis*, Urt. v. 16.2.2011 – 5 K 3/08 –.

1230 Vgl.*VG Saarlouis*, Urt. v. 16.2.2011 – 5 K 3/08 –. Siehe oben Teil 2 § 2 II.

1231 *Müggenborg*, Industrieparks, S.90 Rn.179. Vgl. *VG Saarlouis*, Urt. v. 16.2.2011 – 5 K 3/08 –.

1232 Vgl. *BVerwG*, Urt. v. 30.6.2004 – 4 C 9/03 –, NVwZ 2004, 1235; *VGH Mannheim*, Urt. v. 20.6.2002 – 3 S 1915/01 –, NVwZ-RR 2003, 191; *Jarass*, BImSchG, § 13 Rn.16. Zur Konzentrationswirkung s. oben Teil 2 § 2.

1233 Vgl. *Jarass*, BImSchG, § 13 Rn.10 m.w.N. Ausf. zum (früheren) Meinungsstreit über Nachfolge u. Konzentrationswirkung s. *Dietlein*, Nachfolge im öffentlichen Recht, S.414 ff., m.w.N.

den Anlagenbetreiber, zurück, um die Erfüllung immissionsschutzrechtlicher Pflichten sicherzustellen. Der Erlass nachträglicher Anordnungen ist nach § 17 Abs.4a S.2 BImSchG noch während eines Zeitraums von einem Jahr nach Einstellung des gesamten Betriebs möglich.

Hat sich eine nachträgliche Anordnung nach § 17 BImSchG noch nicht bereits erledigt (z.B. durch Ablauf der Durchführungsfrist), was insbesondere Anordnungen zur Vorsorge oder auf einen zukünftigen Zeitpunkt bezogene Anordnungen betreffen kann[1234], stellt sich für die Praxis die Frage, ob die nachträgliche, noch nicht umgesetzte Anordnung auch für den Rechtsnachfolger gilt. Die Nichtbefolgung einer nachträglichen Anordnung kann nach § 62 Abs.1 Nr.5 i.V.m. § 62 Abs.3 BImSchG eine Ordnungswidrigkeit begründen und zudem die Untersagung des Betriebs nach § 20 BImSchG oder den Widerruf der Genehmigung nach § 21 BImSchG zur Folge haben.

Dem Inhalt sowie ihrem Bezugspunkt zu Folge enthalten nachträgliche Anordnungen keine höchstpersönlichen Pflichten und können daher auch den Rechtsnachfolger verpflichten. Zum einen konkretisieren nachträgliche Anordnungen nach § 17 Abs.1 BImSchG die allgemeinen, sachbezogenen Grundpflichten des § 5 BImSchG,[1235] die, ohne dass es eines weiteren Aktes bedarf, den Rechtsnachfolger des ursprünglichen Betreibers verpflichten. Zum anderen wird die Anordnung nach § 17 BImSchG „nachträglich" bezogen auf die sachbezogene, immissionschutzrechtliche Genehmigung erteilt. Dies spricht dafür, dass es sich bei der nachträglichen Anordnung ebenfalls um einen sachbezogenen Akt handelt, der auf den Rechtsnachfolger übergehen kann.[1236] Setzt die Behörde gegenüber dem Rechtsvorgänger im Rahmen einer nachträglichen Anordnung z.B. fest, dass die nachträglich angeordneten Emissionsgrenzwerte spätestens in zwei Jahren einzuhalten sind, ist diese Emissionsbegrenzung folglich auch vom Rechtsnachfolger, der in die Betreiberstellung einrückt, einzuhalten. Personenbezogene Elemente sind demnach kein Gegenstand nachträglicher Anordnungen i.S.d. § 17 BImSchG. Dies ergibt auch der Umkehrschluss aus der Vorschrift des § 20 Abs.3 BImSchG, bei der der Gesetzgeber ausdrücklich Bezug auf personenbezogene Elemente nimmt.[1237]

1234 Hierzu s. *Jarass*, BImSchG, § 17 Rn.35 f., m.w.N.

1235 Vgl. *VG Magdeburg*, Beschl. v. 29.1.2013 – 2 B 297/12 –; *Jarass*, BImSchG, § 17 Rn.15.

1236 Vgl. i.E. *VG Freiburg* (Breisgau), Beschl. v. 2.11.2011 – 3 K 1641/11 –, AbfallR 2012, 40.

1237 Vgl. *OVG Münster*, Urt. v. 18.11.1997 – 21 D 10/95.AK –; *Hansmann*, in: Landmann/Rohmer, BImSchG, § 20 Rn.12, 72; *Jarass*, BImSchG, § 20 Rn.45.

Konsequenterweise muss auch der Rechtsnachfolger einer nicht genehmigungsbedürftigen Anlage die gegenüber dem Rechtsvorgänger erlassene Anordnung nach § 24 S.1 i.V.m. § 22 BImSchG gegen sich gelten lassen. Schließlich begründet sie ebenfalls ausschließlich betriebsbezogene und von der Person des Betreibers unabhängige Pflichten und knüpft nicht – im Gegensatz zu § 7 Abs.2 Nr.1 AtomG – an die Zuverlässigkeit an.[1238]

b) Ordnungsverfügungen nach § 20 Abs.1, 1a und 2 BImSchG

Untersagungs-, Stilllegungs- und Beseitigungsverfügungen nach § 20 Abs.1 (Betriebsuntersagung bei Verletzung materieller Pflichten), § 20 Abs.1a (Untersagung im Hinblick auf schwere Unfälle) bzw. § 20 Abs.2 BImSchG (Stilllegung bzw. Beseitigung bei fehlender Genehmigung) sind Ordnungs-verfügungen, die sachbezogen erteilt werden.[1239] Im Hinblick auf die Untersagungsverfügung belegt dies die Vorschrift des § 20 Abs.1 S.1 BImSchG, wonach die Untersagung das Verbot begründet, die Anlage weiter zu betreiben. Sie regelt damit unabhängig von personenbezogenen Umständen den öffentlich-rechtlichen Zustand einer Sache – die Benutzung der Anlage – (sog. dinglicher VA). Folglich kann sie im Rahmen der Rechtsnachfolge nach den aufgezeigten Grundsätzen auf den Rechtsnachfolger übergehen.[1240]

Mit der Umsetzung der IE-Richtlinie ist § 20 Abs.1 BImSchG ein weiterer Satz angefügt werden, wonach die zuständige Behörde den Betrieb ganz oder teilweise zu untersagen hat, „wenn ein Verstoß gegen die Auflage, Anordnung oder Pflichten eine unmittelbare Gefährdung der menschlichen Gesundheit verursacht oder eine unmittelbare Gefährdung der Umwelt darstellt". Der sachbezogene Inhalt spricht für die Annahme, dass es sich ebenfalls um eine übergangsfähige Untersagungsverfügung handelt. Ebenso beziehen sich die Regelungen von Ordnungsverfügungen nach § 20 Abs.1a und Abs.2 BImSchG allein auf den Anlagenbetrieb und sind daher nachfolgefähig.[1241]

1238 Vgl. *VGH Kassel*, Beschl. v. 7.2.1992 – 14 TH 1149/91 –, NVwZ-RR 1993, 22.

1239 *Hansmann*, in: Landmann/Rohmer, BImSchG, § 20 Rn.36 (zu § 20 Abs.1 BImSchG).

1240 Vgl. *VGH Kassel*, Beschl. v. 7.2.1992 – 14 TH 1149/91 –, NVwZ-RR 1993, 22 (bzgl. Untersagungsverfügung nach § 25 BImSchG bei Geschäftsübernahme).

1241 *Hansmann*, in: Landmann/Rohmer, BImSchG, § 20 Rn.53a m.w.N. (zu § 20 Abs.2 BImSchG); *Jarass*, BImSchG, § 20 Rn.16, 32, 42; *Koch*, in: GK-BImSchG, § 20 Rn.103a; *Laubinger*, in: Ule/Laubinger, BImSchG, § 20 Rn.D24. Vgl. *VGH Kassel*, Beschl. v. 17.6.1997 – 14 TG 2673/95 –, NVwZ 1998, 1315 (1316 f.) m.w.N. (zum Übergang einer abfallrechtlichen Stilllegungsverfügung).

c) Untersagungsverfügung nach § 20 Abs.3 S.1 BImSchG

Die Untersagungsverfügung nach § 20 Abs.3 S.1 BImSchG knüpft im Gegensatz zur immissionsschutzrechtlichen Genehmigung und den Anordnungen des vorigen Abschnitts an persönliche Eigenschaften (Zuverlässigkeit[1242]) an.[1243] Sie verbietet, die Anlage weiter zu betreiben, solange die Anlage von einem unzuverlässigen Anlagenbetreiber betrieben (bzw. dem unzuverlässigen Betriebsleiter geleitet) wird.[1244] Demzufolge geht sie als personenbezogene Untersagungsverfügung nicht auf den Rechtsnachfolger des unzuverlässigen Anlagenbetreibers über.[1245] Hierfür spricht auch die Vorschrift des § 20 Abs.3 S.2 BImSchG, wonach die Anlage weiterbetrieben werden darf, wenn der (unzuverlässige) Anlagenbetreiber einen zuverlässigen Stellvertreter gefunden hat.

3. *Rechtsnachfolge im Falle einer Insolvenz*

In der Praxis stellt sich im Hinblick auf einen insolventen Anlagenbetreiber die Frage, unter welchen Voraussetzungen der Insolvenzverwalter Rechtsnachfolger und Betreiber ist. Der Insolvenzverwalter dürfte nach den untersuchten Betreibermerkmalen[1246] jedenfalls dann zum Betreiber im Rahmen der Rechtsnachfolge geworden sein, wenn ein Insolvenzverfahren in Bezug auf das anlagenbetreibende Unternehmen eröffnet ist und der Insolvenzverwalter den Anlagenbetrieb fortführt, und zwar „kraft eigenen Rechts und in eigenem Namen".[1247] Für diese Bewertung

---

1242 Die (Un-)Zuverlässigkeit kann sich als persönliches Merkmal nur auf eine natürliche Person beziehen. Eine juristische Person, die Betreiberin ist, kann also nicht selbst unzuverlässig sein. Grund der Untersagungsverfügung kann in diesem Fall jedoch die Unzuverlässigkeit aller oder einzelner Mitglieder des vertretungsberechtigten Organs (z.B. Vorstand einer AG, Geschäftsführer einer GmbH) sein, siehe nur *Hansmann*, in: Landmann/Rohmer, BImSchG, § 20 Rn.58 m.w.N.

1243 *VGH München*, Beschl. v. 2.3.2010 – 22 CS 09.2995 –.

1244 *OVG Saarlouis*, Beschl. v. 21.12.1985 – 1 W 1309/84 –, UPR 1985, 247 (250).

1245 *Hansmann*, in: Landmann/Rohmer, BImSchG, § 20 Rn.74; *Jarass*, BImSchG, § 20 Rn.45, 55; *Koch*, in: GK-BImSchG, § 20 Rn.127; *Kühling/Dornbach*, in: Kotulla, BImSchG, § 20 Rn.64.

1246 Siehe oben Teil 4 § 1 u. § 2.

1247 *BVerwG*, Urt. v. 22.10.1998 – 7 C 38/97 –, BVerwGE 107, 299 (301) = NJW 1999, 1416 (1417); *OVG Lüneburg*, Beschl. v. 7.1.1993 – 7 M 5684/92 –, NJW 1993, 1671; *dass.*, Urt. v. 20.3.1997 – 7 L 2062/06 –, NJW 1998, 398; *OVG Magdeburg*, Beschl. v. 19.6.2000 – 2 M 175/00 –, JMBl LSA 2001, 49; *OVG Münster*, Urt. v. 1.6.2006 – 8 A 4495/04 –, UPR 2006, 456; *VGH Mannheim*, Beschl. v. 17.4.2012 – 10 S 3127/11 –, NVwZ-RR 2012, 460; *VGH München*, Urt. v. 4.5.2005 – 22 B 99.2208/2209 –, NVwZ-RR 2006, 537 (538); *VG Freiburg* (Breisgau), Beschl. v. 2.11.2011 – 3 K 1641/11 –, AbfallR 2012, 40; *VG Würzburg*, Beschl. v.

spricht zunächst, dass der Insolvenzverwalter mit der Fortführung des Betriebs der Anlage den bestimmenden Einfluss insbesondere in tatsächlicher Hinsicht über den Anlagenbetrieb ausübt.[1248] Er ist der Gefahrennächste, so dass anzunehmen ist, dass er am effektivsten die Gefahren der emittierenden Anlage abwehren und umfassend für die Einhaltung der sachbezogenen öffentlich-rechtlichen Pflichten sorgen kann. Dabei hat der Insolvenzverwalter besonders die Nachsorgepflichten nach § 5 Abs.3 BImSchG bei Stilllegung der Anlage zu beachten.[1249] Darüber hinaus hat der Insolvenzverwalter durch seine insolvenzrechtliche Stellung die Entscheidungsgewalt über die zur Insolvenzmasse gehörenden Gegenstände inne,[1250] z.B. über etwaige auf dem Betriebsgrundstück lagernde Abfälle.[1251] Demnach hat er auch in rechtlicher Hinsicht den bestimmenden Einfluss. Insgesamt ist somit in dieser Konstellation anzunehmen, dass der Insolvenzverwalter Betreiber ist.

Fraglich ist, ob er selbst dann zum Anlagenbetreiber wird, wenn die Anlage bereits vor Eröffnung des Insolvenzverfahrens stillgelegt ist. Dies wäre der Fall, wenn der Insolvenzverwalter bereits mit bloßer Verwaltungs- und Verfügungsbefugnis über die Insolvenzmasse zum Betreiber wird. Für diese Annahme könnte sprechen, dass mit Eröffnung des Insolvenzverfahrens nach § 80 Abs.1 InsO der Insolvenzverwalter in die Schuldnerposition des Betreibers rückt und die rechtliche Verfügungsgewalt hat.[1252] Der Insolvenzverwalter muss auch die zur Insolvenzmasse gehörenden Pflichten (§ 55 Abs.1 Nr.1 InsO) befolgen, d.h. auch die dem Betreiber im Stadium der Stilllegung obliegenden Nachsorgepflichten.[1253]

3.2.2010 – W 4 S 09/1275 –; *Dietlein*, in: Landmann/Rohmer, BImSchG, § 5 Rn.33; *Jarass*, BImSchG, § 3 Rn.84, § 5 Rn.107; *Kotulla*, in: Kotulla, BImSchG, § 4 Rn.78; *Müggenborg*, Industrieparks, S.75 Rn.151. Siehe auch *VG Dresden*, Urt. v. 14.7.2011 – 3 K 1354/08 – (offen gelassen).

1248 Vgl. *BVerwG*, Urt. v. 22.10.1998 – 7 C 38/97 –, BVerwGE 107, 299 = NJW 1999, 1416 (1417); *VG Freiburg* (Breisgau), Beschl. v. 2.11.2011 – 3 K 1641/11 –, AbfallR 2012, 40.

1249 *Jarass*, BImSchG, § 5 Rn.107. Zur Nachsorgepflicht s. oben Teil 2 § 3 I 3.

1250 *OVG Münster*, Urt. v. 1.6.2006 – 8 A 4495/04 –, UPR 2006, 456.

1251 *VGH München*, Urt. v. 4.5.2005 – 22 B 99.2208/2209 –, NVwZ-RR 2006, 537.

1252 Vgl. *BVerwG*, Urt. v. 23.9.2004 – 7 C 22/03 –, GewArch 2005, 124 (Sanierungspflichten nach BBodSchG); *OVG Lüneburg*, Beschl. v. 7.1.1993 – 7 M 5684/92 –, NJW 1993, 1671; *OVG Magdeburg*, Beschl. v. 19.6.2000 – 2 M 175/00 –, JMBl LSA 2001, 49 (Nachsorgepflichten nach BImSchG); *dass.*, Beschl. v. 16.6.2010 – 4 B 57/10 –; *VGH München*, Beschl. v. 18.10.2010 – 22 CS 10.439 –, BayVBl 2011, 762; *VG Würzburg*, Beschl. v. 3.2.2010 – W 4 S 09/1275 –.

1253 *OVG Magdeburg*, Beschl. v. 19.6.2000 – 2 M 175/00 –, JMBl LSA 2001, 49; *dass.*, Beschl. v. 16.6.2010 – 4 B 57/10 – (generell bzgl. öffentlich-rechtlicher Pflichten);

Dem ist jedoch entgegenzuhalten, dass der Insolvenzverwalter in dieser Konstellation die Anlage „zu keinem Zeitpunkt selbst betrieben" hat.[1254] Auch dem Wortlaut des § 5 Abs.3 BImSchG und der Gesetzesbegründung lässt sich nicht entnehmen, dass der Insolvenzverwalter Betreiber bei Stilllegung der Anlage vor Eröffnung des Insolvenzverfahrens werden kann.[1255] Die Vorschrift richtet sich an denjenigen der den „Vorgang der Betriebseinstellung" bewirkt, d.h. den „letzten Anlagenbetreiber".[1256] Dies ist in diesem Fall nicht der Insolvenzverwalter, weil er den Betrieb der Anlage nicht eingestellt hat,[1257] sondern der insolvente Betreiber. Die an den insolventen Betreiber adressierten Nachsorgepflichten nach § 5 Abs.3 BImSchG können jedoch Bestandteil der Pflicht des Insolvenzverwalters zur Verwaltung sein und ihm damit als bloße Masseverbindlichkeiten obliegen.[1258]

VGH Mannheim, Beschl. v. 17.4.2012 – 10 S 3127/11 –, NVwZ-RR 2012, 460; *VG Würzburg*, Beschl. v. 3.2.2010 – W 4 S 09.1275 – (generell bzgl. öffentlich-rechtlicher Pflichten einschließlich Ordnungspflichten). Vgl. *OVG Lüneburg*, Beschl. v. 7.1.1993 – 7 M 5684/92 –, NJW 1993, 1671.

1254 *OVG Berlin-Brandenburg*, Beschl. v. 3.4.2008 – OVG 11 S 7.07, OVG 11 L 2.07 –, AbfallR 2008, 51; *OVG Magdeburg*, Beschl. v. 19.6.2000 – 2 M 175/00 –, JMBl LSA 2001, 49; *OVG Berlin-Brandenburg*, Beschl. v. 17.4.2007 – OVG 11 S 54/06 –, ZInsO 2008, 1088; *VG Frankfurt* (Oder), *dass.*, Urt. v. 6.3.2007 – 7 K 2193/02 –; *VG Würzburg*, Beschl. v. 3.2.2010 – W 4 S 09/1275 –. Vgl. *BVerwG*, Urt. v. 22.10.1998 – 7 C 38/97 –, BVerwGE 107, 299 = NJW 1999, 1416 (1417).

1255 *OVG Berlin-Brandenburg*, Beschl. v. 17.4.2007 – OVG 11 S 54/06 –, ZInsO 2008, 1088 mit Verweis auf BR-Drs.702/96, S.149 f.; *dass.*, Beschl. v. 10.11.2009 – 11 N 30/07 –, NVwZ 2010, 594; *VG Würzburg*, Beschl. v. 3.2.2010 – W 4 S 09/1275 –.

1256 *OVG Berlin-Brandenburg*, Beschl. v. 10.11.2009 – 11 N 30/07 –, NVwZ 2010, 594; *VG Freiburg* (Breisgau), Beschl. v. 2.11.2011 – 3 K 1641/11 –, AbfallR 2012, 40; *VG Würzburg*, Beschl. v. 3.2.2010 – W 4 S 09/1275 –; *Dietlein*, in: Landmann/Rohmer, BImSchG, § 5 Rn.220; *Jarass*, BImSchG, § 5 Rn.107.

1257 *VG Würzburg*, Beschl. v. 3.2.2010 – W 4 S 09/1275 –.

1258 *OVG Lüneburg*, Beschl. v. 7.1.1993 – 7 M 5684/92 –, NJW 1993, 1671; *OVG Magdeburg*, Beschl. v. 19.6.2000 – 2 M 175/00 –, JMBl LSA 2001, 49. Etwaige (isolierte) Freigabeerklärungen wirken sich regelmäßig nicht aus, s. *BVerwG*, Urt. v. 22.10.1998 – 7 C 38/97 –, BVerwGE 107, 299 (301) = NJW 1999, 1416 (1417); *OVG Lüneburg*, Beschl. v. 7.1.1993 – 7 M 5684/92 –, NJW 1993, 1671; *dass.*, Urt. v. 20.3.1997 – 7 L 2062/06 –, NJW 1998, 398; *OVG Magdeburg*, Beschl. v. 19.6.2000 – 2 M 175/00 –, JMBl LSA 2001, 49; *VGH Mannheim*, Beschl. v. 17.4.2012 – 10 S 3127/11 –, NVwZ-RR 2012, 460; *VGH München*, Urt. v. 4.5.2005 – 22 B 99.2208/2209 –, NVwZ-RR 2006, 537 (539); abweichend *OVG Berlin-Brandenburg*, Beschl. v. 17.4.2007 – OVG 11 S 54/06 –, ZInsO 2008, 1088 (Zustandsverantwortlichkeit).

III. Rechtsnachfolge bei Verschmelzungen und Spaltungen von Unternehmen nach dem UmwG

Während z.B. die Änderung der Rechtsform einer Gesellschaft und der Erwerb von Gesellschaftsanteilen jeweils keine Auswirkungen auf die Identität des Unternehmensträgers haben[1259] und die Rechtsnachfolge insoweit keiner Thematisierung bedarf, ist demgegenüber der Problemkreis der Rechtsnachfolge beim Unternehmenskauf von besonderer Relevanz, weil der Unternehmensträger wechselt. Dabei stellt sich für die Praxis insbesondere die Frage, ob und in welchem Umfang Rechte und Pflichten des Anlagenbetreibers bei Unternehmenskäufen übergehen, die im Wege von Verschmelzungen oder Spaltungen vollzogen werden.

1. Verschmelzung

Bei einer Verschmelzung dürften Rechte und Pflichten des Anlagenbetreibers (der übertragenden Gesellschaft) im Regelfall vollständig auf die „Endgesellschaft" übergehen. Dies belegen die Vorschriften des UmwG. Denn nach § 2 UmwG können Rechtsträger „unter Auflösung ohne Abwicklung" zum einen durch Aufnahme verschmolzen werden, indem das Vermögen eines Rechtsträgers oder mehrerer Rechtsträger „als Ganzes" in einem Akt auf einen bereits bestehenden Rechtsträger übergeht, und zum anderen durch Neugründung, indem ein neuer Rechtsträger gegründet wird, auf den das Vermögen mindestens zweier Rechtsträger „jeweils als Ganzes" übertragen wird.[1260] In § 20 Abs.1 Nr.1 ordnet das UmwG die Gesamtrechtsnachfolge für alle Arten von Verschmelzungen an.[1261] Dies gilt

---

1259 Siehe nur *Fabry*, S.85 f. Vgl. *VGH Kassel*, Urt. v. 25.7.2011 – 9 A 103/11 –, NuR 2012, 485.

1260 Bei der Verschmelzung werden dem Anteilseigner des übertragenden und erlöschenden Rechtsträgers ebenso wie bei der Spaltung im Gegenzug Anteile oder Mitgliedschaften an dem neuen bzw. übernehmenden Rechtsträger gewährt, s. § 2 UmwG. Bei der Umwandlungsform der Vermögensübertragung nach § 174 UmwG wird demgegenüber eine Gegenleistung, die nicht in Anteilen oder Mitgliedschaften besteht, gewährt. Auch bei der Vermögensübertragung gilt Gesamtrechtsnachfolge, s. *Fonk*, in: Semler/Stengel, UmwG, § 174 Rn.12.

1261 Vgl. *BGH*, Beschl. v. 1.4.2003 – XI ZR 298/02 –; *ders.*, Beschl. v. 24.9.2007 – II ZR 237/05 –, WM 2008, 65; *OVG Lüneburg*, Urt. v. 17.5.2011 – 10 LB 159/08 –; *LG München*, Urt. v. 22.12.2011 – 5 HK O 12398/08, 5 HKO 12398/08 –, AG 2012, 386; *Schmidt-Kötters*, in: BeckOK, BImSchG, § 4 Rn.124; *Stengel*, in: Semler/Stengel, UmwG, § 2 Rn.35 f.; *Fabry*, Private Unternehmen als Umwelt-Störer, S.88 ff. Siehe auch *Gaul*, NZA 1995, 717 (718).

jedenfalls für verschmelzungsfähige Rechtsträger gem. § 3 UmwG. Zu diesen gehören unter anderem nach § 3 Abs.1 UmwG Personenhandelsgesellschaften (OHG, KG, GmbH & Co. KG) und Kapitalgesellschaften (GmbH, AG, KGaA), nicht jedoch die GbR, da sie keine Personenhandelsgesellschaft ist.[1262]

Die umwandlungsrechtliche Gesamtrechtsnachfolge erfolgt nach § 20 Abs.1 Nr.1 UmwG in Bezug auf das ganze „Vermögen der übertragenden Rechtsnachfolger", d.h. der gesamte Betrieb einschließlich sämtlicher Rechtspositionen geht über.[1263] Hierzu können auch öffentlich-rechtliche Rechtspositionen gehören.[1264] Dies bestätigt die Vorschrift des § 45 Abs.1 Hs.2 UmwG.[1265] Immissionsschutzrechtliche Genehmigungen sind, wie in den vorigen Abschnittenaufgezeigt, als sachbezogene Genehmigungen nachfolgefähig.[1266] Hieraus folgt, dass sie und die mit ihnen verbundenen Rechte und Pflichten im Rahmen der Gesamtrechtsnachfolge auf die verschmolzene „Endgesellschaft" übergehen. Eine juristische Person kann sich somit nicht durch Verschmelzung ihrer immissionsschutzrechtlichen Verpflichtungen entledigen.[1267]

1262 Vgl. *BFH*, Urt. v. 3.7.1997 – IV R 58/95 –, DStZ 1998, 301. Die konkrete Teilnahmefähigkeit richtet sich nach den Vorschriften des Zweiten Buches (besonderer Teil) des UmwG, s. *Stengel*, in: Semler/Stengel, UmwG, § 3 Rn.4 ff., wonach eine GbR durch Eintragung in das Handelsregister zur OHG oder KG werden und damit verschmelzungsfähig werden kann.

1263 Vgl. *BGH*, Beschl. v. 1.4.2003 – XI ZR 298/02 –; *ders.*, Beschl. v. 24.9.2007 – II ZR 237/05 –, WM 2008, 65; *BVerwG*, Urt. v. 21.1.1994 – 8 C 15/92 –, BVerwGE 95, 53; *OVG Lüneburg*, Urt. v. 17.5.2011 – 10 LB 159/08 –; *LG München*, Urt. v. 22.12.2011 – 5 HK O 12398/08, 5 HKO 12398/08 –, AG 2012, 386.

1264 Vgl. *OVG Lüneburg*, Urt. v. 17.5.2011 – 10 LB 159/08 –; *Zeppezauer*, DVBl 2007, 599 (601) m.w.N. Von § 20 Abs.1 Nr.1 UmwG werden allerdings keine Bescheinigungen erfasst, die nicht Vermögensbestandteil einer übertragenden Gesellschaft sind, wie z.B. eine Bescheinigung über die Teilnahme an der Qualitätskontrolle im Falle der Verschmelzung zweier Wirtschaftsprüfungsgesellschaften, s. *VG Berlin*, Urt. v. 17.3.2011 – 16 K 259.09 –.

1265 *Zeppezauer*, DVBl 2007, 599 (601) m.w.N.

1266 Vgl. *Gaul*, NZA 1995, 717 (718); krit. *Zeppezauer*, DVBl 2007, 599 (600 ff.), nach dessen Ansicht alle Genehmigungen von der umwandlungsrechtlichen Gesamtrechtsnachfolge erfasst werden, da zwischen personen- und sachbezogenen Genehmigungen nicht zu differenzieren sei. Dieser Ansatz ist jedoch abzulehnen, s. oben Teil 5 § 3 II 1.

1267 Vgl. *VGH München*, Beschl. v. 28.11.1988 – Nr.8 CS 87.02857 –, ZfW 1989, 147 (151); *Roßnagel*, in: GK-BImSchG, § 5 Rn.18 m.w.N.; *Schmidt-Kötters*, in: BeckOK, BImSchG, § 4 Rn.124.

2. Spaltung

Das UmwG unterscheidet drei Formen der Spaltung eines Unternehmens: die Aufspaltung, bei der ein Rechtsträger unter Auflösung sein Vermögen auf mehrere Rechtsträger aufspaltet, sowie die Abspaltung und die Ausgliederung, bei denen ein Rechtsträger lediglich einen Teil seines Vermögens auf einen anderen Rechtsträger überträgt (§ 123 UmwG).[1268] Auch bei Spaltungen sieht das UmwG den Übergang von Vermögensteilen im Wege der (partiellen) Gesamtrechtsnachfolge – unabhängig von der Art der Spaltung – vor (vgl. § 131 Abs.1 Nr.1 S.1 UmwG).[1269] Davon können nach den aufgezeigten Grundsätzen zur Rechtsnachfolge auch öffentlich-rechtliche Rechtspositionen erfasst sein. Wird im Rahmen einer Spaltung ein Anlagenbetrieb übertragen, geht dieser folglich wie bei der Verschmelzung einschließlich der immissionsschutzrechtlichen Genehmigungen und Pflichten auf den (teilweisen) Rechtsnachfolger über.[1270]

Wird ein Anlagenbetrieb jedoch nur teilweise auf den (somit teilweisen) Rechtsnachfolger übertragen, stellt sich in der Praxis die Frage, ob die immissionsschutzrechtliche Genehmigung, die für einen einheitlichen Anlagenbetrieb erteilt worden ist, „geteilt" werden kann.[1271] Im Folgenden untersucht die Arbeit daher, welche Art von Anlagenteilen bei komplexen Spaltungs-Konstellationen übergehen, welche Art von Anlagen beim (teilweisen) Rechtsvorgänger verbleiben und ob diese Anlagenteile genehmigungsbedürftig sind.

a) Abspaltung nicht genehmigungsbedürftiger Nebeneinrichtungen

Es dürfte nicht erforderlich sein, eine immissionsschutzrechtliche Genehmigung für den Fall einzuholen, dass allein Nebeneinrichtungen von der genehmigungsbedürftigen Haupteinrichtung (z.B. im Wege der Vermietung oder Verpachtung) abgespalten werden, die nicht emissionsrelevant sind (s. insb. Mengenschwellen gem. dem Anhang zur 4. BImSchV).[1272] Denn die ursprünglich für die

---

1268 *BGH*, Urt. v. 6.12.2000 – XII ZR 219/98 –, ZIP 2001, 305; zu den Einzelheiten der unterschiedlichen Spaltungsformen s. die Bestimmungen des § 123 Abs.1–3 UmwG.

1269 Vgl. *BAG*, Urt. v. 11.3.2008 – 3 AZR 358/06 –, ZIP 2008, 1935; *OLG Düsseldorf*, Beschl. v. 19.4.2010 – I-3 Wx 88/10 –, FGPrax 2010, 225; *OLG Hamburg*, Urt. v. 9.9.2010 – 3 U 58/09 –, MDR 2010, 1479; *OVG Schleswig*, Beschl. v. 4.1.2012 – 2 W 182/11 –, FGPrax 2012, 106; *Stengel*, in: Semler/Stengel, § 123 Rn.6; *Zeppezauer*, DVBl 2007, 599 (605 f.).

1270 *Zeppezauer*, DVBl 2007, 599 (606).

1271 Vgl. *Zeppezauer*, DVBl 2007, 599 (600).

1272 Vgl. *Müggenborg*, Industrieparks, S.79 f. Rn.160, 162.

Hauptanlage mit Nebeneinrichtungen (z.B. Lager zu Produktionsanlagen) erteilte immissionsschutzrechtliche Genehmigung des Rechtsvorgängers erstreckt sich weiterhin auf die Hauptanlage, während sie für die abgespaltene Nebeneinrichtung insoweit keine Bedeutung mehr hat.[1273] Dabei ist es jedoch sachgerecht anzunehmen, dass für die Nebeneinrichtung weiterhin die Baugenehmigung sowie alle diejenigen Nebenbestimmungen der immissionsschutzrechtlichen Genehmigung gelten, die sich nicht auf die genehmigungsbedürftige Anlage beziehen (z.B. § 29 Abs.2 BImSchG).[1274] Hierfür sprechen auch der Wortlaut des § 18 Abs.2[1275] („soweit") BImSchG und des § 13 BImSchG („schließt … ein").[1276]

Mangels Emissionsrelevanz liegt bei isolierter Betrachtung der Nebeneinrichtungen keine genehmigungsbedürftige Anlage vor.[1277] Der (partielle) Rechtsnachfolger muss folglich bei alleiniger Nutzung dieser Nebeneinrichtungen auch keine neue Genehmigung nach dem BImSchG einholen.[1278] Insbesondere bedarf es mangels wesentlicher Änderung der Lage, Beschaffenheit bzw. des Betriebs der Anlage gem. § 16 BImSchG[1279] keiner Änderungsgenehmigung, jedenfalls wenn der Anlagenbetrieb des genehmigungsbedürftigen Anlagenteils unverändert bleibt.[1280] Aus § 15 BImSchG ergibt sich, dass der Betreiber der früheren Hauptanlage die Abspaltung jedoch zumindest einen Monat zuvor gegenüber der Behörde anzuzeigen hat, wenn sich die Abspaltung auf die Schutzgüter des § 1 BImSchG (z.B. bei einer Betriebszeitveränderung) auswirken kann.[1281]

1273 Vgl. *Müggenborg*, Industrieparks, S.79 f. Rn.160, wonach der Betreiber der Nebeneinrichtung auf den immissionsschutzrechtlichen Teil der Genehmigung i.S.d. BImSchG konkludent verzichten kann.

1274 *OVG Münster*, Urt. v. 15.3.1993 – 21 A 1691/89 –, NuR 1994, 404 m.w.N.; *VGH München*, Urt. v. 6.12.2001 – 22 B 01/1029 –, UPR 2002, 114; *Schmidt-Kötters*, in: BeckOK, BImSchG, § 4 Rn.126.1 f.; *Seibert*, in: Landmann/Rohmer, BImSchG, § 13 Rn.58 m.w.N.; *Müggenborg*, Industrieparks, S.79 f. Rn.160 f., S.90 Rn.179.

1275 „Die Genehmigung erlischt ferner, soweit das Genehmigungserfordernis aufgehoben wird."

1276 *OVG Münster*, Urt. v. 15.3.1993 – 21 A 1691/89 –, NuR 1994, 404d; a.A. *Fluck*, NVwZ 1992, 114 (117), wonach andere Genehmigungen „untrennbar mit der immissionsschutzrechtlichen Genhmigung verbunden" sind und „mit dieser" erlöschen. Jedoch kommt *Fluck* zu demselben Ergebnis wie die h.M., indem er eine „teleogische Reduktion des § 18 BImSchG" vornimmt.

1277 *Schmidt-Kötters*, in: BeckOK, BImSchG, § 4 Rn.126.1.

1278 Zu Hauptanlagen und Nebeneinrichtungen s. oben Teil 2 § 1 II 5.

1279 Siehe oben Teil 2 § 2 II u. III.

1280 Vgl. *Schmidt-Kötters*, in: BeckOK, BImSchG, § 4 Rn.125.

1281 Vgl. *Müggenborg*, Chemie Technik 2003, 58 (58 f.).

Insgesamt zeigt diese Konstellation, dass die Situation bei teilweiser Abspaltung von Anlagen unübersichtlich sein kann. Es dürfte in Zweifelsfällen daher empfehlenswert sein, die Behörde einzuschalten, damit sie einen Verwaltungsakt zur Konkretisierung der neuen Rechtslage erlässt.[1282]

b) Abspaltung genehmigungsbedürftiger, selbständiger Teilanlagen

Ist eine abgespaltene Nebeneinrichtung im Gegensatz zur Konstellation des vorigen Abschnitts als Einzelanlage genehmigungsbedürftig, dürfte die ursprünglich für die Hauptanlage mit Nebeneinrichtungen erteilte immissionsschutzrechtliche Genehmigung auch Geltung für die abgespaltene Nebeneinrichtung entfalten.[1283] Dies ist jedenfalls praxisgerecht und mit dem Sinn und Zweck der ursprünglich erteilten Genehmigung vereinbar, wenn beim Betrieb der Nebeneinrichtung der Genehmigungsinhalt und die Grenzen der Genehmigung berücksichtigt werden.[1284]

Dementsprechend dürfte es konsequent sein, anzunehmen, dass eine im Hinblick auf eine ursprünglich gemeinsame Anlage erteilte Genehmigung i.S.d. BImSchG auf die neuen Betreiber übergeht, wenn die Anlage auf mehrere neue Betreiber „aufgeteilt" wird. Denn wird der Anlagenbetrieb der emittierenden Teilanlagen unverändert fortgeführt, ist kein Grund ersichtlich, warum der Genehmigungsinhalt nicht insoweit fortgelten sollte.[1285] Beziehen sich allerdings Nebenbestimmungen gem. § 12 BImSchG eindeutig allein auf eine Teilanlage, ist es sachgerecht, dass sie auch nur von dem Betreiber dieser Teilanlage zu beachten sind.[1286]

In der Praxis haben die Betreiber nach der Abspaltung regelmäßig besonders darauf zu achten, dass sie den von der Behörde für die ursprünglich einheitliche Anlage festgesetzten Wert zum maximalen Emissionsausstoß einhalten.

1282 *Müggenborg*, Chemie Technik 2003, 58.

1283 *Müggenborg*, Industrieparks, S.80 Rn.162; *ders.*, Chemie Technik 2003, 58 (59).

1284 Wenngleich sich danach die Aufspaltung einer Anlage nicht zwingend auf die Genehmigungssituation auswirkt, kann sie im Hinblick auf die StörfallVO zur Folge haben, dass die Teilanlagen der neuen Betreiber aus deren Anwendungsbereich herausfallen, obwohl das Gefahrenpotenzial unverändert bleibt, s. *Spindler*, UPR 2001, 81 (86). Hierzu s. oben Teil 2 § 4 II 2 u. § 5 I.

1285 *Müggenborg*, Industrieparks, S.83 Rn.168, wonach „für jeden" neuen Betreiber die Genehmigung „als Vollgenehmigung" gilt. Siehe auch *Friedrich*, NVwZ 2002, 1174 (1177). Zur gemeinsamen Anlage s. oben Teil 2 § 1 II 5 c).

1286 Vgl. *Müggenborg*, Industrieparks, S.90 Rn.179 (z.B. bzgl. Produktlager, das ursprünglich als Nebeneinrichtung zur Produktionsanlage genehmigt worden ist).

Wenn sie keine Änderungsgenehmigung gem. § 16 BImSchG[1287] beantragen wollen, sind sie verpflichtet, dafür zu sorgen, dass ihre Anlagen in der Summe den in der Genehmigung aufgeführten Emissionswert nicht überschreiten.[1288] Ungeachtet dessen kann aber, wie in der Konstellation des vorigen Abschnitts, zumindest eine Anzeigepflicht nach § 15 Abs.1 BImSchG bestehen.[1289] Zur Klarstellung kann die zuständige Behörde durch einen feststellenden Verwaltungsakt (bzw. nachträgliche Anordnung) gegenüber den neuen Betreibern festhalten, in welcher Höhe die jeweiligen Teilanlagen Emissionen abgeben dürfen und welche Nebenbestimmungen fortgelten.[1290] Ist ein derartiger Verwaltungsakt nicht erlassen worden, ist es praxisgerecht, wenn die Betreiber zumindest untereinander vertraglich festhalten, welche Emissionen welche Anlage abgeben darf.[1291]

c) Aufteilung des Anlagenkerns in abhängige Teilanlagen

Mit besonderer Rechtsunsicherheit dürfte die Thematik behaftet sein, welche Rechtsfolgen die Aufteilung eines Anlagenkerns auf mehrere Betreiber hat. Die Konstellation ist insoweit komplex, als bei der Aufspaltung des Anlagenkerns die zu diesem gehörenden Teilanlagen nicht in technischer Hinsicht voneinander getrennt werden, sondern notwendigerweise miteinander verbunden bleiben, weil sie aufeinander angewiesen sind.[1292] Ein Beispiel für eine derartige „technische Schicksalsgemeinschaft“[1293] ist ein Kraftwerk, das mit einer Rauchgasreinigungsanlage verbunden ist. Auch nach Übertragung der Rauchgasreinigungsanlage auf ein anderes Unternehmen ist das Kraftwerk weiterhin auf die Rauchgasreinigungsanlage angewiesen. Die Rauchgasreinigungsanlage ist wiederum auf die Abgase des Kraftwerks angewiesen, weil sie diese zur Gipsproduktion benötigt.

1287 Ein Betreiber muss eine Genehmigung einholen, wenn es bei der abgespaltenen Nebeneinrichtung bzw. Teilanlage zu einer wesentlichen Änderung kommt, etwa durch Änderung der Betriebsweise, s. oben Teil 2 § 2 II.

1288 *Müggenborg*, Industrieparks, S.90 Rn.178; *Friedrich*, NVwZ 2002, 1174 (1179).

1289 Vgl. *Müggenborg*, Industrieparks, S.91 Rn.181*; ders.*, Chemie Technik 2003, 58 (58 f.).

1290 *Müggenborg*, Industrieparks, S.90 f. Rn.178, 180.

1291 Vgl. *Müggenborg*, Industrieparks, S.90 Rn.178.

1292 Vgl. *Schmidt-Kötters*, in: BeckOK, BImSchG, § 4 Rn.127. Der Anlagenkern (Haupteinrichtung) umfasst, wie bereits aufgezeigt, alle Einrichtungen, die keine Nebeneinrichtung sind und nach dem heutigen technischen Entwicklungsstand erforderlich sind, um den im Anhang 1 zur 4. BImSchV beschriebenen Anlagenzweck zu erreichen, s. *Müggenborg*, Industrieparks, S.86 Rn.172 m.w.N. Siehe oben Teil 2 § 1 II 5 a) u. b).

1293 Vgl. *Müggenborg*, Industrieparks, S.85 Rn.171.

Aufgrund dieses technischen Zusammenhangs ist fraglich, welcher Teilanlage welche Emissionen zuzuordnen sind. Dabei stellt sich zunächst die Frage, ob Emissionen gem. § 3 Abs.3 BImSchG beim Kraftwerk entstehen, wenn dies direkt über Rohre mit der Rauchgasreinigungsanlage verbunden ist. Der Wortlaut des § 3 Abs.3 BImSchG, wonach Emissionen „von einer Anlage ausgehenden Luftverunreinigungen" sind, ist insoweit nicht eindeutig. Der Wortlaut könnte für die Ansicht sprechen, dass Emissionen vom Kraftwerk ausgehen. Denn würden Messungen in denjenigen Abgasrohren vorgenommen werden, die vom Kraftwerk zur Rauchgasreinigungsanlage gehen, würden diese Emissionen feststellen.[1294]

Dieser rein technisch-orientierten Auffassung kann jedoch der praxisgerechte Ansatz entgegengehalten werden, dass Emissionen erst entstehen, wenn sie in die Luft, d.h. in die „Umgebung"[1295] außerhalb geschlossener Räume, gelangen und sie verunreinigen, nicht jedoch wenn sie in einem Rohr einer Fabrik bleiben.[1296] Auch diese Ansicht ist mit dem Wortlaut des § 3 Abs.3 BImSchG („Luftverunreinigungen") vereinbar. Sie ist zudem insbesondere im Hinblick auf den nach § 1 BImSchG bezweckten Schutz vor schädlichen Umwelteinwirkungen sachgerecht und daher vorzuziehen. Schließlich verlassen das Kraftwerk selbst keine Schadstoffe in dieser Situation. Vielmehr werden die Emissionen erst nach ihrer Reinigung von der Rauchgasreinigungsanlage aus nach außen abgegeben.[1297] Insoweit kommt es also zu keiner Luftverunreinigung und damit zu keinem Vorgang i.S.d. § 3 Abs.3 BImSchG.

Aufgrund des aufgezeigten technischen Zusammenhangs zwischen dem Kraftwerk und der Rauchgasanlage liegt der Schluss nahe, im Falle der Aufspaltung des Anlagenkerns von einer Anlage „im Rechtssinne" auszugehen.[1298] Dem steht jedoch entgegen, dass die Anlage nach der Aufspaltung mehr als einen Betreiber hätte, in Bezug auf eine (gesamte) Anlage jedoch nur „ein einheitlicher Betreiberwillen" vorliegen kann. Eine Änderungsgenehmigung könnte für eine derartige Anlage nicht in Bezug auf mehrere Betreiber erteilt werden, mit der Folge, dass die Anlage nach § 20 Abs.2 BImSchG stillgelegt werden müsste.[1299]

1294 Vgl. *Kutscheidt*, in: Landmann/Rohmer, BImSchG, § 3 Rn.21a (in Bezug auf Abgasleitung). Siehe auch *Jarass*, BImSchG, § 3 Rn.13 (in Bezug auf einen Abgaskamin als Austrittsstelle).

1295 *Feldhaus*, in: Feldhaus, BImSchG, § 3 Rn.4.

1296 *Jarass*, BImSchG, § 3 Rn.13; *Müggenborg*, Industrieparks, S.85 Rn.171.

1297 Zu diesem Beispiel s. *Müggenborg*, Industrieparks, S.84 ff. Rn.170 ff.

1298 Vgl. *Friedrich*, NVwZ 2002, 1174 (1177).

1299 *Friedrich*, NVwZ 2002, 1174 (1177 f.). Zum Grundsatz der Betreiberidentität s. oben Teil 2 § 4.

Im Ergebnis wäre danach der Betreiberwechsel bei Aufspaltung des Anlagenkerns – im Gegensatz zur Abspaltung von Nebeneinrichtungen – faktisch verboten.[1300] Dabei ist zu bedenken, dass zwar im BImSchG und den zu Grunde liegenden Verordnungen der Grundsatz der Betreiberidentität verankert ist, dies aber nicht bedeutet, dass die immissionsschutzrechtlichen Vorschriften einen derartigen Eingriff in die Dispositionsfreiheit des Unternehmers vorsehen. Vielmehr überlässt der Gesetzgeber es dem Unternehmer, welche Anlagen er zu welchem Betriebszweck betreiben möchte.[1301]

Letztlich dürfte einer einheitlichen Betrachtung der Teilanlagen nur scheinbar das Problem mehrerer Betreiber – und damit zugleich das Problem der Abgrenzbarkeit ihrer Pflichten – gegenüberstehen. Denn im Rahmen des BImSchG hat der Unternehmer die Freiheit, die Organisationsform in Bezug auf seinen Anlagenbetrieb selbst zu wählen (vgl. § 52b BImSchG). Wird eine Anlage lediglich in eigentumsrechtlicher Hinsicht aufgeteilt, nicht aber in technischer Hinsicht, so dass die Anlage letztlich unverändert fortbetrieben wird (wie z.B. das Kraftwerk und die Rauchreinigungsanlage), bilden die neuen Betreiber der Anlagenteile faktisch (konkludent) eine Betreibergemeinschaft, d.h. eine GbR gem. § 705 BGB, wenn sie nicht ausdrücklich eine andere Gesellschaftsform gewählt haben.[1302]

Der Betreiberwechsel ist zwar nach § 52b BImSchG gegenüber der Behörde mitzuteilen, wenn mehrere vertretungsberechtigte Gesellschafter (hier die „Betreiber“ der Teilanlagen) vorhanden sind. Im Übrigen bestehen aber keine weiteren Anzeigepflichten, wenn mit der neuen Aufteilung keine im Sinne der §§ 15, 16 BImSchG relevante Änderung einhergeht.[1303] Aus Behördensicht dürfte die GbR die Betreiberin und Inhaberin der immissionsschutzrechtlichen Genehmigung sein – und der nach § 52b BImSchG mitgeteilte Gesellschafter derjenige, der die Betreiberpflichten wahrnimmt.[1304] Nachträgliche Anordnungen wird die Behörde folglich an die GbR (vertreten durch den mitgeteilten Gesellschafter) adressieren. Es ist dann Sache des Innenverhältnisses der Gesellschafter zu regeln, wie die Pflichten zu erfüllen sind und wie etwaige Anordnungen tatsächlich umgesetzt werden. Daher sollten zur Absicherung diesbezüglich Verträge

1300 *Müggenborg*, Industrieparks, S.86 Rn.172.

1301 Vgl. *Müggenborg*, Industrieparks, S.87 Rn.172.

1302 Vgl. *Müggenborg*, Industrieparks, S.87 f. Rn.174 ff., S.326 Rn.4.1.2. Siehe oben Teil 2 § 3 II 4 a) bb) u. Teil 5 § 1.

1303 *Müggenborg*, Industrieparks, S.326 Rn.4.1.2; *Schmidt-Kötters*, in: BeckOK, BImSchG, § 4 Rn.125.

1304 Siehe oben Teil 2 § 3 II 4.

zwischen den Gesellschaftern geschlossen und dritte Unternehmen mit der Ausführung einzelner Pflichten (z.B. Abfallentsorgung) beauftragt werden.[1305] Nach § 52 Abs.1 S.1 BImSchG bleiben aber weiterhin alle Gesellschafter gegenüber Dritten für die Anlage verantwortlich.[1306] Insoweit hat letztlich jeder Betreiber für die sich aus der Genehmigung ergebenden Pflichten Sorge zu tragen (sog. „kumulatives Verantwortungs- und Pflichtenverhältnis“).[1307]

IV. Zusammenfassung

Das BImSchG enthält keinerlei Regelungen zur Rechtsnachfolge. Den verwaltungsrechtlichen Grundsätzen und Voraussetzungen, die die Rechtsprechung zur Rechtsnachfolge entwickelt hat, ist (jedoch) zu entnehmen, dass die immissionsschutzrechtliche Genehmigung aufgrund ihres Anlagenbezugs übergangsfähig ist. Daher kann Anlagenbetreiber einer emittierenden Anlage nicht nur derjenige sein, der die Anlage i.S.d. BImSchG errichten lässt und in Betrieb nimmt, sondern auch derjenige, der in die Position des Anlagenbetreibers im Wege der Rechtsnachfolge „automatisch“ rückt. Dies geschieht in der Praxis häufig im Rahmen von Unternehmensverschmelzungen und -spaltungen. Ein Insolvenzverwalter wird im Rahmen der Rechtsnachfolge Betreiber nach dem BImSchG, wenn das Insolvenzverfahren in Bezug auf das anlagenbetreibende Unternehmen eröffnet ist und er den Anlagenbetrieb fortführt. Andernfalls ist er nicht der „letzte“ Anlagenbetreiber, sondern rückt lediglich in die Schuldnerposition.

Wird lediglich ein Teil der Anlage übertragen, ist im Hinblick auf etwaige Genehmigungserfordernisse zunächst im jeweiligen Fall zu untersuchen, welcher Anlagenteil übergeht. Denn je nach Art der Anlage (Haupteinrichtung, genehmigungsbedürftige bzw. nicht genehmigungsbedürftige Nebeneinrichtung) fallen die Folgen der Rechtsnachfolge wie etwa Anzeige- und Genehmigungserfordernisse unterschiedlich aus. Im Fall der Aufspaltung des Anlagenkerns ist es praxisgerecht, anzunehmen, dass die jeweiligen Anlageninhaber bei unverändertem Fortbetrieb der Anlage eine GbR bilden und diese Anlagenbetreiberin ist. Insgesamt ist es bei Aufspaltungen im Interesse eines kooperativen Verhältnisses zu der Genehmigungsbehörde empfehlenswert, den Anlagenwechsel selbst in den Fällen anzuzeigen, in denen hierzu keine Rechtspflicht besteht.

1305 Vgl. *Müggenborg*, Industrieparks, S.88 f. Rn.176.
1306 Siehe oben Teil 2 § 3 II 4 b).
1307 *Schmidt-Kötters*, in: BeckOK, BImSchG, § 4 Rn.127.

§ 4. Der Betreiber im Industriepark

In der Praxis stellt sich besonders in der Konstellation des Industrieparks die Frage, wer Anlagenbetreiber ist. Denn beim Industriepark treten die bislang untersuchten Probleme im Zusammenhang mit dem Betreiberbegriff in gebündelter, komplexer Form auf.[1308]

I. Allgemeiner Hintergrund zu Industrieparks

Der Gesetzgeber hat keine speziell auf den Industriepark zugeschnittenen umweltrechtlichen Vorschriften entworfen. Weder im BImSchG noch in anderen umweltrechtlichen Gesetzen wird der Begriff „Industriepark" verwendet. Dies belegt, dass insbesondere eine spezielle behördliche Erlaubnis, Genehmigung, Planfeststellung oder Anzeige für die Umwandlung eines Standorts zum Industriepark nicht benötigt wird.[1309]

In einem Industriepark werden nach allgemeinem Verständnis standortspezifische Infrastruktureinrichtungen und Dienstleistungen gemeinsam von einer Ansammlung rechtlich selbständiger Unternehmen auf engem Raum, die zudem typischerweise durch Lieferungen oder Leistungen verbunden sind, industriell genutzt.[1310] Vor allem in den letzten zwanzig Jahren sind viele Industrieparks entstanden, weil sich in den 90er Jahren große Unternehmen wegen des zunehmenden Wettbewerbsdrucks vermehrt auf das Kerngeschäft besonnen haben.[1311] Nicht zum Kerngeschäft gehörende Unternehmensteile wurden

1308 Vgl. *Jochum* in: Jochum u.a., Industriepark und Störfallrecht, Rn.135 f.

1309 Vgl. *Müggenborg*, Industrieparks, S.38 Rn.65.

1310 *Störfall-Kommisson*, in: SFK-GS-44, S.3 (Diese Arbeitshilfe der Störfall-Kommission kann als Grundlage für Fragestellungen im Zusammenhang mit Industrieparks und der StörfallVO herangezogen werden. Hierfür spricht, dass das *VG Düsseldorf* bereits in einem Urteil auf die Arbeitshilfe SFK-GS-35 mit der Begründung verwiesen hat, dass diese „angesichts des Sachverstands" der Mitglieder der Störfall-Kommission „ohne Weiteres […] als Grundlage" herangezogen werden könne, vgl. *VG Düsseldorf*, Urt. v. 25.1.2011 – 3 K 7297/09 –. Entsprechendes muss für die Arbeitshilfe SFK-GS-44 gelten.); *Jochum* in: Jochum u.a., Industriepark und Störfallrecht, Rn.22; *Müggenborg*, Industrieparks, S.25 Rn.23. Vgl. *OVG Münster*, Urt. v. 11.12.2012 – 8 A 722/11 – (Industriepark mit Kaltband- und Stahlwerk). Damit unterscheiden sich Industrieparks von Gewerbe- und Technologieparks, die weder industriell genutzt werden noch eine gemeinsame Nutzung der privaten Infrastruktureinrichtungen und einen derart engen Verbund von Lieferungen und Leistungen vorsehen, s. *Müggenborg*, Industrieparks, S.27 Rn.30 f.; *ders.*, DVBl 2001, 417 (418).

1311 *Jochum*, in: Jochum u.a., Industriepark und Störfallrecht, Rn.6 f.

ausgegliedert und verkauft („Outsorcing")[1312]. Dass heute im Industriepark viele Unternehmen auf derart engem Raum angesiedelt sind, rührt also daher, dass ursprünglich häufig nur ein einziges rechtlich selbständiges Unternehmen („Werk") den Standort des später gegründeten Industrieparks nutzte, das sich nachträglich in viele rechtlich selbständige, am selben Standort tätige Unternehmen aufspaltete.[1313] Zudem wurden im Anschluss an die Wiedervereinigung Deutschlands in den Neuen Bundesländern ehemalige Kombinatsstandorte,[1314] die vornehmlich zur Chemieindustrie gehörten, aufgelöst.[1315] Bei den anschließend neugegründeten Industrieparks handelt es sich daher überwiegend um sog. Chemieparks[1316]. Einer der derzeit größten und bekanntesten Industrieparks Deutschlands ist der Industriepark Frankfurt-Höchst, der sich 1997 auch für konzernfremde Unternehmen geöffnet hat.[1317]

Die Ansiedelung in einem Industriepark ist für Unternehmen, die in der Industrie tätig sind und Wettbewerbern standhalten müssen, aufgrund der einhergehenden Synergieeffekte sehr attraktiv. Durch die gemeinsame Nutzung und Finanzierung der benötigten Infrastruktur (z.B. Kläranlage, Strom-,

---

1312 Zum Outsourcing, insb. zu den unterschiedlichen Erscheinungsformen „echtes Outsourcing", „Beteiligungs-Outsourcing" und „Inhouse-Outsourcing", s. *Fischer/Günther*, NVwZ 2005, 1116.

1313 *Störfall-Kommission*, in: SFK-GS-44, S.1; *Jochum*, in: Jochum u.a., Industriepark und Störfallrecht, Rn.1 ff.; *Schlemminger*, NVwZ 2001, 129.

1314 Kombinate sind konzernartig integrierte Gruppen von Volkseigenen Betrieben der DDR.

1315 *Jochum*, in: Jochum u.a., Industriepark und Störfallrecht, Rn.5, 9 ff. Siehe auch *Müggenborg*, Industrieparks, S.19 Rn.9 f.

1316 *Müggenborg*, Industrieparks, S.26 Rn.27, 29. Zu den Wesensmerkmalen von Chemieparks s. *Friedenstab*, in: Jochum u.a., Industriepark und Störfallrecht, Rn.443 ff.

1317 *Infraserv GmbH & Co. Höchst KG*, Historie, im Internet abrufbar unter http://www.industriepark-hoechst.com/index/industriepark/tradition-zukunft.htm (Stand: 22. Juni 2013). Der Industriepark umfasst derzeit eine Gesamtfläche von 460 Hektar, auf dem rund 90 Unternehmen angesiedelt sind. 22.000 Menschen arbeiten auf dem Gelände, auf dem es zudem über 800 Pacht- und Mietgebäude, 120 Produktionsanlagen, mehr als 80 Labor- und Bürogebäude sowie Lagerflächen von ingesamt ca. 300.000 Quadratmetern gibt. Das interne Straßennetz ist rund 72 Kilometer, das interne Schienennetz rund 57 Kilometer lang. Pipelines und Rohrleitungen verfügen über eine Gesamtlänge von ungefähr 800 Kilometern, s. *Infraserv GmbH & Co. Höchst KG*, Fakten – Der Industriepark Frankfurt-Höchst in Kürze, im Internet abrufbar unter http://www.industriepark-hoechst.com/index/industriepark/fakten.htm (Stand: 22. Juni 2013). Zu weiteren Industrieparkbeispielen s. *Jochum*, in: Jochum u.a., Industriepark und Störfallrecht, Rn.39 ff.

Dampferzeugung, Abfallbehandlungsanlage) können erhebliche Kosten eingespart werden. Die angesiedelten Unternehmen können sich zudem auf ihre Kernkompetenzen konzentrieren. Denn typischerweise entsteht in einem Industriepark eine gemeinsame Wertschöpfungs-kette, d.h. ein Teil der angesiedelten Unternehmen stellt z.B. die Ausgangsstoffe für andere Unternehmen im Industriepark her, und ein weiterer Teil der angesiedelten Unternehmen verarbeitet wiederum die Nebenprodukte oder Abfälle anderer Industrieparkunternehmen weiter.[1318] Zudem wird ein Industriepark, weil er nach außen hin eine Einheit verkörpert, besser öffentlich wahrgenommen als jedes Unternehmen für sich. Daher ist auch weiterhin damit zu rechnen, dass sich vermehrt industrielle Unternehmen, die sich dem Zwang zur Effizienzsteigerung und Kostensenkung ausgesetzt sehen, in einem Industriepark ansiedeln bzw. einen Teil des Unternehmens insoweit ausgliedern.

In der Praxis kommt vornehmlich eines der folgenden zwei Organisationsmodelle bei Industrieparks vor: Beim ersten Organisationsmodell, dem sog. Major-User-Konzept, stellt ein Unternehmen, das dominierend und der Hauptnutzer (Major User) des Industrieparks ist, die Infrastruktureinrichtungen für alle anderen angesiedelten Unternehmen (Small User) gegen Entgelt zur Verfügung und bietet zudem Serviceleistungen gegen Entgelt an. Der Hauptnutzer ist dabei regelmäßig auch der Eigentümer des Industrieparkgeländes.[1319] Beim zweiten Organisationsmodell, dem sog. Infrastruktur-Gesellschafts-Modell, haben die wichtigsten Investoren des Standortes Anteile an einer rechtlich selbständigen Infrastruktur-Gesellschaft, die zum einen als Eigentümerin des Industrieparkgeländes Anlagen und Grundstücke an Industrieparknutzer vermietet oder verpachtet und zum anderen für diese Serviceleistungen anbietet.[1320]

1318 Vgl. *Jochum*, in: Jochum u.a., Industriepark und Störfallrecht, Rn.7 ff.; *Müggenborg*, Industrieparks, S.19 Rn.7 ff., S.26 Rn.27, S.23 Rn.49 f. Daher sind Industrieparks neben der Chemiebranche auch in der Stahlbranche verbreitet, vgl. *VG Frankfurt*, Urt. v. 15.11.2012 – 1 K 1540/12.F –, ZNER 2013, 86.

1319 *Müggenborg*, Industrieparks, S.36 Rn.59. Siehe auch *Störfall-Kommission*, in: SFK-GS-44, S.3 f.; *Jochum/Friedensstab*, in: Umweltbundesamt, Die Anwendung umweltrechtlicher Vorschriften in Industrie- und Chemieparks, S.8.

1320 *Müggenborg*, Industrieparks, S.36 Rn.59 ff., wonach dieses Modell z.B. im Industriepark Frankfurt-Höchst angewendet wird, wobei die Hauptnutzer zugleich die Kommanditisten der Standortgesellschaft sind. Zu Eigentums-, Nutzungsverhältnissen und gesellschaftsrechtlichen Verflechtungen unter beispielhafter Aufführung einzelner Industrieparks s. *Jochum*, in: Jochum u.a., Industriepark und Störfallrecht, Rn.79 ff., 131 ff.

II. Begrifflichkeiten im Zusammenhang mit Industrieparks

Bei einem Industriepark sehen sich Behörden einer Vielzahl von Rechtssubjekten gegenübergestellt. Insbesondere die Begriffe Industrieparkbetreiber, Industrieparkbetreibergesellschaft, Standortbetreiber, Infrastrukturgesellschaft, Standortservicegesellschaft und Industrieparknutzer werden von der Praxis im Kontext mit Industrieparkkonstellationen verwendet. Während der Betreiberbegriff in mehreren umweltrechtlichen Gesetzen zu verorten ist, handelt es sich bei den oben aufgeführten Begriffen („Industrieparkbetreiber" usw.) nicht um Rechtsbegriffe. Ihr Wortlaut kann „täuschen". Die Begriffe werden daher im Folgenden kurz vorgestellt.

1. *Industriepark-, Standortbetreiber und Infrastrukturgesellschaft*

Der „Industrieparkbetreiber", der auch als „Standortbetreiber" bezeichnet wird, ist nicht zwangsläufig identisch mit dem Betreiber des Industrieparks i.S.d. BImSchG, obwohl der Wortlaut dies suggeriert.[1321] Der Industrieparkbetreiber ist im Regelfall der Eigentümer der Grundstücke des Industrieparks, die er allesamt oder teilweise an die Industrieparknutzer vermietet, verpachtet oder ihnen ein Erbbaurecht einräumt. Auf diese Weise kann er den vorhandenen Raum wirtschaftlich optimal nutzen.[1322] Dabei kann auch die Konstellation vorkommen, dass der Industrieparkbetreiber sämtliche Grundstücksflächen, die er an den Industrieparknutzer weitervermietet, wiederum selbst von einem Dritten (Eigentümer) gemietet hat.[1323]

Der Industrieparkbetreiber betreibt in der Regel die Infrastruktureinrichtungen des Standorts. Insoweit wird er auch als Infrastrukturgesellschaft bzw. Standortservicegesellschaft bezeichnet.[1324] Der Industrieparkbetreiber managt darüber hinaus regelmäßig den Standort, indem er sich um die Binnenorganisation des Industrieparks kümmert und für die angesiedelten Unternehmen Managementaufgaben (insb. in Bezug auf Genehmigungen) übernimmt.[1325] Hierzu

1321 Den Begriff des Industrieparkbetreibers daher ablehnend *Schmidt-Kötters*, in: BeckOK, BImSchG, § 4 Rn.119; *Friedrich*, NVwZ 2002, 1174 (1175 Fn.10).

1322 *Müggenborg*, Industrieparks, S.31 Rn.42; *ders.*, DVBl 2001, 417 (419).

1323 *Müggenborg*, Industrieparks, S.31 Rn.43.

1324 Vgl. *Störfall-Kommisson*, in: SFK-GS-44, S.3; *Schmidt-Kötters*, in: BeckOK, BImSchG, § 4 Rn.119; *Jochum*, in: Jochum u.a., Industriepark und Störfallrecht, Rn.70 ff. Zur Standortser-vicegesellschaft s. unten Teil 5 § 4 II 2.

1325 *Schmidt-Kötters*, in: BeckOK, BImSchG, § 4 Rn.119; *Müggenborg*, Industrieparks, S.30 Rn.41, S.38 Rn.66.

können auch Überwachungsaufgaben (Störfall-, Umweltmanagement, Arbeitssicherheit) gehören.[1326]

2. *Standortservicegesellschaft*

Die Standortservicegesellschaft ist, wie der Name bereits indiziert, eine Gesellschaft, die für die angesiedelten Industrieparkunternehmen umfassende Serviceleistungen vornimmt. In einem Industriepark sind ggf. auch mehrere miteinander verbundene Infrastrukturgesellschaften vorzufinden.[1327] Zu den gegen Entgelt angebotenen Dienstleistungen können z.B. die Bereitstellung von Wasser, Gas, Strom, Dampf, Abwasserbeseitigung, Organisation der Abfallentsorgung, Wartung von Anlagen, Werksfeuerwehr, Kantinenbetrieb und die Gestellung von erforderlichen Betriebsbeauftragten gehören.[1328] Die Standortservicegesellschaft hält den Industriepark insoweit organisatorisch zusammen. Teilweise werden daher die Begriffe „Standortservicegesellschaft“ und „Industrieparkbetreiber“ synonym verwendet.[1329] Davon ist jedoch in der Konstellation, in der der Eigentümer des Standorts nicht mit der Standortservicegesellschaft identisch ist, abzuraten.[1330] In jener Konstellation mietet oder pachtet die Standortservicegesellschaft vom Eigentümer des Standorts lediglich diejenigen Anlagen, die zur Erbringung ihrer angebotenen Serviceleistungen für die Industrieparknutzer erforderlich sind. Der Eigentümer des Standorts ist daher der Industrieparkbetreiber – und nicht die Standortservicegesellschaft. Dem Eigentümer obliegt die Verkehrssicherungspflicht für den Standort insoweit, als er die Vergabe und Nutzungsart der Teilflächen steuert und die für die Binnenorganisation erforderlichen Schnittstellenregelungen zu schaffen hat.[1331]

3. *Industriepark-/ Standortnutzer*

Industrieparknutzer sind industrielle Unternehmen, die Flächen des Industrieparks für ihren Betrieb oder einen Teil ihres Betriebs z.B. anmieten oder

1326 Vgl. *Jochum/Friedenstab*, in: Umweltbundesamt, Die Anwendung umweltrechtlicher Vorschriften in Industrie- und Chemieparks, S.13.

1327 *Jochum*, in: Jochum u.a., Industriepark und Störfallrecht, Rn.74.

1328 *Müggenborg*, Industrieparks, S.29 f. Rn.38 ff.; *ders.*, DVBl 2001, 417 (418).

1329 Vgl. *Störfall-Kommisson*, in: SFK-GS-44, S.3; *Müggenborg*, Industrieparks, S.30 Rn.41.

1330 A.A. *Schmidt-Kötters*, in: BeckOK, BImSchG, § 4 Rn.119; *Friedrich*, NVwZ 2002, 1174 (1175 Fn.10).

1331 *Müggenborg*, Industrieparks, S.31 f. Rn.44, S.38 Rn.66.

pachten. Sie nutzen die vom Industrieparkbetreiber gestellten Infrastruktureinrichtungen sowie die angebotenen Dienstleistungen gegen Entgelt.[1332]

III. Immissionsschutzrechtliche Besonderheiten im Industriepark

Im Zusammenhang mit Industrieparks stellen sich aufgrund der engen Ansiedelung einer Vielzahl von Unternehmen, dem (teilweise) stofflichen Verbund und der gemeinsamen Nutzung von Infrastruktureinrichtungen zahlreiche Rechtsfragen in umweltrechtlicher Hinsicht. Diese betreffen in Bezug auf Rohrleitungsanlagen und die erforderliche Abwasserbeseitigung vor allem wasserrechtliche Vorschriften (insb. WHG),[1333] in Bezug auf die Abfallentsorgung die Vorschriften des KrWG,[1334] sowie in Bezug auf den Umgang mit Gefahrstoffen die Vorschriften des UVPG,[1335] Chemikaliengesetzes (ChemG)[1336] und der Gefahrstoffverordnung (GefStoffV).[1337] Darüber hinaus spielt das Immissionsschutzrecht (insb. das BImSchG und die StörfallVO) bei Industrieparks eine besonders wichtige Rolle, da durch die Vielzahl von betriebenen Anlagen auf engem Raum vermehrt die Gefahr von Luftverunreinigungen, Lärmbelästigungen und Störfällen besteht.[1338] Im Folgenden konzentriert sich die Arbeit auf die Untersuchung derjenigen immissionsschutzrechtlichen Probleme, die im Industriepark vornehmlich im Zusammenhang mit dem immissionsschutzrechtlichen Betreiberbegriff entstehen.

1. Der Betreiber i.S.d. BImSchG im Industriepark

In der Konstellation des Industrieparks sieht sich der Rechtsanwender zahlreichen Rechtssubjekten unterschiedlicher Organisationsformen gegenübergestellt.

1332 Vgl. *Müggenborg*, Industrieparks, S.33 Rn.49 f. Siehe weitere Ausführungen zum Industrieparknutzer unten Teil 5 § 4 III 1 a).

1333 Hierzu s. *Jochum/Friedensstab*, in: Umweltbundesamt, Die Anwendung umweltrechtlicher Vorschriften in Industrie- und Chemieparks, S.10.

1334 Hierzu s. *Jochum/Friedensstab*, in: Umweltbundesamt, Die Anwendung umweltrechtlicher Vorschriften in Industrie- und Chemieparks, S.11.

1335 Zur UVP-Pflicht von integrierten chemischen Anlagen im Industriepark s. *Müggenborg*, NVwZ 2010, 479.

1336 Hierzu s. *Jochum/Friedensstab*, in: Umweltbundesamt, Die Anwendung umweltrechtlicher Vorschriften in Industrie- und Chemieparks, S.11.

1337 Vgl. *Sundermann-Rosenow*, in: Umweltbundesamt, Die Anwendung umweltrechtlicher Vorschriften in Industrie- und Chemieparks, S.5; *Müggenborg*, DVBl 2001, 417 (419 ff.). Siehe auch *Bratke*, Industrieparks, S.28 ff.

1338 *Müggenborg*, DVBl 2001, 417 (421).

Er wird daher regelmäßig zunächst vor der Aufgabe stehen, zu ermitteln, wer Anlagenbetreiber und damit Genehmigungsinhaber nach dem BImSchG sein soll.[1339] Das Gesetz hilft ihm, wie bereits aufgezeigt, nicht weiter: Der Gesetzgeber hat die zunehmenden Gründungen von Industrieparks nicht zum Anlass genommen, den Betreiberbegriff zu definieren. Dies ist insoweit nicht nachvollziehbar, als er durchaus vereinzelt immissionsschutzrechtliche Vorschriften (z.B. § 5 Abs.2 der 5. BImSchV) geändert hat, um diesen „neueren Entwicklungen Rechnung [zu] tragen".[1340] Die *Störfall-Kommission* beim *Bundesministerium für Umwelt, Natur und Reaktorsicherheit* hat demgegenüber Auslegungshinweise (Stand: 24. Juni 2005[1341]) zur Bestimmung des Betreiberbegriffs entwickelt. Die Arbeitshilfe definiert den Anlagenbetreiber als

> „Unternehmen, die im Industriepark Produktionsanlagen im Sinne des BImSchG betreiben sowie die dazugehörigen Infrastruktureinrichtungen, wie z.B. Kraftwerk, Rückkühlwerke, u.s.w. Dies können Industriepark-Nutzer, aber auch die Infrastrukur-Gesellschaft sein."[1342]

Diese Begriffsbestimmung dürfte jedoch nicht praxisgerecht sein. Denn sie gibt weder Anhaltspunkte, was „Betreiben" einer Anlage bedeutet, noch welches Abgrenzungskriterium maßgeblich ist, wenn sowohl der Industrieparknutzer als auch die Infrastruktur-Gesellschaft als Betreiber in Betracht kommen. Unter Anwendung der bisherigen Untersuchungsergebnisse[1343] dürfte vornehmlich darauf abzustellen sein, wer in tatsächlicher und rechtlicher Hinsicht den Anlagenbetrieb bestimmt und die wesentlichen Entscheidungen i.S.d. BImSchG trifft. Je nach Industrieparkkonstellation kommen insoweit der Industrieparknutzer, der Industrieparkbetreiber bzw. die Genehmigungshaltergesellschaft als Betreiber in Betracht:

a) Industrieparknutzer

Im Regelfall wird der jeweilige Industrieparknutzer der Betreiber i.S.d. BImSchG im Hinblick auf die eigenen Anlagen sein. Denn er wird regelmäßig derjenige sein, der die wesentlichen Entscheidungen über seinen Anlagenbetrieb trifft und insgesamt den bestimmenden Einfluss auf den Betrieb der Anlagen ausübt.[1344]

1339 Vgl. *Müggenborg*, DVBl 2001, 417 (421).

1340 Vgl. BR-Drs. 75/00, S.84.

1341 *Störfall-Kommission*, in: SFK-GS-44, S.1 ff.

1342 *Störfall-Kommission*, in: SFK-GS-44, S.4. Zur Anwendung der Arbeitshilfe s. oben Fn.1287.

1343 Siehe oben Teil 4 § 2 VII u. Teil 5 § 2 IV.

1344 Vgl. *Jarass*, BImSchG, § 3 Rn.83.

Es ist jedoch nicht ausgeschlossen, dass ausnahmsweise statt des Industrieparknutzers der Industrieparkbetreiber (bzw. die Servicegesellschaft) Anlagenbetreiber ist. Voraussetzung ist den aufgezeigten Kriterien zufolge, dass er den bestimmenden Einfluss auf die Anlage aufgrund der Übernahme von Managementaufgaben und Dienstleistungen ausübt. Dies dürfte nicht der Fall sein, wenn der Industrieparkbetreiber lediglich einzelne Aufgaben und vielfältige Dienstleistungen für den Industrieparknutzer übernimmt. Hierfür spricht, dass der Industrieparkbetreiber durch die Übernahme von bloßen Serviceleistungen noch nicht über das Ob und Wie des Anlagenbetriebs entscheidet.[1345] Selbst wenn sich angebotene Leistungen (z.B. Wartungen, Störfallvorsorge) auf Bereiche erstrecken, die einzelnen Betreiberpflichten in Bezug auf genehmigungsbedürftige Anlagen zuzuordnen sind, ist es nicht sachgerecht anzunehmen, dass der Industrieparkbetreiber Anlagenbetreiber der Anlage des Industrieparknutzers ist, sofern noch wesentliche Entscheidungen über den Anlagenbetrieb beim Industrieparknutzer verbleiben.[1346]

Fraglich ist, ob der Industrieparknutzer den unmittelbaren Einfluss auf den Anlagenbetrieb dadurch aus der Hand gibt, dass er dem Industrieparkbetreiber Eingriffs- oder Weisungsrechte für den Notfall oder Betretungsrechte vertraglich einräumt und vom Industrieparkbetreiber aufgestellte Sicherheitsregeln befolgt.[1347] Für eine Betreiberstellung des Industrieparkbetreibers lässt sich anführen, dass er in der Notfall-Situation den exklusiven tatsächlichen Zugriff auf den Anlagenbetrieb hat und dabei nicht weisungsgebunden ist, sondern sogar Weisungsrechte hat. Er hat somit in rechtlicher und tatsächlicher Hinsicht im Moment der Gefahrenabwehrsituation den unmittelbaren bestimmenden Einfluss.

Dieser Auffassung ist jedoch entgegenzuhalten, dass der Industrieparkbetreiber durch die eingeräumten Rechte – etwa wie der Immissionsschutz- oder Störfallbeauftragte – lediglich in der Lage ist, die Rahmenbedingungen im Hinblick auf die Sicherheit des einzelnen Anlagenbetriebs zu schaffen.[1348] Die wesentlichen Entscheidungen über den Anlagenbetrieb insgesamt, wie z.B. die erforderlichen konkreten Vorkehrungen für einen sicheren Anlagenbetrieb, verbleiben

---

1345 *Müggenborg*, Industrieparks, S.75 f. Rn.152; *ders.*, Chemie Technik 2003, 108 f. Siehe auch *Friedenstab*, in: Jochum u.a., Industriepark und Störfallrecht, Rn.664 ff.

1346 *Friedrich*, NVwZ 2002, 1174 (1176).

1347 *Müggenborg*, Industrieparks, S.76 Rn.152.

1348 *Spindler/Peter*, in: Jochum u.a., Industriepark und Störfallrecht, Rn.408, 416 f.; *Bratke*, Industrieparks, S.27.

hingegen regelmäßig beim Industrieparknutzer.[1349] Es ist entsprechend Aufgabe des jeweiligen Industrieparknutzers erforderliche immissionsschutzrechtliche Genehmigungen einzuholen und die Einhaltung der Betreiberpflichten sicherzustellen.[1350] Die Unterstützung des Industrieparknutzers durch den Industrieparkbetreiber bzw. die Servicegesellschaft bei der Einholung der erforderlichen Genehmigungen oder Erfüllung der umweltlichen Pflichten, ändert nichts an der Betreiberstellung des Industrieparknutzers. Insgesamt dürfte der Industrieparkbetreiber bzw. die Servicegesellschaft nur – in dem seltenen Fall – der immissionsschutzrechtliche Betreiber von genehmigungsbedürftigen Anlagen der Industrieparknutzer sein, wenn er bzw. sie sämtliche Betreiberpflichten nach außen erkennbar übernommen hat.[1351]

b) Benutzungsordnung

Einen Anhaltspunkt für die Frage, ob der Industrieparknutzer noch der Betreiber seiner Anlage ist, dürfte ggf. eine vom Industrieparkbetreiber bzw. von der Servicegesellschaft aufgestellte Benutzungsordnung für den Industriepark bieten. Denn hat sich der Industrieparknutzer vertraglich dazu verpflichtet, eine vorgegebene Benutzungsordnung einzuhalten, und erstreckt sich die Benutzungsordnung auf die Betreiberpflichten des BImSchG, spricht dies dafür, dass der Industrieparknutzer dem Industrieparkbetreiber bzw. der Servicegesellschaft die wesentlichen Entscheidungen über den Anlagenbetrieb überlassen hat.[1352] Die Benutzungsordnung indiziert in diesem Fall, dass der Industrieparknutzer die tatsächliche und rechtliche Verfügungsgewalt (Weisungsgebundenheit) über den jeweiligen Anlagenbetrieb an den Indsutrieparkbetreiber abgegeben hat und der Industrieparkbetreiber bzw. die Servicegesellschaft Anlagenbetreiber(in) ist. Letzere Annahme dürfte jedenfalls naheliegend und sachgerecht sein, wenn der Industrieparkbetreiber einseitig die näheren Einzelheiten des Anlagenbetriebs und Betriebsablaufs in der Benutzungsordnung vollständig vorgibt, sich der Industrieparknutzer verpflichtet, diese zu

---

1349 *Spindler/Peter*, in: Jochum u.a., Industriepark und Störfallrecht, Rn.408, 416 f.; *Bratke*, Industrieparks, S.27; i.E. ebenso *Müggenborg*, Industrieparks, S.76 Rn.152.

1350 Hat der Industrieparkbetreiber bereits Genehmigungen nach dem BImSchG für bestehende Anlagen eingeholt, gehen diese auf den Anlagenbetreiber über. Für die Errichtung neuer Anlagen bzw. Änderungen der Betriebsweise muss der Industrieparknutzer selbst eine Genehmigung beantragen, s. *Müggenborg*, DVBl 2001, 417 (422). Zur Rechtsnachfolge s. oben Teil 5 § 3 II 1.

1351 Vgl. *Müggenborg*, Industrieparks, S.75 Rn.152.

1352 *Müggenborg*, Industrieparks, S.73 Rn.146.

beachten, und Verstöße des Industrieparknutzers gegen die Benutzungsordnung einen Kündigungsgrund darstellen.[1353]

c) Industrieparkbetreiber und Servicegesellschaft

Der Industrieparkbetreiber bzw. die Servicegesellschaft kommt nicht nur, wie in den vorigen Abschnitten aufgezeigt, als Betreiber der Anlagen der Industrieparknutzer ausnahmsweise in Betracht, sondern dürfte regelmäßig Betreiber von Anlagen sein, mit denen den Bedarf der Industrieparknutzer (gegen Entgelt) gedeckt wird.[1354] Hierzu zählen z.B. Abfallverbrennungsanlagen, Tanklager, Verbindungsrohr-leitungen und Kraftwerke.[1355] Auch bei diesen Anlagen handelt es sich um genehmigungsbedürftige Anlagen nach dem BImSchG. In dieser Situation erfüllt der Industrieparkbetreiber bzw. die Servicegesellschaft erkennbar alle Betreibermerkmale. Insbesondere hat er die tatsächliche und rechtliche Verfügungsgewalt über seine Anlagen und unterhält sie zudem.[1356] Insoweit dürfte es allein sachgerecht sein, anzunehmen, dass der Industrieparkbetreiber bzw. die Servicegesellschaft Betreiber(in) i.S.d. BImSchG ist.

d) Genehmigungshaltergesellschaft

Fraglich ist, inwieweit eine sog. Genehmigungshaltergesellschaft im Industriepark Betreiberin ist und die Gründung einer derartigen Gesellschaft zu diesem Zwecke zu empfehlen ist. Dem Konzept der Genehmigungshaltergesellschaft liegt ein der *Bezirksregierung Köln* vorgelegter Fall zu Grunde, bei dem es um die Umwandlung einer Sprengstofffabrik in einen Industriepark ging.[1357] In dem Ausgangsfall sollte eine Fabrik, die Zünder, Metall-, Kunstoffstoffteile und Sprengstoff herstellte und zu der mehrere Sprengstofflager gehörten, in vier juristisch selbständige Einheiten mit unterschiedlichen Eigentümern aufgeteilt werden,[1358] wobei jedes Unternehmen auf ein Produkt spezialisiert sein und ein Sprengstofflager betreiben sollte.[1359]

1353 Vgl. *VGH Mannheim*, Urt. v. 15.12.1987 – 10 S 240/86 –, DÖV 1988, 609 (610).

1354 I.E. *Spindler/Peter*, in: Jochum u.a., Industriepark und Störfallrecht, Rn.418.

1355 Vgl. *Jochum*, in: Jochum u.a., Industriepark und Störfallrecht, Rn.75 ff.

1356 Vgl. *Spindler/Peter*, in: Jochum u.a., Industriepark und Störfallrecht, Rn.418.

1357 *Müggenborg*, Industrieparks, S.229 f. Rn.502 f.; *ders.*, Chemie Technik 2004, 72.

1358 *Wilke*, in: Umweltbundesamt, Die Anwendung umweltrechtlicher Vorschriften in Industrie- und Chemieparks, S.50.

1359 *Müggenborg*, Industrieparks, S.229 f. Rn.502.

Bei der Sprengstofffabrik handelte es sich um eine genehmigungsbedürftige Anlage nach dem BImSchG (vgl. Nr.10.1 des Anhangs 1 zur 4. BImSchV).[1360] Während vor Aufteilung der Sprengstofffabrik noch gewährleistet war, dass die nach der 2. Sprengstoffverordnung (2. SprengV) erforderlichen Schutzabstände der Sprengstofflager zu Wohn- und Gewerbegebieten außerhalb des Betriebsgeländes eingehalten wurden, war dies nach der Aufteilung nicht mehr möglich. Denn nun hatte jedes rechtlich selbständige Unternehmen der ehemaligen Sprengstofffabrik in Bezug auf die anderen Unternehmen nicht bloß die Sicherheitsabstände gemäß Ziff.1.11 des Anhangs zur 2. SprengV, die „innerhalb eines Betriebes" einzuhalten sind, zu beachten, sondern auch die Schutzabstände gemäß Ziff.1.10 des Anhangs zur 2. SprengV, die in Bezug auf die „Nachbarschaft" zu gewährleisten sind und regelmäßig größere Abstände vorsehen als Sicherheitsabstände (vgl. Anlagen 1–4). In dem Ausgangsfall standen die durch die Aufteilung der Sprengstofffabrik zu Nachbarn gewordenen Unternehmen vor dem Problem, dass es für sie aufgrund der bereits bestehenden engen räumlichen Gegebenheiten unmöglich war, die vom Gesetz geforderten Schutzabstände zueinander zu wahren. Nach der 2. SprengV sind die Schutzabstände jedoch zwingend ohne Ausnahme einzuhalten, so dass die Schließung der Sprengstofflager drohte.[1361] Die betroffenen Unternehmen suchten daher einen Weg, der die Geltung der Schutzabstände für die benachbarten Unternehmen ausschloss: Sie gründeten eine Genehmigungshaltergesellschaft, d.h. eine durch Gesellschaftsvertrag von den einzelnen juristisch selbständigen Personen gegründete Gesellschaft am Standort des Industrieparks, der die Betreiberstellung eingeräumt wurde. Sie sollte als gemeinsame Betreibergesellschaft agieren, um zu erreichen, dass die vor der Aufteilung der Sprengstofffabrik bestehenden Sicherheitsabstände galten.[1362]

Voraussetzung für den Eintritt dieser bezweckten „positiven" Wirkungen ist, dass die Genehmigungshaltergesellschaft die entsprechenden (hohen) Anforderungen an die Betreiberstellung erfüllt. Nach der bisherigen Untersuchung ist es erforderlich, dass die betroffenen Unternehmen der Genehmigungshaltergesellschaft hierfür den bestimmenden tatsächlichen und rechtlichen Einfluss über den Anlagenbetrieb einräumen. Sie muss insbesondere weisungsfrei entscheiden

---

1360 *Müggenborg*, Industrieparks, S.229 Rn.502; *ders.*, Chemie Technik 2004, 72.

1361 *Müggenborg*, Industrieparks, S.229 f. Rn.501 ff.; *ders.*, Chemie Technik 2004, 72; *Wilke*, in: Umweltbundesamt, Die Anwendung umweltrechtlicher Vorschriften in Industrie- und Chemieparks, S.51.

1362 *Müggenborg*, Industrieparks, S.230 Rn.503 f.; *Wilke*, in: Umweltbundesamt, Die Anwendung umweltrechtlicher Vorschriften in Industrie- und Chemieparks, S.52.

können und auch in tatsächlicher Hinsicht in die Lage versetzt werden, die Betreiberpflichten wahrnehmen zu können.[1363] Die Gründung einer Genehmigungshaltergesellschaft zu reinen Verwaltungszwecken (insbesondere ohne die Befugnis, weisungsunabhängig in den Anlagenbetrieb einzugreifen) führt hingegen noch nicht automatisch zum Übergang der Betreiberstellung.[1364] Es ist insoweit davon auszugehen, dass im Falle eines Unfalls die zuständigen Behörden, ggf. sogar Strafverfolgungsorgane, gründlich untersuchen werden, ob die Genehmigungshaltergesellschaft tatsächlich Betreiberin i.S.d. BImSchG ist.[1365]

Die Gründung einer Genehmigungshaltergesellschaft im Industriepark ist demnach insoweit empfehlenswert, als mit ihr das Erfordernis der Einhaltung von Schutzabständen nach der 2. SprengV umgangen werden kann. Zudem handelt es sich um eine flexible Konstruktion, da auch andere sich im Industriepark ansiedelnde, nicht zu den Gründungsgesellschaften der Genehmigungshaltergesellschaft gehörende Industrieparknutzer in diese Konstruktion eingebunden werden können, sofern sie die Betreiberverantwortung an die Genehmigungshaltergesellschaft übertragen.[1366] Darüber hinaus hat die Konstruktion für die Behörde den Vorteil, dass sie trotz der vielen verschiedenen selbständigen Industrieparknutzer nur einen Ansprechpartner hat, an den sie als Verantwortlichen z.B. die behördlichen Anordnungen zu adressieren hat.[1367]

Trotz dieser Vorteile sollte auf das Konzept der Genehmigungshaltergesellschaft nur mit Vorsicht und eher nicht im Falle anderer, die 2. SprengV nicht betreffender Konstellationen zurückgegriffen werden.[1368] Denn es trägt die Gefahr in sich, dass Streitigkeiten zwischen den Industrieparknutzern zum Verlust der Betreibereigenschaft bei der Genehmigungshaltergesellschaft führen. Damit stünden die Industrieparknutzer auch wieder vor dem alten Problem der

---

1363 *Müggenborg*, Industrieparks, S.230 f. Rn.504; *ders.*, Chemie Technik 2004, 72 (72 f.); *Wilke*, in: Umweltbundesamt, Die Anwendung umweltrechtlicher Vorschriften in Industrie- und Chemieparks, S.52, 73. Zu pauschal insoweit die Aussage von *Schmidt-Kötters*, in: BeckOK, BImSchG, § 4 Rn.120, dass Genehmigungshaltergesellschaften grundsätzlich „als Betreiber angesehen“ würden.

1364 *Sellner/Reidt/Ohms*, Immissionsschutzrecht, 1. Teil, B.IV., Rn.35.

1365 *Müggenborg*, Industrieparks, S.230 f. Rn.504; *ders.*, Chemie Technik 2004, 72 (73).

1366 Vgl. *Wilke*, in: Umweltbundesamt, Die Anwendung umweltrechtlicher Vorschriften in Industrie- und Chemieparks, S.52.

1367 *Wilke*, in: Umweltbundesamt, Die Anwendung umweltrechtlicher Vorschriften in Industrie- und Chemieparks, S.73.

1368 *Müggenborg*, Industrieparks, S.230 f. Rn.503 f.; *ders.*, Chemie Technik 2004, 72 (72 f.). Siehe auch *Schmidt-Kötters*, in: BeckOK, BImSchG, § 4 Rn.120, 120.2.

Gewährleistung der Schutzabstände.[1369] Zudem wird in der Praxis ein Industrieparknutzer nicht ohne Weiteres die Verantwortung für seine Anlage auf eine andere Gesellschaft übertragen, sondern lieber selbständig und unabhängig über den Betrieb entscheiden wollen.[1370] Schließlich besteht im Industriepark im Regelfall, in dem die Aufspaltung einer Sprengstofffabrik nicht vorkommen wird, für die Gründung einer Genehmigungshaltergesellschaft kein Bedarf. Dies belegen insbesondere die Vorschriften der StörfallVO (§§ 6 Abs.3, 15),[1371] wonach der Gesetzgeber Regelungen für eine gemeinsame standortbezogene Betrachtung über den einzelnen Bereich des jeweiligen Betreibers hinaus dort geschaffen hat, wo er es für erforderlich hielt.[1372]

2. *Gemeinsame Anlage*

Bei der Konstellation des Industrieparks stellt sich im Zusammenhang mit dem immissionsschutzrechtlichen Genehmigungserfordernis die Frage, inwieweit eine gemeinsame Anlage gebildet wird. Denn das Vorliegen einer gemeinsamen Anlage hätte zur Folge, dass die Leistungen bzw. Anlagengrößen von Anlagen derselben Art nicht einzeln, sondern in der Summe berücksichtigt würden (vgl. § 1 Abs.3 der 4. BImSchV).[1373] Dies könnte die „negative" Konsequenz haben, dass die maßgebenden Leistungsgrenzen bzw. Anlagengrößen nach dem Anhang 1 der 4. BImSchV und damit die Schwelle für die Genehmigungsbedürftigkeit eher überschritten werden. Dafür wäre aber auch nur eine Genehmigung nach dem BImSchG zu beantragen (jedenfalls bis zum Bau weiterer Anlagenteile) – und nicht einzeln für jede an sich genehmigungsbedürftige Anlage.[1374]

Die Frage, ob eine gemeinsame Anlage im Industriepark auch durch einzelne genehmigungsbedürftige Anlagen von verschiedenen (natürlichen oder juristischen) Betreibern gebildet werden kann, dürfte vor allem anhand der konkreten Regelungen über die gemeinsame Anlage nach § 1 Abs.3 der 4. BImSchV zu beantworten sein. Für die Annahme, dass eine gemeinsame Anlage auch durch genehmigungsbedürftige Anlagen verschiedener Betreiber gebildet werden kann, spricht zunächst, dass der Industriepark sich dadurch auszeichnet, dass

---

1369 *Schmidt-Kötters*, in: BeckOK, BImSchG, § 4 Rn.120.2.
1370 Vgl. *Müggenborg*, Industrieparks, S.230 Rn.503.
1371 Siehe unten Teil 5 § 4 III 3 c).
1372 *Schmidt-Kötters*, in: BeckOK, BImSchG, § 4 Rn.120.2.
1373 Vgl. *Hansmann/Röckinghausen*, in: Landmann/Rohmer, 4. BImSchV, § 1 Rn.22.
1374 *Hansmann/Röckinghausen*, in: Landmann/Rohmer, 4. BImSchV, § 1 Rn.22. Zur gemeinsamen Anlage s. oben Teil 2 § 1 II 5 c).

viele verschiedene Anlagen auf engem Raum zusammenstehen. Zudem besteht ein betrieblicher Zusammenhang zwischen den Anlagen, weil sich die angesiedelten Unternehmen die Infrastruktur und Dienstleistungen im Industriepark teilen und gegebenenfalls zudem in einer gemeinsamen Wertschöpfungskette stehen. Mit alleinigem Blick auf die in § 1 Abs.3 der 4. BImSchV erwähnten Voraussetzungen für eine gemeinsame Anlage ist es daher nicht abwegig, eine gemeinsame Anlage auch im Hinblick auf einzelne Anlagen verschiedener Industrieparknutzer anzunehmen.[1375] Zudem deutet der Wortlaut des § 1 Abs.3 S.2 BImSchG, wonach ein „enger räumlicher und betrieblicher Zusammenhang" gegeben ist, wenn die Anlagen „auf demselben Betriebsgelände liegen", darauf hin, dass allein der räumliche und betriebliche Bezug für die Beurteilung einer gemeinsamen Anlage maßgeblich ist.[1376] Demgegenüber ist Betreiberidentität in § 1 Abs.3 BImSchG nicht als Merkmal einer gemeinsamen Anlage aufgeführt, sondern in § 1 Abs.1 S.4 der 4. BImSchV als eigene Voraussetzung normiert.

Allerdings lässt der Wortlaut des § 1 Abs.3 S.2 Nr.1 der 4. BImSchV auch die Auslegung zu, dass „dasselbe Betriebsgelände" nur vorliegt, wenn es von demselben Betreiber betrieben wird.[1377] Die Bildung einer gemeinsamen Anlage durch eine Vielzahl immissionsschutzrechtlich genehmigungsbedürftiger Anlagen verschiedener Industrieparknutzer wäre danach ausgeschlossen. Für diese Ansicht spricht der historische Hintergrund der 4. BImSchV und Wille des Gesetzgebers. Nach dem Wortlaut der ursprünglichen Fassung der 4. BImSchV[1378] vom 25. Juli 1985, die erstmals den Begriff der gemeinsamen Anlage vorsah, war zwar zunächst unklar, ob dasselbe Betriebsgelände lediglich das Gelände eines Betreibers oder auch das Gelände mehrerer Betreiber erfasst. Bei der Einführung der Regelung des § 1 Abs.3 der 4.BImSchV ging es dem Gesetzgeber vorrangig um die Berücksichtigung der Emissionen sämtlicher an einem Ort befindlichen Feuerungsanlagen bei der Frage der Genehmigungsbedürftigkeit.[1379] Die Konstellation des Industrieparks hingegen spielte seiner fehlenden Erwähnung bei der Begründung des Verordnungsentwurfs zufolge keine Rolle.[1380] Inzwischen

---

1375 A.A. *Ludwig*, in: Feldhaus, 4. BImSchV, § 1 Rn.22.

1376 Vgl. *Jarass*, BImSchG, § 4 Rn.29; A.A. *Hansmann/Röckinghausen*, in: Landmann/Rohmer, 4. BImSchV, § 1 Rn.26; *Ludwig*, in: Feldhaus, 4. BImSchV, § 1 Rn.21.

1377 *Hansmann/Röckinghausen*, in: Landmann/Rohmer, 4. BImSchV, § 1 Rn.26; *Ludwig*, in: Feldhaus, 4. BImSchV, § 1 Rn.21; a.A. *Jarass*, BImSchG, § 4 Rn.29.

1378 BR-Drs. 226/85.

1379 Vgl. BR-Drs. 226/85, S.42; *Hansmann/Röckinghausen*, in: Landmann/Rohmer, 4. BImSchV, § 1 Rn.21.

1380 Vgl. BR-Drs. 226/85, S.42.

hat der Gesetzgeber aber mit der Festschreibung des Grundsatzes der Betreiberidentität in § 1 Abs.1 S.4 der 4. BImSchV durch Verordnung vom 20. Juni 2005[1381] deutlich gemacht, dass genehmigungsbedürftige Anlagen auf einem Betriebsgelände nur einen Betreiber haben können.[1382]

Danach ist die Voraussetzung der Betreiberidentität nach § 1 Abs.1 S.4 der 4. BimSchV, selbst wenn sie nicht bereits dem Merkmal „dasselbe Betriebsgelände“ entnommen wird, zumindest als ungeschriebene Voraussetzung in § 1 Abs.3 der 4. BImSchV hineinzulesen.[1383] Insgesamt müssen die Industrieparknutzer also ihre immissionsschutzrechtlich genehmigungsbedürftigen Anlagen von demselben Rechtsträger (einer Betreibergesellschaft) betreiben lassen, damit eine gemeinsame Anlage gegeben ist.[1384] Im Industriepark betreiben jedoch die verschiedenen Industrieparknutzer ihre Anlagen im Regelfall selbst.[1385] Wie bereits aufgezeigt, kommt der Industrieparkbetreiber bzw. die Servicegesellschaft als „derselbe Betreiber“ nicht in Betracht, wenn der Anlagenbetrieb nicht umfassend an ihn als Betreibergesellschaft übergeben wird.[1386] Nach § 1 Abs.3 i.V.m. § 1 Abs.1 S.4 der 4. BImSchV kann daher nicht eine gemeinsame Anlage in Bezug auf mehrere genehmigungsbedürftige Anlagen verschiedener Betreiber vorliegen.[1387] Dementsprechend werden die Leistungsgrenzen bzw. Anlagengrößen desselben Anlagentyps bei unterschiedlichen Betreibern in einem einheitlichen Industriepark nicht addiert. Die immissionsschutzrechtliche Genehmigungsbedürftigkeit dieser Anlagen richtet sich vielmehr allein nach den auf den jeweiligen Betreiber bezogenen Anlagen im Industriepark.

Dieses Ergebnis erscheint im Hinblick auf die Belastung der Umwelt, die von Immissionen desselben Anlagentyps auf engem Raum ausgehen kann und die der Gesetzgeber bei seiner ursprünglichen Fassung der 4. BImSchV im Auge hatte,[1388] nicht angemessen zu sein. Allerdings hat sich der Gesetzgeber bewusst

---

1381 BGBl I S.1687.

1382 *Hansmann/Röckinghausen*, in: Landmann/Rohmer, 4. BImSchV, § 1 Rn.26 m.w.N. Siehe oben Teil 2 § 4.

1383 Vgl. *Jarass*, BImSchG, § 4 Rn.30.

1384 Ludwig, in: Feldhaus, 4. BImSchV, § 1 Rn.22.

1385 Hierzu s. oben Teil 5 § 4 III 1 a).

1386 Vgl. *Hansmann/Röckinghausen*, in: Landmann/Rohmer, 4. BImSchV, § 1 Rn.26; *Schmidt-Kötters*, in: BeckOK, BImSchG, § 4 Rn.119. Siehe oben Teil 5 § 4 III 1 a).

1387 *Hansmann/Röckinghausen*, in: Landmann/Rohmer, 4. BImSchV, § 1 Rn.26.

1388 Siehe BR-Drs. 226/85, S.42: „Hiermit wird deutlich gemacht, daß es z.B. für die Frage der Öffentlichkeitsbeteiligung erheblich ist, daß eine bestimmte Emissionsmenge an einem Ort entsteht. Hierbei ist es unbeachtlich, ob diese Emissionsmenge von mehreren Anlagen oder von einer Anlage hervorgerufen wird.“

für den Vorrang des Grundsatzes der Betreiberidentität entschieden. Er wollte sicherstellen, dass die auf eine Gesamtanlage bezogenen Betreiberpflichten erfüllt werden.[1389] Bei mehreren Betreibern sah er dies nicht als gewährleistet an.[1390] Selbst wenn Anlagen durch Pipelines verbunden sind, dürfte folglich keine gemeinsame Anlage anzunehmen sein, wenn die Anlagen mehreren Betreibern zuzuordnen sind.[1391]

3. *Störfallvorsorge im Industriepark*

Im Industriepark sind vermehrt störfallgefährdete Anlagen auf engem Raum vorzufinden.[1392] Insbesondere industrielle Unternehmen in Chemieparks gehen regelmäßig mit gefährlichen Stoffen um. Welche Gefahren von Störfallanlagen herrühren, hat erst kürzlich wieder ein Unfall im Chemiepark Marl gezeigt. In dem im Ruhrgebiet angesiedelten Chemiepark waren am 31. März 2012 zwei Mitarbeiter bei einem Brand in einer CDT(Cyclododecatrien)-Anlage der Evonik Industries AG ums Leben gekommen. Darüber hinaus hatte der Brand einen Millionenschaden verursacht. In einem Kühlturm der CDT-Anlage – einer Anlage zur Herstellung von Kunststoffvorprodukten – war ein Feuer ausgebrochen, wobei die Ursache im „materialtechnischen Bereich" vermutet wurde.[1393] Insgesamt waren 130 Mitarbeiter der Werksfeuerwehr des Chemieparks, der Feuerwehr der Stadt Marl und der Werksfeuerwehr vom Standort Gelsenkirchen-Horst zur Löschung des Brands im Einsatz, wobei auch die Hilfe des Technischen Hilfswerks für die Ausleuchtung der Einsatzstelle angefordert wurde.

Betreiber von derartigen Störfallanlagen müssen, wie bereits ausgeführt, zusätzlich zu den allgemeinen immissionsschutzrechtlichen Vorschriften die Bestimmungen der StörfallVO beachten, wenn der Anwendungsbereich eröffnet ist.[1394] Allerdings sind die Regelungen der StörfallVO nicht auf die

---

1389 Vgl. *Hansmann/Röckinghausen*, in: Landmann/Rohmer, 4. BImSchV, § 1 Rn.26 m.w.N.; *Müggenborg*, DVBl 2001, 417 (422).

1390 Zum Sonderfall der Annahme von Betreiberidentität bei besonderem Abhängigkeitsverhältnis zwischen zwei Rechtsträgern, s. oben Teil 5 § 2 III.

1391 *Spindler/Peter*, in: Jochum u.a., Industriepark und Störfallrecht, Rn.414.

1392 *Müggenborg*, Industrieparks, S.100 Rn.200.

1393 *Infracor GmbH*, Pressemitteilung „Brand in der CDT-Anlage im Chemiepark Marl", im Internet abrufbar unter http://www.infracor.de/cms/ir/de/medien/aktuelle-pressemitteilungen/Pages/detail.aspx?newsid=26370 (Stand: 22. Juni 2013).

1394 Siehe oben Teil 2 § 5.

Konstellation des Industrieparks zugeschnitten.[1395] Im Folgenden wird daher zunächst untersucht, welche Bedeutung dem Betreiberbegriff für den Anwendungsbereich der StörfallVO im Industriepark zukommt und welche Bestimmungen der StörfallVO besonders im Hinblick auf Anlagen anderer Betreiber im Industriepark zu beachten sind.

a) Betriebsbereich unter der Aufsicht eines Betreibers

Nach § 1 Abs.1, 2 StörfallVO kommt es, wie bereits aufgezeigt, darauf an, dass in einem Betriebsbereich bestimmte Mengenschwellen an gefährlichen Stoffen nach Anhang I der StörfallVO überschritten werden.[1396] Maßgeblicher Bezugspunkt ist der Betriebsbereich, der nach der Vorschrift des § 3 Abs.5a BImSchG ein „unter der Aufsicht eines Betreibers stehender Bereich" ist.[1397] Die Termini Betriebsbereich und gemeinsame Anlage ähneln sich insoweit.[1398] Denn der Betriebsbereich kann danach wie eine gemeinsame Anlage gem. § 1 Abs.3 i.V.m. Abs.1 S.4 der 4. BImSchV nur einen Betreiber haben.

Der Begriff des Betriebsbereichs ist allerdings weiter gefasst als der Begriff der gemeinsamen Anlage[1399]: Auf die immissionsschutzrechtliche Genehmigungsbedürftigkeit der Anlage kommt es bei den auf den Betriebsbereich bezogenen Vorschriften der StörfallVO nicht an. Vielmehr kommt es allein auf das Überschreiten der Mengenschwellwerte in Bezug auf gefährliche Stoffe an, so dass auch Betreiber nicht genehmigungsbedürftiger Anlagen Adressaten der StörfallVO sein können.[1400]

Voraussetzung für die Zusammenrechnung mehrerer Anlagen eines Betreibers ist zudem, dass sich die Anlagen in ausreichender räumlicher Nähe befinden.[1401] Andernfalls erscheint es nicht gerechtfertigt, das Gefahrenpotenzial

1395 Dies hat auch die *Störfall-Kommission* beim *Bundesministerium für Umwelt, Natur und Reaktorsicherheit* erkannt und am 24. Juni 2005 eine Arbeitshilfe für die Anwendung der Störfall-Verordnung bei Industrieparks verabschiedet – SFK-GS-44, S.1 ff. Zur Bedeutung von Arbeitshilfen der Störfall-Kommission „als Grundlage", s. *VG Düsseldorf*, Urt. v. 25.1.2011 – 3 K 7297/09 –, s. oben Fn.1288. Siehe auch *Sundermann-Rosenow*, in: Umweltbundesamt, Die Anwendung umweltrechtlicher Vorschriften in Industrie- und Chemieparks, S.4 ff.

1396 Siehe oben Teil 2 § 5.

1397 *Wietfeldt/Neuser*, in: Feldhaus, 12. BImSchV, § 1 Rn.47. Vgl. *VG Düsseldorf*, Urt. v. 25.1.2011, – 3 K 7297/09 –.

1398 *Spindler*, UPR 2001, 81 (83).

1399 Hierzu ausf. *Spindler*, UPR 2001, 81 (83).

1400 *Wietfeldt/Neuser*, in: Feldhaus, 12. BImSchV, § 1 Rn.53; *Spindler*, UPR 2001, 81 (81 f.).

1401 *VG Düsseldorf*, Urt. v. 25.1.2011 – 3 K 7297/09 –.

der Anlagen gemeinsam zu betrachten.[1402] Dies dürfte jedenfalls dann anzunehmen sein, wenn der erforderliche Sicherheitsabstand zwischen den Anlagen mit störfallrelevanten Stoffen unterschritten wird.[1403] Werden die Anlagen demgegenüber räumlich z.B. durch eine Straße oder ein Grundstück Dritter getrennt, dürfte eine Zusammenrechnung der gefährlichen Stoffe ausscheiden.[1404] Schließlich sind Synergieeffekte bezogen auf die Anlagen eines Betreibers ausgeschlossen. Die Gegenansicht, wonach Bauten Dritter eine „vermittelnde Wirkung" zukommt, ist abzulehnen.[1405] Eine derart weite Auslegung des Kriteriums der räumlichen Nähe und Zurechnung von Gefahrenpotentialen Dritter dürfte in der StörfallVO im Hinblick auf die Eröffnung ihres Anwendungsbereichs nicht angelegt sein. Dies lässt sich insbesondere dem Umkehrschluss zu den vielen Vorschriften der StörfallVO (insb. §§ 3, 6 Abs.3, 15) entnehmen, die der Gesetzgeber unter Berücksichtigung der umgebenden Anlagen entworfen hat.[1406]

Eine Gesamtbetrachtung des Standorts, mit der gesondert auf die Konstellation des Industrieparks eingegangen würde, sehen die Vorschriften über die Eröffnung des Anwendungsbereichs nach §§ 1 Abs.1, 3 Abs.5a BImSchG nicht vor.[1407] Dies hat zur Folge, dass ein angesiedelter Rechtsträger durch seine Spaltung erreichen kann, dass die Anlagen – trotz praktisch unverändertem Gesamtgefahrenpotenzial – aus dem Anwendungsbereich fallen und Störfallpflichten daher nicht mehr beachtet werden müssen.[1408] Eine Zurechnung dürfte nur im Ausnahmefall bei Offenlegung einer Umgehungsabsicht und eines einheitlichen Betreiberwillens erfolgen (Strohmannverhältnis).[1409]

1402 *Friedrich*, NVwZ 2002, 1174 (1179).

1403 *Spindler*, UPR 2001, 81 (83 ff.).

1404 A.A. *OVG Münster*, Urt. v. 11.12.2012 – 8 A 722/11 –; *VG Düsseldorf*, Urt. v. 25.1.2011 – 3 K 7297/09 –; *Störfall-Kommission*, in: SFK-GS-35, S.3; *Hansmann*, in: Landmann/Rohmer, 12. BImSchV, § 1 Rn.13; *Friedrich*, NVwZ 2002, 1174 (1179).

1405 A.A. *OVG Münster*, Urt. v. 11.12.2012 – 8 A 722/11 –; *Störfall-Kommission*, in: SFK-GS-35, S.3; *Friedrich*, NVwZ 2002, 1174 (1179).

1406 Hierzu s. unten Teil 5 § 4 III 3 c).

1407 Vgl. *Müggenborg*, Industrieparks, S.101 f. Rn.203, S.125 Rn.265; *ders.*, DVBl 2001, 417 (423).

1408 *Störfall-Kommission*, in: SFK-GS-44, S.1 f.; *Müggenborg*, Industrieparks, S.102 Rn.204; *ders.*, DVBl 2001, 417 (423); *Spindler*, UPR 2001, 81 (85 f.). Siehe oben Teil 2 § 4 II 2.

1409 Vgl. *Wietfeldt/Neuser*, in: Feldhaus, 12. BImSchV, § 1 Rn.50 m.w.N.; *Spindler*, UPR 2001, 81 (86). Siehe oben Teil 5 § 2 II 3.

Dieses Ergebnis steht im Widerspruch zum Sinn und Zweck der Störfall-VO, vor Störfallgefahren und -folgen zu schützen.[1410] Bei der Konstellation des Industrieparks besteht die erhöhte Gefahr eines Störfalls: Gerade hier kann eine große Menge an gefährlichen Stoffen auf engem Raum vorhanden sein und ein besonderes Störfallrisiko darstellen. Entsprechend schwer können auch die Folgen eines Unfalls im Industriepark sein.[1411] Der Gesetzgeber hatte die Konstellation des Industrieparks jedoch weder bei der Einführung der Begriffsbestimmung des Betriebsbereichs nach § 3 Abs.5a BImSchG[1412] noch beim Entwurf der StörfallVO[1413] vor Augen. Er ging vielmehr von dem Regelfall des einheitlich genutzten, unter der Aufsicht eines Unternehmens stehenden Werkgeländes aus.[1414] Dieser Ansatz entspricht dem des europäischen Richtliniengebers, der mit der Seveso II-Richtlinie[1415] vor allem Umweltunfälle verhüten wollte, wie sie in der Vergangenheit vermehrt in der Nähe von Wohnvierteln von industriellen Anlagen verursacht worden sind.[1416] Dabei wollte er vor Gefahren schützen, die von einem unter der Aufsicht eines Betreibers stehenden Betrieb verursacht werden können (Art.3 Nr.1 der Seveso II-Richtlinie).[1417] Von der Konstellation des Industrieparks ist in den Erwägungsgründen sowie in den einzelnen Richtlinienbestimmungen keine Rede. Auch die Seveso III-Richtlinie[1418] vom 4. Juli 2012 geht nicht auf die Situation des Industrieparks ein.

Im Übrigen spricht die organisationsbezogene Sichtweise des Richtliniengebers und des die Richtlinie umsetzenden Gesetzgebers dafür, dass die Störfallpflichten an nur einen (die Aufsicht führenden) Betreiber adressiert werden sollen. Danach ist die Erfüllung von Störfall-Pflichten, wie z.B. die Einführung

---

1410 *Spindler*, UPR 2001, 81 (85).

1411 Siehe oben Teil 5 § 4 III 3, zu einem Störfall im Chempiepark Marl.

1412 Vgl. BT-Drs. 13/11118, S.7 f. – Entwurf v. 22. Juni 1998.

1413 Vgl. BR-Drs. 75/00, S.65 ff. – Entwurf v. 3. Februar 2000.

1414 *Müggenborg*, Industrieparks, S.102 Rn.204; *ders.*, DVBl 2001, 417 (423).

1415 Die Seveso II-Richtlinie ist durch die Richtlinie 2012/18/EU des *Europäischen Parlaments* und des *Rates* vom 4. Juli 2012 zur Beherrschung der Gefahren schwerer Unfälle mit gefährlichen Stoffen, zur Änderung und anschließenden Aufhebung der Richtlinie 96/82/EG des *Rates* ersetzt worden.

1416 Vgl. Erwägungsgrund 4 der RL 96/82/EG vom 9. Dezember 1996, ABl. EG Nr. L 10 vom 14. Januar 1997, S.13–33.

1417 Vgl. RL 96/82/EG vom 9. Dezember 1996, ABl. EG Nr. L 10 vom 14. Januar 1997, S.13–33.

1418 Richtlinie 2012/18/EU des *Europäischen Parlaments* und des *Rates* vom 4. Juli 2012 zur Beherrschung der Gefahren schwerer Unfälle mit gefährlichen Stoffen, zur Änderung und anschließenden Aufhebung der Richtlinie 96/82/EG des *Rates*.

eines einheitlichen Sicherheitsmanagementsystems, zwingend an die Person nur eines Betreibers gekoppelt.[1419] Dieser hat die besondere rechtliche Befugnis, eine den Regelungen der StörfallVO entsprechende Organisation für den Anlagenbetrieb einzurichten.[1420] Die „Managementhoheit" kann nach Ansicht des Richtlinien- und Gesetzgebers nur diesem einem Betreiber zugewiesen sein.[1421] Dies ist insoweit sachgerecht, als ein Verantwortlicher zuverlässiger die Störfallpflichten erfüllen dürfte als mehrere Verantwortliche.[1422] Denn im letzteren Fall kann es zu Missverständnissen im Hinblick auf die Zuständigkeit kommen. Insgesamt lassen somit Wortlaut, gesetzgeberischer Wille sowie Sinn und Zweck der Seveso III-Richtlinie (zuvor Seveso II-Richtlinie) bzw. der Störfallvorschriften keinen Raum für eine abweichende Auslegung der Vorschriften zur Eröffnung des Anwendungsbereichs in der Sonderkonstellation des Industrieparks.[1423]

b) Leitungsnetze (Rohrleitungen, Pipelines)

Im Industriepark benutzen viele verschiedene Unternehmen gemeinsam Infrastruktureinrichtungen, zu denen auch Leitungen gehören können, die gefährliche Stoffe transportieren (z.B. Erdgasleitungen[1424]). Diese Leitungen schaffen häufig erst die Verbindung zwischen Anlagen, die mit gefährlichen Stoffen umgehen. Es kommt also vor, dass das Gefahrenpotenzial erst durch ein Leitungnetz entsteht bzw. erhöht wird.[1425] In der Praxis stellt sich aufgrund der mit der StörfallVO verbundenen Pflichten die Frage, inwieweit diese Leitungen dem jeweiligen Industrieparknutzer bzw. dem Industrieparkbetreiber (bzw. der Servicegesellschaft) zuzuordnen sind.[1426]

Die fragliche Leitung dürfte dem Anlagenbetrieb des Industrieparknutzers zuzuordnen sein, wenn sie mit dessen Anlagen verbunden ist und dieser die Herrschaft über den Betrieb der Leitung hat. Denn es entspricht dem Sinn und Zweck der StörfallVO, dass derjenige die Störfallpflichten in Bezug auf die Leitung, die gefährliche Stoffe transportiert, zu beachten hat, der tatsächlich und

1419 Einer einheitlichen Organisation auf der Ebene des Betriebsbereichs selbst bedarf es demgegenüber nicht, s. *Spindler*, UPR 2001, 81 (85).

1420 Vgl. *Spindler*, UPR 2001, 81 (83, 85 f.).

1421 *Spindler*, UPR 2001, 81 (85).

1422 Siehe oben Teil 2 § 4 III 4 c).

1423 *Spindler*, UPR 2001, 81 (81 ff., 85), der darauf hinweist, dass eine Abweichung auch aus verfassungsrechtlicher Sicht problematisch wäre.

1424 Vgl. *OVG Münster*, Urt. v. 11.12.2012 – 8 A 722/11 –.

1425 *Spindler*, UPR 2001, 81 (84).

1426 Vgl. *Spindler/Peter*, in: Jochum u.a., Industriepark und Störfallrecht, Rn.410 ff.

rechtlich in der Lage ist, die mit ihr verbundenen Gefahren abzuwehren.[1427] Sind hingegen Anlagen des Industrieparknutzers durch werksinternen Transport, der nicht durch Rohrleitungen durchgeführt wird (z.B. durch Transport per LKW), verbunden, und die Anlagen zudem weit voneinander entfernt, dürfte dies überwiegend dafür sprechen, dass die erforderliche Nähe für die Annahme eines Synergiepotenzials fehlt.[1428]

Im Industriepark kann auch die Konstellation vorkommen, dass der Industrieparkbetreiber das Eigentum an den Leitungsabschnitten sowie die Herrschaft über ihren Betrieb nicht an den jeweiligen Industrieparknutzer überträgt.[1429] Auch wenn der Industrieparknutzer einen Leitungsabschnitt nutzt, dürfte damit nicht automatisch ein Herrschaftswechsel verbunden sein. Denn es ist sachgerecht anzunehmen, dass die Verantwortung über die Leitungen als Gefahrenquelle beim Industrieparkbetreiber bleibt, solange er nicht die eigentliche Herrschaft über den Leitungsabschnitt abgegeben hat.[1430]

Handelt es sich bei den Leitungen des Industrieparkbetreibers allerdings um reine Transporteinrichtungen, die keinem anderen Zweck dienen – wie dies bei Rohrleitungsnetzen üblicherweise der Fall ist –, fallen sie aus dem Anwendungsbereich der StörfallVO heraus.[1431] Dies belegt die Vorschrift des § 1 Abs.5 der StörfallVO, wonach die StörfallVO nicht für die in Art.4 der Seveso II-Richtlinie genannten „Einrichtungen, Gefahren und Tätigkeiten“ gilt. Zu diesen zählt nach Art.4d

> „die Beförderung gefährlicher Stoffe in Rohrleitungen, einschließlich Pumpstationen, außerhalb der unter diese Richtlinie fallenden Betriebe“.[1432]

1427 Vgl. *Spindler/Peter*, in: Jochum u.a., Industriepark und Störfallrecht, Rn.411 ff.; *Spindler*, UPR 2001, 81 (85). Die Störfallpflichten sind, wie oben aufgezeigt, zu beachten, sofern die Mengenschwellenwerte der StörfallVO überschritten sind und sich Unfälle aufgrund der Lage der Leitung schnell auf die Anlagen auswirken können, s. oben Teil 5 § 4 III 3 a).

1428 *Spindler*, UPR 2001, 81 (84).

1429 Vgl. *Spindler/Peter*, in: Jochum u.a., Industriepark und Störfallrecht, Rn.418.

1430 Vgl. *Spindler/Peter*, in: Jochum u.a., Industriepark und Störfallrecht, Rn.418.

1431 *Spindler/Peter*, in: Jochum u.a., Industriepark und Störfallrecht, Rn.413, Rn.418, die darauf hinweisen, dass dies aber nicht die Anwendung sonstiger öffentlichrechtlicher Vorschriften auf derartige Leitungen ausschließt (z.B. WHG). Siehe auch *Spindler*, UPR 2001, 81 (82).

1432 Betrieb bezeichnet nach Art.3 Nr.1 der Seveso II-RL „den gesamten unter der Aufsicht eines Betreibers stehenden Bereich, in dem gefährliche Stoffe in einer oder in mehreren Anlagen, einschließlich gemeinsamer oder verbundener Infrastrukturen und Tätigkeiten vorhanden sind“. Die Neufassung der Richtlinie sieht denselben Wortlaut vor (vgl. Art.3 Nr.1 der Seveso III-RL).

Der Gesetzgeber der StörfallVO hat die Aufnahme der Ausschlussregelung mit der Anpassung an die Regelung des § 3 Abs.5a BImSchG („Betriebsbereich") begründet.[1433] Letztere sieht die Übernahme der Ausschlussregelung des Art.4 der Seveso II-Richtlinie vor.

Der Richtliniengeber hat die Regelung des Art.4 der Seveso II-Richtlinie (jetzt Art.2 Abs.2 d) Seveso III-Richtlinie[1434]) vornehmlich im Hinblick auf die in nationaler bzw. internationaler Hinsicht weitreichenden Transportnetze (etwa Pipelinenetze) getroffen. Diese wollte er aus dem Anwendungsbereich der Richtlinie ausschließen, weil sich die auf einen engen räumlichen Bereich bezogenen Störfallpflichten, insbesondere die Aufstellung eines einheitlichen Sicherheitssystems, seiner Auffassung nach nicht für weitreichende Transportnetze eigneten.

Demgegenüber ist zu bezweifeln, dass der Richtliniengeber die Sonderkonstellation des Industrieparks vor Augen hatte und auch Rohrleitungsnetze innerhalb eines Industrieparks vom Anwendungsbereich der Seveso II-Richtlinie ausnehmen wollte.[1435] Gleichwohl dürfte dem eindeutigen Wortlaut der Bestimmung, der jegliche Rohrleitungen als Transporteinrichtungen vom Anwendungsbereich ausschließt, soweit sie nicht einer Anlage zugerechnet werden können, zu folgen sein.[1436]

c) Berücksichtigung von Anlagen anderer Betreiber

Für die Eröffnung des Anwendungsbereichs der StörfallVO sind, wie in den vorigen Abschnitten aufgezeigt, lediglich die Anlagen maßgeblich, die unter Aufsicht ein und desselben Betreibers stehen. Gefährliche Stoffe, die sich auf benachbarten Anlagen anderer Betreiber befinden, spielen insoweit keine Rolle. Ist jedoch der Anwendungsbereich erst einmal eröffnet, schreiben einzelne Vorschriften der StörfallVO dem Betreiber die Berücksichtigung benachbarter Anlagen von anderen Betreibern vor.

Zu diesen Vorschriften gehört auch § 3 StörfallVO, wonach zu den allgemeinen Betreiberpflichten der StörfallVO die Pflicht gehört, „umgebungsbedingte Gefahrenquellen" zu berücksichtigen (§ 3 Abs.2 Nr.2). Zu diesen Gefahrenquellen

---

1433 BR-Drs. 75/00, S.66.

1434 Die Seveso III-Richtlinie hat die Bestimmung der Seveso II-Richtlinie wortgleich übernommen. Eine Anpassung des § 1 Abs.5 StörfallVO an die Seveso III-Richtlinie steht noch aus.

1435 *Spindler/Peter*, in: Jochum u.a., Industriepark und Störfallrecht, Rn.418.

1436 Vgl. BT-Drs. 13/11118, S.8.

zählen nicht nur die aufgezählten naturbedingten Gefahrenquellen,[1437] sondern auch andere Gefahrenquellen. Dies belegen Nr.3.2.4.2 der Zweiten Allgemeinen Verwaltungsvorschrift vom 17. April 1982 zur StörfallVO (2. StörfallVwV)[1438] sowie die Vollzugshilfe zur Störfall-VO des *Bundesministeriums für Umwelt, Naturschutz und Reaktorsicherheit* (*BMU*) vom März 2004,[1439] wonach zu den umgebungsbedingten Gefahrenquellen auch die zivilisationsbedingten Gefahrenquellen „benachbarter Anlagen" gehören sollen, unabhängig davon, ob die Anlage von einem anderen Betreiber betrieben wird.[1440]

Dabei dürfte die Gefahrenquelle „benachbarte Anlagen" weit auszulegen sein. Denn nach Nr.3.2.4.2 lit.a) S.1 der 2. StörfallVwV werden nicht nur diejenigen Anlagen erfasst, die unmittelbar an die betrachtete Anlage angrenzen, sondern auch diejenigen, die entfernt von ihr liegen, „sofern die betrachtete Anlage in deren Gefahrenbereich liegt".[1441] Einschränkend auf die Risikobewertung dürfte sich allein auswirken, dass nach Nr.3.2.4.2 lit.a) S.2 der 2. StörfallVwV ausschließlich Anlagen zu berücksichtigen sind, von denen besondere Störfall-Gefahren („Brände, Explosionen, Erschütterungen oder Freisetzung akut toxischer Stoffe") ausgehen können.[1442]

Im Industriepark dürften benachbarte Anlagen häufig als umgebungsbedingte Gefahrenquellen gegeben sein. Dies hat zur Folge, dass ein Anlagenbetreiber im Industriepark regelmäßig Informationen von Betreibern benachbarter Anlagen einholen muss, um seiner allgemeinen Schutzpflicht nach § 3 Abs.1 StörfallVO nachkommen zu können.[1443]

Über die Vorschrift des § 3 StörfallVO hinaus sind in §§ 15, 6 Abs.3 StörfallVO weitere Regelungen zur Berücksichtigung von Betriebsbereichen anderer

---

1437 Vgl. *Hansmann*, in: Landmann/Rohmer, 12. BImSchV, § 3 Rn.17.

1438 GMBl vom 6. Mai 1982, S.205.

1439 Ursprünglich hatte das *BMU* eine Verwaltungsvorschrift zur StörfallVO entworfen, die zwar von der *Bundesregierung* am 10. Dezember 2003 als Allgemeine Verwaltungsvorschrift zur StörfallVO beschlossen worden war, im *Bundesrat* jedoch keine Mehrheit fand. Nach redaktioneller Überarbeitung wurde der Entwurf als Erkenntnisquelle insb. für Länderbehörden und betroffene Unternehmen zur Förderung des bundeseinheitlichen Vollzugs der StörfallVO zur Verfügung gestellt.

1440 Vgl. *Müggenborg*, Industrieparks, S.103 Rn.206. Siehe auch *Hansmann*, in: Landmann/Rohmer, 12. BImSchV, § 3 Rn.18.

1441 Ebenso Nr.9.2.6.1.2 lit.a) der Vollzugshilfe zur StörfallVO vom März 2004.

1442 Vgl. GMBl vom 6. Mai 1982, S.210.

1443 *Müggenborg*, DVBl 2001, 417 (424). Zur praktischen Lösung des Abstimmungsbedarfs im Industriepark s. unten Teil 5 § 4 III 4.

Betreiber in der Umgebung enthalten, mit denen die Vorgaben des Art.8 Abs.1, Abs.2a der Seveso II-Richtlinie (jetzt Art.9 Abs.1, Abs.3a Seveso III-Richtlinie) gleichsam 1:1 umgesetzt worden sind. Nach § 15 StörfallVO hat die Behörde gegenüber Betreibern unterschiedlicher Betriebsbereiche festzustellen, ob sie von einem Domino-Effekt betroffen sein können.[1444] Damit wird dem Erwägungsgrund des Richtliniengebers Rechnung getragen, wonach die Wahrscheinlichkeit eines Störfalleintritts aufgrund des Standorts erhöht sein kann oder der Störfall aufgrund des Standorts folgenschwerer sein kann (vgl. § 15 StörfallVO sowie Erwägungsgrund 18 der Seveso II-Richtlinie bzw. 14 der Seveso III-Richtlinie). Für die Annahme eines derartigen Domino-Effekt-Risikos müssen nach der abschließenden Aufzählung des § 15 StörfallVO der Standort, der Abstand zu angrenzenden Betriebsbereichen sowie das Vorhandensein gefährlicher Stoffe (kumulativ) gegeben sein.[1445]

Liegt ein Fall des § 15 StörfallVO vor, sind die Betreiber nach § 6 Abs.3 StörfallVO zum Informationsaustausch untereinander verpflichtet.[1446] Dieser erstreckt sich auf alle Informationen, die erforderlich sind, um in den Störfalldokumenten Art und Ausmaß der Gesamtgefahr bei einem Störfall zu berücksichtigen (§ 6 Abs.3 StörfallVO).[1447] Auf diese Weise kann es automatisch zu abgestimmten Sicherheitskonzepten (§ 8 StörfallVO) der Betreiber von Störfallanlagen kommen. Daneben werden die ausgetauschten Informationen, sofern die erweiterten Sicherheitspflichten[1448] Anwendung finden, für den Alarm- und Gefahrenabwehrplan (§ 10 StörfallVO i.V.m. Anhang IV) und den Sicherheitsbericht (§ 9 StörfallVO) benötigt, zu dessen Mindestangaben auch die Beschreibung des

---

1444 *Hansmann*, in: Landmann/Rohmer, 12. BImSchV, § 15 Rn.4, 13. Siehe oben Teil 2 § 5 II. 2.

1445 *Hansmann*, in: Landmann/Rohmer, 12. BImSchV, § 15 Rn.5.

1446 Bei der behördlichen Feststellung im Rahmen des § 15 StörfallVO handelt es sich insoweit um einen belastenden Verwaltungsakt, s. *Hansmann*, in: Landmann/Rohmer, 12. BImSchV, § 15 Rn.13; *Spindler/Peter*, in: Jochum u.a., Industriepark und Störfallrecht, Rn.531 ff.; *Feldhaus*, UPR 2000, 121 (126); Die für das Feststellungsverfahren erforderlichen Informationen liegen der Behörde in der Regel durch die bereits vom Betreiber (sog. Donator) eingereichten Störfall-Dokumente (z.B. Sicherheitskonzept, Sicherheitsbericht einschließlich szenarischer Betrachtungen der Auswirkungen) vor. Zusätzliche Informationen kann die Behörde nach § 6 Abs.4 StörfallVO und § 52 Abs.2 BImSchG einfordern, s. *Hansmann*, in: Landmann/Rohmer, 12. BImSchV, § 15 Rn.10.

1447 *Störfall-Kommission*, in: SFK-GS-44, S.13 f. Siehe auch *Müggenborg*, Industrieparks, S.120 f. Rn.253.

1448 Hierzu s. Teil 2 § 5 II. 1.

„Umfelds des Betriebsbereichs“ (Anhang II Abs.2) und „Szenarien möglicher Störfälle“ (Anhang II Abs.4 Nr.1)[1449] gehört.[1450]

Ausnahmsweise kann der Austausch von Informationen sogar zur Offenlegung von Geschäfts- und Betriebsgeheimnissen führen, die eigentlich Grundrechtsschutz nach Art.12 Abs.1, 14 GG genießen.[1451] Denn bei einer erheblichen Gefährdung des Lebens oder der Gesundheit von Menschen fällt die Güterabwägung regelmäßig zu Gunsten des im Vergleich zu Geschäfts- und Betriebsgeheimnissen höheren Schutzguts aus.[1452]

Schließlich sind ggf. die umgebenden Anlagen im Rahmen der Anzeige- und Meldepflichten des Betreibers zu berücksichtigen. Denn nach § 7 Abs.1 Nr.7 StörfallVO hat der Betreiber noch vor Beginn der Errichtung des Betriebsbereichs die zuständige Behörde mit den erforderlichen Informationen zu versorgen, d.h. die Umstände schriftlich mitzuteilen, die „in der unmittelbaren Umgebung des Betriebsbereichs, (…) einen Störfall auslösen oder dessen Folgen verschlimmern können“. Mangels weiterer Vorgaben genügt danach eine Beschreibung von etwaigen störfallrelevanten Nutzungen in der unmittelbaren Umgebung.[1453]

Die Anzeigepflicht entfällt nur dann, wenn die Behörde die Informationen bereits im Rahmen des immissionsschutzrechtlichen Genehmigungs- oder Anzeigeverfahren erlangt hat (§ 7 Abs.3 StörfallVO). Im (Änderungs-)Genehmigungsverfahren müssen bereits mit den Antragsunterlagen nach § 4 Abs.2a der 9. BImSchV Informationen zu möglichen schädlichen Umwelteinwirkungen eingereicht werden. Hierzu gehören auch Informationen zu Gefahren für die Nachbarschaft (vgl. § 3 Abs.1 BImSchG). Zu den „Nachbarn“ im Industriepark zählen auch Betreiber benachbarter Anlagen.[1454] Nach § 4 Abs.3 S.1 der 9. BImSchV ist der Genehmigungsbehörde eine (für Laien verständliche) „Kurzbeschreibung“ vorzulegen, die u.a. die möglichen Auswirkungen auf die Nachbarschaft

1449 „Eingehende Beschreibung der Szenarien möglicher Störfälle (…) unabhängig davon, ob die Ursachen hierfür innerhalb oder außerhalb der Anlage liegen“ (Anhang II Abs.4 Nr.1 der StörfallVO).

1450 *Müggenborg*, DVBl 2001, 417 (424); *ders.*, NVwZ 2000, 1096 (1101).

1451 *Hansmann*, in: Landmann/Rohmer, 12. BImSchV, § 6 Rn.13.

1452 Vgl. *Müggenborg*, Industrieparks, S.104 Rn.209.

1453 *Hansmann*, in: Landmann/Rohmer, 12. BImSchV, § 7 Rn.16; *Müggenborg*, Industrieparks, S.105 Rn.212.

1454 *Müggenborg*, Industrieparks, S.144 Rn.320. Hierzu s. unten Teil 5 § 4 III 4 h). Zum Nachbarschaftsbegriff des § 5 Abs.1 Nr.1 BImSchG s. *BVerwG*, Urt. v. 22.10.1982 – 7 C 50/78 –, NJW 1983, 1507 (1508); *Dietlein*, in: Landmann/Rohmer, BImSchG, § 5 Rn.87; *Petersen*, Schutz und Vorsorge, S.58 f. Siehe oben Teil 2 § 3 I 1.

aufzeigen soll und damit der Unterrichtung der Nachbarschaft dient.[1455] Des Weiteren sind den Antragsunterlagen nach § 4b der 9. BImSchV Angaben über Maßnahmen zum Schutz von Nachbarn beizufügen. In der Konstellation des Industrieparks wird die Anzeigepflicht nach § 7 StörfallVO regelmäßig entfallen, weil die Behörden diese Informationen schon im Genehmigungsverfahren erlangt haben.[1456]

Die Anlagen anderer Betreiber im Industriepark sind darüber hinaus im Rahmen der Meldepflichten des Störfallanlagen-Betreibers nach § 19 StörfallVO zu berücksichtigen. Tritt eine Störung des bestimmungsgemäßen Betriebs nach Anhang VI zur StörfallVO ein, hat dies der Betreiber der zuständigen Behörde unverzüglich schriftlich mitzuteilen (§ 20 Abs.1, 2 StörfallVO). Die Meldepflicht besteht danach auch, wenn außerhalb des Betriebsbereichs Schädigungen von Personen oder Haus- und Grundeigentum, unmittelbare Umweltschädigungen oder Sachschäden gemäß Teil 1 Abs.1 Nr.2, Nr.3 bzw. Nr.4 des Anhangs VI zur StörfallVO eintreten.[1457] Zudem ist der Störfall-Betreiber im Falle von Störfallfolgen, die außerhalb des Betriebsbereichs eingetreten sind, verpflichtet mitzuteilen, welche Schutzmaßnahmen und Maßnahmen er zur Beseitigung der Schäden (außerhalb des Betriebsbereichs) sowie welche Vorkehrungen er zur Begrenzung der Störfallauswirkungen (außerhalb des Betriebsbereichs) treffen will (Teil 2 Nr.6, 7 des Anhangs VI zur StörfallVO). Für den Störfall-Betreiber bedeutet die Mitteilungspflicht, dass er bei den benachbarten Anlagenbetreibern Informationen einholen muss, um ihr ordnungsgemäß nachkommen zu können.[1458]

4. *Zivilvertragliche Regelungsmöglichkeiten*

Weder das BImSchG noch die auf ihm basierenden Verordnungen sehen das Erfordernis vertraglich geregelter Absprachen zwischen den Industrieparknutzern untereinander oder zwischen dem Industrieparkbetreiber (bzw. Servicegesellschaft) und Industrieparknutzer vor. Im Folgenden wird vor dem Hintergrund, dass in der Konstellation des Industrieparks in gehäufter Form komplexe Rechtsverhältnisse vorkommen und Kooperationspflichten bestehen,

---

1455 *Kutscheidt/Dietlein*, in: Landmann/Rohmer, 9. BImSchV, § 4 Rn.14.

1456 *Müggenborg*, Industrieparks, S.105 Rn.213.

1457 In Teil 2 Nr.5.2 des Anhangs VI zur StörfallVO ist eine konkrete Aufzählung des Inhalts der Mitteilung nach § 19 Abs.2 StörfallVO im Hinblick auf außerhalb des Betriebsbereichs eingetretene Schäden enthalten.

1458 Vgl. *Müggenborg*, Industrieparks, S.104 Rn.210; *ders.*, Chemie Technik 2003, 108; *ders.*, DVBl 2001, 417 (424).

vorgestellt, welche vertraglichen Regelungen hilfreich bzw. letztlich untentbehrlich erscheinen.

a) Betreiberstellung

Allein schon aufgrund der leicht misszuverstehenden Begrifflichkeiten, die bei Industrieparks verwendet werden, sollte der jeweilige Industrieparknutzer regelmäßig die Frage, wer immissionsschutzrechtlicher Betreiber seiner Anlage ist, ausdrücklich regeln.[1459] Um eine eindeutige Bestimmung des Anlagenbetreibers zu gewährleisten, sind daher demjenigen, der Betreiber sein soll, die entsprechenden Verantwortungsbereiche über den Anlagenbetrieb ausdrücklich zuzuweisen. Im Regelfall wird dies der jeweilige Industrieparknutzer sein. Schließlich wird er die Verantwortung für seinen Anlagenbetrieb, d.h. die Entscheidung über die wesentlichen Umstände seines Anlagenbetriebs, behalten wollen.[1460] Im Übrigen hat die schriftliche Niederlegung einer entsprechenden Zuweisungsregelung den Vorteil, dass sie vor unnötigen Unklarheiten innerhalb des Unternehmens sowie entsprechenden Konflikten mit den Behörden schützt, insbesondere wenn die Vorschrift des § 52b Abs.1 BImSchG nicht greift.

Von besonderer Bedeutung dürfte eine vertragliche Regelung der Betreiberstellung für den Fall sein, dass der Industrieparkbetreiber Betreiber für Anlagen des Industrieparknutzers sein soll.[1461] Denn dies kommt, wie aufgezeigt, nur ausnahmsweise bei Industrieparks vor.[1462] Bei dieser atypischen Situation ist besonders darauf zu achten, dass dem Industrieparkbetreiber die Verantwortung für alle den Anlagenbetrieb betreffenden wesentlichen Entscheidungen, d.h. insbesondere bzgl. der Inbetriebnahme und Instandhaltung der Anlage, zugewiesen wird.[1463] Andernfalls besteht die Gefahr, dass vom Regelfall ausgegangen wird, dass der Industrieparknutzer Betreiber ist.

Derartigen zivilrechtlichen Vertragsbestimmungen kommt zwar keine konstitutive, d.h. die immissionsschutzrechtliche Betreiberstellung begründende Wirkung zu, da über die öffentlich-rechtliche Betreiberstellung als solche nicht

---

1459 Vgl. *Müggenborg*, Industrieparks, S.76 Rn.153, der eine Regelung im Industriepark für den „Zweifelsfall" empfiehlt. Diesbzgl. ist jedoch anzumerken, dass der Zweifelsfall der Konstellation des Industrieparks aufgrund der Vielzahl der Nutzer sowie des vorhandenen Industrieparkbetreibers immanent ist, s. oben Teil 5 § 4 III 1 u. 2.

1460 *Müggenborg*, Industrieparks, S.76 Rn.153; *ders.*, DVBl 2001, 417 (421).

1461 Vgl. *Müggenborg*, Industrieparks, S.76 Rn.153.

1462 Siehe oben Teil 5 § 4 III 1 a).

1463 Vgl. *Müggenborg*, Industrieparks, S.76 Rn.153; *ders.*, DVBl 2001, 417 (421). Siehe oben Teil 5 § 4 III 1 a).

mit Außenwirkung disponiert werden kann.[1464] Sie können jedoch eine Indizwirkung entfalten,[1465] die faktisch einer konstitutiven Wirkung gleichkommen dürfte, jedenfalls wenn der Vertrag dem Rechtsanwender vorliegt und für ihn nicht ohne Weiteres erkennbar ist, dass der Vertrag nicht tatsächlich seinen Regelungen entsprechend gelebt wird.[1466]

b) Kooperationspflichten

Eine vertragliche Regelung dürfte sich nicht nur, wie im vorigen Abschnitt dargestellt, in Bezug auf die Betreiberstellung anbieten, sondern darüber hinaus auch im Hinblick auf den erforderlichen Informationsaustausch[1467] im Industriepark. Denn für den Betreiber einer potenziellen Störfallanlage wird sich die Einholung der nach der StörfallVO notwendigen Informationen über die unmittelbare Umgebung im Industriepark aufgrund der vielen benachbarten Anlagen anderer Industrieparknutzer schwierig gestalten. Der erforderliche Austausch dürfte ohne vertragliche Regelungen regelmäßig mit erheblichen Zeitverzögerungen verbunden sein. Dies könnte für den Störfall-Betreiber schwere finanzielle Folgen haben, insbesondere wenn er die Informationen benötigt, um überhaupt die Anlage errichten bzw. betreiben zu dürfen (vgl. § 7 Abs.1 Nr.7 bzw. §§ 4 Abs.1, 4b) Abs.1 Nr.2 der 9. BImSchV). Werden alle Industrieparknutzer von vornherein zur Kooperation verpflichtet, kann dieses industrieparkspezifische Problem umgangen werden.

Ein Vertrag, der eine derartige Drittbegünstigung vorsieht, wird als (echter) Vertrag zu Gunsten Dritter gem. § 328 BGB[1468] bezeichnet, sofern der unbeteiligte Dritte nach dem Willen der Vertragsschließenden aus dem Vertrag unmittelbar ein eigenes, selbstständiges Forderungsrecht erwirbt.[1469] In der Konstellation des Industrieparks verpflichtet sich danach

1464 *Müggenborg*, Industrieparks, S.120 Rn.245; *ders.*, NVwZ 2000, 1096 (1097 f.). Siehe oben Teil 4 § 3.

1465 *Friedrich*, NVwZ 2002, 1174 (1175).

1466 Vgl. *VG Gießen*, Urt. v. 13.11.1990 – I/V E 182/90 –, GewArch 1993, 114. Siehe oben Teil 4 § 3.

1467 Siehe oben Teil 5 § 4 III 3 c).

1468 Siehe § 328 Abs.1 BGB: „Durch Vertrag kann eine Leistung an einen Dritten mit der Wirkung bedungen werden, dass der Dritte unmittelbar das Recht erwirbt, die Leistung zu fordern."

1469 *BGH*, Urt. v. 8.6.2004 – X ZR 283/02 –, NJW 2004, 3420; *ders.*, Urt. v. 14.6.2012 – IX ZR 145/11 –, NJW 2012, 3165; *OLG Düsseldorf*, Urt. v. 15.12.2004 – 15 U 39/04 –, NJOZ 2005, 3927; *Gottwald*, in: Säcker/Rixecker, MüKo, BGB, § 328 Rn.1, 3 f.; *Janoschek*, in: BeckOK, BGB, § 328 Rn.1.

der Industrieparknutzer mit Abschluss eines derartigen Vertrages nicht nur gegenüber dem Industrieparkbetreiber als Versprechensempfänger, sondern auch gegenüber dem Störfall-Betreiber als Dritter. Letzterer erwirbt damit unmittelbar einen eigenen Anspruch auf Auskunftserteilung.[1470]

Ist dem drittbegünstigenden Vertrag demgegenüber nicht zu entnehmen, dass dem Dritten unmittelbar ein eigenes Forderungsrecht eingeräumt werden soll, kann es sich bei diesem um einen unechten Vertrag mit Schutzwirkung zu Gunsten Dritter[1471] handeln. Dessen Verletzung hat zur Folge, dass dem Dritten ein vertraglicher Schadensersatzanspruch zusteht.[1472] Der Störfall-Betreiber hätte also keinen unmittelbaren Auskunftsanspruch, sondern bei Verweigerung der Auskunft durch den Industrieparknutzer lediglich einen Anspruch auf Schadensersatz.[1473] Im Interesse des Störfall-Betreibers im Industriepark dürfte es jedoch sein, dass der für ihn relevante Informationsaustausch abgesichert ist. Insoweit sollten Verträge zu Gunsten Dritter nach § 328 Abs.1 BGB abgeschlossen werden. Dabei bietet es sich an, dass der Industrieparkbetreiber (bzw. die Servicegesellschaft), wenn er die Managementhoheit im Industriepark hat, mit den angesiedelten und neu ansiedelnden Industrieparknutzern Verträge schließt, in denen sich der jeweilige Industrieparknutzer zum erforderlichen Informationsaustausch gegenüber den anderen Industrieparknutzern – jedenfalls gegenüber den Betreibern von Störfallanlagen – verpflichtet. Dabei sollte darauf geachtet werden, dass entsprechende Verträge im Industriepark einen einheitlichen Inhalt, insbesondere im Hinblick auf die Austauschpflichten, haben.[1474] Denn auf diese Weise werden unnötige Unstimmigkeiten und Streitigkeiten über den Vertragsinhalt zwischen den Industrieparknutzern vermieden.

1470 *Müggenborg*, Industrieparks, S.105 Rn.212.

1471 Hierbei handelt es sich um ein nicht kodifiziertes Institut, das von der Rspr. aus der ergänzenden Vertragsauslegung §§ 133, 157, 328 Abs.2 BGB bzw. § 328 BGB analog und von der Lit. aus § 242 BGB bzw. § 311 Abs.3 BGB hergeleitet wird. Siehe nur *Stadler*, in: Jauernig, BGB, § 328 Rn.21.

1472 *BGH*, Urt. v. 8.6.2004 – X ZR 283/02 –, NJW 2004, 3420; *ders.*, Urt. v. 14.6.2012 – IX ZR 145/11 –, NJW 2012, 3165; *LG Düsseldorf*, Urt. v. 22.1.2013 – 10 011/12 U –; *Gottwald*, in: Säcker/Rixecker, MüKo, BGB, § 328 Rn.9; *Stadler*, in: Jauernig, BGB, § 328 Rn.19.

1473 Vgl. *Müggenborg*, Industrieparks, S.105 Rn.212.

1474 *Müggenborg*, Industrieparks, S.103 Rn.206.

c) Einheitliche Sicherheitsregeln

Es dürfte im Hinblick auf Störfallanlagen im Industriepark sinnvoll sein, ein einheitliches Sicherheitskonzept zu vereinbaren. Die StörfallVO verlangt, wie bereits aufgezeigt, kein einheitliches Sicherheitsmanagementsystem für den Standort Industriepark, sondern allein ein auf den jeweiligen Betriebsbereich bezogenes Sicherheitsmanagementsystem (vgl. § 8 Abs.3 StörfallVO).[1475] Uneinheitliche Sicherheitskonzepte, für die zudem unterschiedliche Personen verantwortlich sind, tragen jedoch das Risiko von Sicherheitslücken zu Lasten aller angesiedelten Unternehmen in sich. Für sie besteht die Gefahr, für Sicherheitslücken in zivilrechtlicher und strafrechtlicher Hinsicht einstehen zu müssen. Denn es ist nicht ausgeschlossen, dass die Rechtsprechung ein auf den gesamten Industriestandort bezogenes einheitliches Sicherheitsmanagementsystem als best practice (beste Vorgehensweise) und Maßstab für die Verletzung von Verkehrssicherungspflichten annimmt.[1476]

Zur effektiven Gefahrenabwehr ist über die Vereinbarung eines einheitlichen Sicherheitskonzepts hinaus die Vereinbarung eines integrierten Alarm- und Gefahrenabwehrplans für den gesamten Standort sinnvoll sowie die Ernennung eines gemeinsamen „Notfall-Managers“ [1477], „zentralen Störfallbeauftragten“[1478] oder eines „Werk-Leiters vom Dienst“[1479], dem von den Betreibern die Kompetenz für Sofort-Maßnahmen in Notfällen eingeräumt wird. Dabei dürfte es beste Vorgehensweise sein, den Industrieparkbetreiber (bzw. die Servicegesellschaft) als Notfall-Manager einzusetzen und dies klar vertraglich zu regeln.[1480] Dies wird auch bereits in zahlreichen Industrieparks praktiziert, wie z.B. im Industriepark Höchst, wo derzeit fünf Notfallmanager die Notfallorganisation für über 80 angesiedelte Unternehmen koordinieren.[1481]

1475 Siehe oben Teil 5 § 4 III 3 a).

1476 *Müggenborg*, Industrieparks, S.125 Rn.265 f., S.127 Rn.271, S.131 Rn.286. Siehe auch *Störfall-Kommission*, in: SFK-GS-44, S.16 ff. Zu den Verkehrssicherungspflichten im Industriepark s. unten Teil 5 § 4 III 4 g).

1477 *Störfall-Kommission*, in: SFK-GS-44, S.26; *Müggenborg*, Industrieparks, S.125 Rn.265.

1478 *Weitz*, in: Umweltbundesamt, Die Anwendung umweltrechtlicher Vorschriften in Industrie- und Chemieparks, S.25 f.

1479 *Weitz*, in: Umweltbundesamt, Die Anwendung umweltrechtlicher Vorschriften in Industrie- und Chemieparks, S.27 f.

1480 *Störfall-Kommission*, in: SFK-GS-44, S.26 f.; *Müggenborg*, Industrieparks, S.143 Rn.317.

1481 Siehe Informationen des Standortbetreibers *Infraserv Höchst* zum Notfallmanagement des Industrieparks Höchst im Internet abrufbar unter http://www.infraserv.com/index/leistungen/umwelt-schutz-sicherheit/notfall-krisenmanagement/notfall-krisenmanagement-info.htm (Stand: 22. Juni 2013).

Absprachen zu Sicherheitsmanagementsystem, Alarm- und Gefahrenabwehrplänen sowie Notfall-Managern zwischen den Betreibern sollten allerdings nicht nur vertraglich geregelt werden, sondern von jedem Betreiber zum Zwecke der Absicherung für den Fall eines gerichtlichen Verfahrens auch dokumentiert und die Mitarbeiter über die Inhalte geschult werden.[1482] Die gesamte gemeinsame Gefahrenabwehrplanung sollte zudem mit den zuständigen Behörden abgestimmt und anschließend der zuständigen Überwachungsbehörde mitgeteilt werden.[1483] Schließlich kann es zweckmäßig sein, die Informationen über Sicherheitsmaßnahmen nach § 11 StörfallVO standortübergreifend erstellen zu lassen, z.B. von einem von den Industrieparknutzern eingesetzten Gremium, das auch im Übrigen für den industrieinternen und einheitlichen externen Informationsfluss zuständig ist.[1484]

d) Das autokratische und das demokratische Vertragsmodell

Bei der konkreten Ausgestaltung der in Bezug auf den Industriepark abgeschlossenen Verträge haben die Parteien aufgrund der bestehenden Vertragsfreiheit großen Spielraum. Bei Industrieparks werden dabei zunächst zwei grundlegend unterschiedliche Vertragsmodelle unterschieden: Bei dem sog. autokratischen Modell ist der Industrieparkbetreiber befugt, alle für den gesamten Standort geltenden sicherheitsrelevanten Regelungen vorzugeben. Die Industrieparknutzer verpflichten sich im Gegenzug dazu, die Vorschriften zu beachten und zu befolgen.[1485] Dieses Modell bietet sich gerade bei Industrieparks an, bei denen es einen Major User gibt, der zugleich der Industrieparkbetreiber ist und als Einziger eine Störfallanlage betreibt.[1486]

Demgegenüber sieht das sog. demokratische Vertragsmodell vor, dass der Industrieparkbetreiber nur einen Teil der sicherheitsrelevanten Regelungen vorgibt, während der andere Teil der Regelungen unter Beteiligung der Industrieparknutzer im Rahmen eines gesonderten Verfahrens zu Stande kommen soll.[1487] Wenngleich dieses Modell mit höherem Zeitaufwand verbunden ist und eher die Gefahr von Konflikten besteht, ist es insoweit dem autokratischen Modell vorzuziehen, als es die Industrieparknutzer stärker einbezieht und auf

1482 *Müggenborg*, Industrieparks, S.127 Rn.272, S.131 Rn.287.
1483 *Störfall-Kommission*, in: SFK-GS-44, S.22.
1484 *Störfall-Kommission*, in: SFK-GS-44, S.14 f.
1485 *Müggenborg*, Industrieparks, S.127 Rn.273 f.
1486 Vgl. *Müggenborg*, Industrieparks, S.128 Rn.276.
1487 *Müggenborg*, Industrieparks, S.127 Rn.275.

diese Weise bei ihnen ein höheres Sicherheitsbewusstsein schafft.[1488] Bei einem bereits praktizierten autokratischen Modell kann es daher empfehlenswert sein, in der Zukunft erforderliche Änderungen oder Erweiterungen der Sicherheitsregeln unter Beteiligung der Industrieparknutzer vorzunehmen.[1489] Hierfür sollte eine sog. Standortkonferenz, die die ansässigen Unternehmen repräsentiert und für den erforderlichen Informationsfluss auf den verschiedenen Ebenen sorgt, eingerichtet werden.[1490]

e) Die Industriepark-AGB

Praxisgerecht dürfte es sein, die vom Industrieparkbetreiber bzw. von den Industrieparknutzern verabschiedeten standortübergreifend geltenden Sicherheitsregeln in einem Klauselwerk zu sammeln und dieses Werk in die zwischen dem Industrieparkbetreiber und den Industrieparknutzern geschlossenen Verträge (sog. Ansiedelungsvertrag[1491] oder Standortvertrag) einzubeziehen.[1492] Dabei sollten sich die Industrieparknutzer auch dazu verpflichten, die Sicherheitsregeln im eigenen Unternehmen zu implementieren, d.h. die Mitarbeiter entsprechend zu schulen und bei Verstößen gegen Sicherheitsregeln (verhältnismäßige) arbeitsrechtliche Schritte einzuleiten (z.B. Ermahnung, Abmahnung, Kündigung).[1493]

Zu berücksichtigen ist bei einer formularmäßigen Klauselverwendung, dass die Klauseln durch ihre Einbeziehung in den Vertrag zu Allgemeinen Geschäftsbedingungen werden, für deren Wirksamkeit die Maßstäbe der §§ 305 ff. BGB gelten.[1494] Insoweit dürfte vor allem auf die Wahrung des Transparenzgebots nach § 307 Abs.1 S.2 BGB zu achten sein. Denn danach sind die Sicherheitsregeln

---

1488 Vgl. *Müggenborg*, Industrieparks, S.128 Rn.276.

1489 *Müggenborg*, Industrieparks, S.128 Rn.277.

1490 Vgl. *Müggenborg*, Industrieparks, S.130 Rn.284; *Weitz*, in: Umweltbundesamt, Die Anwendung umweltrechtlicher Vorschriften in Industrie- und Chemieparks, S.25 ff.

1491 *Weitz*, in: Umweltbundesamt, Die Anwendung umweltrechtlicher Vorschriften in Industrie- und Chemieparks, S.28.

1492 *Müggenborg*, DVBl 2001, 417 (428), der das Klauselwerk als Industriepark-Handbuch bezeichnet. Siehe auch *Weitz*, in: Umweltbundesamt, Die Anwendung umweltrechtlicher Vorschriften in Industrie- und Chemieparks, S.28.

1493 *Müggenborg*, Industrieparks, S.130 Rn.285.

1494 Zu einem Beispiel für eine der AGB-Kontrolle standhaltende Vertragsklausel in einem zwischen dem Industrieparkbetreiber und Industrieparknutzer geschlossenen Nutzungsvertrag, s. *Müggenborg*, Industrieparks, S.128 f. Rn.279.

derart zu formulieren, dass Rechte und Pflichten der Vertragspartner klar erkennbar und etwaige wirtschaftliche Nachteile der Vertragsregelung deutlich werden.[1495]

f) Betreiberausschuss

Den im Industriepark ansässigen Unternehmen steht es frei, einen Betreiberausschuss zu bilden, d.h. einen Ausschuss, der alle oder jedenfalls diejenigen Industrieparknutzer repräsentiert, die sicherheitsrelevante Anlagen i.S.d. StörfallVO betreiben. Der Ausschuss eignet sich insbesondere für den Informationsaustausch der Industrieparknutzer untereinander.[1496]

An den Betreiberausschuss sollten jedoch nicht ohne Weiteres anlagenbezogene Entscheidungen und Aufgaben der Industrieparknutzer delegiert werden. Denn je nach Einzelfall besteht die Gefahr der Annahme, dass sich durch tatsächliches Verhalten eine gemeinsame Betreibergesellschaft gebildet hat (GbR), die für den gesamten Standort öffentlich-rechtlich verantwortlich ist.[1497] Hierfür genügt ein für den konkludenten Abschluss eines Gesellschaftsvertrags hinreichender Rechtsbindungswille der Industrieparknutzer. Evident wird er, wenn er über das bisherige Zusammenwirken hinausgeht und „nicht schon aus der Tatsache des Zusammenwirkens und der großen Bedeutung der Angelegenheit entnommen werden kann".[1498]

Die bloße Verkoppelung von Sicherheitsmaßnahmen und der Entscheidungen über die Sicherheitsorganisation dürften allerdings noch nicht für dessen Indikation ausreichen.[1499] Andernfalls müsste fast immer eine GbR in Bezug auf die Nutzer von störfallgefährdeten Anlagen im Industriepark angenommen werden, da eine gewisse Verkoppelung von Sicherheitsmaßnahmen naheliegend ist. Die Industrieparknutzer werden aber nicht allein aufgrund dessen einen übergeordneten Rechtsbindungswillen verfolgen, auch wenn sie einen Betreiberausschuss hierfür einsetzen. Schließlich hätte die Bildung einer Betreibergesellschaft zur Folge, dass immissionsschutzrechtliche Genehmigungen automatisch

---

1495 Zum Transparenzgebot s. *Schmidt*, in: BeckOK, BGB, § 307 Rn.40 f.

1496 *Müggenborg*, Industrieparks, S.133 Rn.294 f.

1497 *Störfall-Kommission*, in: SFK-GS-35, S.4; *Müggenborg*, Industrieparks, S.134 f. Rn.296 f.; *Spindler/Peter*, in: Jochum u.a., Industriepark und Störfallrecht, Rn.357.

1498 Vgl. *Heidel/Hanke*, in: Dauner-Lieb/Langen, BGB, § 705, Rn.139 m.w.N. Bereits ein ideeller Zweck kann Gegenstand einer GbR sein. Er muss dabei irgendwie auf die Förderung durch vermögenswerte Leistungen gerichtet sein, s. *Sprau*, in: Palandt, BGB, § 705 Rn.20.

1499 A.A. *Störfall-Kommission*, in: SFK-GS-35, S.4.

auf sie als Rechtsnachfolger übergingen.[1500] Zudem würde aus den zahlreichen einzelnen Betriebsbereichen der Industrieparknutzer ein auf den gesamten Standort bezogener gemeinsamer Betriebsbereich. Dieser wäre dann umfassend den Anforderungen der StörfallVO ausgesetzt.[1501]

Im Hinblick auf diese Auswirkungen ist bei der Aufgabendelegation an den Betreiberausschuss demnach Vorsicht geboten. Bei einer vertraglichen Absprache sollte darauf geachtet werden, dass die delegierten Aufgaben genau umschrieben werden. Gegebenenfalls ist es zur Verdeutlichung des Parteiwillens zweckmäßig zu beschreiben, welche Verantwortlichkeiten beim Industrieparknutzer verbleiben sollen.

g) Allgemeine Verkehrssicherungspflichten im Industriepark

Jeden Betreiber im Industriepark können neben Störfall- und Kooperationspflichten, die den Störfall-Anlagen-Betreiber auf öffentlich-rechtlicher Ebene zu bestimmten Vorkehrungen verpflichten, allgemeine Verkehrspflichten auf zivilrechtlicher Ebene treffen, deren Verletzung Schadensersatzpflichten (z.B. nach §§ 823 ff. BGB) auslösen können. Im Industriepark ist danach zunächst jeder Betreiber für den Zustand seines Betriebsgeländes einschließlich des Anlagenbetriebs verantwortlich. Mitunter ist er verpflichtet, für einen genehmigungskonformen Betrieb zu sorgen und Dritte, die mit etwaigen von seinem Bereich ausgehenden Gefahren in Berührung kommen können, durch entsprechende Sicherungsmaßnahmen zu schützen (sog. Verkehrssicherungspflicht).[1502] Als Maßstab für den Umfang der Verkehrssicherung stellt die Rechtsprechung darauf ab, was ein „umsichtiger und verständiger, in vernünftigen Grenzen vorsichtiger Mensch für notwendig und ausreichend“ halten darf, um andere vor Schäden zu bewahren.[1503] Schutz vor jeder denkbaren Gefahr wird nicht verlangt.[1504]

1500 Siehe oben Teil 5 § 3 II 1.

1501 *Müggenborg*, Industrieparks, S.134 f. Rn.296 f.; *Spindler/Peter*, in: Jochum u.a., Industriepark und Störfallrecht, Rn.364 ff. Siehe oben Teil 2 § 5 u. Teil 5 § 4 III 3 a).

1502 Vgl. *BGH*, Urt. v. 19.12.1989 – VI ZR 182/89 –, NJW 1990, 1236; *ders.*, Urt. v. 2.3.2010 – VI ZR 223/09 –, NJW 2010, 1967 m.w.N.; *OLG Frankfurt*, Urt. v. 19.2.2008 – 18 U 58/07 –, NJW-RR 2008, 1476; *Teichmann*, in: Jauernig, BGB, § 823 Rn.35; *Müggenborg*, Industrieparks, S.121 ff. Rn.258 ff.

1503 *BGH*, Urt. v. 18.5.1967 – II ZR 28/65 –, VersR 1967, 949; *ders.*, Urt v. 31.10.2006 – VI ZR 223/05 –, NJW 2007, 762 m.w.N.; *ders.*, Urt. v. 2.3.2010 – VI ZR 223/09 –, NJW 2010, 1967 m.w.N.

1504 *BGH*, Urt. v. 2.3.2010 – VI ZR 223/09 –, NJW 2010, 1967 m.w.N.

Der Betreiber einer Anlage im Industriepark hat folglich im Rahmen seiner Verkehrssicherungspflicht dafür zu sorgen, dass die Anlage ein der herrschenden Verkehrsauffassung entsprechendes Maß an Sicherheit bietet.[1505] In Bezug auf Störfallanlagen gehört es bereits nach § 4 Nr.4 StörfallVO zur allgemeinen Betreiberpflicht, die sicherheitsrelevanten Teile des Betriebsbereichs vor Eingriffen Unbefugter zu schützen. Aufgrund der allgemeinen Verkehrssicherungspflicht sind aber auch Betreiber sonstiger Anlagen im Industriepark verpflichtet, missbräuchlichem Verhalten Dritter vorzubeugen.[1506] Eine zweckmäßige Maßnahme ist daher die umfassende Einzäunung des gesamten Industrieparks und die Einrichtung eines gemeinsamen betriebsbereichsübergreifenden Werkschutzes (sog. geschlossener Industriepark mit gemeinsamen Werkzaun und Werkschutz).[1507]

Die Rechtsprechung hat konkrete Verkehrssicherungspflichten aus diversen Gefahrenquellen abgeleitet, wie z.B. die Pflicht zur Überwachung des Vorgangs der Befüllung eines Öltanks[1508]. Zu speziellen Verkehrssicherungspflichten in der Konstellation des Industrieparks gibt es allerdings bislang noch keine Rechtsprechung, obwohl gerade hier viele umweltgefährdende Anlagen vorhanden sind und damit eine Vielzahl von Gefahrenquellen vorliegt.[1509] Der *BGH* hat aber in Bezug auf eine genehmigungsbedürftige Anlage i.S.d. § 4 BImSchG in einem Industriegebiet entschieden, dass den Betreiber in immissionsschutzrechtlichen Hinblick keine zusätzlichen Gefahrabwendungspflichten treffen, wenn er die Emissionswerte der TA Luft einhält und sich ihm der Verdacht unzulässiger Immissionswerte nicht aufgrund von besonderen Umständen aufdrängen muss.[1510]

1505 Vgl. *BGH*, Urt. v. 6.2.2007 – VI ZR 274/05 –, NJW 2007, 1683; *Müggenborg*, Industrieparks, S.123 f. Rn.263 f., m.w.N.

1506 *Störfall-Kommission*, in: SFK-GS-44, S.4, 28. Vgl. *Teichmann*, in: Jauernig, BGB, § 823 Rn.35 f.

1507 *Störfall-Kommission*, in: SFK-GS-44, S.4, 28. Zu empfohlenen Schutzmaßnahmen im geschlossenen Industrieparks. *Störfall-Kommission*, in: SFK-GS-38, S.8 ff.; *dieselbe*, in: SFK-GS-44, S.28 f.; *Müggenborg*, Industrieparks, S.129 ff. Rn.280 ff., S.132 Rn.290.

1508 *BGH*, Urt. v. 13.12.1994 – VI ZR 283/93 –, NJW 1995, 1150.

1509 *Müggenborg*, Industrieparks, S.121 Rn.260, S.123 Rn.261, Rn.264.

1510 *BGH*, Urt. v. 18.9.1984 – VI ZR 223/82 –, UPR 1985, 21. In dem der *BGH*-Entscheidung zu Grunde liegenden Fall waren Fahrzeuge vom Staubauswurf einer sich auf dem Nachbargrundstück des Parkplatzes befindlichen Anlage zum Einschmelzen von Roheisen und Rohstahl (Heißwind-Kupolofen-Schmelzanlage) beschädigt worden. Der *Sechste Senat* lehnte einen Schadensersatzanspruch (insb. nach §§ 823 f., §§ 906 Abs.2 S.2 BGB, § 14 BImSchG) der Eigentümer der Fahrzeuge ab, da sich der Anlagenbetreiber an der TA-Luft als allgemeinem Richtwert habe ausrichten dürfen.

Für diesen Maßstab spricht, dass mit der Einhaltung der Werte der TA Luft die Vermutung einhergeht, dass schädliche, unzulässige Immissionen nicht eintreten werden. Schließlich hat die TA Luft den Zweck, schädliche Umwelteinwirkungen zu vermeiden, und steht damit „im Gleichklang mit der vom Haftungsrecht geforderten Pflichtenstellung des Betreibers".[1511] Darüber hinaus ist dieser Ansatz auch insoweit sachgerecht, als es andernfalls für den Betreiber nicht absehbar wäre, welche Schutzmaßnahmen notwendigerweise zu treffen sind und ob er damit seiner Verkehrssicherungspflicht gerecht würde.

Wendet man den Maßstab des *BGH* auf den Industriepark an, können demzufolge auch in dieser Konstellation besondere Umstände vorkommen, die zusätzliche, über die Anforderungen insbesondere des BImSchG und der StörfallVO hinausgehende Gefahrenabwendungspflichten begründen. Die gesetzlichen Anforderungen an die Sicherheitsstandards im Industriepark (vgl. StörfallVO) sind jedoch bereits sehr hoch. Situationen, in denen zusätzliche Sicherungspflichten bestehen, dürften daher eher selten vorkommen.[1512]

Im Industriepark können Verkehrssicherungspflichten nicht nur den Betreiber als „Primärverantwortlichen" für seine Anlage als Gefahrenquelle treffen. Vielmehr ist es möglich, dass auch derjenige haftet, von dem der Betreiber den Besitz der Industrieparkfläche ableitet.[1513] Dies ist jedenfalls dann sachgerecht, wenn der Industrieparkbetreiber Flächen und Einrichtungen an einen Industrieparknutzer vermietet, die für den Betrieb der Anlagen des Industrieparknutzers vollkommen ungeeignet sind und es zu Schädigungen Dritter kommt (z.B. durch Explosionen).[1514]

Der Betreiber im Industriepark kann sich der Haftung für seine Verkehrssicherungspflichten – mit unmittelbarer Wirkung für das Außenverhältnis – in gewissem Umfang entziehen, wenn er die Verkehrssicherungspflichten haftungsbefreiend auf Dritte übertragen hat. Dies belegt die ständige Rechtsprechung, wonach es grundsätzlich zulässig ist, Verkehrssicherungspflichten auf Dritte mit der Folge der eigenen Entlastung zu delegieren.[1515] Eine konkludente

1511 *BGH*, Urt. v. 18.9.1984 – VI ZR 223/82 –, UPR 1985, 21.

1512 *Müggenborg*, Industrieparks, S.124 Rn.264.

1513 Vgl. *BGH*, Urt. v. 4.6.1996 – VI ZR 75/95 –, NJW 1996, 2646; *Müggenborg*, Industrieparks, S.123 Rn.262 m.w.N.

1514 Vgl. *BGH*, Urt. v. 4.6.1996 – VI ZR 75/95 –, NJW 1996, 2646; *Müggenborg*, Industrieparks, S.123 Rn.262 m.w.N.

1515 Siehe *BGH*, Urt. v. 24.4.1972 – III ZR 137/70 –, NJW 1972, 1321; *ders.*, Urt. v. 4.6.1996 – VI ZR 75/95 –, NJW 1996, 2646; *ders.*, Urt. v. 22.1.2008 – VI ZR 126/07 –, NJW 2008, 1440; *ders.*, Urt. v. 28.2.2012 – 11 U 137/11 –, NJW-RR 2012, 1049; *OLG*

Vereinbarung dürfte zwar an sich ausreichen, birgt aber das Risiko, dass die Pflichtenübertragung im Falle eines Rechtsstreits nicht nachgewiesen werden kann.[1516] Daher ist die Abfassung einer klaren und eindeutigen vertraglichen Regelung vorzuziehen.[1517] Dabei ist jedoch zu beachten, dass die pauschale Übernahme von Gefahren und Nutzungen regelmäßig nicht für die Annahme der Delegation von Verkehrssicherungspflichten ausreicht.[1518] Vielmehr muss der Gegenstand der Pflichtenübernahme eindeutig bestimmt sein, wie z.B. die Übernahme der technischen Wartung des Anlagenbetriebs.[1519]

Selbst wenn der Betreiber im Industriepark Aufgaben auf Externe überträgt, kann er sich dadurch nicht vollständig der Verkehrssicherungspflichten entledigen: Die allgemeine Aufsichtspflicht, d.h. die Pflicht zur sorgfältigen Auswahl, Aufsicht und fortwährenden Überwachung bzgl. Dritter, ist nicht delegierbar.[1520] Der Betreiber kann also ungeachtet der Delegation von Verkehrssicherungspflichten weiterhin unmittelbar wegen Verletzung der Aufsichtspflicht haften.

h) Zustimmung zur Grundstücksnutzung und Verzicht auf nachbarrechtliche Abwehransprüche

In die zwischen Industrieparkbetreiber und Industrieparknutzern geschlossenen Nutzungsverträge können nicht nur Klauseln zur Betreiberstellung, Kooperationspflichten und Sicherheitsregeln aufgenommen werden, sondern auch Regelungen, mit der der Industrieparkbetreiber als Grundstückseigentümer seine Zustimmung zu etwaigen zukünftigen Baumaßnahmen des

---

Celle, Beschl. v. 9.4.2009 – 8 U 239/08 –, NdsRpfl 2009, 424; *OLG Frankfurt*, Urt. v. 19.2.2008 –18 U 58/07 –, NJW-RR 2008, 1476; *OLG Saarlouis*, Urt. v. 16.5.2006 – 4 UH 711/04 – 196, 4 UH 711/04 –, NJW-RR 2006, 1165.

1516 Vgl. *Spindler*, in: BeckOK, BGB, § 823 Rn.262 ff., 269.

1517 *BGH*, Urt. v. 4.6.1996 – VI ZR 75/95 –, NJW 1996, 2646; *ders.*, Urt. v. 22.1.2008 – VI ZR 126/07 –, NJW 2008, 1440.

1518 *BGH*, Urt. v. 3.10.1989 – VI ZR 310/88 –, NJW 1990, 111; *ders.*, Urt. v. 22.1.2008 – VI ZR 126/07 –, NJW 2008, 1440.

1519 *Spindler*, in: BeckOK, BGB, § 823 Rn.269. Vgl. *BGH*, Urt. v. 22.1.2008 – VI ZR 126/07 –, NJW 2008, 1440; *OLG Celle*, Beschl. v. 9.4.2009 – 8 U 239/08 –, NdsRpfl 2009, 424; *OLG Saarlouis*, Urt. v. 16.5.2006 – 4 UH 711/04 – 196, 4 UH 711/04 –, NJW-RR 2006, 1165.

1520 *BGH*, Urt. v. 4.6.1996 – VI ZR 75/95 –, NJW 1996, 2646; *ders.*, Urt. v. 22.1.2008 – VI ZR 126/07 –, NJW 2008, 1440; *ders.*, Urt. v. 28.2.2012 – 11 U 137/11 –, NJW-RR 2012, 1049; *OLG Frankfurt*, Urt. v. 19.2.2008 – 18 U 58/07 –, NJW-RR 2008, 1476; *OLG Saarlouis*, Urt. v. 16.5.2006 – 4 UH 711/04 – 196, 4 UH 711/04 –, NJW-RR 2006, 1165; *Spindler*, in: BeckOK, BGB, § 823 Rn.262 ff., m.w.N.; *Teichmann*, in: Jauernig, BGB, § 823 Rn.38.

Industrieparknutzers erteilt. Ohne derartige Zustimmungsregelungen besteht die Gefahr, dass dem Industrieparknutzer bei einem konkreten Anlagenbauprojekt die Zustimmung des Eigentümers versagt wird und er daher keine Bautätigkeiten vornehmen darf (vgl. §§ 903, 1004 BGB).[1521]

Darüber hinaus kann es sinnvoll sein, dass Vereinbarungen geschlossen werden, die einen Verzicht auf nachbarrechtliche Abwehransprüche der Industrieparknutzer vorsehen.[1522] Schließlich werden Immissionen wie z.B. Luftverunreinigungen und Lärmbelästigungen, die von Anlagen der Industrieparknutzer ausgehen, nicht nur von der Nachbarschaft als lästig empfunden, die sich außerhalb der Industrieparkgrenzen befindet (sog. externe Nachbarschaft), sondern von den übrigen angesiedelten Unternehmen im Industriepark (sog. Binnennachbarschaft), und können hier zu Konflikten führen.[1523]

Die Binnennachbarschaft im Industriepark genießt den gleichen immissionsschutzrechtlichen Schutz wie die externe Nachbarschaft. Dies belegt § 5 Abs.1 Nr.1 BImSchG („Nachbarschaft"). Der Nachbarschaftsbegriff ist zwar nicht gesetzlich definiert, aber nach der Gesetzesbegründung zu § 5 Abs.1 Nr.1 BImSchG ist er weit zu verstehen. Er erfasst nicht nur die unmittelbar angrenzenden Grundstücke, sondern den „gesamten Einwirkungsbereich" der Anlage.[1524] Bezogen auf einen Industriepark kann sich danach die Schutzpflicht je nach Anlagen- und Immissionsart auf den gesamten Industrieparkstandort erstrecken.[1525] Derjenige Binnennachbar ist jedenfalls schützenswert, der eine enge räumliche und zeitliche Beziehung zu der Anlage bzw. dem Teil der Anlage hat, von dem die schädlichen Umwelteinwirkungen ausgehen.[1526] Im Übrigen verzichtet ein Unternehmen nicht schon mit der Ansiedelung im Industriepark konkludent auf seine Schutzrechte innerhalb des Standorts. Denn die bloße Ansiedelung lässt keinen entsprechenden erforderlichen Rechtsbindungswillen erkennen.

1521 *Müggenborg*, DVBl 2001, 417 (422).

1522 Zur Frage der Möglichkeit eines Verzichts s. unten Teil 5 § 4 III 4 h) aa).

1523 Vgl. *Müggenborg*, Industrieparks, S.148 Rn.333, S.155 Rn.353.

1524 BT-Drs. 7/179, S.29. Siehe auch *BGH*, Urt. v. 15.10.2009 – III ZR 8/09 –, NVwZ 2010, 467 (468 ff.); ausf. *Schlemminger*, NVwZ 2004, 129 (130) m.w.N.; zum weiten Nachbarschaftsbegriff des § 5 BImSchG s. oben Teil 2 § 3 I 1.

1525 *OVG Lüneburg*, Beschl. v. 6.4.1984 – 7 OVG B 16/83 –, DVBl 1984, 890 (891) m.w.N., wonach der immissionsschutzrechtliche Nachbarbegriff insoweit vom baurechtlichen abweicht.

1526 *OVG Lüneburg*, Beschl. v. 6.4.1984 – 7 OVG B 16/83 –, DVBl 1984, 890 (891) m.w.N.; *Müggenborg*, Industrieparks, S.160 f. Rn.366 f.; i.E. ebenso *Störfall-Kommission*, in: SFK-GS-44, S.7.

Binnennachbarn, die sich von Immissionen eines anderen Industrieparknutzers in nicht unwesentlicher Weise gestört fühlen, können demnach nachbarrechtliche Abwehransprüche (z.B. in Form einer Unterlassungsklage) gegenüber dem emittierenden Industrieparknutzer geltend machen. Zivilrechtliche Abwehransprüche sehen u.a. die Vorschriften § 1004 Abs.1, § 823, § 862 Abs.1, § 903 und § 906 BGB vor.[1527] Voraussetzung ist jedoch zunächst, dass ein Zustand gegeben ist, der nicht durch eine förmliche Genehmigung legalisiert ist (vgl. § 14 S.1 BImSchG).[1528] In öffentlich-rechtlicher Hinsicht kann sich ein Nachbar gegen beeinträchtigende Immissionen eines Anlagenbetreibers insbesondere durch die Geltendmachung (drittschützender) baurechtlicher und immissionsschutzrechtlicher Abwehransprüche wehren.[1529] So kann er z.B. die Anlagengenehmigung des störenden Betreibers anfechten und dabei einen immissionsschutzrechtlichen Abwehranspruch nach § 5 Abs.1 BImSchG geltend machen. Für den Erfolg der Klage wird es dabei vor allem auf die Frage der Zumutbarkeit der Immissionen für den Nachbarn ankommen.[1530]

aa) Möglichkeit des Verzichts

Fraglich ist, ob und in welchem Umfang mit der Erklärung eines Verzichts des Industrieparknutzers auf öffentlich-rechtliche Abwehrrechte gegenüber den anderen Binnennachbarn verzichtet werden kann. Eine umfassende Verzichtsmöglichkeit (sowohl in Bezug auf das materielle Abwehrrecht als auch in Bezug auf die gerichtliche Geltendmachung) hätte den Vorteil, dass Streitigkeiten zwischen den Industrieparknutzern wegen Immissionen von vornherein vermieden werden könnten.[1531] Jedenfalls bei bloßen Belästigungen erscheint es sachgerecht, Streitigkeiten diesbezüglich durch eine vorherige Verzichtserklärung schnell abwickeln zu können.

1527 *Schlemminger*, NVwZ 2004, 129 (130).

1528 *Müggenborg*, Industrieparks, S.145 Rn.324; *Schlemminger*, NVwZ 2004, 129 (130). Ausf. hierzu *Rehbinder*, in: Landmann/Rohmer, BImSchG, § 14 Rn.1 m.w.N., Rn.14.

1529 Vgl. *BVerwG*, Beschl. v. 6.8.1982 – 7 B 67/82 –, NVwZ 1983, 155; *VGH München*, Urt. v. 15.3.1999 – 14 B 93/1542 –, NVwZ 2000, 273; *VG Gelsenkirchen*, Urt. v. 14.6.2012 – 5 K 1588/09 –; *Schlemminger*, NVwZ 2004, 129 (130).

1530 *BVerwG*, Beschl. v. 6.8.1982 – 7 B 67/82 –, NVwZ 1983, 155; *dass.*, Urt. v. 29.4.1988 – 7 C 33/87 –, NVwZ 1988, 918; *dass.*, Urt. v. 11.12.2003 – 7 C 19/02 –, NVwZ 2004, 610; *Jarass*, BImSchG, § 3 Rn.62; *Schlemminger*, NVwZ 2004, 129 (130) m.w.N.

1531 Vgl. *Müggenborg*, Industrieparks, S.144 Rn.321; *Schlemminger*, NVwZ 2004, 129 (130, 133).

Bezogen auf die gerichtliche Geltendmachung des Abwehranspruchs steht es dem benachbarten Betreiber im Rahmen der Dispositionsbefugnis frei, ob er Rechtsschutz in Anspruch nehmen will. Ein Verbot, für die Zukunft auf Rechtsmittel zu verzichten, gibt es diesbzgl. nicht (vgl. Art.19 IV GG).[1532] Allerdings könnte ein Verzicht in materiell-rechtlicher Hinsicht unwirksam sein. Denn es handelt sich beim Abwehranspruch nach § 5 Abs.1 BImSchG um einen öffentlich-rechtlichen Anspruch, auf den in materieller Hinsicht nicht ohne Weiteres durch privatrechtliche Vereinbarung – anders als im Hinblick auf privatrechtliche Abwehransprüche im Rahmen der Privatautonomie – wirksam verzichtet werden kann. Schließlich setzt ein wirksamer Verzicht voraus, dass auf etwas verzichtet wird, was zur Disposition steht.[1533] Ein Industrieparknutzer kann daher nicht auf öffentliche Belange verzichten.[1534] Ebenso wenig stehen die Abwehrrechte der Rechtsnachfolger oder der Arbeitnehmer, die sich im Einwirkungsbereich der Anlage aufhalten, zu seiner Disposition.[1535]

Nach der Rechtsprechung kann ein vereinbarter Verzicht im Hinblick auf einen Abwehranspruch nach § 5 Abs.1 BImSchG aber zu der Annahme des Verwaltungsgerichts führen, dass die den Anspruch begründenden Merkmale nicht vorliegen, sondern vielmehr die streitgegenständlichen Immissionen aufgrund des Verzichts zumutbar und unerheblich sind.[1536] Selbst wenn ein Verzicht auf einen öffentlich-rechtlichen Abwehranspruch nicht das Anhängigwerden eines gerichtlichen Verfahrens verhindern sollte, kann sich die Vereinbarung des Verzichts also entscheidend auf den Verfahrensausgang auswirken.[1537]

1532 Vgl. *BGH*, Urt. v. 11.12.1980 – III ZR 38/79 –, NJW 1981, 811.

1533 *BVerwG*, Urt. v. 28.4.1978 – IV C 53/76 –, BauR 1978, 385; *dass.*, Beschl. v. 23.1.2002 – 4 BN 3/02 –, NVwZ-RR 2002, 329; *OVG Saarlouis*, 18.6.2002 – 2 R 2/01 –, NJW 2003, 768; *Jarass*, BImSchG, § 3 Rn.63; *Schlemminger*, NVwZ 2004, 129 (132); *Schröer/Dziallas*, NVwZ 2004, 134 (137).

1534 Vgl. *Schlemminger*, NVwZ 2004, 129 (132).

1535 *Müggenborg*, Industrieparks, S.147 Rn.330; *Schlemminger*, NVwZ 2004, 129 (132), der darauf hinweist, dass es sich bei einem derartigen Verzicht um einen unzulässigen Vertrag zu Lasten Dritter handeln würde.

1536 *Jarass*, BImSchG, § 3 Rn.62 f.; vgl. *BVerwG*, Urt. v. 28.4.1978 – IV C 53/76 –, BauR 1978, 385; *Müggenborg*, Industrieparks, S.155 Rn.353.

1537 Im Übrigen können nachbarrechtliche Abwehrrechte auch ohne Verzichtserklärung ausgeschlossen sein, z.B. wegen der Verwirkungspräklusion des § 10 Abs.3 S.3 BImSchG oder wegen Verstoßes gegen Treu und Glauben, s. *Jarass*, BImSchG, § 3 Rn.62; *Sellner/Reidt/Ohms*, Immissionsschutzrecht, 3. Teil, II.1b), Rn.50 ff., m.w.N.; *Müggenborg*, Industrieparks, S.145 Rn.325 f.; *Schlemminger*, NVwZ 2004, 129 (131).

bb) Inhalt des Verzichts

Bei der Gestaltung der Verzichtserklärung sollte besonders auf ihre inhaltliche Bestimmtheit geachtet werden.[1538] Insbesondere sollte der Industrieparknutzer die Beeinträchtigung konkret bezeichnen, auf die er verzichten will.[1539] Denn andernfalls ist nicht davon auszugehen, dass er die Folgen seines Verzichts absehen kann. Im Hinblick auf bereits bestehende Anlagen und Nutzungen reicht danach eine konkrete Bezugnahme auf die Anlagen, von denen die störenden Immissionen ausgehen, aus.[1540]

Schwieriger ist es demgegenüber, eine Verzichtserklärung bzgl. zukünftiger, noch nicht vorhandener, aber noch zu erwartender Beeinträchtigungen zu gestalten. Der Verzichtswille sollte sich eindeutig auf ein konkretes Vorhaben beziehen oder der Gegenstand und die Reichweite des Verzichts „mit ausreichender Deutlichkeit beschrieben" werden.[1541] Eine Verzichtserklärung, bei der der Industrieparknutzer auf alle öffentlich-rechtlichen Abwehrrechte verzichtet, dürfte folglich nicht hinreichend bestimmt sein.[1542]

Ein individuelles Aushandeln des Verzichts im Rahmen des Abschlusses des Standortvertrags ist insoweit ratsam, als die Verzichtserklärung dann nicht der AGB-Kontrolle nach §§ 305 ff. BGB unterliegt. Jedoch kann auch der – für die Praxis einfacher handhabbare – formularmäßige Einbezug des Verzichts durch die Industriepark-AGB des Standortvertrags wirksam sein. Denn eine unangemessene Benachteiligung des Verzichtenden ist in der Konstellation des Industrieparks bei einer ausgewogenenen Vertragsgestaltung nicht anzunehmen. Beim Verzicht auf öffentlich-rechtliche Rechtspositionen ist allerdings darauf zu achten, dass die Verzichtserklärung auch gegenüber der zuständigen Behörde abgegeben werden muss, um etwaige Wirkungen zu entfalten.[1543]

Insgesamt ist es unmöglich, einen wirksamen Verzicht auf Abwehrrechte zu erklären, der alle potenziellen immissionsschutzrechtlichen Konflikte zwischen den Industrieparknutzern abdeckt und das Prozessrisiko ausschließt. Nichtsdestotrotz empfiehlt es sich, die Gefahr derartiger Streitigkeiten durch die Abgabe

---

1538 *Schlemminger*, NVwZ 2004, 129 (134).

1539 Vgl. *OVG Koblenz*, Beschl. v. 22.5.1981 – 1 B 26/81 –, DÖV 1981, 879.

1540 Vgl. *Schlemminger*, NVwZ 2004, 129 (134). Siehe auch *Jarass/Pieroth*, GG, Vorb. vor Art.1 Rn.36.

1541 Vgl. *OVG Saarlouis*, 18.6.2002 – 2 R 2/01 –, NJW 2003, 768 m.w.N.; *Schlemminger*, NVwZ 2004, 129 (132 ff.).

1542 Vgl. *BVerwG*, Urt. v. 28.4.1978 – IV C 53/76 –, BauR 1978, 385; *Koch*, in: GK-BImSchG, § 3 Rn.76 f.; ausf. *Schlemminger*, NVwZ 2004, 129 (132 m.w.N., 134).

1543 *Störfall-Kommission*, in: SFK-GS-44, S.7 f.; *Schlemminger*, NVwZ 2004, 129 (133 f).

von Verzichtserklärungen im Industriepark einzudämmen. Ungeachtet der Frage der Wirksamkeit des Verzichts wird sich ein Unternehmen regelmäßig an die Verzichtserklärung, die es gegenüber einem anderen Industrieparknutzer abgegeben hat, gebunden fühlen.[1544]

1544 Vgl. *Störfall-Kommission*, in: SFK-GS-44, S.8; *Müggenborg*, Industrieparks, S.147 Rn.33 f.

Teil 6. Zusammenfassung und Vorschlag einer Definition zur Bestimmung des Betreibers i.S.d. BImSchG

(1) Trotz der Bedeutung des Betreiberbegriffs für das Immissionsschutzrecht sieht der deutsche Gesetzgeber weder im BImSchG noch in den zugehörigen Rechtsverordnungen eine Legaldefinition vor. Es handelt sich vielmehr um einen unbestimmten Rechtsbegriff.

(2) Der europäische Richtliniengeber hat den Betreiberbegriff im immissionsschutzrechtlichen Sinne in den Begriffsbestimmungen der IE-Richtlinie (zuvor IVU-Richtlinie) und der Seveso III-Richtlinie (zuvor Seveso II-Richtlinie) bestimmt. Wer Betreiber im Einzelfall ist, bleibt dennoch offen, weil die Begriffsbestimmungen das Rangverhältnis der Betreibereigenschaften nicht vorgeben. Mehrere Personen können ein Betreiberkriterium erfüllen – die Anlage betreiben, die Anlage besitzen bzw. die ausschlaggebende wirtschaftliche Verfügungsmacht über den technischen Betrieb innehaben. Bei konsequenter Anwendung der Definitionen müssten mehrere Personen Betreiber sein.

(3) Eine „1:1"-Umsetzung der Betreiber-Begriffsbestimmungen des Europäischen Richtliniengebers ins deutsche Recht ist nicht möglich. Während der Richtliniengeber der IE-Richtlinie nicht mehr am Grundsatz der Betreiberidentität festhält, ist im deutschen Immissionsschutzrecht weiterhin der Grundsatz der Betreiberidentität festgeschrieben (vgl. § 1 Abs.1 S.4 der 4. BImSchV). Die Geltung des Grundsatzes der Betreiberidentität im Kontext des deutschen Anlagenzulassungsrechts ist mit dem Unionsrecht vereinbar. Sie führt nicht zu einem dem Ziel der einschlägigen Richtlinien (Umweltschutz) zuwiderlaufendem Ergebnis. Wo in der deutschen Rechtspraxis der dringende Bedarf für eine Abweichung von einer strikten Anwendung des Grundsatzes der Betreiberidentität besteht, wird der Grundsatz der Betreiberidentität faktisch durchbrochen (z.B. bei der GbR).

(4) Der Betreiberbegriff des BImSchG steht in unmittelbarem Zusammenhang mit den anlagenbezogenen, vom Gefahrenabwehrrecht geprägten Vorschriften des BImSchG. Die Mehrzahl dieser Regelungen richtet sich an den Betreiber einer genehmigungsbedürftigen Anlage (§§ 4 ff. BImSchG, 4. BImSchV). Dies schlägt sich im Inhalt des Betreiberbegriffs nieder. Der Betreiber einer genehmigungsbedürftigen Anlage ist der Adressat der

immissionsschutzrechtlichen Grundpflichten (§ 5 BImSchG), wonach ihn umfassende Schutz-, Vorsorge-, Nachsorge- und Rückführungspflichten treffen. Die Schutzpflicht hat er – entsprechend ihrer Bedeutung an oberster Stelle des Pflichtenkatalogs (vgl. § 5 Abs.1 Nr.1 BImSchG) – besonders zu beachten. Die Konkretisierung der Schutz-pflicht durch die StörfallVO verdeutlicht, dass der (Störfallanlagen-)Betreiber derjenige ist, der die Verantwortung für den Bereich der Gefahrenabwehr und Anlagensicherheit trägt (sog. Letztverantwortlichkeit). Die Nichterfüllung von Pflichten trotz erteilter Auflagen und nachträglicher Anordnungen kann umfassende Folgen für den Betreiber haben (z.B. Versagung der Erteilung bzw. Widerruf der Anlagengenehmigung; Untersagung, Stilllegung oder Beseitigung des Anlagenbetriebs; Begehung einer Umweltstraftat, die unter Freiheitsstrafe oder Geldstrafe steht; Begehung einer mit Geldbuße sanktionierten Ordnungswidrigkeit; Schadensersatz im Rahmen der anlagenbezogenen Umweltgefährdungshaftung).

(5) Der Begriff des Betreibers i.S.d. BImSchG ist nicht identisch mit dem Begriff des Trägers des Vorhabens (9. BImSchV). Mit Letzterem soll sprachlich manifestiert werden, dass die Genehmigung auch von demjenigen beantragt werden kann, der die Anlage errichtet, der aber nicht zwingend mit dem späteren Betreiber der Anlage identisch ist. Die sprachliche Differenzierung zwischen Betreiber und Träger des Vorhabens ist für die Praxis unhandlich und zudem inkonsequent, da nach dem BImSchG auch derjenige Betreiber sein kann, dessen Anlage stillgelegt ist.

(6) Der Begriff des Anlagenbetreibers des BImSchG ist nach § 3 Nr.2 Hs.2 nicht inhaltsgleich mit dem Begriff des Anlagenbetreibers i.S.d. § 3 Nr.2 Hs.1 TEHG (Begriff des Verantwortlichen nach a.F.). Die Kriterien der Betreiberdefinition des TEHG (Hs.1) – das Innehaben der unmittelbaren Entscheidungsgewalt über die Anlage und das Tragen der wirtschaftlichen Risiken – dienen zur Bestimmung von Betreibern, die nicht Anlagenbetreiber i.S.d. BImSchG sind. Anlagenbetreiber nach dem BImSchG ist allein, wer eine genehmigungsbedürftige Anlage i.S.d. BImSchG betreibt (Hs.2). Diese Formel gibt der Praxis keine brauchbaren Kriterien für die Bestimmung des Betreibers des BImSchG an die Hand.

(7) Die Fördergesetze EEG und KWKG sind von einer energiewirtschaftsrechtlichen Betrachtungsweise geprägt und verwenden einen gegenüber dem Betreiberbegriff des BImSchG eigenständigen energierechtlichen Betreiberbegriff. Maßgebliches Kriterium für die Bestimmung des Betreibers nach EEG bzw. KWKG ist das Unternehmerrisiko. Demgegenüber steht

der Anlagenbetreiber i.S.d. BImSchG im Zentrum der Gefahrenabwehr und Risikovorsorge. Er ist den mit dem Anlagenbetrieb verbundenen Gefahren in technischer Hinsicht am nächsten.

(8) Die SeeAnlV lässt keine Rückschlüsse auf den Inhalt des Betreiberbegriffs im Immissionsschutzrecht zu, sondern nur umgekehrt das Immissionsschutzrecht auf den Betreiberbegriff der SeeAnlV. Der Gesetzgeber hat sich beim Entwurf der SeeAnlV vornehmlich an den Vorschriften des BImSchG orientiert.

(9) Das WHG ist wie das BImSchG vom Gedanken der Gefahrenabwehr geprägt. Betreiber (nach der a.F. Inhaber) i.S.d. WHG ist der Gefahrennächste, der die Anlage beherrscht und in der Lage ist, die Entscheidungen für entsprechende Maßnahmen zur Gefahrenvorsorge und -abwehr zum Schutz der Gewässer zu treffen. Maßgebliche Betreibereigenschaft ist die tatsächliche Verfügungsgewalt über die Anlage. Jedoch ist nach der zivilrechtlichen Haftung des WHG für Gewässerveränderung auch das Kriterium des wirtschaftlichen Einflusses von Bedeutung, über das indirekt das Verhalten in Bezug auf die Anlagensicherheit gesteuert werden soll. Derjenige, der die Vorteile aus dem Anlagenbetrieb in Form von Nutzungen zieht, soll auch die Kosten für den Unterhalt der Anlage und die Haftungsrisiken übernehmen müssen. Der Gedanke des gerechten Schadensausgleichs ist dem umfassenden Haftungsanspruch nach § 89 Abs.2 WHG immanent. Das BImSchG sieht keine entsprechenden Haftungsnormen (vgl. § 14 BImSchG) vor. Auch im Übrigen lässt sich den Vorschriften des BImSchG nicht entnehmen, dass das Kriterium des wirtschaftlichen Einflusses bei der Bestimmung des Betreibers des BImSchG eine vergleichbare Rolle spielt.

(10) Der Inhaberbegriff im Rahmen der zivilrechtlichen Haftung des UmweltHG ist angelehnt an den haftungsbezogenen Betreiberbegriff des WHG. Er ist entsprechend vom Vorsorgeprinzip und Grundsatz des gerechten Schadensausgleichs geprägt. Die Verwendung einer uneinheitlichen Terminologie (Betreiber- bzw. Inhaberbegriff) durch den Gesetzgeber ist insoweit nicht zweckmäßig. Der Inhaberbegriff unterscheidet sich – wie der Betreiberbegriff nach dem WHG – vom Betreiberbegriff i.S.d. BImSchG in Bezug auf die Bedeutung der wirtschaftlichen Nutznießung und Risikotragung als Betreibermerkmale.

(11) Der Begriff des Verantwortlichen nach dem USchadG ist erheblich weiter gefasst als der Betreiberbegriff des BImSchG. Nach dem USchadG, das einen öffentlich-rechtlichen Haftungsanspruch vorsieht, ist entscheidend,

wessen Verhalten die Umweltgefahr oder den Umweltschaden unmittelbar verursacht hat. Im Gegensatz zum Betreiberbegriff i.S.d. BImSchG erfasst es insbesondere die für eine juristische Person handelnden Organe und einfache Mitarbeiter.

(12) Die Rechtsprechung und Literatur gehen zum überwiegenden Teil davon aus, dass Anlagenbetreiber derjenige ist, der den bestimmenden Einfluss über den Anlagenbetrieb hat. Bestimmender Einfluss setzt danach verschiedene Merkmale rechtlicher, tatsächlicher und wirtschaftlicher Art kumulativ bzw. alternativ bzw. mit unterschiedlicher Gewichtung voraus: Entscheidungsgewalt über das „Ob" und „Wie" des Anlagenbetriebs, Weisungsfreiheit, tatsächliche, rechtliche und/ oder wirtschaftliche Verfügungsgewalt, Betrieb der Anlage in eigenem Namen, auf eigene Rechnung und/oder in eigener Verantwortung. Rechtsprechung und Literatur bieten damit keine konkrete Anleitung, mit der sich der Betreiber in jeder Konstellation ohne weiteren Untersuchungsaufwand bestimmen lässt. Es handelt vielmehr um einen „einheitlich schwammig definierten" Betreiberbegriff von Rechtsprechung und Literatur. Sie zitieren sich regelmäßig gegenseitig, ohne zu differenzieren, in welchem Kontext (etwa des BImSchG, WHG oder UmweltHG) der Betreiberbegriff steht.

(13) Vorzuziehen ist eine Betreiberdefinition, die am Zweck des BImSchG, vom Betrieb emittierender Anlagen ausgehende Gefahren effektiv abzuwehren, orientiert ist. Der Betreiber ist der Verantwortliche für die Gefahrenabwehr und Gefahrenvorsorge. Hierfür bedarf es einer besonderen Gefahrennähe und des unmittelbaren Zugriffs auf die Gefahrenquelle, d.h. dauerhafter tatsächlicher Verfügungsgewalt und Entscheidungsgewalt über den Anlagenbetrieb. Das Kriterium der Weisungsfreiheit spielt dabei eine untergeordnete Rolle und hilft vornehmlich bei der Abgrenzung des Besitzers (Betreiber) vom Besitzdiener.

(14) Wirtschaftlichen Gesichtspunkten kommt in Bezug auf die öffentlichrechtlich geprägte Betreiberstellung lediglich Indizwirkung zu. Der zivilrechtlichen Gefährdungshaftung entstammende Kriterien wie etwa „Handeln im eigenen Namen und auf eigene Rechnung" passen nicht in das Regelungssystem des BImSchG, das auf effektive Gefahrenabwehr ausgerichtet ist. Lediglich im Stadium der Errichtung, bei dem die typischen Gefahren des Anlagenbetriebs noch nicht vorliegen, können diese Kriterien ein Bestimmungsmerkmal sein.

(15) Die Eigentümerstellung ist kein Merkmal, das die Betreiberstellung begründet. Eine gemeinsame Anlage kann mehrere Eigentümer haben und

dennoch unter der Leitung ein und desselben (nicht mit den Eigentümern identischen) Betreibers stehen. Ausnahmsweise ist im Rahmen eines Nutzungsverhältnisses der Eigentümer der Anlage Betreiber, sofern er der Gefahrnähere ist (indem er z.B. dem Nutzer konkrete Vorgaben zum Anlagenbetrieb macht).

(16) Die Betreiberstellung als solche kann als öffentlich-rechtliche Verantwortlichkeit nicht mit Außenwirkung delegiert werden. Werden aber sämtliche Betreiberpflichten im Rahmen eines zivilrechtlichen Vertrages auf einen Dritten übertragen, kann dies dessen Betreiberstellung indizieren.

(17) Finanzierungsgesellschaften, die für den Anlagenbetrieb allein Finanzierungsmittel bereithalten, kommen nicht als Betreiber in Betracht. Ihnen fehlt die erforderliche Gefahrennähe zum Anlagenbetrieb. Sie haben keinen unmittelbaren Einfluss tatsächlicher und rechtlicher Art auf den Anlagenbetrieb. Im Übrigen tragen sie in wirtschaftlicher Hinsicht nur mittelbar die Risiken des Anlagenbetriebs (Insolvenzrisiko).

(18) Anlagenbetreiber kann eine natürliche oder juristische Person oder eine Personenvereinigung zur gemeinschaftlichen Nutzung einer Anlage sein. Die Aufgabendelegation innerhalb eines Unternehmens führt nicht zur Verschiebung der Betreiberstellung (vgl. § 52b Abs.1 BImSchG).

(19) Das von Teilen der Rechtsprechung und Literatur verwendete Betreiberkriterium der Weisungsunabhängigkeit ist nicht zur Bestimmung des Betreibers im Konzern geeignet. Eine Obergesellschaft, die aufgrund eines Beherrschungsvertrags Weisungen gegenüber der Untergesellschaft erteilen kann, die Untergesellschaft faktisch beherrscht oder im Übrigen nach § 17 AktG ein Abhängigkeitsverhältnis herstellt, rückt hierdurch nicht automatisch in die Betreiberstellung der Untergesellschaft (vgl. § 4 Nr.1 der 5. BImSchV). Maßgeblich ist ein selbständiger und unmittelbarer tatsächlicher Einfluss auf den technischen Anlagenbetrieb. Die konkrete Ausgestaltung eines Vertrags zwischen verbundenen Unternehmen (z.B. Betriebsführungsvertrags, Betriebspachtvertrags, Betriebsüberlassungsvertrags oder Geschäftsführungsvertrags) kann die Betreiberstellung indizieren. Sind die Entscheidungsträger in verbundenen Unternehmen eines Unterordnungskonzerns identisch, indiziert dies ein Strohmannverhältnis, bei dem die Obergesellschaft als Betreiberin unmittelbar über den Anlagenbetrieb der Untergesellschaft entscheidet.

(20) Die öffentlich-rechtliche Betreiberstellung ist als solche nicht disponibel. Sie kann im Rahmen eines Übergangs des Anlagenbetriebs mit den anlagenbezogenen Genehmigungen des BImSchG einschließlich Auflagen,

nachträglichen Anordnungen sowie Stilllegungs-, Beseitigungs- und anlagenbezogenen Untersagungsanordnungen auf den Rechtsnachfolger übergehen.

(21) Für die Frage des Übergangs immissionsschutzrechtlicher Rechte und Pflichten bei einer Unternehmensspaltung und etwaiger Anzeige- und Genehmigungserfordernisse kommt es darauf an, welcher Anlagenteil (Haupteinrichtigung, genehmigungsbedürftige bzw. nicht genehmigungsbedürftige Nebeneinrichtung) übergeht. Trotz unveränderten Gefahrenpotenzials kann die Spaltung wegen neu gebildeter Teilanlagen von nunmehr unterschiedlichen Betreibern zur Folge haben, dass der Anwendungsbereich der StörfallVO nicht mehr eröffnet ist. Im Fall der Aufspaltung des Anlagenkerns ist es praxisgerecht anzunehmen, dass bei unverändertem Fortbetrieb der Anlage die jeweiligen Anlageninhaber eine GbR bilden und diese dann Anlagenbetreiberin ist.

(22) Ein Insolvenzverwalter ist der letzte Anlagenbetreiber i.S.d. BImSchG, wenn er nach Eröffnung des Insolvenzverfahrens den insolventen Anlagenbetrieb fortführt. Andernfalls rückt er lediglich in die Schuldnerposition des insolventen Betreibers.

(23) Industrieparkspezifische gesetzliche Regelungen zur Betreiberfrage fehlen. Es gilt daher der Grundsatz der Betreiberidentität auch im Industriepark. Als Anlagenbetreiber kommen der jeweilige Industrieparknutzer, Industrieparkbetreiber, die Infrastruktur-/Standortservicegesellschaft und ggf. die Genehmigungshaltergesellschaft in Betracht. Der Industrieparknutzer ist Betreiber einer Anlage i.S.d. BImSchG, solange er selbst auf Dauer die wesentlichen Entscheidungen über den Anlagenbetrieb trifft. Ein Industrieparkbetreiber (bzw. die Infrastruktur-/Standortservicegesellschaft), der Managementaufgaben in Bezug auf Anlagen der Industrieparknutzer übernimmt und zum Notfall-Manager aller Industrieparknutzer ernannt wird, wird nicht schon dadurch zum Betreiber der Anlagen der Instrieparknutzer. Betreiber über deren Anlagen wird er, soweit der Industrieparknutzer die tatsächliche und rechtliche Verfügungsgewalt über den jeweiligen Anlagenbetrieb abgegeben hat. Dies kann durch eine Benutzungsordnung, in der der Industrieparkbetreiber einseitig und vollständig die näheren Einzelheiten des Anlagenbetriebs und Betriebsablaufs festlegt, indiziert sein, wenn sich die Industrieparknutzer verpflichten, die Benutzungsordnung zu beachten.

(24) Eine Genehmigungshaltergesellschaft ist Betreiberin, wenn die Industrieparknutzer gewillt sind, ihr den bestimmenden Einfluss über ihre

Anlagenbetriebe einzuräumen. Der Vorteil der Konstruktion der Genehmigungshaltergesellschaft im Zuge einer Aufteilung einer einheitlichen Anlage in mehrere selbständige Einheiten, nämlich negative Folgen der Aufteilung zu vermeiden, steht regelmäßig hinter den mit einem jederzeit möglichen Untergang der Genehmigungshaltergesellschaft einhergehenden Nachteilen zurück.

(25) Wegen der fehlenden gesetzlichen Konkretisierung des Betreiberbegriffs sollten zivilvertragliche Vereinbarungen zwischen Industrieparkbetreiber und Industrieparknutzer abgeschlossen werden. Dies vermeidet Zurechnungsfragen, wenn es um das Merkmal der gemeinsamen Anlage (§ 1 Abs.3 S.2 Nr.1 der 4. BImSchV) oder das Merkmal des Betriebsbereichs (Anwendung der StörfallVO) geht. Im Rahmen des Standortvertrags sollten Leistungen, Verantwortlichkeiten (insbesondere in Bezug auf gemeinsame Rohrleitungen und Pipelines) und Steuerungsrechte detailliert und eindeutig festgehalten sowie industrieparkspezifische Sicherheitslücken geschlossen werden. Letzteres erfordert eine weitgehend betreiberübergreifend abgestimmte Sicherheitsphilosophie. Vertragliche Regelungen mit Bezug zur StörfallVO gehören regelmäßig zur besten Vorgehensweise (best practice) aus Sicht der Behörden und Gerichte und können sich damit positiv bzw. bei deren Fehlen negativ (z.B. in Bezug auf die Verkehrssicherungspflicht) auf Haftungsfragen auswirken. Die Vereinbarung eines Verzichts auf nachbarrechtliche Abwehransprüche ist zur Vermeidung von Streitigkeiten der Industrieparknutzer untereinander zu empfehlen. Nach Vertragsabschluss sollten industrieparkspezifische vertragliche Vereinbarungen dieser Art der zuständigen Behörde zum Zwecke der Kenntnis und einem guten Kooperationsverhältnis vorgelegt werden.

(26) Insgesamt bedarf es einer konkreten Begriffsbestimmung des Betreibers im BImSchG. Um den unterschiedlichen Phasen der Errichtung, des Betriebs und der Stilllegung der Anlage gerecht zu werden, wird folgende abgestufte Definition vorgeschlagen:

„Betreiber im Sinne dieses Gesetzes ist,

1. im Stadium der Errichtung, wer die Anlage in eigener Verantwortung errichtet; auf die Absicht, die Anlage betreiben zu wollen, kommt es nicht an,
2. im Stadium der Inbetriebnahme und des Betriebs, wer die Anlage in eigener Verantwortung betreibt. Dies setzt den unmittelbaren bestimmenden Einfluss auf den technischen Betrieb der Anlage voraus.

Indizien sind die tatsächliche Verfügungsgewalt und die unmittelbare Entscheidungsgewalt über den Anlagenbetrieb; auf die Eigentümerstellung und wirtschaftliche Risikotragung kommt es nicht an,

3. im Stadium der Stilllegung, wer die Anlage zuletzt eigenverantwortlich betrieben hat (der letzte Anlagenbetreiber)."

Literaturverzeichnis

Quellen	**Zitiert**
Altenschmidt, Stefan: Emissionshandel und industrielles Contracting, Probleme und Lösungsansätze, CuR 2006, 43	*Altenschmidt*, CuR 2006, 43
Altrock, Martin/*Oschmann*, Volker/*Theobald*, Christian: EEG, Erneuerbare-Energien-Gesetz, Kommentar, 3. Aufl., München 2011	*Bearbeiter*, in: Altrock u.a., EEG
ATV-Fachausschuss 4.2. „Wasserrecht Neue Bundesländer“: Erlaubnisinhaber und Abgabenpflichtiger bei privatwirtschaftlicher Realisierung der Abwasserentsorgung, ATV-Arbeitsberichte 1995, 449	*ATV-Fachausschuss 4.2. „Wasserrecht Neue Bundesländer“*, ATV-Arbeitsberichte 1995, 449
Bader, Bernadette: Die Umsetzung der IVU-Richtlinie in deutsches Recht – Probleme und Chancen, Köln 2002	*Bader*, Die Umsetzung der IVU-Richtlinie in deutsches Recht
Balensiefen, Gotthold A.: Umwelthaftung, Privatrechtliche Haftung für beeinträchtigende Umwelteinwirkungen in Deutschland – nach Inkrafttreten von Umwelthaftungsgesetz und Gentechnikgesetz – und in den USA, Baden-Baden 1992	*Balensiefen*, Umwelthaftung
Baumbach, Adolf/*Hueck*, Alfred: Gesetz betreffend die Gesellschaften mit beschränkter Haftung, 20. Aufl., München 2013	*Bearbeiter*, in: Baumbach/Hueck, GmbHG

Baumbach, Adolf/*Lauterbach*, Wolfgang/ *Albers*, Peter/*Hartmann*, Peter: Zivilprozessordnung: mit FamFG, GVG und anderen Nebengesetzen, Bd.1, 71. Aufl., München 2013	*Baumbach/Lauterbach*, ZPO
Beck'scher Onlinekommentar: BGB, *Bamberger*, Heinz Georg/*Roth*, Herbert (Hg.), Edition: 27 (Stand: 1. Mai 2013), München 2013	*Bearbeiter*, in: BeckOK, BGB
Ders.: GmbHG, *Ziemons*, Hildegard/*Jaeger*, Carsten (Hg.), Edition: 14 (Stand: 1. März 2013), München 2013	*Bearbeiter*, in: BeckOK, GmbHG
Ders.: StGB, von *Heintschel-Heinegg*, Bernd (Hg.), Edition: 22 (Stand: 8. März 2013), München 2013	*Bearbeiter*, in: BeckOK, StGB
Ders.: Umweltrecht (BBodSchG, BImSchG, KrWG, KrWG/-AbfG, WHG), *Giesberts*, Ludger/*Reinhardt*, Michael (Hg.), Edition: 27 (Stand: 1. April 2013), München 2013	*Bearbeiter*, in: BeckOK, betreffendes Umweltgesetz bzw. betreffende Verordnung
Ders.: VwGO, *Posser*, Herbert/*Wolff*, Heinrich Amadeus (Hg.), VwGO, Edition: 25 (Stand: 1. April 2013), München 2013	*Bearbeiter*, in: BeckOK, VwGO
Becker, Bernd: Das neue Umweltschadensgesetz, 1. Aufl., München 2007	*Becker*, USchadG

Ders.:
Das neue Umweltschadensgesetz und das Artikelgesetz zur Umsetzung der Richtlinie über die Umwelthaftung zur Vermeidung und Sanierung von Umweltschäden, NVwZ 2007, 1105 — *Becker*, NVwZ 2007, 1105

Beckmann, Beate:
Die Seeanlagenverordnung, NordÖR 2001, 273 — *Beckmann*, NordÖR, 273

Berendes, Konrad:
Wasserhaushaltsgesetz, Kurzkommentar, Berlin 2010 — *Berendes*, Wasserhaushaltsgesetz

Berendes, Konrad/*Frenz*, Walter/*Müggenborg*, Hans-Jürgen:
WHG, Wasserhaushaltsgesetz, Kommentar, Berlin 2011 — *Bearbeiter*, in: Berendes u.a., WHG

Beuck, Joachim:
Voraussetzungen für eine Inanspruchnahme nach dem Umweltschadensgesetz, VersR 2012, 1215 — *Beuck*, VersR 2012, 1215

Bodanowitz, Jan:
Rechtliche Grundlagen des Baulärmschutzes, NJW 1997, 2351 — *Bodanowitz*, NJW 1997, 2351

Böhmer, Till:
Erneuerbare Energien – Perspektiven für die Stromerzeugung, Energie im Dialog, Bd.3, 1. Aufl., Frankfurt [u.a.] 2003 — *Bearbeiter*, in: Böhmer, Erneuerbare Energien

Brandt, Edmund/*Gaßner*, Hartmut:
Seeanlagenverordnung, Kommentar, Berlin 2002 — *Brandt/Gaßner*, SeeAnlV a.F.

Bratke, Julia:
Industrieparks, Eine Untersuchung von umweltrechtlichen Problemen und deren Konsequenzen für die betriebliche Praxis, Berlin 2004 — *Bratke*, Industrieparks

Braunewell, Jens:
Die neue Richtlinie über Industrieemissionen – Darstellung ihrer wesentlichen Regelungen und erste Überlegungen zur Umsetzung im innerstaatlichen Recht –, UPR 2011, 250 — *Braunewell*, UPR 2011, 250

Brechmann, Winfried:
Die richtlinienkonforme Auslegung: Zugleich ein Beitrag zur Dogmatik der EG-Richtlinie, München 1994 — *Brechmann*, Die richtlinienkonforme Auslegung

Breuer, Rüdiger:
Anlagensicherheit und Störfälle – Vergleichende Risikobewertung im Atom- und Immissionsschutzrecht, NVwZ 1990, 211 — *Breuer*, NVwZ 1990, 211

Ders.:
Öffentliches und privates Wasserrecht, 3. Aufl., München 2004 — *Breuer*, Wasserrecht

Brinktine, Ralf:
Der Bodenschutz im Umweltschadensgesetz, ZUR 2007, 337 — *Brinktine*, ZUR 2007, 337

Brüggemeier, Gert:
Unternehmenshaftung für „Umweltschäden“ im deutschen Recht und nach EG-Recht, in: *Martinek u.a.* (Hg.), Festschrift für Günther Jahr zum siebzigsten Geburtstag, Vestigia iuris, Tübingen 1993, S. 223 — *Brüggemeier*, in: FS Jahr

Brüning, Christoph:
Abwasserbeseitigungspflicht und Einleitererlaubnis, ZfW 1998, 341 — *Brüning*, ZfW 1998, 341

Büdenbender, Ulrich/*Rosin*, Peter: KWK-AusbauG, Kommentar zum Gesetz für die Erhaltung, die Modernisierung und den Ausbau der Kraft-Wärme-Kopplung, Köln 2003	*Büdenbender/Rosin*, KWK
Burmann, Michael/*Heß*, Rainer/ *Jahnke*, Jürgen/*Janker*, Helmut: Straßenverkehrsrecht, 22. Aufl., München 2012	*Bearbeiter*, in: Burmann u.a., StVG
Callies, Christian/*Ruffert*, Matthias: EUV/AEUV, Das Verfassungsrecht der Europäischen Union mit Europäischer Grundrechtecharta, Kommentar, 4. Aufl., München 2011	*Bearbeiter*, in: Callies/ Ruffert, EUV/AEUV
Dies.: EUV/ EGV, Das Verfassungsrecht der Europäischen Union mit Europäischer Grundrechtecharta, Kommentar, 3. Aufl., München 2007	*Bearbeiter*, in: Callies/ Ruffert, EUV/EGV
Cosack, Tilman: Umwelthaftung im faktischen GmbH-Konzern, Strategien zur Reduzierung der Umwelthaftungsrisiken im Konzernunternehmen und Konzernverbund, Frankfurt a.M. [u.a.] 1999	*Cosack*, Umwelthaftung im faktischen GmbH-Konzern
Cosack, Tilman/*Enders*, Rainald: Das Umweltschadensgesetz im System des Umweltrechts, DVBl 2008, 405	*Cosack/Enders*, DVBl 2008, 405
Creifelds, Carl/ *Weber*, Klaus: Rechtswörterbuch, 20. Aufl., München 2011	*Creifelds*, Rechtswörterbuch
Czychowski, Manfred/*Reinhardt*, Michael: Wasserhaushaltsgesetz, unter Berücksichtigung der Landeswassergesetze, Kommentar, 10. Aufl., München 2010	*Czychowski/Reinhardt*, WHG

Dies.:
Wasserhaushaltsgesetz unter Berücksichtigung der Landeswassergesetze, Kommentar, 9. Aufl., München 2007 — *Czychowski/Reinhardt*, WHG a.F.

Danner, Wolfgang/*Theobald*, Christian:
Energierecht, Kommentar, Loseblatt (Stand: 76. EL, Dezember 2012), München 2012 — *Bearbeiter*, in: Danner/Theobald, Energierecht, Gesetz

Dies.:
Energierecht, Kommentar, Loseblatt (Stand: 68. EL, Okt. 2010), München 2010 — *Bearbeiter*, in: Danner/Theobald, Energierecht, TEHG a.F.

Dauner-Lieb, Barbara/*Langen*, Werner:
BGB, Schuldrecht, Bd.2/2: §§ 611–853, 2. Aufl., Baden-Baden 2012 — *Bearbeiter*, in: Dauner-Lieb/Langen, BGB

Dauses, Manfred A.:
Handbuch des EU-Wirtschaftsrechts, Bd.2, Loseblatt (Stand: 31. EL, Juni 2012), München 2012 — *Dauses*, Handbuch des EU-Wirtschaftsrechts, Bd.2

Diederichsen, Lars:
Grundfragen zum neuen Umweltschadensgesetz, NJW 2007, 3377 — *Diederichsen*, NJW 2007, 3377

Dietlein, Johannes:
Nachfolge im Öffentlichen Recht, Staats- und verwaltungsrechtliche Grundfragen, Berlin 1999 — *Dietlein*, Nachfolge im Öffentlichen Recht

Ditzel, Sabrina:
2. Trierer Wasserwirtschaftsrechtstag am 10. März 2010, Berichte, u.a. Bericht von Vortrag von Johannes *Dietlein* zum Thema „Die Abweichungsgesetzgebung – Zur Neuverteilung der wasserrechtlichen Rechtssetzungsbefugnisse zwischen Bund und Ländern“, DVBl 2010, 1154 — *Dietlein*, Vortragsbericht in: Ditzel, DVBl 2010, 1154

Dolde, Klaus-Peter/*Vetter*, Andrea:
Überwachung immissionsschutzrechtlich genehmigungsbedürftiger Anlagen – Möglichkeiten der Länder bei Gesetzgebung und Vollzug im Hinblick auf die Umwelt-Audit-Verordnung, NVwZ 1995, 943 — *Dolde*, NVwZ 1995, 943

Drost, Ulrich:
Das neue Wasserrecht, Wasserhaushaltsgesetz (WHG), Verordnung über Anlagen zum Umgang mit wassergefährdenden Stoffen (VAUwS), Kommentare mit Vorschriftensammlung zum Europa- und Bundesrecht, Bd.I, Wasserhaushaltsgesetz (WHG), Loseblatt (Stand: 2. EL, Februar 2012), Stuttgart 2012 — *Drost*, Das neue Wasserrecht, WHG

Ebenroth, Carsten Thomas/*Boujong*, Karlheinz/ *Joost*, Detlev/ *Strohn*, Lutz:
Handelsgesetzbuch, Bd.1, §§ 1–342e, 2. Aufl., München 2008 — *Bearbeiter*, in: Ebenroth u.a., HGB

Ehrlich, Christian:
Die neue Verordnung über Immissionsschutz- und Störfallbeauftragte, DB 1993, 1772 — *Ehrlich*, DB 1993, 1772

Elspas, Maximilian/*Salje*, Peter/ *Stewing*, Clemens:
Emissionshandel, Ein Praxishandbuch, Köln [u.a.] 2005 — *Bearbeiter*, in Elspas u.a., Emissionshandel

Emmerich, Volker/*Habersack*, Mathias:
Aktien- und GmbH-Konzernrecht, 6. Aufl., München 2010 — *Bearbeiter*, in: Emmerich/ Habersack, AktG

Enders, Rainald/*Krings*, Michael:
Das Artikelgesetz aus immissionsschutz- und abfallrechtlicher Sicht – Zur Umsetzung der UVP-Änderungsrichtlinie, der IVU-Richtlinie, der Deponierichtlinie und weiterer EG-Richtlinien zum Umweltschutz –, DVBl 2001, 1389 — *Enders/Krings*, DVBl 2001, 1389

Engelsberger, Christian:
Der Vollzug europarechtlicher Vorschriften auf dem Gebiet des Umweltschutzes, Rechtliche Vorgaben und Verwaltungspraxis anhand einer empirischen Umfrage bei Behörden und Umweltschutzverbänden in Deutschland, Berlin 1998 — *Engelsberger*, Der Vollzug europarechtlicher Vorschriften auf dem Gebiet des Umweltschutzes

Engert, Jochen:
Die Haftpflicht der Mineralöl-Fernleitungs-Unternehmer, BB 1963, 657 — *Engert*, BB 1963, 657

Epiney, Astrid:
Umweltrecht in der Europäischen Union, 3. Aufl., Köln [u.a.] 2012 — *Epiney*, Umweltrecht der Europäischen Union

Erbs, Georg/*Kohlhaas*, Max:
Strafrechtliche Nebengesetze, Kommentar, Bd.II, Loseblatt (Stand: 192. EL, November 2012), München 2012 — *Bearbeiter*, in: Erbs/Kohlhaas

Erichsen, Hans-Uwe/*Ehlers*, Dirk:
Allgemeines Verwaltungsrecht, 14. Aufl., Berlin – New York 2010 — *Bearbeiter*, in: Erichsen/Ehlers, Allgemeines Verwaltungsrecht

Fabry, Beatrice:
Private Unternehmen als Umwelt-Störer, Zur Polizeipflichtigkeit von Kapital- und Personengesellschaften, Baden-Baden 1993 — *Fabry*, Private Unternehmen als Umwelt-Störer

Faßbender, Kurt:
Die Umsetzung von Umweltstandards der Europäischen Gemeinschaft, Köln 2001 — *Faßbender*, Die Umsetzung von Umweltstandards der Europäischen Gemeinschaft

Feldhaus, Gerhard:
Bundes-Immissionsschutzrecht, Kommentar, Bd.1 – Teil I, A: Umweltverfassungsrecht, B1: Bundes-Immissionsschutzgesetz §§ 1 bis 21, Loseblatt (Stand: 171. EL, Dezember 2012), Heidelberg 2012 — *Bearbeiter*, in: Feldhaus, Gesetz bzw. Verordnung

Ders.:
Bundes-Immissionsschutzgesetz, NomosKommentar (Online Kommentar der beck-online-Datenbank), 1. Aufl., Baden-Baden 2012 — *Feldhaus*, in: OK

Ders.:
Einführung in die neue Störfall-Verordnung, UPR 2000, 121 — *Feldhaus*, UPR 2000, 121

Ders.:
Umweltschutzsichernde Betriebsorganisation, NVwZ 1991, 927 — *Feldhaus*, NVwZ 1991, 927

Filthaut, Werner:
Haftpflichtgesetz, Kommentar zum Haftpflichtgesetz und zu den konkurrierenden Vorschriften anderer Haftpflichtgesetze, 8. Aufl., München 2010 — *Filthaut*, HaftPflG

Fischer, Martin/*Günther*, Elmar:
Rechtliche Besonderheiten beim Outsourcing von Ver- und Entsorgungsdienstleistungen bei privaten Unternehmen, NVwZ 2005, 1116 — *Fischer/Günther*, NVwZ 2005, 1116

Fleischer, Holger:
Handbuch des Vorstandsrechts, 1. Aufl., München 2006 — *Bearbeiter*, in: Fleischer, Handbuch des Vorstandsrechts

Fleischer, Holger/*Goette*, Wulf:
Münchener Kommentar zum GmbHG, 1. Aufl., Bd.1, §§ 1–34, München 2010 — *Bearbeiter*, in: Fleischer/Goette, MüKo, GmbHG

Fleischer, Holger/*Empt*, Martin:
Gesellschaftsrechtliche Durchgriffs- und Konzernhaftung und öffentlich-rechtliche Altlastenverantwortlichkeit, ZIP 2000, 905 — *Fleischer/Empt*, ZIP 2000, 905

Fluck, Jürgen:
Die immissionsschutzrechtliche Nachsorgepflicht als neues Instrument zur Verhinderung und Beseitigung von Altlasten, BB 1991, 1797 — *Fluck*, BB 1991

Ders.:
Die Konzentrationswirkung der immissionsschutzrechtlichen Genehmigung und ihre Grenzen, NVwZ 1992, 114 — *Fluck*, NVwZ 1992

Frenz, Walter:
Emissionshandelsrecht, Kommentar zu TEHG und ZuV 2020, 3. Aufl., Berlin 2012 — *Bearbeiter*, in: Frenz, TEHG

Ders.:
Emissionshandelsrecht, Kommentar zum TEHG und ZuG, 2. Aufl., Berlin 2008 — *Bearbeiter*, in: Frenz, TEHG a.F.

Frenz, Walter/*Müggenborg*, Hans-Jürgen:
EEG, Erneuerbare-Energien-Gesetz, Kommentar, 2. Aufl., Berlin 2011 — *Bearbeiter*, in: Frenz/Müggenborg, EEG

Friedrich, Jörg:
Umweltrechtliche Folgen einer Aufteilung bestehender Anlagen auf mehrere Betreiber, NVwZ 2002, 1174 — *Friedrich*, NVwZ 2002, 1174

Fritsch, Klaus:
Das Umweltschadensgesetz und seine Sanierungspflichten - das unterschätzte Haftungsrisiko?, UPR 2012, 365 — *Fritsch*, UPR 2012, 365

Gabler Wirtschaftslexikon:
Wirtschaftslexikon, Lexikon E-J, 17. Aufl., Wiesbaden 2010 — *Gabler*, Wirtschaftslexikon

Gassner, Erich/*Schemel*, Hans-Joachim:
Umweltschadensgesetz, Darstellung, 2. Aufl., Wiesbaden 2012 — *Gassner/Schemel*, USchadG

Gaul, Björn:
Das Schicksal von Tarifverträgen und Betriebsvereinbarungen bei der Umwandlung von Unternehmen, NZA 1995, 717 — *Gaul*, NZA 1995, 717

Geiger, Rudolf/*Khan*, Daniel-Erasmus/*Kotzur*, Markus:
EUV/AEUV, Vertrag über die Europäische Union und Vertrag über die Arbeitsweise der Europäischen Union, Kommentar, 5. Aufl., München 2010 — *Bearbeiter*, in: Geiger u.a., EUV/AEUV

Gellermann, Martin:
Die Windfarm im Lichte des Artikelgesetzes, NVwZ 2004, 1199 — *Gellermann*, NVwZ 2004, 1199

Goette, Wulf/*Habersack*, Mathias:
Münchener Kommentar zum Aktiengesetz, — *Bearbeiter*, in: Goette/Habersack, MüKo, AktG
- Bd.1, §§ 1–75, 3. Aufl., München 2008
- Bd.2, §§ 76–117, 3. Aufl., München 2008
- Bd.5, §§ 278–328, SpruchG, 3.Aufl., München 2010

Grabitz, Eberhard/*Hilf*, Meinhard/ *Nettesheim*, Martin:
Das Recht der Europäischen Union, Bd.I-III, EUV/AEUV, Loseblatt (Stand: 49. EL, November 2012), München 2013
Bearbeiter, in: Grabitz/ Hilf, AEUV

Großkommentar:
Aktiengesetz, Großkommentar, *Hopt*, Klaus J./*Wiedemann*, Herbert (Hg.), 4. Aufl., Lieferung 36, §§ 291–293, 294–299, Berlin – Boston 2012
Bearbeiter, in: Großkomm, AktG

Gummert, Hans/*Weipert*, Lutz:
Münchener Handbuch des Gesellschaftsrechts, Bd.4, Aktiengesellschaft, 3. Aufl., München 2007
Bearbeiter, in: Münchener Handbuch des Gesellschaftsrechts, AktG

Günter, Gisela:
Das neue Recht der UVP nach dem Artikelgesetz – Ist die UVP-Änderungsrichtlinie europarechtskonform umgesetzt?, NuR 2002, 317
Günter, NuR 2002, 317

Günther, Gerrit:
Umweltvorsorge und Umwelthaftung, Berlin 2003
Günther, Umweltvorsorge und Umwelthaftung

Hansmann, Klaus:
Die Nachsorgepflichten im Immissionsschutzrecht, NVwZ 1993, 921
Hansmann, NVwZ 1993, 921

Heinz, Volker G./*Hartung*, Wilhelm:
Die englische Limited, Eine Darstellung des Gesellschafts- und Steuerrechts mit Gesetzesauszügen und Mustern, 3. Aufl., Baden-Baden 2012
Heinz/Hartung, Die englische Limited

Heinze, Anke:
Sicherheitskonzept und Sicherheitsmanagementsystem nach der neuen Störfall-Verordnung, UPR 2002, 53
Heinze, UPR 2002, 53

Henkel, Michael J.:
Der Anlagenbegriff des Bundes-Immissionsschutzgesetzes: Inhalt, Funktion und praktische Bedeutung, Düsseldorf 1989 — *Henkel*, Der Anlagenbegriff des BImSchG

Henssler, Martin/*Strohn*, Lutz:
Beck'sche Kurz-Kommentare, Bd.62, Gesellschaftsrecht, 1. Aufl., München 2011 — *Bearbeiter*, in: Henssler/Strohn, AktG

Himmelmann, Steffen:
EG-Umweltrecht und nationale Gestaltungsspielräume,Baden-Baden 1997 — *Himmelmann*, EG-Umweltrecht und nationale Gestaltungsspielräume

Hirsch, Günter/*Schmidt-Didzuhn*, Andrea:
Gentechnikgesetz (GenTG), mit Gentechnik-Verordnungen, Kommentar, München 1991 — *Hirsch/Schmidt-Didzuhn*, GenTG

Hofmann, Hasso:
„Umweltstaat“: Bewahrung der natürlichen Lebensgrundlagen und Schutz vor den Gefahren und Risiken von Wissenschaft und Technik in staatlicher Verantwortung, in: *Badura* und *Dreier* (Hg.), Festschrift 50 Jahre Bundesverfassungsgericht, Zweiter Band, Klärung und Fortbildung des Verfassungsrechts, Tübingen 2001, S.873 — *Hofmann*, in: FS 50 Jahre BVerfG

Hohmuth, Timo:
Emissionshandel und deutsches Anlagenrecht, Zu den Wechselwirkungen im deutschen Emissionshandelsrecht zwischen dem Treibhausgas-Emissionshandelsgesetz (TEHG) und dem Bundes-Immissionsschutzgesetz (BImSchG) infolge ihrer Verzahnung bei der Umsetzung der Richtlinie 2003/87/EG, Köln [u.a.] 2006 — *Hohmuth*, Emissionshandel

Hölters, Wolfgang:
Aktienrecht, Kommentar, 1. Aufl., München 2011 — *Bearbeiter*, in: Hölters, AktG

Hoppe, Werner/*Beckmann*, Martin/*Kauch*, Petra:
Umweltrecht, Juristisches Kurzlehrbuch für Studium und Praxis, 2. Aufl., München 2000 — *Hoppe/Beckmann/Kauch*, Umweltrecht

Huber, Ruth:
Wer ist „Inhaber“ einer Anlage im Sinne von § 22 Abs. 2 WHG?, VersR 1962, 310 — *Huber*, VersR 1962, 310

Huber, Ulrich:
Betriebsführungsverträge zwischen konzernverbundenen Unternehmen, ZHR 1988, 123 — *Huber*, ZHR 1988, 123

Hucke, Anja:
Umwelthaftung von Konzernen, DB 1998, 2205 — *Hucke*, DB 1998, 2205

Hüffer, Uwe:
Aktiengesetz, 10. Aufl., München 2012 — *Hüffer*, AktG

Huffmann, Heiko:
Der Einfluß des § 52a BImSchG auf die Verantwortlichkeit im Unternehmen, Aachen 1999 — *Huffmann*, Der Einfluß des § 52a BImSchG auf die Verantwortlichkeit im Unternehmen

Jarass, Hans D.:
Bundes-Immissionsschutzgesetz, Kommentar unter Berücksichtigung der Bundes-Immissionsschutzverordnungen, der TA Luft sowie der TA Lärm, 9. Aufl., München 2012 — *Jarass*, BImSchG, 2012

Ders.:
Das neue Recht der Industrieanlagen, Zur Umsetzung der Industrieemissions-Richtlinie, NVwZ 2013, 169 — *Jarass*, NVwZ 2013, 169

Ders.:
Der Umfang einer immissionsschutzrechtlich genehmigungsbedürftigen Anlage, NVwZ 1995, 529 — *Jarass*, NVwZ 1995, 529

Ders.:
Immissionsschutzrechtlicher Anlagenbegriff und Reichweite der Genehmigungsbedürftigkeit, UPR 2011, 201 — *Jarass*, UPR 2011, 201

Ders.:
Reichweite des Bestandsschutzes industrieller Anlagen gegenüber umweltrechtlichen Maßnahmen, Anforderungen an bestehende Anlagen und ihre Durchsetzung mittels formaler und informaler Instrumente, DVBl 1986, 314 — *Jarass*, DVBl 1986, 314

Ders.:
Richtlinienkonforme bzw. EG-rechtskonforme Auslegung nationalen Rechts, EuR 1991, 211 — *Jarass*, EuR 1991, 211

Ders.:
Umweltverträglichkeitsprüfung bei Industrievorhaben, Eine rechts- und verwaltungswissenschaftliche Untersuchung, Köln [u.a.] 1987 — *Jarass*, Umweltverträglichkeitsprüfung

Jarass, Hans D./*Pieroth*, Bodo:
Grundgesetz für die Bundesrepublik Deutschland: GG, Kommentar, 12. Aufl., München 2012 — *Jarass/Pieroth*, GG

Jauernig, Othmar:
BGB: Bürgerliches Gesetzbuch mit Allgemeinem Gleichbehandlungsgesetz (Auszug), Kommentar, 14. Aufl., München 2011 — *Bearbeiter*, in: Jauernig, BGB

Jenn, Matthias:
Windenergie: Zahlreiche rechtliche Besonderheiten, ZfBR-Sonderausgabe 2012, 14 — *Jenn*, ZfBR-Sonderausgabe 2012, 14

Jochum, Christian/*Friedenstab*, Thomas/*Spindler*, Gerald/*Peter*, Jörg:
Industriepark und Störfallrecht, Erarbeitung von Kriterien zur Regelung der Sicherheitsverantwortung bei Störfallbetrieben in Industrieparks, Köln 2002 — *Bearbeiter*, in: Jochum u.a., Industriepark und Störfallrecht

Joecks, Wolfgang/*Miebach*, Klaus:
Münchener Kommentar zum Strafgesetzbuch, Bd.4, §§ 263–358 StGB, §§ 1–8, 105, 106 JGG, 1. Aufl., München 2006 — *Bearbeiter*, in: Joecks/Miebach, MüKo, StGB

Junker, Armin/*Schwarz*, Renate/*Schwarz-Schier*, Christian:
Genehmigungsverfahren und Umweltschutz, Praktische Umsetzung von rechtlichen und technischen Regelungen für die Zulassung und das Betreiben von Anlagen, Loseblatt (Stand: 111. EL, Dezember 2010), Köln 2010 — *Junker u.a.*, Genehmigungsverfahren und Umweltschutz

Kachel, Markus:
Das Eigenstromprivileg im EEG, Status Quo und Änderungen durch das EEG 2012, CuR 2011, 100 — *Kachel*, CuR 2011, 100

Kaster, Georg:
Das Verhältnis von immissionsschutzrechtlicher Genehmigung und wasserrechtlicher Erlaubnis, Ein Beitrag zur Problematik paralleler Gestattungsverfahren und Umweltstandards setztender normkonkretisierender Verwaltungsvorschriften, Berlin 1996
Kaster, Das Verhältnis von immissionsschutzrechtlicher Genehmigung und wasserrechtlicher Erlaubnis

Kern, Katharina:
Aktuelle Änderungen des nationalen Wasser- und Abwasserrechts durch die Implementation der Industrieemissionsrichtlinie 2010/75/EU, ZUR 2013, 150
Kern, ZUR 2013, 150

Kimminich, Otto/*Frhr. von Lersner*, Heinrich/*Storm*, Peter-Christoph:
Handwörterbuch des Umweltrechts, Bd.I, 2. Aufl., Berlin 1994
Bearbeiter, in: Kimminich/von Lersner/Storm, Handwörterbuch

Kloepfer, Michael:
Umweltrecht, 3. Aufl., München 2004
Kloepfer, Umweltrecht

Knopp, Lothar:
Neues Umweltschadensgesetz – verspätet, aber zum 14.11.2007 in Kraft –, UPR 2007, 414
Knopp, UPR 2007, 414

Koch, Hans-Joachim:
Die IPPC-Richtlinie: Umsturz im deutschen Anlagengenehmigungsrecht?, in: *Marburger* (Hg.) u.a., Jahrbuch des Umwelt- und Technikrechts 1997, Berlin 1997, S.31
Koch, UTR 1997, 31

Ders.:
Klimaschutzrecht, Ziele, Instrumente und Strukturen eines neuen Rechtsgebiets, NVwZ 2011, 641
Koch, NVwZ 2011, 641

Ders.: Umweltrecht, 3. Aufl., München 2010	*Koch*, Umweltrecht
Koch, Hans-Joachim/*Braun*, Annette: Aktuelle Entwicklungen des Immissionsschutzrechts, NVwZ 2010, 1271	*Koch*, NVwZ 2010, 1271
Koch, Hans-Joachim/*Pache*, Eckard/*Scheuing*, Dieter H.: Gemeinschaftskommentar zum Bundes-Immissionsschutzrecht, Loseblatt (Stand: 28. EL, 2010), Bad Honnef 2011	*Bearbeiter*, in: GK-BImSchG
Koch, Hans-Joachim/*Siebel-Huffmann*, Heiko: Das Artikelgesetz zur Umsetzung der UVP-Änderungsrichtlinie, der IVU-Richtlinie und weiterer Umweltschutzrichtlinien, NVwZ 2001, 1081	*Koch/Siebel*, NVwZ 2001, 1081
Köck, Wolfgang: Störfallrecht, NVwZ 2012, 1353	*Köck*, NVwZ 2012, 1353
Konzak, Olaf/*Bahlert*, Patrick: Emissionshandel in der Praxis, 1. Aufl., Heidelberg 2006	*Konzak/Bahlert*, Emissionshandel
Kopp-Assenmacher, Stefan: Die Umsetzung der Richtlinie über Industrieemissionen – Neue Herausforderungen für Anlagenbetreiber, I+E 2013, 28	*Kopp-Assenmacher*, I+E 2013, 28
Kopp, Ferdinand O./*Ramsauer*, Ulrich: Verwaltungsverfahrensgesetz, 13. Aufl., München 2012	*Kopp/Ramsauer*, VwVfG
Körner, Raimund/*Vierhaus,* Hans-Peter/*von Schweinitz*, Sebastian: TEHG, Treibhausgas-Emissionshandelsgesetz, Zuteilungsgesetz 2007, Kommentar, München 2005	*Bearbeiter*, in: Körner/Vierhaus, TEHG

Kotulla, Michael:
Bundes-Immissionsschutzgesetz, Kommentar, Loseblatt (Stand: 17. EL, Juni 2011), Stuttgart 2011 — *Bearbeiter*, in: Kotulla, BImSchG

Ders.:
Wasserhaushaltsgesetz, Kommentar, 2. Aufl., Stuttgart 2011 — *Kotulla*, WHG

Ders.:
Wasserhaushaltsgesetz, Kommentar, Stuttgart 2003 — *Kotulla*, WHG a.F.

Kreppel, Iris:
Rechtsnachfolge in anlagenbezogene Zulassungsakte im Bereich des Umweltrechts, München 1998 — *Kreppel*, Rechtsnachfolge

Kugelmann, Dieter:
Polizei- und Ordnungsrecht, 2. Aufl., Heidelberg [u.a.] 2012 — *Kugelmann*, Polizei- und Ordnungsrecht

Kutscheidt, Ernst:
Die Erweiterung genehmigungsbedürftiger Anlagen, Anmerkung zum Urteil des BVerwG vom 12.12.1975, DÖV 1976, 663 — *Kutscheidt*, DÖV 1976, 663

Landmann/Rohmer:
Gewerbeordnung und ergänzende Vorschriften, Bd.1, Kommentar, *Marcks*, Peter (Hg.) u.a., Loseblatt (Stand: 62. EL, 01/2013), München 2013 — *Bearbeiter*, in: Landmann/Rohmer, GewO

Dies.:
Umweltrecht, Bd.I-IV, Kommentar, *Beckmann*, Martin (Hg.) u.a., Loseblatt (Stand: 66. EL, 1. Juni 2012), München 2012 — *Bearbeiter*, in: Landmann/Rohmer, betreffendes Umweltgesetz bzw. betreffende Verordnung

Dies.: Umweltrecht, Bd.I-IV, Kommentar, Beckmann, Martin (Hg.) u.a., TEHG (a.F.), Loseblatt (Stand: 62. EL 2011), München 2011	*Bearbeiter*, in: Landmann/Rohmer, TEHG a.F.
Landsberg, Gerd/*Lülling*, Wilhelm: Umwelthaftungsrecht, Kommentar, Köln 1991	*Landsberg/Lülling*, Umwelthaftungsrecht
Dies.: Das neue Umwelthaftungsgesetz, DB 1990, 2205	*Landsberg/Lülling*, DB 1990, 2205
Lauer, Kristina: Das Wasserhaushaltsgesetz 2010 – Das neue Wasserrecht, Paradigmenwechsel oder alter Wein in neuen Schläuchen?, NuR 2010, 692	*Lauer*, NuR 2010, 692
Lutter, Marcus/*Hommelhoff*, Peter: GmbH-Gesetz, Kommentar, 18. Aufl., Köln 2012	*Bearbeiter*, in: Lutter/Hommelhoff, GmbHG
Lutter, Marcus/*Timm*, Wolfram: Konzernrechtlicher Präventivschutz im GmbH-Recht, NJW 1982, 409	*Lutter/Timm*, NJW 1982, 409
Manssen, Gerrit: Die Betreiberverantwortung nach § 52a BImSchG, GewArch 1993, 280	*Manssen*, GewArch 1993, 280
Marburger, Peter: Massenstromwerte und Anlagenbegriff der TA Luft, Jahrbuch des Umwelt- und Technikrechts 1993, Heidelberg 1993	*Marburger*, UTR 1993

Martens, Claus-Peter: Die wesentliche Änderung im Sinne des § 15 BImSchG unter besonderer Berücksichtigung des umfänglichen Anlagenbegriffs, Berlin 1993	*Martens*, Die wesentliche Änderung im Sinne des § 15 BImSchG unter besonderer Berücksichtigung des umfänglichen Anlagenbegriffs
Meinberg, Volker/*Möhrenschlager*, Manfred/*Link*, Wolfgang: Umweltstrafrecht, Gesetzliche Grundlagen, verwaltungsrechtliche Zusammenhänge und praktische Anwendung, Düsseldorf 1989	*Bearbeiter*, in: Meinberg/Möhrenschlager/Link, Umweltstrafrecht
Michaelis, Lars Oliver/*Holtwisch*, Christoph: Die deutsche Umsetzung der europäischen Emissionshandelsrichtlinie, NJW 2004, 2127	*Michaelis/Holtwisch*, NJW 2004, 2127
Michalski, Lutz: Das Umwelthaftungsgesetz, Jura 1995, 617	*Michalski*, Jura 1995, 617
Müggenborg, Hans-Jürgen: Umweltrechtliche Anforderungen an Chemie- und Industrieparks, Berlin 2008	*Müggenborg*, Industrieparks
Ders.: Chemieparks unter der Lupe, Teil 6: Immissionsschutz: Wer ist Anlagenbetreiber?, CHEMIE TECHNIK 2003, 108	*Müggenborg*, Chemie Technik 2003, 108
Ders. Chemieparks unter der Lupe, Teil 7: Trennung von Hauptanlage und Nebeneinrichtung nach BImSchG, CHEMIE TECHNIK 2003, 58	*Müggenborg*, Chemie Technik 2003, 58

Ders.:
Chemieparks unter der Lupe, Folge 15: Lagerung von Sprengstoffen im Industriepark, CHEMIE TECHNIK 2004, 72 — *Müggenborg*, Chemie Technik 2004, 72

Ders.:
Das Phänomen von Industrieparks – eine erste Annäherung aus umwelt- und sicherheitsrechtlicher Sicht, DVBl 2001, 417 — *Müggenborg*, DVBl 2001, 417

Ders.:
Integrierte chemische Anlagen, NVwZ 2010, 479 — *Müggenborg*, NVwZ, 2010, 479

Ders.:
Verlangt die TA Luft Beurteilungspunkte innerhalb von Industrieparks?, NVwZ 2010, 166 — *Müggenborg*, NVwZ 2010, 166

Müggenborg, Hans-Jürgen/*Duikers*, Jan:
Die Direktwirkung von Richtlinien der EU im Immissionsschutz, NVwZ 2007, 623 — *Müggenborg/Duikers*, NVwZ 2007, 623

Mühlbauer, Bernhard:
Emissionshandel – System und öffentlich-rechtlicher Rechtsschutz, Baden-Baden 2008 — *Mühlbauer*, Emissionshandel

Nettesheim, Martin:
Auslegung und Fortbildung nationalen Rechts im Lichte des Gemeinschaftsrechts, AöR 1994, 261 — *Nettesheim*, AöR 1994, 261

Nolte, Martin/*Niestedt*, Marion:
Grundfälle zur Rechtsnachfolge im Öffentlichen Recht, JuS 2000, 1172 — *Nolte/Niestedt*, JuS 2000, 1172

Oehler, Wolfgang: Produzentenhaftung im Konzern – Deliktsrecht und Haftungsbeschränkung, ZIP 1990, 1445	*Oehler*, ZIP 1990, 1445
Ohms, Martin J.: Praxishandbuch Immissionsschutzrecht, 2. Aufl., Baden-Baden 2011	*Ohms*, Praxishandbuch Immissionsschutzrecht
Ders.: Praxishandbuch Immissionsschutzrecht, 1. Aufl., Baden-Baden 2003	*Ohms*, Praxishandbuch Immissionsschutzrecht, Voraufl.
Ders.: Immissionsschutz bei Windkraftanlagen, DVBl 2003, 958	*Ohms*, DVBl 2003, 958
Ossenbühl, Imke: Umweltgefährdungshaftung im Konzern, Berlin 1999	*Ossenbühl*, Umweltgefährdungshaftung im Konzern
Otto, Klaus: Die Nachfolge in öffentlich-rechtliche Positionen des Bürgers, Berlin 1971	*Otto*, Die Nachfolge in öffentlich-rechtliche Positionen
Palandt: Bürgerliches Gesetzbuch, 72. Aufl., München 2013	*Bearbeiter*, in: Palandt, BGB
Papier, Hans-Jürgen: Die Verantwortlichkeit für Altlasten im öffentlichen Recht, NVwZ 1986, 256	*Papier*, NVwZ 1986, 256
Petersen, Malte: Umweltschadensgesetz, Gesetz über die Vermeidung und Sanierung von Umweltschäden (Umweltschadensgesetz – USchadG), Kommentar, Köln 2013	*Petersen*, USchadG

Petersen, Frank:
Schutz und Vorsorge, Strukturen der Risikoerkenntnis, Risikozurechnung und Risikobesteuerung der Grundpflichten im Bundes-Immissionsschutzgesetz, Berlin 1993 — *Petersen*, Schutz und Vorsorge

Pfeil, Julia:
Beseitigungspflichten für stillgelegte Anlagen, Am Beispiel von Windkraftanlagen onshore und offshore, Franfurt a.M. [u.a.] 2012 — *Pfeil*, Beseitigungspflichten für stillgelegte Anlagen

Pospich, Carsten:
Haftung nach dem Umwelthaftungsgesetz bei multifaktorieller Verursachung, Frankfurt a.M. 2004 — *Pospich*, Haftung nach dem Umwelthaftungsgesetz

Rengier, Rudolf:
Zum Täterkreis und zum Sonder- und Allgemeindeliktscharakter der „Betreiberdelikte" im Umweltstrafrecht, in: *Hirsch* (Hg.) u.a., Festschrift für Günter Kohlmann zum 70. Geburtstag, Köln 2003, S.225 — *Rengier*, in: FS Kohlmann

Reshöft, Jan:
Erneuerbare-Energien-Gesetz, Handkommentar, 3. Aufl., Baden-Baden 2009 — *Reshöft*, EEG

Riedel, Martin:
EEG-Kostenwälzung: Wann ist Strom EEG-umlagefrei?, IR 2010, 101 — *Riedel*, IR 2010, 101

Riedl, Magnus:
Die Rechts- und Pflichtennachfolge im Verwaltungsrecht, Grundlagen und Zulässigkeit auf Seiten des Privatrechtssubjekts, Köln [u.a.] 1996 — *Riedl*, Die Rechts- und Pflichtennachfolge im Verwaltungsrecht

Roßnagel, Alexander/*Hentschel*, Anja:
Gewährleistung des Umweltschutzes bei Erneuerbaren Energien, in: *Marburger* u.a. (Hg.), Jahrbuch des Umwelt- und Technikrechts 2003, Berlin 2003, S.319 — *Roßnagel/Hentschel*, UTR 2003, 319

Ruffert, Matthias:
Verantwortung und Haftung für Umweltschäden, NVwZ 2010, 1177 — *Ruffert*, NVwZ 2010, 1177

Sack, Hans-Jürgen:
Umweltschutz-Strafrecht, Erläuterung der Straf- und Bußgeldvorschriften, 5. Aufl., Loseblatt (Stand: 35. EL, Juni 2010), Stuttgart 2010 — *Sack*, StGB

Säcker, Franz Jürgen:
Berliner Kommentar zum Energierecht, 2. Aufl., Frankfurt a.M. 2010 — *Bearbeiter*, in: Säcker, Berliner Kommentar zum Energierecht, Gesetz

Säcker, Franz Jürgen/*Rixecker*, Roland:
Münchener Kommentar zum Bürgerlichen Gesetzbuch, — *Bearbeiter*, in: Säcker/Rixecker, MüKo, BGB
- Bd.1, Allgemeiner Teil, §§ 1–240, 6.Aufl., München 2012
- Bd.2, Schuldrecht, Allgemeiner Teil, §§ 241–432, 6. Aufl., München 2012
- Bd.5, Schuldrecht, Besonderer Teil III, §§ 705–853, 5. Aufl., München 2009
- Bd.9, Erbrecht, §§ 1922–2385, §§ 27–35 BeurkG, 5. Aufl., München 2010

Salje, Peter: — *Salje*, EEG
Erneuerbare-Energien-Gesetz 2012, Gesetz für den Vorrang Erneuerbarer Energien (EEG) vom 25.10.2008 (BGBl. I S. 2074) in der Fassung von Art. 1 des Gesetzes zur Neuregelung des Rechtsrahmens für die Förderung der Stromerzeugung aus erneuerbaren Energien vom 18.7.2011 (BGBl. I S. 1634), Kommentar, 6. Aufl., Köln 2012

Ders.:
Kraft-Wärme-Kopplungsgesetz 2002, Gesetz für die Erhaltung, Modernisierung und den Ausbau der Kraft-Wärme-Kopplung, 2. Aufl., Köln [u.a.] 2004 — *Salje*, KWKG

Salje, Peter/*Peter*, Jörg:
Umwelthaftungsgesetz, Kommentar, 2. Aufl., München 2005 — *Bearbeiter*, in: Salje/Peter, UmweltHG

Schall, Hero/*Schreibauer*, Marcus:
Gegenwärtige und zukünftige Sanktionen bei Umweltdelikten, NuR 1996, 440 — *Schall/Schreibauer*, NuR 1996, 440

Scheffler, Eberhard:
Zur Problematik der Konzernleitung, in: *Havermann* (Hg.), Bilanz- und Konzernrecht, Festschrift zum 65. Geburtstag von Dr. Dr. h.c. Reinhard Goerdeler, Düsseldorf 1987, S. 469 — *Scheffler*, in: FS Goerdeler

Scheidler, Alfred:
Aktuelle Änderungen im Bundes-Immissionsschutzrecht – ein Überblick, UPR 2010, 17 — *Scheidler*, UPR 2010, 17

Ders.:
Die Eigenüberwachung immissionsschutzrechtlich genehmigungsbedürftiger Anlagen, Anmerkungen zu VGH München, Urteil vom 19.2.2009 – 22 BV 08.1164, NuR 2009, 465 — *Scheidler*, NuR 2009, 465

Ders.:
Die neuen Nachsorgepflichten für Betreiber von Anlagen nach der Industrieemissions-Richtlinie, ZUR 2013, 264 — *Scheidler*, ZUR 2013, 254

Schiessl, Maximilian:
Umstrukturierung amerikanischer Tochtergesellschaften zur Vermeidung einer Durchgriffshaftung der deutschen Mutter?, DB 1989, 513 — *Schiessl*, DB 1989, 513

Schlabach, Erhard/*Simon*, Alexander:
Die Rechtsnachfolge beim Verhaltensstörer, NVwZ 1992, 143 — *Schlabach/Simon*, NVwZ 1992, 143

Schlemminger, Fuder:
Der Verzicht auf nachbarrechtliche Abwehransprüche im Industriepark, NVwZ 2004, 129 — *Schlemminger*, NVwZ 2004, 129

Schlicht, Johannes:
Bundes-Immissionsschutzgesetz: Kommentar, 4. Aufl., Köln [u.a.] 1997 — *Schlicht*, BImSchG

Schmatz, Hans/*Nöthlichs*, Matthias/*Weber*, Horst Peter:
Immissionsschutz, Kommentar zum Bundes-Immissionsschutzgesetz und Textsammlung, Bd.1, Loseblatt (Stand: EL 01/2013), Berlin 2013 — *Schmatz/Nöthlichs*, Immissionsschutz

Schmauser, Marion:
Das Kraft-Wärme-Kopplungsgesetz, Anwendungsprobleme aus der Praxis, Baden-Baden 2005 — *Schmauser*, KWKG

Schmidt, Holger:
Verschärfte Umweltverantwortlichkeit von Organmitgliedern – Das neue Umweltschadensgesetz, NZG 2007, 650 — *Schmidt*, NZG 2007, 650

Schmidt, Karsten:
Münchener Kommentar zum Handelsgesetzbuch, Bd.4, Drittes Buch, Handelsbücher, §§ 238–342e HGB, 3.Aufl., München 2013 — *Bearbeiter*, in: Schmidt, MüKo, HGB

Ders.:
Umweltschutz und technische Sicherheit im Unternehmen, 9. Trierer Kolloquium zum Umwelt- und Technikrecht vom 19. bis 21. September 1993, Jahrbuch des Umwelt- und Technikrechts 1994, Heidelberg 1994, S.69 — *Schmidt*, UTR 1993, 69

Schmidt, Karsten/*Lutter*, Marcus:
Aktiengesetz, Kommentar, II. Bd., §§ 150–410, SpruchG, 2. Aufl., Köln 2010 — *Bearbeiter*, in: Schmidt/Lutter, AktG

Schmidt, Rainer/*Kahl*, Wolfgang:
Umweltrecht, 8. Aufl., München 2010 — *Schmidt/Kahl*, Umweltrecht

Schmidt-Eriksen, Christoph:
Die Genehmigung von Windkraftanlagen nach dem Artikelgesetz, NuR 2002, 648 — *Schmidt-Eriksen*, NuR 2002, 648

Schmidt-Salzer, Joachim:
Kommentar zum Umwelthaftungsrecht, Betriebliche Risiken und innerbetriebliche Verantwortung, Heidelberg 1992 — *Schmidt-Salzer*, Umwelthaftung

Schneider, Uwe H.:
Die Überlagerung des Konzernrechts durch öffentlich-rechtliche Strukturnormen und Organisationspflichten, Vorüberlegungen zu „Compliance im Konzern", ZGR 1996, 225 — *Schneider*, ZGR 1996, 225

Schoch, Friedrich:
Grundfälle zum Polizei- und Ordnungsrecht, JuS 1994, 1026 — *Schoch*, JuS 1994, 1026

Schönke, Adolf/*Schröder*, Horst:
Strafgesetzbuch, Kommentar, 28. Aufl., München 2010 — *Bearbeiter*, in: Schönke/Schröder, StGB

Schorsch, Patrick:
Die Einzel- und Gesamtrechtsnachfolge in die gefahrenabwehrrechtliche Zustands- und Verhaltensverantwortlichkeit, Frankfurt [u.a.] 2007 — *Schorsch*, Einzel- und Gesamtrechtsnachfolge

Schreiber, Frank:
Das Regelungsmodell der Genehmigung im integrierten Umweltschutz, Berlin 2000 — *Schreiber*, Genehmigungsmodell im integrierten Umweltschutz

Schröer, Thomas/*Dziallas*, Olaf:
Öffentlich-rechtliche Nachbarvereinbarungen in der Praxis, NVwZ 2004, 134 — *Schröer/Dziallas*, NVwZ 2004, 134

Schulze, Reiner/*Zuleeg*, Manfred/*Kadelbach*, Stefan:
Europarecht, Handbuch für die deutsche Rechtspraxis, 2. Aufl., Baden-Baden 2010 — *Bearbeiter*, in: Schulze/Zuleeg/Kadelbach, Europarecht

Schweer, Carl-Stephan/*von Hammerstein*, Christian:
Treibhausgas-Emissionshandelsgesetz (TEHG), Kommentar, Köln [u.a.] 2004 — *Schweer/v. Hammerstein*, TEHG

Sellner, Dieter:
Der integrative Ansatz im Bundes-Immissionsschutzgesetz – Was ändert sich durch das Artikelgesetz? – in: *Dolde* (Hg.), Umweltrecht im Wandel, Bilanz und Perspektiven aus Anlass des 25jährigen Bestehens der Gesellschaft für Umweltrecht (GfU), Berlin 2001, S.401 — *Sellner*, in: Dolde, Umweltrecht im Wandel

Sellner, Dieter/*Reidt*, Olaf/*Ohms*, Martin J.:
Immissionsschutzrecht und Industrieanlagen, 3. Aufl., München 2006 — *Sellner/Reidt/Ohms*, Immissionsschutzrecht

Semler, Johannes/*Stengel*, Arndt:
Umwandlungsgesetz mit Spruchverfahrensgesetz, 3. Aufl., München 2012 — *Bearbeiter*, in: Semler/Stengel, UmwG

Shirvani, Foroud:
Die Wirkung von Genehmigungen im Umweltschadensgesetz, UPR 2010, 209 — *Shirvani*, UPR 2010, 209

Sieder, Frank/*Zeitler*, Herbert/*Dahme*, Heinz/*Knopp*, Günther-Michael:
Wasserhaushaltsgesetz und Abwasserabgabengesetz, Loseblatt (Stand: 44. EL, 1. September 2012) München 2012 — *Bearbeiter*, in: Sieder u.a., WHG

Dies.:
Wasserhaushaltsgesetz und Abgabengesetz, Bd.1, Loseblatt (Stand: 28. EL, September 2009), München 2009 — *Bearbeiter*, in: Sieder u.a., WHG a.F.

Sobczak, Christian:
Normung und Umweltschutz im Europäischen Gemeinschaftsrecht, Berlin 2002 — *Sobczak*, Normung und Umweltschutz im Europäischen Gemeinschaftsrecht

Sparwasser, Reinhard/*Engel*, Rüdiger/*Voßkuhle*, Andreas:
Umweltrecht, Grundzüge des öffentlichen Umweltschutzrechts, 5. Aufl., Heidelberg 2003 — *Sparwasser/Engel/Voßkuhle*, Umweltrecht

Spieth, Wolf Friedrich/*Uibeleisen*, Maximilian:
Neues Genehmigungsregime für Offshore-Windparks, Zur Novelle der Seeanlagenverordnung, NVwZ 2012, 321 — *Spieth/Uibeleisen*, NVwZ 2012, 321

Spindler, Gerald:
Anlagensicherheit im deutschen und europäischen Recht – Grundlegende Probleme der neuen StörfallVO –, UPR 2001, 81 — *Spindler*, UPR 2001, 81

Ders.:
Der Betreiberbegriff im Umweltrecht: gesellschafts- und zivilrechtliche Einflüsse, in: *Czajka* u.a. (Hg.), Immissionsschutzrecht in der Bewährung – 25 Jahre Bundes-Immissionsschutzgesetz – Festschrift für Gerald Feldhaus zum 70. Geburtstag, Heidelberg 1999, S.25
Spindler, in: FS Feldhaus

Spindler, Gerald/*Stilz*, Eberhard:
Kommentar zum Aktiengesetz, Bd.2, §§ 150–410, 2. Aufl., München 2010
Bearbeiter, in: Spindler/Stilz, AktG

Stadie, Holger:
Rechtsnachfolge im Verwaltungsrecht, DVBl 1990, 501
Stadie, DVBl 1990, 501

Stapelfeldt, Alfred:
Die immissionsschutzrechtliche Anlagenzulassung nach europäischem Recht, Köln 2000
Stapelfeldt, Anlagenzulassung nach europäischem Recht

Staupe, Jürgen:
Die vollständige Koordination des Behördenhandelns gemäß IVU-Richtlinie, ZUR 2000, 328
Staupe, ZUR 2000, 328

Störfall-Kommission beim Bundesministerium für Umwelt, Naturschutz und Reaktorsicherheit:
Abschlußbericht des Arbeitskreises Dennoch-Störfälle der SFK (Störfall-Kommission): Schadensbegrenzung bei Dennoch-Störfällen, Empfehlungen für Kriterien zur Abgrenzung von Dennoch-Störfällen und für Vorkehrungen zur Begrenzung ihrer Auswirkungen, verabschiedet auf der 31. Sitzung der SFK am 12. Oktober 1999, SFK-GS-26
Störfall-Kommission, in: SFK-GS-26

Dies.:
Arbeitshilfe des Arbeitskreises Seveso Richtlinie: Systematisierung von Fragestellungen und Antworten zum Begriff „Betriebsbereich“ des § 3 Abs.5a BImSchG, verabschiedet auf der 39. SFK-Sitzung am 16. Januar 2002, SFK-GS-35 — *Störfall-Kommission*, in: SFK-GS-35

Dies.:
Leitfaden: Maßnahmen gegen Eingriffe Unbefugter der ad hoc-Arbeitsgruppe „Eingriffe Unbefugter“, verabschiedet auf der 41. Sitzung der SFK am 23. Oktober 2002, SFK-GS-38 — *Störfall-Kommission*, in: SFK-GS-38

Dies.:
Arbeitshilfe für die Anwendung der Störfall-Verordnung bei Industrieparks des Arbeitskreises „Industriepark“, am 24. Juni 2005 von der SFK verabschiedet, SFK-GS-44 [Die Publikationen der SFK sind im Internet abrufbar unter http://www.kas-bmu.de/publikationen/sfk_pub. htm – Stand: Juni 2013] — *Störfall-Kommission*, in: SFK-GS-44

Streinz, Rudolf :
Europarecht, 9. Aufl., Heidelberg [u.a.] 2012 — *Streinz*, Europarecht

Uth, Hans-Joachim:
Störfall-Verordnung mit Seveso-II-Richtlinie, Kommentar, Texte, Materialien, Köln 2000 — *Uth*, StörfallVO

Vallendar, Willi:
Die Betriebseinstellung – ein neuer Regelungstatbestand des BImSchG, UPR 1991, 91 — *Vallendar*, UPR 1991, 91

Vogel, Klaus/*Martens*, Wolfgang:
Gefahrenabwehr, Allgemeines Polizeirecht (Ordnungsrecht) des Bundes und der Länder, Drews/Wacke/Vogel/Martens, begründet unter dem Titel „Preußisches Polizeirecht“ von Dr. Dr. h.c. Bill *Drews*, fortgeführt mit dem Titel „Allgemeines Polizeirecht“ von Prof. Dr. Gerhard *Wacke*, 9. Aufl., München 1977 — *Vogel* u.a., Gefahrenabwehr

Von Staudinger, Julius:
Kommentar zum Bürgerlichen Gesetzbuch mit Einführungsgesetz und Nebengesetzen, Buch 3, Sachenrecht, UmweltHR (Umwelthaftungsrecht), Neubearbeitung 2010 von Jürgen Kohler, Berlin 2010 — *Bearbeiter*, in: Staudinger, Umwelthaftungsrecht

Walter, Wolfgang:
Die Gewinngemeinschaft – ein verkanntes Gestaltungsmittel des Steuerrechts, BB 1995, 1876 — *Walter*, BB 1995, 1876

Wagner, Gerhard:
Das neue Umweltschadensgesetz, VersR 2008, 565 — *Wagner*, VersR 2008, 565

Wasielewski, Andreas:
Das Gesetz zur Umsetzung der Richtlinie über Industrieemissionen – Auswirkungen auf den Vollzug der Länder, I+E 2013, 17 — *Wasielewski*, I+E 2013, 17

Ders.:
Zum Betreiberbegriff bei Flüssiggasbehältern, Anmerkungen zum Urteil des VG Gießen vom 13.11.1990, GewArch 1993, 103 — *Wasielewski*, GewArch 1993, 103

Weber, Hubertus/*Weber*, Christine:
Der Gesetzesentwurf der Bundesregierung zum Umwelthaftungsgesetz, VersR 1990, 688 — *Weber/Weber*, VersR 1990, 688

Weidemann, Clemens:
Abstandswahrung durch staatliche Ansiedlungsüberwachung – zu den Folgen der Seveso II-Richtlinie im Städtebaurecht und im Immissionsschutzrecht –, DVBl 2006, 1143 — *Weidemann*, DVBl 2006, 1143

Weidemann, Clemens/*Krappel*, Thomas/*Frhr. von Süßkind-Schwendi*, Benedict:
Rechtsfragen und Praxisprobleme der Umsetzung der Richtlinie 2010/75/EU über Industrieemissionen, DVBl 2012, 1457 — *Weidemann/Krappel*, DVBl 2012, 1457

Wernicke, [Rechtsanwalt Dr., Vorname unbekannt]:
Gefährdungshaftung nach § 22 des Wasserhaushaltsgesetzes, NJW 1954, 772 — *Wernicke*, NJW 1954, 772

Westermann, Harm Peter:
Umwelthaftung im Konzern, ZHR 1991, 223 — *Westermann*, ZHR 1991, 223

Weyers, Hans-Leo:
Unfallschäden – Praxis und Ziele von Haftpflicht- und Vorsorgesystemen, Frankfurt a.M. 1971 — *Weyers*, Unfallschäden

Wicke, Hartmut:
Gesetz betreffend die Gesellschaften mit beschränkter Haftung, GmbHG, Kommentar, 2. Aufl., München 2011 — *Wicke*, GmbHG

Wickel, Martin:
Die Auswirkungen des neuen § 16 BImSchG auf dem Vollzug der dynamischen Grundpflichten des § 5 Abs. 1 BImSchG, DÖV 1997, 678 — *Wickel*, DÖV 1997, 678

Witteck, Lars:
Der Betreiber im Umweltstrafrecht, Zugleich ein Beitrag zur Lehre von den Pflichtdelikten, Baden-Baden 2003 — *Witteck*, Der Betreiber im Umweltstrafrecht

Wolff, Hans J./*Bachof*, Otto/*Stober*, Rolf/*Kluth*, Winfried:
Verwaltungsrecht I, 12. Aufl., München 2007 — *Wolff* u.a., Verwaltungsrecht

Wussow, Werner:
Unfallhaftpflichtrecht, Gesamtdarstellung, 15. Aufl., Köln [u.a.] 2002 — *Wussow*, Unfallhaftpflichtrecht

Wustlich, Guido:
Die Änderungen im Genehmigungsverfahren für Windenergieanlagen, NVwZ 2005, 996 — *Wustlich*, NVwZ 2005, 996

Zabel, Lorenz:
Die Novelle der Seeanlagenverordnung – Auswirkung auf die Zulassung von Offshore-Windparks und Netzanschlussvorhaben, NordÖR 2012, 263 — *Zabel*, NordÖR 2012, 263

Zeppezauer, Christian:
Genehmigungen in Verschmelzung und Spaltung – Zugleich Anmerkungen zur Aufhebung von § 132 UmwG –, DVBl 2007, 599 — *Zeppezauer*, DVBl 2007, 599

Ziegler, A.:
Zum Anlagenbegriff nach dem Bundes-Immissionsschutzgesetz, UPR 1986, 170 — *Ziegler*, UPR 1986, 170

Ziekow, Jan:
Verwaltungsverfahrensgesetz, Kommentar, 2. Aufl., Stuttgart 2010 — *Ziekow*, VwVfG

Zöller, Richard/*Geimer*, Reinhold/*Greger*, Reinhard/*Herget*, Kurt/*Heßler*, Hans-Joachim/*Lückemann*, Clemens/*Stöber*, Kurt/*Vollkommer*, Max/*Feskorn*, Christian/*Lorenz*, Arndt:
Zivilprozessordnung: mit FamFG (§§ 1–185, 200–270, 433–484) und Gerichtsverfassungsgesetz, den Einführungsgesetzen, mit Internationalem Zivilprozessrecht, EG-Verordnungen, Kostenanmerkungen, Kommentar, 29. Aufl., Köln 2012 — *Bearbeiter*, in: Zöller, ZPO

www.ingramcontent.com/pod-product-compliance
Ingram Content Group UK Ltd.
Pitfield, Milton Keynes, MK11 3LW, UK
UKHW021917290926
8980IPUK00015B/1307

9 783631 656631